Jonathan Ames

Henry und Louis

EUROPA VERLAG

Aus dem Amerikanischen
von Friedhelm Rathjen

JONATHAN AMES

Henry und Louis

ROMAN

EUROPA VERLAG
HAMBURG · WIEN

Für meine Eltern

Die Deutsche Bibliothek – CIP-Einheitsaufnahme
Ein Titelsatz für diese Publikation ist bei
Der Deutschen Bibliothek erhältlich.

Originalausgabe:
»The Extra Man«

Erstausgabe

Lektorat: Judith Heisig
Umschlaggestaltung: Kathrin Steigerwald, Hamburg
Foto: Erik Dreyer, Getty One
Innengestaltung: Fanslau, Communication/EDV, Düsseldorf
Druck und Bindung: Wiener Verlag, Himberg bei Wien
ISBN 3-203-75016-3

Informationen über unser Programm erhalten Sie beim
Europa Verlag, Neuer Wall 10, 20354 Hamburg
oder unter www.europaverlag.de

Inhalt

Kapitel XI

Kapitel XII

My story is much too sad to be told,
But practically everything leaves me totally cold.
The only exception I know is the case
When I'm out on a quiet spree,
Fighting vainly the old ennui,
And I suddenly turn and see your fabulous face.

COLE PORTER,
»I Get a Kick Out of You«

Wer lehret mich? was soll ich meiden?
Soll ich gehorchen jenem Drang?

GOETHE

Kapitel I

Der Büstenhalter

Ich kam nach New York, um zu mir selbst zu finden und noch einmal von vorn anzufangen. Um ehrlich zu sein, lief ich außerdem vor einer ziemlich vermurksten Geschichte davon, die in der Pretty Brook Country Day School in Princeton in New Jersey vorgefallen war. Ich hatte da vier Jahre lang als angesehener Englischlehrer unterrichtet, seit meinem Collegeabschluß. Zum Stolperstein wurde mir ein Büstenhalter.

Darüber gestolpert bin ich eines Spätnachmittags im Frühjahr 1992 nach dem Unterricht im menschenleeren Lehrerzimmer. Sein weißer Träger hing aus der großen Sporttasche einer meiner Kolleginnen, einer Ms. Jefferies, die ich attraktiv fand, wiewohl das in dieser Angelegenheit mehr oder weniger ohne Belang ist. Sie war Assistenztrainerin im Tennis, und ich stellte mir vor, sie habe sich wohl umgezogen und irgendeinen speziellen Sport-BH angelegt, und jetzt trainiere sie mit den Mädchen.

Ich sah den Träger da also aus der Tasche herausbaumeln wie eine Schlange, und ich war alarmiert. Ich beschloß, tugendhaft zu sein und den Träger zu ignorieren. Um meine Standhaftigkeit zu demonstrieren, setzte ich mich an meinen kleinen Schreibtisch, um Arbeiten zu korrigieren, wie das meine Absicht gewesen war. Wir hatten da im Lehrerzimmer alle unsere kleinen Schreibtische, um zu arbeiten, und nachdem ich mich durch drei oder vier Kostproben von Siebtkläßlergrammatik gemüht hatte, hatte ich den Büstenhalter völlig vergessen. Allerdings bekam ich Durst, und ich ging zum Wasserkühler hinüber, um mir einen Drink zu holen. Ohne daß ich das auch nur bemerkt hätte, führte mich mein Weg genau an Ms. Jefferies' Sporttasche vorbei, und da hakte sich der Träger jenes BHs auf wundersame Weise in den Aufschlag meiner Khakihose ein, und der BH rutschte heraus wie das Taschentuch eines Zauberers.

Ich spürte bloß ein leichtes Ziepen wie einen Biß, sah aus dem Augenwinkel etwas Weißes aufblitzen, wurde mir darüber klar, daß das der BH war, und meine erste Eingebung war, einen Blick zur Tür zu werfen. Es kam keiner! Dann starrte ich runter auf den BH. Ich sah die kaum erkennbaren Umrisse von Blümchen in dem weißen Stoff. Ich sah die robust gefütterten, ausladenden Körbchen, deren Form allein so viel andeuteten. Ich sah die weißen Träger für schnuckelige Schultern. »Mein Gott, ist der hübsch«, dachte ich. Ich wollte ihn stehlen und mit nach Hause nehmen. Wieder sah ich wie ein Sünder Richtung Tür. Ich wurde vernünftig. Ich war hier in der Pretty Brook! Ich schüttelte meinen Fuß, und der BH löste sich. Dann trat ich nach dem BH wie ein Fußballspieler, wollte ihn so wieder in die Tasche bugsieren, aber er rutschte nur ein paar Zentimeter weiter und blieb dort liegen. Er lag einfach nur reglos da auf dem kurzflorigen braunen Teppichboden.

Da wurde ich schwach. Ich bückte mich rasch und schnappte mir den BH. Die Berührung erregte mich sofort. Ich fühlte die eingearbeiteten Drahtverstärkungen der Körbchen. Das Gewicht, das darin steckte! Warum blieb mir so ein Gewicht versagt? Dann preßte ich mir eins der Körbchen an die Nase, und ich roch Parfüm. Das benebelte mich richtiggehend. Dann tat ich etwas vollkommen Verrücktes. Ich streifte mir den BH über mein frühjahrsdünnes Tweedjackett und betrachtete mich in dem Spiegel über dem Wasserkühler. Ich sah ganz absurd aus, ich hatte eine Krawatte um, aber mich überkam ein wunderbares, wallendes Gefühl von Weiblichkeit, und dann, genau in dem Moment, kam die Leiterin der Unterstufe herein, Kindergarten bis fünfte Klasse. Eine Mrs. Marsh, die verheiratet war mit Mr. Marsh, dem Rektor der Pretty Brook. Ich stand meiner Scharfrichterin gegenüber mit ihrem braunen Rock, ihrer gelben Bluse und ihrem feldgrauen Haar, und perplex, aber anklägerisch sagte sie: »Mr. Ives?«

»Der war in Ms. Jefferies' Tasche!« platzte ich raus, was natürlich eine inkriminierende und höchst lächerliche Aussage war. Ich hätte mich aus der Klemme ziehen können, indem ich es als Witz, als albernen Scherz hinstellte. Ich hätte wieder mit den Beinen kicken können, diesmal wie eine der Rockettes-Tänzerinnen, aber sie hatte meinen schuldbewußten Ausruf gehört, sie sah meine schuldbewußten Augen, und dann wanderte ihr Blick nach unten, und – wie hätte sie das übersehen können – sie sah meine Beule, die nach oben links zielte (Richtung New York? oder auf mein Herz?), was sogar ein noch gründlicheres Schuldeingeständnis für mein Tun war als der wilde, sexgierige Blick, der in meinen Augen gewesen sein muß.

Zur Ehre von Mrs. Marsh muß gesagt werden, daß sie den Raum diskret verließ, ohne noch ein Wort zu sagen. Ich streifte mir den BH ab und fragte mich, ob der robust genug sein mochte, um als Schlinge zu taugen. Ich könnte damit auf die Herrentoilette gehen und mich aufhängen. Ich wußte, mit meiner Karriere an der Pretty Brook war's aus. Die Öffentlichkeitsarbeit meiner Erektion hatte mein Schicksal besiegelt.

Wacker hielt ich noch bis zum Ende des Schuljahres aus, aber im Herbst brauchte ich nicht wiederzukommen. Offiziell wurde meine Stelle wegen gekürzter Zuschüsse und sinkender Schülerzahlen eingespart, aber ich kannte den wahren Grund, warum der Etat mich nicht mehr tragen konnte.

Ich verbrachte fast den ganzen Sommer in Depression und Scham. Ich hatte das Unterrichten gemocht. Es hatte mir Spaß gemacht, so zu tun, als sei ich Professor, und mich wie einer anzuziehen, wiewohl ich bloß den siebten Jahrgang unterrichtete. Aber ich hatte Angst, mich auf andere Lehrerstellen zu bewerben. Ich hatte Angst, die Pretty Brook würde mir ein schlimmes Dienstzeugnis ausstellen: »Er geht sehr gut mit den Kindern um, aber wir hegen den Verdacht, daß er Transvestit ist.«

Ich hatte mir ein bißchen Geld gespart, aber das würde nicht lange reichen, da ich noch meine Collegegebühren abzubezahlen hatte. Ich hatte Anspruch auf Arbeitslosenunterstützung, aber die würde erst im Herbst einsetzen, und außerdem war das keine Lösung. In meiner Ungewißheit über die Zukunft gewöhnte ich mir an, die adretten und eleganten, baumgesäumten Straßen von Princeton abzulaufen. Oft spazierte ich die Nassau Street auf und ab, die einschlägige Flaniermeile, wobei ich allerdings darauf achtete, einen großen Bogen um das Schaufenster von Edith's Lingerie Shop zu machen.

Häufig sah ich auf meinen Spaziergängen frühere Schüler, und ihre fröhlichen Grüße heiterten mich anfangs auf, und dann später deprimierten sie mich nur um so mehr. Aber alles in allem war das Herumwandern durch Princeton eine feine Sache – es ist ein ziemlich zivilisiertes und vornehmes Städtchen. So etwas gibt es in New Jersey nicht noch einmal, und vielleicht in den übrigen Vereinigten Staaten auch nicht. Es hat sowohl englisches als auch südliches Flair. Es gibt da pompöse Kolonialvillen; Mittelklassehäuser mit Veranden drumherum; ein ärmliches Schwarzenviertel mit Wäscheleinen, die einem zuwinken wie Flaggen aus aller Welt; und dann natürlich die Princeton University, die auf alles herunterblinzelt von ihren erhabenen Türmen aus und hinter ihren Pforten so königlich ruht wie der Buckingham Palace.

Mitten in der Stadt, in einer Seitenstraße der Nassau Street, gibt es einen zauberhaften Rasenplatz mit alten Bäumen und Blumen und vielen Bänken. Er heißt Palmer Square, und er erstreckt sich zwischen dem reizenden Art-déco-Postamt und dem jahrhundertealten Hotel, dem Nassau Inn. Die Bänke auf dem Palmer Square waren häufig mein Ziel, wenn ich mich auf meinen täglichen Wanderungen verausgabt hatte.

Aufgrund meines Aktes der spontanen, selbstzerstörerischen BH-Anprobe, der mich meine geliebte Stelle gekostet hatte, hielt ich mich für nicht ganz auf der Höhe und aus der Balance. Außerdem hatte ich angefangen, Thomas Manns *Zauberberg* zu lesen, und ich identifizierte mich mit der Hauptfigur, einem völlig aus dem Lot geratenen jungen Mann, Hans Castorp, der eine siebenjährige Tuberkulosekur in den Schweizer Alpen auf sich nimmt, obwohl er absolut gesund ist. Darum fing ich an, meine Wanderungen als eine Art von Kur zu begreifen, und ich ging dazu über, einen dünnen Paletot zu tragen, weil Hans immer einen Paletot anhatte. Und ich begann, Princeton insgesamt als ein gigantisches Sanatorium anzusehen, und betrachtete die anderen Parkbankdrücker auf dem Palmer Square als Mitpatienten, was sie übrigens tatsächlich waren. Aus irgendeinem Grund haben sich in Princeton eine Reihe von Resozialisierungsheimen angesiedelt, die sich um diverse mentale Problemfelder kümmern, und viele von den Bewohnern fühlen sich zum Palmer Square hingezogen.

Also saßen wir da alle auf den Bänken, harrten aus, in unterschiedlichen Stadien der Verzweiflung. Zwei aus der Stammkundschaft auf den Bänken waren alte Professoren, die nicht mehr ganz richtig im Kopf waren, aber ich bewunderte sie dafür, wie elegant sie sich immer noch kleideten. Und neben uns, die wir mentale Probleme hatten, waren da auch noch so einige Pensionäre, Männer wie Frauen, und die waren nicht durchgedreht, sondern sie waren verrückt vor Einsamkeit. Bei einigen von ihnen war's gefährlich, sich auf ein Gespräch einzulassen: Die einzige Möglichkeit, sich loszureißen, bestand darin, abrupt aufzustehen, sich höflich zu verabschieden und wegzugehen, während sie noch mitten im Satz befindlich waren.

Infolgedessen hatte ich bloß flüchtige Bekanntschaften unter diesen Parkbankkollegen – ich hatte keine engen Freunde. Der einzige Mensch, der vielleicht in diese Kategorie hätte fallen können, war ein Student aus dem theologischen Seminar von Princeton, Paul, der ein paar Monate zuvor die Stadt verlassen hatte, um in Adelaide in Australien eine presbyterianische Pfarrstelle zu übernehmen. Mein einziger Trost neben dem Herumspazieren bestand deshalb darin, Eiskaffee zu trinken und möglichst viel zu lesen.

Eines Tages dann gegen Ende August saß ich auf meiner Lieblingsbank vor dem Postamt, und ich war benommen von der Hitze und der Luft im zentralen New Jersey, wo die Luftfeuchtigkeit im Sommer amazonasmäßige Werte erreichen kann. Ich hatte die Sache noch verschlimmert, indem ich wie ein eitler Narr in meinem graugestreiften Seersucker-Jackett herumstolziert war, das man im Sommer in den meisten Klimazonen tragen kann, zum Beispiel in den Schweizer Alpen oder sogar im Süden Frankreichs, aber eben nicht im Mercer County. Trübsinnig hatte ich den *Zauberberg* beendet, und jetzt schleppte ich *Washington Square* von Henry James mit mir herum, aber ich war zu platt, um irgend etwas lesen zu können. Mein Exemplar war eine alte Taschenbuchausgabe, und der Umschlag zeigte eine Aquarellansicht des Washington Arch aus Richtung Fifth Avenue. Und ich stierte in einem Zustand der Niedergeschlagenheit und Austrocknung einfach bloß auf diesen Umschlag, als mir plötzlich eine Eingebung kam, was ich tun könnte: Nach New York City ziehen und da leben!

Ein schlichter Plan entfaltete sich vor mir: Ein billiges Zimmer finden und Arbeit kriegen. Da ich an der Rutgers University im Hauptfach Englisch studiert hatte, im Honors Program, dachte ich mir, ich könnte mich wohl im Zeitschriften- und Verlagswesen nach einem Job umschauen. Aber der erste Schritt war die Suche nach einem Zimmer, einer Operationsbasis.

Ich dachte, richtig romantisch wäre es, in einem Hotel zu wohnen. Ich stellte mir gerne vor, ich wär ein junger Gentleman, und darum faszinierte mich der Gedanke, ich hätte da vielleicht einen freundlichen Hotelangestellten, der Nachrichten für mich entgegennahm und mir jeden Morgen einen Abschiedsgruß mitgab, wenn ich mich in Schlips und Jackett zur Arbeit aufmachte.

Am nächsten Tag nahm ich den Zug nach New York. Ich nahm die Wohnungsanzeigen in der *Village Voice* als Führer, und ich suchte mir die Hotels heraus, die unter der Rubrik »Möblierte Zimmer zu vermieten« inserierten. Es fiel mir nicht schwer, diese Hotels zu finden, denn ich war ohne Probleme in der Lage, mich in Manhattan zu orientieren. Ich bin im nördlichen New Jersey aufgewachsen, bloß fünfzig Meilen von der George Washington Bridge entfernt, und mein Leben lang bin ich für Museums- und Spielbesuche und diverse Bedürfnisse in die Stadt gefahren. Aber bis zu dem Augenblick, als ich mir den Henry-James-Umschlag besah, hatte ich tatsächlich nie daran gedacht, in New York zu wohnen.

Meine früheste Erinnerung an die Stadt ist der Eindruck, wie sie oben von den Ramapo Mountains aus aussah, an deren Fuß meine Heimatstadt, Ramapo, liegt. Die Ramapos sind kein sonderlich beeindruckender Gebirgszug – in anderen Staaten würde man sie bloß als größere Hügel ansehen –, aber als Kind fand ich, sie wären ganz wunderbar, und von oben aus konnte man New York sehen. Bei Tag waren bloß die Spitzen der Gebäude sichtbar: Sie ragten aus dem Grau von Dunst und Abgasen hervor. Und bei Nacht fuhr mein Vater manchmal mit meiner Mutter und mir auf den Gipfel eines der Ramapos, auf einer Straße namens Skyline Drive, und jedesmal rief er aus: »Seht nur! Da ist die Stadt!«

Er war stolz, daß er von Brooklyn an einen Ort mit einer solchen Aussicht gezogen war, fast so, als hätte er ihn selbst entdeckt. Und es war auch tatsächlich spektakulär. Man konnte die Gebäude sehen, wie sie sich vom Lichtschein um sie herum abhoben. Sie sahen aus wie Raketen, fand ich, und die ganze Stadt schimmerte wie eine Krone, wie ein weit entferntes Königreich Oz.

Drum hab ich in gewisser Hinsicht meine ursprüngliche Ehrfurcht und Scheu vor New York nie ganz abgelegt, dieses Gefühl, das sei kein wirklicher Ort, kein Ort, wo jemand, wo ich leben konnte. Aber nach dem Verlust meines Jobs an der Pretty Brook und mit einer angenehmen Phantasie von mir als Junger-Gentleman-in-der-Stadt im Gepäck schob ich meine Ehrfurcht beiseite, und ich suchte Hotels überall in Manhattan auf.

Unglückseligerweise fand ich heraus, daß ein Junger-Gentleman-mit-begrenzten-Möglichkeiten heutzutage nicht mehr im Hotel wohnt. Sogar die preiswertesten Häuser kosteten fünfhundert Dollar im Monat, und die Zimmer, die sie zu bieten hatten, waren schäbig und deprimierend. Die Betten fielen fast zusammen und waren fleckenübersät, alle Fenster gingen auf die Lüftungsschächte hinaus, und man mußte sich das Badezimmer mit allen anderen auf dem Flur teilen. Und die anderen Bewohner, soweit ich sie zu sehen kriegte, sahen aus wie Crack- oder Heroinsüchtige.

Gesprochen hab ich bloß mit einem einzigen Menschen, einer jungen Frau. Sie verließ das Riverview Hotel in der Jane Street im Village gerade in dem Moment, als ich die Treppe raufkam. Sie schleppte einen Gitarrenkoffer, und ich dachte mir: »Vielleicht wohnen hier Künstler. Das könnte prima werden.« Ich entschloß mich, ein bißchen gesellig zu sein, und ich sagte mit einem Lächeln zu ihr: »Entschuldigung, ich bin fremd in der Stadt, und ich frage mich, ist dieses Haus wohl soweit okay?« Sie warf mir einen höchst entsetzten Blick zu, und bei genauerer Musterung bemerkte ich, daß ihr Haar schmuddelig und verfilzt war und daß unter ihren Augen veilchenblaue Pfützen waren. Sie floh an mir vorbei die Treppe runter, und ich stellte mir in diesem kurzen Augenblick vor, sie sei vielleicht eine Folksängerin, die eine Durststrecke durchlebte. Ich schaute ihr nach, wie sie rasch den Bürgersteig hinaufging, und ich bemerkte, daß ihr Gitarrenkoffer an der Seite aufgeplatzt war und daß kein Instrument darin war.

Ich hatte ja keine wunderschönen Unterkünfte erwartet, aber das Milieu dieser Hotels war sehr viel schlimmer, als ich mir das vorgestellt hatte, und die Angestellten entsprachen nicht im mindesten dem, was ich mir erhofft hatte. Es bestand nicht die geringste Aussicht, daß sie Anteil an meinem Leben nehmen und mir morgens, wenn ich zur Arbeit aufbrach, alles Gute wünschen würden. Sie alle saßen, während sie mich abfertigten, hinter schußsicheren Glasscheiben, und trotz der Sprechöffnungen fand ich es schwierig, zu verstehen, was sie sagten.

Am Ende dieses ersten Tages meines eben begonnenen neuen Lebens fand ich mich in einem griechischen Imbiß wieder. Ich bestellte mir eine Tasse Kaffee, und ich spürte, wie die Verzweiflung zurückkehrte, die ich den ganzen Sommer über nicht losgeworden war. Mein Leben war ganz offensichtlich vermurkst, und ich hielt mich für einen Blödmann, daß ich einer so vollkommen altmodischen Vorstellung nachgehangen hatte, wie es wäre, in New York zu leben. Ich wollte schon aufgeben, aber in Princeton standen mir nicht mehr viele Möglichkeiten offen, darum schlug ich noch einmal meine zerknitterte *Village Voice* auf. Ich warf einen Blick auf die Rubrik »Apartments zu vermieten«, aber alles schien mir viel zu teuer. Und dann war da unter »Mitbewohner gesucht« eine Anzeige, die mir ins Auge sprang. Sie lautete folgendermaßen: »Schriftsteller sucht verantwortungsbewußten Mitbewohner (männl.) für Apartment. Nicht vor Mittag anrufen. Gerne nach Mitternacht. $ 210/ Monat. 555-3264.«

Die Anzeige war seltsam, die Telefonvorwahl gehörte zu einer altmodischen Gesellschaft, aber es war doch auch das billigste Angebot in der ganzen *Village Voice*, und der Gedanke an einen Schriftsteller hatte für mich etwas Romantisches an sich. Ich war wieder guten Mutes, und sogleich rief ich von einem Münzapparat in dem Imbiß die Nummer an.

»H. Harrison«, antwortete die Stimme eines älteren Mannes.

»Ich rufe an wegen des Zimmers –«

»Können Sie die Miete bezahlen?«

»Ja, das denk ich doch.«

»Was für einer Art Beschäftigung gehen Sie nach?«

»Ich lehre –«

»Können Sie jetzt gleich vorbeikommen? Ich will nicht am Telefon reden. Ich kann diese ganzen Anrufe nicht ertragen.«

Seine telefonischen Umgangsformen waren etwas kurz angebunden, aber das war verständlich, wenn man bedachte, wie viele Leute schon wegen des Zimmers nachgefragt haben mußten. Ich sagte ihm, ich würde gleich vorbeikommen. Er gab mir die Adresse, und ich kritzelte sie auf eine Serviette. Es kam mir wie ein unglaublicher Glücksfall vor, daß ich ihn erwischt hatte. Er wohnte auf der Upper East Side, und sein vollständiger Name war Henry Harrison. Ich sagte ihm, ich sei Louis Ives. Wir verabschiedeten uns, ich zahlte meinen Kaffee, und ich sauste mit einem Hochgefühl großer Erwartungen aus dem Imbiß. Dieser Henry Harrison hatte sehr vielversprechend geklungen.

Unzucht ist nicht zulässig

Ich nahm die Nummer 6 Richtung Uptown, und ich betrachtete mich im verdunkelten Fenster des Zuges. Mein Haar, das schon angefangen hatte, sich zu lichten, sah in dem schwarzen Spiegel des Fensters dicht aus, und das gab meiner Zuversicht Auftrieb und steigerte mein Hochgefühl.

Ich stieg bei der Sechsundneunzigsten Straße aus, und ich ging den Hügel von der Lexington zur Second Avenue hinunter. Es war früher Abend, draußen noch hell, und die Luft war angenehm. Die Stadt fühlte sich ruhig an.

Das Haus von Mr. Harrison war auf der Dreiundneunzigsten, zwischen Second und First Avenue. Es war ein altes fünfstöckiges Ziegelgebäude ohne Fahrstuhl – an dieser Straße standen ungefähr ein Dutzend Häuser ohne Fahrstuhl –, und in dem kleinen Vorflur drückte ich auf den entsprechenden Knopf. Aus der Sprechanlage kam seine Stimme; offenbar schrie er hinein: »SIE SIND DER LEHRER?« Ich schrie in die Anlage zurück: »Ja, ich bin's!« Dann drückte er den Summer, daß die Tür aufging, und sogar, als ich schon die unterste Treppe raufstieg, folgte mir noch das Geräusch des klickenden Schlosses. Er ging absolut sicher, daß ich auch wirklich reinkonnte.

Das Apartment befand sich im dritten Stock, und trotz meiner vielen Spaziermärsche durch Princeton war ich ein bißchen außer Atem. Aber ich sprühte auch vor neuer Energie. Ich war nervös, und mein Herz pochte. Ich fühlte mich wie ein Schauspieler, der vorsprechen soll. Ich wollte das Zimmer haben! Es mußte das billigste in ganz New York sein. Ich klopfte an die Tür. Ich hörte Schlurfgeräusche.

Dann ging die Tür auf, und in der kleinen Luftbrise, die von innen herausdrang, roch ich Henry Harrison, bevor ich ihn sah. Es war ein strenger, gemischter Mief: ungewaschene Hemden und süßliches Eau de Cologne; ein bißchen Salzgeruch, ein bißchen Zuckergeruch.

Dann sah ich ihn. Der erste Eindruck war der von Schönheit und Verfall zugleich, wie bei einem eleganten Raum, dessen hohe Decke vergilbt und bröselig ist. Er war alt, ungefähr Ende siebzig, schätzte ich erst einmal, aber sein Gesicht sah immer noch ausgesprochen gut aus. Er hatte eine schön geschnittene Nase. Sie war gerade und ansprechend, und die Spitze war hübsch geformt – keine Sprenkel oder Löcher. Sein Haar war dunkelbraun, zu dunkel, wie mir schien, aber es war dicht, dichter als meines, und es war streng nach hinten gekämmt, wie bei einem Filmstar aus den dreißiger Jahren. Er hatte ein selbstsicheres Kinn, und er war gut rasiert, aber er hatte ein ins Auge springendes Büschelchen grauen Schnurrbarthaars direkt unter seiner Nase übersehen. Und da war irgend etwas an den tiefen Falten um seinen Mund und dem wilden, neugierigen Blick aus seinen dunklen Augen, was einen an einen alten Penner von der Straße erinnerte, der ordentlich Fusel intus hat, obwohl ich keinen Alkohol riechen konnte.

»Nur immer herein, immer herein«, sagte er, und er schloß die Tür hinter mir. Er gab mir die Hand, und ich schüttelte sie, und wir stellten uns noch einmal vor, um diese ersten angespannten Augenblicke irgendwie zu überbrücken. »Harrison, Henry. Henry Harrison«, sagte er.

»Louis. Louis Ives«, antwortete ich, und die Hände lösten sich.

Er war kein großer Mann. Er maß ungefähr einsfünfundsiebzig, und er trug einen abgetragenen blauen Blazer, eine fleckige gelbbraune Hose und ein rotes Button-down-Hemd. Auf der linken Seite lugte der Hemdkragen aus dem Revers des Blazers hervor und zielte nun vom Körper weg wie ein roter Wurfpfeil.

Ich hatte praktisch das gleiche Outfit an, Blazer und Khakihose, bloß daß meine Kleidung in besserem Zustand war. Aber ich beurteilte ihn nicht nach der Gammeligkeit seiner Garderobe: Ich beugte mich sofort der Hoheit seines Alters, und besorgt war ich eher darum, ob er auch sehen würde, daß ich auf ebenso tadellose Weise gekleidet war.

»Das wär's also«, sagte er und schwenkte die Hand vor uns. »Es ist abscheulich, aber es hat ein gewisses Ambiente und eine verrückte Ausgelassenheit an sich.«

Wir standen in der kleinen Küche des Apartments. Sie war

unordentlich und staubig und wurde von einer blumenförmigen Deckenlampe mehr schlecht als recht beleuchtet. Der Küchentisch war in Wahrheit eine Tür, die auf zwei Aktenschränken ruhte. Zu meiner Rechten ragte ein riesiger Geschirrschrank hervor. Oben auf dem Geschirrschrank befand sich ein alter Überseekoffer, und darauf wiederum waren mehrere lederne Reisetaschen bis zur Decke hin aufgetürmt. Der Koffer gefiel mir; als ich ihn sah, mußte ich an Ozeanpassagen denken. Und in der Ecke der Küche hing ein silberner Neujahrsballon. Er war zusammengeschrumpelt wie ein altes Stück Obst, aber er schwebte immer noch in der Luft und war wohl als der Quell der besagten verrückten Ausgelassenheit anzusehen.

An der linken Wand der Küche befand sich ein großes Panoramafenster, und durch dieses Fenster war das Wohnzimmer des Apartments zu sehen.

»Ich will Ihnen das Zimmer zeigen«, sagte er. »Und wenn Sie es darin nicht aushalten können, brauchen wir uns gar nicht erst mit dem Bewerbungsgespräch aufzuhalten.«

Auf den Serpentinen eines kleinen Trampelpfads konnte man durch das Gerümpel der Küche (Weinflaschen, mit Draht zusammengehaltene Küchenstühle, ein Heimtrainerfahrrad, ein Golf-Caddie aus Metall, Bücher und Zeitungen) hindurchgehen, und Mr. Harrison beschritt diesen Pfad und führte mich zu einer Türöffnung rechter Hand.

Der Pfad setzte sich aus den Streifen fleckiger orangener Teppichreste von mindestens zwei unterschiedlichen Farbtönen zusammen. Der Fußboden darunter war aus altem dunklem Holz, was, wie ich fand, für ein New Yorker Stadtapartment durchaus etwas besonderes war, wenngleich das Holz schon etwas modrig schien. Während ich Mr. Harrison folgte, sog ich seinen salzigen, süßen Geruch auf – er erfüllte tatsächlich das ganze Apartment –, und ich mochte diesen Geruch. Er roch lebendig.

Mit ungefähr vier Schritten durchmaßen wir die Küche und betraten den nächsten Raum.

»Dieses würden dann Ihre Kammern sein«, sagte er. »Ich fürchte, es ist nicht sonderlich hübsch.« Er senkte die Stimme, für einen Moment schien die allumfassende Schäbigkeit ihn peinlich zu berühren, aber dann fand er seine Selbstsicherheit wieder und sagte: »Aber es ist nicht so einfach, gutes Personal zu finden, das alles in Schuß hält.«

»Ich finde, das ist absolut prima«, sagte ich, was zwar nicht die Wahrheit war, aber von der Höflichkeit gefordert wurde. Es war ein winziges, schmales Zimmer, und das Bett war eine graue Matratze auf einem Metallrahmen mit Rädern dran. Eines von den hinteren Rädern fehlte, und deswegen war das verkürzte Bein auf dem eingedrückten Umschlag eines alten Buches aufgebockt worden. Das Bett nahm fast die gesamte Länge des Zimmers ein; es war eben noch genug Platz für den orangenen Pfad, der, wie ich sah, zum Badezimmer führte. Neben dem Bett befand sich ein kleiner Nachttisch mit einer Leselampe, und direkt daneben war ein Kleiderschrank, dessen Sperrholzseiten aufgeschlitzt waren.

»Ihre Kleidung können Sie in dem Armoire verstauen«, sagte er. »Und alles andere kann in die Aktenschränke in der Küche.«

Es war ein Fenster im Zimmer, aber es ging auf einen Lüftungsschacht. Das Gegurre von Tauben war ziemlich laut.

»Die Tauben sind aber wirklich nicht zu überhören«, sagte ich.

»Ja«, sagte er, »es ist schön, Zugang zur Natur zu haben.«

Wir folgten dem orangenen Pfad und gingen in das schmale Badezimmer. Es war verdreckt und abstoßend. Auf dem Fußboden lag ein Flicken abgetretenen blauen Teppichs, und daneben standen zwei Regale, die ebenfalls blau angepinselt waren, um zum Teppich zu passen. Auf den Regalen lagen Dutzende von Salben und Toilettenartikeln. Die meisten waren ausgedrückt und uralt. Auf dem obersten Regalboden war ein künstlerisches Arrangement, das an die Sitzreihen in einem griechischen Theater erinnerte und aus kleinen staubüberzogenen Shampoofläschchen bestand, die die Logos und Namenszüge diverser Hotels trugen.

Im Badezimmer fehlte das Waschbecken; es gab darin bloß eine Duschwanne und eine Toilette. Über der Toilette hing die gerahmte Tintenzeichnung einer viktorianischen Frau, die sich einen Fächer vors Gesicht hielt.

»Putzen Sie sich über der Küchenspüle die Zähne?« fragte ich.

»Ja«, sagte er. »Wenn ich dran denke.«

Er spülte einmal kurz die Toilette, um zu demonstrieren, daß die Spülung funktionierte, und sie machte ein gewaltiges motorenartiges Getöse. Er entschuldigte sich dafür, indem er sagte: »Sie funktioniert, aber ich glaube, da muß ein Außenbordmotor drin sein. Sie führt sich gerne so auf, als wäre sie eine Yacht, die in See sticht. Wer weiß, vielleicht hat der Klempner das Ding von einem Boot in Long Island gestohlen – da lebt er nämlich.«

Dann führte er mich aus dem Badezimmer durch das Schlafzimmer und die Küche in das Wohnzimmer, und das alles in ungefähr zehn Schritten. Das Wohnzimmer war der größte Raum des Apartments, und hier war's auch, wo der orangene Pfad zu seinem triumphalen Ende kam – der Fußboden war mit zwei Schichten aus hellorangenem und braunorangenem Teppich bedeckt. Dies war der Ozean aus Orange, in den der Pfad wie ein Fluß mündete, und über diesem Ozean waren zwei große Fenster mit dicken, dreckigen Vorhängen, die nach Westen gingen. Der Ausblick zeigte die rückwärtigen Fenster der Gebäude auf der Vierundneunzigsten Straße, und über den Dächern war das sich verdunkelnde Blau des frühabendlichen Himmels.

»Hier schlafe ich«, sagte Mr. Harrison, indem er auf eine schmale Couch unter der Wand mit dem Binnenfenster wies. »Aber dies ist auch das Gemeinschaftsareal für gemeinschaftliches Ausspannen. Das ist hier ein Leben im Kasernenstil, aber es läßt sich hinkriegen.«

Neben seiner Schlafcouch stand ein Kaffeetisch, der wie ein Mikrokosmos des gesamten Apartments wirkte – er war über und über bedeckt mit Hunderten von Centmünzen, ungeöffneten Rechnungen, unverpackten Aspirintabletten, einem Weinkelch und einer Schale mit Weihnachtskugeln darin, die es irgendwie schafften, durch den Staub hindurchzuschimmern.

Zwei zusammengehörige Holzstühle mit Sitzpolster darauf waren vorhanden. Er setzte sich auf den in der rechten Ecke, und ich setzte mich auf den Stuhl neben seinem Bett.

»Jetzt sollten wir uns wohl ein bißchen unterhalten«, sagte er. »Sehen, ob wir kompatibel sind ... Wie war noch mal Ihr Name? Irgend etwas mit V. Eaves?«

»Ives«, sagte ich »Louis Ives.«

»Hört sich englisch an. Aber Sie sehen deutsch aus. Sind Sie Deutscher?«

»Nein ... na ja, väterlicherseits aus Österreich«, sagte ich, und das war nicht gelogen, aber es war irgendwie so gut wie gelogen. Es zählt zu den Seltsamkeiten meines Lebens, daß ich zwar zu hundert Prozent Jude bin und mich innerlich sehr jüdisch fühle, aber mein Äußeres doch ausgesprochen arisch ist. Ich habe blonde Haare, blaue Augen, ich bin knapp einsachtzig groß, und mein Körperbau ist schlank, aber einigermaßen athletisch. Meine Nase verrät mich immer beinahe, aber die meisten Leute sehen nur meine Haare und gehen unwillkürlich davon aus, daß meine Nase wohl eine Adlernase oder eine Römernase ist, wo sie doch in Wahrheit jüdisch ist.

Ich hatte Angst, daß Mr. Harrison vielleicht keine Juden mochte, und deshalb führte ich ihn Richtung Österreich ein bißchen in die Irre. Die Wahrheit ist, daß die Familie meines Vaters tatsächlich aus dem österreichisch-ungarischen Reich von vor dem Ersten Weltkrieg stammt, wiewohl das nicht die Erklärung für meine blonden Haare ist. Die Familie meines Vaters und auch mein Vater selbst waren extrem dunkelhaarig. Mein helles Haar hab ich von meiner Mutter und ihrer Familie, die russisch-jüdisch war, genauer gesagt aus einem Stetl bei Odessa stammte, wo helläugige Juden alles andere als ungewöhnlich gewesen sein müssen. Ich hatte Mr. Harrison gegenüber Rußland nicht erwähnt, weil die Berufung auf österreichische Abkunft eine bessere Deckung abgab, so dachte ich, und weil ich als Mitbewohner vielleicht begehrenswerter erschien, wenn ich als Arier galt. Es ist eine meiner Charakterschwächen, daß ich immer von der Sorge geleitet werde, meine jüdische Identität zu verbergen.

»Der Name muß wohl auf Ellis Island zu Ives abgeändert worden sein«, sagte er.

»Die typische Immigrantengeschichte«, sagte ich, wobei ich ihm freilich nicht erzählte, daß der ursprüngliche Name Ivetsky gelautet hatte.

»Österreicher«, sinnierte er, und dann lächelte er mich an und sagte: »Vielleicht sind Sie ein verschollener Habsburgerprinz.«

»Das glaub ich weniger«, sagte ich, wenngleich ich seine Bemerkung als Kompliment aufnahm.

»Man darf immer hoffen«, sagte er. »Vielleicht verfügen Sie über königliches Blut und ein riesiges Vermögen, von dem Sie nicht einmal etwas ahnen«, und dann legte er seinen normalen Akzent ab, der fast englisch klang, aber in Wirklichkeit ein wohlartikulierter, etwas zurechtgestutzter amerikanischer Akzent mit Virginia-Einschlag war, und er wechselte in ein bäuerisches Irisch hinüber und sagte: »Aber bis dahin sind Sie gezwungen, bei meinesgleichen Zuflucht zu suchen und unterzukriechen.«

Ich lächelte ihn etwas gehemmt an. Er war ein großer Exzentriker, und in seiner Gegenwart fühlte ich mich eingeschüchtert. Ich wollte ihn amüsieren und beeindrucken, aber mir fielen nur höfliche und nichtssagende Nettigkeiten ein.

»Wo wohnen Sie zur Zeit?« fragte er.

»New Jersey«, sagte ich.

»Warum wollen Sie nach New York ziehen?«

»Ich hab ein paar Jahre lang unterrichtet, aber jetzt hoffe ich, mal etwas Neues machen zu können ... Ich bin sozusagen auf der Suche nach mir selbst.« Ich dachte, er würde an so einem Gedanken wohl Gefallen finden, weil in dem Inserat doch gestanden hatte, er sei Schriftsteller.

»In New York werden Sie nicht zu sich finden können. Für solcherlei Sachen ist New Jersey viel besser geeignet. Bei weitem nicht so verkommen.«

Ich war mir nicht sicher, wie ich mit dieser Bemerkung über Verkommenheit umgehen sollte, und dann fiel mir auf, daß über Mr. Harrisons Kopf ein Gemälde von der Jungfrau Maria auf Holz hing. Ich murmelte: »Ich hab bloß Spaß gemacht, ich bin nicht wirklich auf der Suche nach mir selbst. Ich will einfach eine neue Karriere anfangen.«

»Warum wollen Sie denn nicht mehr unterrichten?« fragte er.

»Es gab da Probleme mit dem Etat an meiner Schule, und ich war noch in der Probezeit, und darum haben sie mich gehen lassen.« Ich log so ehrlich, wie ich nur konnte. »Ich begreife das als eine Chance, etwas Neues zu probieren.«

»Wo haben Sie unterrichtet?«

»In Princeton.«

»Princeton?!?«

»Nicht an der Universität, an einer Privatschule namens Pretty Brook. Ich hab bloß im siebten Jahrgang unterrichtet. Obwohl ich allerdings Spaziergänge durch die Universität unternommen und auch die Bibliothek benutzt habe.«

»Wie ist Princeton so heutzutage? Mein Onkel hat da studiert. War einmal sehr ansehnlich. Aber dann haben sie die Frauen reingelassen. Das hat die Uni ruiniert, da bin ich mir sicher, hat sie in eine Art Mittelwesten-Uni verwandelt.«

»Das ist immer noch eine exzellente Universität«, argumentierte ich. »Es gibt keinen Grund, warum Frauen da nicht studieren sollten.«

»Ich bin gegen Bildung für Frauen!« proklamierte er. »Das stumpft ihnen die Sinne ab, bremst den Schwung ihrer Instinkte. Es beeinträchtigt ihre Fähigkeiten im Boudoir und mindert ihre Qualitäten als Köchin.«

»Glauben Sie das wirklich?« Er war zu exzentrisch, dachte ich, zu abgedreht. Wie konnte ich mit ihm zusammenwohnen? Aber ungeachtet meiner Einwände fand ich ihn ganz reizend, und ich wollte, daß er mich mochte.

»Ja«, sagte er. »Frauen sollten nicht verbildet werden. Das macht sie bloß zur Landplage. Sie wollen arbeiten, glauben, daß sie uns gleich sind. Sie sind uns doch in allen Belangen eindeutig unterlegen … Gute Mütter und gute Köchinnen, das können sie wohl sein. Die Frauen, die mir am besten gefallen, sind diejenigen in Williamsburg. Die chassidischen Frauen. Die scheinen vom rechten Schlag zu sein. Sie tragen Gingankleider wie Mary Pickford. Aber der Aufputz der Männer gefällt mir ganz und gar nicht. Es ist nicht besonders anziehend, das Haar in Zöpfen zu tragen, und diese schwarzen Hüte taugen doch nichts. Sie sollten die Hüte abschaffen.«

Ich war erleichtert, daß er etwas Positives über Juden gesagt hatte. Es schien mir nicht sehr wahrscheinlich, daß er gleichzeitig ein Antisemit sein *und* chassidische Frauen mögen könne. Es gab mir so ein Gefühl, daß ich vielleicht doch hier einziehen könnte. Ich würde meine Identität nicht verstecken müssen, und das würde die Sache um einiges erleichtern. Trotzdem war die Bude ein ziemliches Dreckloch, sogar bei der geringen Miete, und ich war von meiner Mutter zu einem Übermaß an Hygiene erzogen worden. Ich hielt unsere Konversation im Fluß, aber ich lenkte sie auf unverfänglicheres Terrain, weg von den Chassidim, damit er nicht plötzlich irgendwas Verächtliches und Antisemitisches sagen konnte, bei dem mir unbehaglich würde. Ich sagte: »Also, der Campus der Princeton University ist immer noch ausgesprochen schmuck.«

»Ich weiß noch, daß mich mein Onkel einmal zu einem seiner Wiedersehenstreffen dahin mitgenommen hat«, sagte er. »Er war in Fitzgeralds Klasse. Er sagte, er hätte auch *Diesseits vom Paradies* schreiben können, einfach weil er da zur gleichen Zeit war. Mein Onkel war ein Idiot.«

»Mögen Sie Fitzgerald?« fragte ich. Fitzgerald war immer einer von meinen Lieblingsschriftstellern gewesen, und seine Kurzgeschichten waren der eigentliche Grund, warum ich dachte, ein junger Gentleman müsse im Hotel wohnen.

»Natürlich«, sagte er. »Seine Prosa ist wie Cocktailmusik. Aber so jemanden wie Fitzgerald wird es nicht mehr geben. Dafür braucht man eine rein männliche Umgebung ... die Moslems könnten vielleicht einen Fitzgerald hervorbringen. Die haben einiges Talent, die Geschlechter auseinanderzuhalten.«

Ich stellte mir einen Moment lang einen *Großen Gatsby* neuen Zuschnitts vor, geschrieben auf arabisch und dann übersetzt, der hier bei uns zur Riesensensation würde. Ich sagte zu Mr. Harrison: »Ich liebe die Schreibe von Fitzgerald. Tatsächlich war's übrigens der Hinweis in Ihrer Anzeige, Sie seien Schriftsteller, der meine Aufmerksamkeit erregte. Was für eine Art Schriftstellerei betreiben Sie denn?«

»Ich bin Dramatiker.«

»Arbeiten Sie im Moment an irgendwas?«

»Ich versuche, mein *Opus magnum* abzuschließen. Es ist eine Sexualkomödie über die Shaker. Wissen Sie, wer die Shaker sind?«

»Mit den Quäkern bin ich vertraut. Und ich glaube, ich hab schon mal von den Shakern gehört.«

»Die sind ausgestorben, weil sie nicht an Sex geglaubt haben. Sie glaubten bloß ans Zittern und Schütteln. Obwohl sie ab und zu mal wiederbelebt werden, sterben sie doch immer wieder aus. Sie sind wie ein Bühnenstück. Sie sterben weg, und dann erscheinen sie wieder auf der Bühne. Das wird eine Art komischer *Hamlet* abgeben. Ein Stück im Stück.«

Da das Thema Sex nun einmal angeschnitten war, dachte ich, ich sollte jetzt wohl eine sich aufdrängende Frage stellen. Ich hegte die Hoffnung, wenn ich nach New York zöge, daß ich mich dann vielleicht in jemanden verlieben würde – noch so ein Gedanke, den ich von Fitzgerald hatte –, und das könnte dann bedeuten, mit einer Frau zu schlafen. Ich sagte irgendwie verschämt und so diskret wie möglich: »Wenn ich hier einziehen würde, dürfte ich dann Besuch kriegen?«

»Sie meinen Besuch über Nacht?«

»Ja.«

»Nein! Auf gar keinen Fall. Diese Wohnung ist dafür zu klein. Unzucht ist nicht zulässig! Ich könnte mir nicht einmal vorstellen, wie das gehen könnte, hier drinnen Sex zu haben«, und dann wurde seine Stimme gedämpfter, und seine Augen starrten zu Boden, wichen meinen aus, »und ohnehin habe ich mich, was derlei Aktivitäten angeht, zur Ruhe gesetzt.«

»Tut mir leid«, sagte ich. »Ich wollte nicht zudringlich sein.« Ich schämte mich, und ich blinzelte wieder zu der Jungfrau über seinem Kopf hoch. An den Wänden hingen außerdem antike Bilderrahmen. Darin waren keine Gemälde; sie rahmten bloß die ehedem rosige Farbe der Wände ein.

»Die Kirche, wissen Sie, ist sehr stark darum bemüht, die Menschen von sexueller Betätigung abzuhalten«, sagte er. »Wenn *die* erst aufgeben würden, dann bräche die Hölle über uns herein. Ein gewisser Widerstand ist vonnöten. Den Leuten muß gesagt werden, daß sie keinen Sex haben sollen. Wenn man die Sache erschwert, lassen die meisten Leute es einfach bleiben und entwickeln andere Interessen. Wie Mah-Jongg zum Beispiel. Sie werden feststellen, daß ich bei den meisten dieser Themen noch rechts vom Papst stehe.«

Ich dachte immer noch, daß er vielleicht doch ein bißchen mehr als bloß exzentrisch war, aber da war auch dieser ständige ironische Unterton, der alles, was er sagte, begleitete und der unzweifelhaft Intelligenz und geistige Gesundheit anzeigte. Er war sich dessen bewußt, daß er unerhörte Dinge formulierte, aber was er formulierte, waren doch seine ehrlichen Auffassungen.

Ich wollte meine Bemerkung bezüglich Besuchs irgendwie wiedergutmachen und mir seine Gunst zurückgewinnen, darum sagte ich, nachdem er den Papst erwähnt hatte: »Ich mag dieses Bildnis der Jungfrau Maria sehr.«

»Oh, ja, das fand ich auf einem privaten Flohmarkt in New Jersey. Die Menschen in New Jersey sind tugendhafte Menschen. Alle anständigen Menschen gingen da hin, und die mit den verlorenen Seelen gingen nach Long Island. Die Regierung von New Jersey ist ein fürchterlicher Haufen, aber die Menschen sind gut. Früher konnte man da hingehen und einen Wagen anmelden, ohne ihn versichert zu haben. New Jersey war ein Geschenk des Himmels. Man konnte einfach alles machen. So einen Staat brauchen wir wieder.«

»Ich hab fast mein ganzes Leben in New Jersey verbracht. Ich bin da aufgewachsen«, sagte ich.

»Das ist womöglich die beste Empfehlung, die Sie überhaupt beibringen können.«

Bei zweien meiner üblichen Unsicherheitsfaktoren war ich beschwichtigt worden: Er hatte ein Faible für chassidische Frauen, und er mochte New Jersey. Ich habe immer Angst, Menschen könnten mich nicht leiden, weil ich Jude bin, besonders solche Leute wie Mr. Harrison, der ungeachtet des schlechten Zustands seiner Kleidung und seines seltsamen Apartments einen Hauch von Upper class und England um sich verbreitete. Und was meine Herkunft aus New Jersey angeht: Meine Ängste vor Vorurteilen bezüglich dieses Staates sind fast noch schlimmer als die Ängste vor Antisemitismus. Menschen aller Gesellschaftsschichten neigen dazu, auf einen herabzusehen, wenn man erwähnt, daß man aus dem Gartenstaat kommt. Aber an diesen beiden Fronten hatte ich ein ziemlich gutes Gefühl im Hinblick auf den Fortgang unserer Unterredung. Ich beschloß, Mr. Harrison seine liberale Haltung in Sachen Juden und New Jersey mit einem weiteren Kompliment zu entgelten. »Ich mag Ihre leeren Bilderrahmen«, sagte ich. »Die finde ich sehr interessant.«

»Die meisten Bilderrahmen sind hübscher als ihre Bilder«, sagte er. »Und außerdem nicht so teuer.«

Danach redeten wir kurz über Finanzfragen. Wie inseriert, vermietete er das Zimmer für zweihundertzehn Dollar im Monat, zuzüglich vierzig für Strom, Telefongrundgebühr und fürs Kabelfernsehen. Das war absolut günstig, und es war im übrigen hundert Dollar billiger als das, was ich in Princeton zahlte. Ich hatte mir genug Geld zurückgelegt für ein, zwei Monate Leben auf Sparflamme plus Studiengebührabtrag, während derer ich nach Arbeit suchen konnte. Die Finanzfrage war also bestens geregelt, aber ich wußte nicht, ob ich wirklich in einer so engen, schmuddeligen Bude würde wohnen können. Mein Gefühl sagte mir, wahrscheinlich eher nicht. Am Ende unseres Gesprächs spielten wir immer noch mit verdeckten Karten. Er sagte: »Wir wollen beide drüber nachdenken, und morgen verständigen wir uns.«

»Gut, das klingt okay«, sagte ich, und ich gab ihm meine Telefonnummer. Während er sie sich aufschrieb, fragte ich: »Haben Sie schon viele andere Bewerber hiergehabt?«

»Dutzende. Aber Sie sind der einzige aus New Jersey, und Sie sprechen englisch.«

Wir erhoben uns beide. Mein Blick blieb für einen Moment an den Weihnachtskugeln auf dem Tisch hängen, und ich kleidete mein letztes Kompliment in die Worte: »Ich mag Ihre Weihnachtskugeln.«

»Ich liebe sie«, sagte er. »Finden Sie nicht auch, daß die wunderschön sind? Ich liebe die Farben, die Art und Weise, wie sie das Licht einfangen. Wenn Sie mir jemals etwas schenken wollen, dann können Sie mir Weihnachtskugeln schenken. Natürlich wäre mir eine Schale voller Juwelen am allerliebsten. Die Queen hat Juwelen.«

Er geleitete mich zur Tür; wir gingen den orangenen Pfad entlang. Er öffnete die Tür, und ich trat in den Flur hinaus.

»Bye-bye«, sagte ich, und ich streckte meine Hand aus, um seine zu schütteln. Ich war mir nicht sicher, ob ich ihn jemals wiedersehen würde.

Seine Augen wurden plötzlich viel intensiver und lebendiger. Er war gegen Ende unseres Gespräch ein bißchen müde geworden oder auch überdrüssig, aber jetzt schien er fast voller Leidenschaft. Er nahm meinen Unterarm in beide Hände, drückte ihn und sagte dann auf deutsch: »*Auf Wiedersehen!*« Es erschreckte mich, und er lächelte und schloß die Tür.

Der junge Gentleman

Ich verließ Mr. Harrison und ging zur Penn Station. Ich stellte mir vor, so, wie er meinen Arm gedrückt hatte, hatten sich vielleicht deutsche Soldaten an der Front voneinander verabschiedet. Ich sorgte mich ein wenig, ich könnte ihn vielleicht zu sehr von meinem Ariertum überzeugt haben.

Ich nahm den Zug zurück nach Princeton, und wie üblich gefiel mir die Fahrt. Ich liebe Zugreisen jeder Art. Während ich mit meinen Mitjerseyanern in den Vinylsitzen saß, stellte ich mir vor, ich sei in Europa, verließe spätabends Paris und führe die Nacht durch nach Rom. Ich verwandelte meinen neonerleuchteten New-Jersey-Transitwaggon in das kleine Abteil eines französischen Schlafwagens. Aus der kaputten Landschaft zwischen New York und Newark wurden die Ländereien außerhalb von Paris. Es war nicht mehr 1992, es war 1922. Ich starrte aus dem

Fenster. Ich war ein nachdenklicher junger Gentleman, der allein reiste; meine Emotionen waren noch immer vom Krieg erschüttert. Ich war eine romantische Gestalt.

Dann kam der Schaffner in seiner dunkelblauen Uniform und seinen schwarzen 08-15-Schuhen durch, und meine Phantasie veränderte sich. Er hatte ein nettes, rosiges irisches Gesicht, und das war jetzt nicht mehr Europa, es war New York in den dreißiger Jahren. Er fragte nach meiner Fahrkarte, und während ich sie ihm gab, sagte ich: »Danke.« Und dann fragte ich mit größter Höflichkeit: »Um wieviel Uhr werden wir in Princeton eintreffen?« Er lächelte und sagte: »Zehn vor zehn«, und ging zum nächsten Passagier weiter. Ich stellte mir vor und hoffte, er würde denken: »Das ist ein junger Gentleman auf der Rückfahrt nach Princeton nach einem langen Tag in New York. Wahrscheinlich hat er in seinem Club zu Abend gespeist.«

Ich hatte in der Tat einen langen Tag gehabt, und ich schlief mit an das Plastikfenster gelehntem Kopf ein. Das letzte, was ich sah, war eine funkelnde orangene Flamme, die aus einer Edison-Raffinerie emporzündelte und aussah wie der Eiffelturm, obwohl ich in meiner Phantasie nicht wieder zurückgesprungen war.

Ich wachte erschrocken auf, hatte Angst, ich könnte meinen Halt verpaßt haben und würde in Trenton landen. Aber irgendein innerer Alarm war ausgelöst worden, und ich war kurz vor Princeton Junction wieder zu mir gekommen.

Dann nahm ich den Dinky, den kleinen Zug, der Princeton Junction mit Princeton Borough verbindet. Das ist bloß eine Fahrt von fünf Minuten und hat mehr was von einer Fährpassage an sich, als wäre Princeton eine Insel, die vom festländischen New Jersey abgetrennt ist.

Der Dinky spuckt einen unten am Campus der Princeton University aus, die auf einem langen, gemächlich ansteigenden Hügel liegt. Man muß ganz durch den Campus hochgehen, um zur Nassau Street und dem Stadtzentrum zu gelangen. Als ich aus dem Dinky ausstieg, fiel mir die wunderbare Stille von Princeton auf. In New York herrscht ein ständiges Hämmern und

Schleifen, das man gar nicht richtig wahrnimmt, bis man sich in einer ruhigeren Umgebung dran erinnert.

Ich machte mich auf meinen Marsch durch den Campus, und ich bewunderte von neuem die kultivierte Anordnung der Universität: die abfallenden Rasenflächen, die Reihen dunkler alter Bäume, die kerzengeraden Schieferwege, die Tigerskulpturen und die aus italienischem Granit erbauten gothischen Studentenwohnheime. Das alles hatte ein kalte Schönheit an sich.

Ich blieb stehen und setzte mich auf eine Bank. Ein kleiner Mondzipfel warf ein diffuses silbernes Licht. Es war Ende August, und keiner war zugegen; ich hatte das ganze College für mich. Es wehte eine schwache Brise warmer Luft, und der Campus schien flache Atemzüge auszustoßen. So konservierte er sich, im Schlaf, bis er zur Rückkehr der Studenten wieder aufwachte. Ich verspürte eine großartige, friedliche Entrückung.

Ich dachte an Mr. Harrison und unsere Diskussion über Fitzgerald. *Dies ist das Paradies*, dachte ich. Und war es wie das Paradies, so fragte ich mich, weil man immer, wenn man ausgestoßen wurde, zurückkehren will? Ich mußte dran denken, daß Fitzgerald in Los Angeles gestorben war, während er die Football-Ergebnisse von Princeton studierte. Da schien mir dann, ich sollte Princeton nicht verlassen. Ich fragte mich, ob ich mir vielleicht einen Job in der Bibliothek verschaffen sollte. Ich könnte für den Rest meines Lebens so tun, als sei ich Student im Grundstudium.

Ich verließ die Bank und erklomm die Stufen vom Blair Arch, und ich entdeckte einen Wasserspeier, den ich nie zuvor bemerkt hatte, obwohl ich mich immer bemüht hatte, gut auf die aberhundert Wasserspeier von Princeton achtzugeben. Aber so sind Wasserspeier nun mal, man sieht sie, wenn sie einem etwas zu sagen haben, und das Gesicht von diesem hier war ganz verzerrt vor lauter Lust. Sex. Das war immer mein Problem. Es trieb mich aus Princeton weg. Ich dachte an meine Erektion in der Pretty Brook. Ich dachte an den Büstenhalter. Immer noch wollte ich den tragen. Ich wünschte mir, ich hätte ihn gestohlen und mit nach Hause genommen.

Ich erreichte mein kleines Studioapartment in meiner ruhigen Straße, Park Place, und ich wusch mir Hände und Gesicht, um mich zu trösten. Ich schaute mich in meinem blitzblanken kleinen Zimmer um. Ich war nicht gerade der disziplinierteste aller Haushälter, aber oberflächlich war alles sauber. »Dies ist mein Zuhause«, dachte ich, »hier gehör ich hin.«

Es kam mir jetzt beinahe pervers vor, daß ich an diesem Tag in das dreckige Apartment eines Fremden eingelassen worden war, daß ich mir eine graue Matratze angesehen und auch nur einen Augenblick mit dem Gedanken gespielt hatte, jenes Bett zu meinem neuen Zuhause zu machen. Mr. Harrison war ganz gewiß exzentrisch und interessant, aber der Gedanke, bei ihm zu wohnen, war verrückt, irrational.

Dann dachte ich an all die dreckigen Hotels, die ich mir angesehen hatte, an die Menschen, die in den Schatten der Flure herumgestanden hatten wie die Gespenster. Ich dachte an die U-Bahnen, die ich genommen hatte, die Menschenmengen, die mich zerstückelt hatten. Der ganze Tag kam mir vor wie eine Halluzination.

Ich saß auf meinem Lieblingsstuhl. Als Möglichkeit meines neuen Lebens schwand mir New York aus dem Kopf. Es war zu schmutzig, zu kompliziert. Ich war zu weich; Princeton hatte mich mit seinen stillen Straßen verdorben. Ich war wieder ganz am Anfang angelangt. Ich dachte an den Bahnschaffner, der so freundlich meine Fahrkarte entgegengenommen hatte – sollte ich versuchen, eine Stelle bei der New Jersey Transit zu kriegen? Im Postamt? Bei der Polizei? Ich mochte Jobs mit Kostümierung, aber ich wußte, daß ich für alle diese Berufe die nötigen Voraussetzungen nicht mitbrachte. Meine Gedankengänge waren lächerlich und verzweifelt. Ich war ein junger Mann ohne viel Hoffnung. Dann klingelte das Telefon.

»Hallo«, antwortete ich mit geschlagener Stimme.

»Hallo. Hallo. H. Harrison.« Er war's. Ich konnte nicht glauben, daß er anrief. Er und New York hatten schon angefangen, mir wie ein Traum vorzukommen.

»Oh, hallo«, brachte ich mit Mühe raus.

»Ich hab nachgedacht«, sagte er, »ich denk, wir sollten es

machen. Ich wollte mir nicht die Mühe machen, noch bis morgen zu warten. Wir sollten es jetzt gleich abmachen. Wir können es auf Wochenbasis machen. Zweiundsechzig Dollar die Woche. Und wenn es Ihnen dann gar nicht gefällt, dann haben Sie nicht gleich die ganze Monatsmiete zum Fenster rausgeschmissen.« Seine Stimme klang wie gehetzt, wie verzweifelt.

»Ich weiß nicht«, sagte ich. Er hatte mich ohne Deckung erwischt. Aber ich wollte nicht gleich nein sagen und ihn verletzen, ihn zurückweisen.

»Ich glaube, wir würden fein miteinander auskommen, und Sie brauchen es nur eine Woche lang zu probieren«, sagte er. »Wir könnten es sogar *per diem* machen. Neun. Nein, acht Dollar den Tag –«

»Ich mach's«, platzte ich plötzlich raus. »Ich werd's versuchen.« Was ein paar Augenblicke zuvor noch völlig außer Frage gestanden hatte, war jetzt der Weg, auf den ich umschwenkte. Ich änderte mein Leben ohne einen Augenblick Bedenkzeit. Es war der reinste Irrsinn. Und ich tat es vor allem, weil er mich wollte. Darauf sprang ich an. Ich fühlte mich geschmeichelt. Ich wollte, daß mich einer wollte.

»Das wird Ihnen sehr gut tun«, sagte er, und er klang glücklich. »Es gibt sehr vieles, was ich Ihnen über New York beibringen kann, wissen Sie. Ich kann Sie gesellschaftlich voranbringen.« Seine Stimme war wieder voller Selbstvertrauen, herrschaftlich.

»Das wäre sehr nett von Ihnen«, sagte ich. Mein Herz hämmerte. Ich glaube, uns war beiden irgendwie schwindelig. Daß er mich wollte und daß ich sein Wollen annahm, ließ uns beide frohlocken. Ich quoll über und verriet ihm dabei womöglich schon zu viel: »Es ist wirklich sehr seltsam, daß ich nach New York ziehen werde. Das kommt alles bloß daher, daß ich mir den Umschlag von *Washington Square* von Henry James angesehen hab und dann dachte, ich sollte in New York sein.«

»James kann ich nicht ausstehen!« verkündete er. »Er ist unlesbar.«

»Ich weiß, was Sie meinen.« Ich machte mir Sorgen, ich könnte etwas Falsches gesagt haben, aber dann sprang ich für mich selbst und für James ein bißchen in die Bresche, indem ich sagte: »Aber die früheren Bücher sind ganz ordentlich, zum Beispiel *Daisy Miller* oder *Washington Square.*«

»Ja, das stimmt schon, sein Stil hat sich verändert. Ich frage mich, warum. Er hat sich verbrannt, wissen Sie. Saß auf einem Ofen und schmorte sich die Testikel weg. Das könnte eine Erklärung für die Veränderung seines Stils sein.«

Er lachte, und ich lachte mit. Aber es war schwer, vorherzusagen, was von ihm zu erwarten war. Das Thema Sex war unsicher. Ich war mir nicht sicher, ob er heterosexuell, homosexuell oder womöglich irgendeine Art von zotigem Puritaner war. Aber diese Unsicherheit störte mich nicht weiter. Ich fand sie fesselnd und wohlvertraut.

Ich sagte ihm, ich bräuchte ein bißchen Zeit, um in Princeton Klarschiff zu machen, und ich würde nach dem ersten September so bald wie möglich einziehen. Das paßte ihm, und wir legten auf.

Ich hatte meinem Park-Place-Vermieter nicht fristgerecht gekündigt, aber er rückte anstandslos die Kaution heraus. Ich übereilte meine Schritte, aber ich fühlte mich nach New York und zu Henry Harrison gezogen. In meiner Wahrnehmung war Mr. Harrison ein Gentleman, und ich war ein Gentleman, der gerade flügge wurde, und darum würden wir gut zueinander passen. Ich führte mich schon seit beinahe sechs Jahren wie ein Gentleman in der Ausbildungsphase auf. Es fing in meinem zweiten Jahr in Rutgers an, daß ich begann, mich in Gedanken mit »junger Gentleman« anzureden. Und ich denke, die Initialzündung war, daß ich W. Somerset Maughams *Auf Messers Schneide* und Evelyn Waughs *Wiedersehen mit Brideshead* zu rasch hintereinander gelesen hatte.

Dann folgten Fitzgerald und Wodehouse und Wilde und Mann, und es kam soweit, daß ich bloß noch Bücher über junge Gentlemen lesen wollte. Für mich waren sie so was wie Don Quijotes Bücher vom Rittertum. Ich versuchte, so zu leben, wie die jungen Gentlemen lebten. Ich schrieb für alles mögliche kurze Dankesbriefe, und ich fuhr gern mit der Bahn. Ich rasierte mich täglich, aß einsam meine Mahlzeiten und zog mich picobello an.

Ich benutzte auch die Autoren selbst als Vorbilder: Ich versuchte, mich wie sie anzuziehen, nachdem ich die Fotos in ihren Biographien studiert hatte. Ich trug nie Turnschuhe, bevorzugte Hosen aus gewebten Stoffen – Leinen, Wolle oder Kordsamt – und ließ mir von italienischen Herrenfriseuren Kurzhaarschnitte verpassen.

So entwickelte ich einen Stil, eine Lebensart. Es war eine Phantasie, die ich trug wie eine Rüstung, um mich gegen den Alltag zu wappnen und den Tag zu genießen. Ich kriegte es hin, daß sich die Einsamkeit anfühlte wie ein Spielfilm.

Ein typischer Samstag in Princeton hörte sich in meinem Kopf folgendermaßen an: »*Der junge Gentleman schlendert die Nassau Street entlang. Er trägt seinen blauen Blazer. Er speist zu Mittag in seinem Lieblingslokal, dem Annex. Er sitzt an seinem Junggesellentisch und liest die Zeitung, während er ißt. Er ist freundlich zu betagten Kellnerinnen. Zur guten Verdauung unternimmt der junge Gentleman einen weiteren Spaziergang.*

Er legt bei Micawbers Buchladen eine Pause ein, grüßt den hart arbeitenden Eigentümer und stöbert in den Regalen. Er ist einer aus den Legionen, die viel stöbern und wenig kaufen, aber der Eigentümer weiß den jungen Gentleman wohl zu schätzen – seine gesetzten Manieren, die Krawatte um seinen Hals.

Der junge Gentleman spaziert zum Palmer Square und setzt sich auf eine Bank. Die anderen Banksitzenden blinzeln ihm zu und begehren seine Gesellschaft. Der junge Gentleman lächelt, hält sich freilich abseits.

Er beobachtet die Scharen junger Mädchen, die bei Thomas Sweet's Eis erstehen. Er schnuppert den Lüften nach, wenn sie an ihm vorüberziehen, und hofft, eine Spur jugendlicher Ausdünstungen zu erhaschen. Er betrachtet ihre zuckerigen Münder, ihre schlanken Beine und Arme, ihre Eiswaffeln. Er möchte nach Hause rennen und sich im Bett verstecken … Er ist bloß ein erbärmlicher Onanist!«

Unglücklicherweise verlor ich mich immer in übermäßig einsamen Gedanken, die aus lauter Verzweiflung ins Sexuelle abglitten, aber dieser musterhaft herausgegriffene Tag illustriert ganz gut das Leben des jungen Gentleman. Leitidee war es, eine gewohnheitsmäßige Routine herauszubilden; feste Gewohnheiten waren romantisch. Junge und alte Gentlemen hatten welche. Man ging seinen Gewohnheiten in aller Stille nach, aber die Menschen nahmen Notiz davon und bewunderten einen. Ich wollte, daß sie drauf zählen konnten, daß ich samstags im Annex auftauchte. Das war, als wäre man eine Naturgewalt: eine Wanderdrossel, die jedes Frühjahr zum selben Baum zurückkehrt; ein junger Gentleman im blauen Blazer jeden Samstag im selben Restaurant.

Ich spürte, daß ich meine Pflicht und Schuldigkeit in Princeton ganz gut erfüllt hatte: Die Menschen kannten mich nicht, aber sie würden mich vermissen. Und jetzt wollte ich weggehen und bei Henry Harrison wohnen. Er war ebenfalls ein Gentleman. Er wollte mich gesellschaftlich voranbringen. Ich glaubte nicht wirklich, daß er mich voranbringen könnte, aber die Tatsache, daß er so etwas sagte, inspirierte mich. Ich hatte als Gentleman ganz für mich gelebt, aber jetzt konnte ich das in der Gesellschaft eines Menschen tun, der mich verstand. Während ich mein Princeton-Leben in Kisten verstaute, fing ich an, ihn als eine Art Zukunftsvision meiner selbst zu sehen. Und ich wurde von dieser Zukunft nicht abgestoßen – ich wollte mehr darüber wissen.

Kapitel II

Ankunft

Am zweiten September 1992 fuhr ich in meinem dunkelblauen Pontiac Parisienne nach Manhattan. Es war ein ausladender, schmucker Wagen mit wohlgepolsterter Veloursausstattung. Es war, als führe man ein Wohnzimmer spazieren, und ich fühlte mich imstande, die meisten anderen Wagen aus dem Weg zu boxen. Er hatte hundertfünfzigtausend Meilen runter und bedeutete mir ziemlich viel. Ich hatte ihn von meinem Vater geerbt, als der 1984 starb.

Ich kam so um die Mittagszeit in der Dreiundneunzigsten Straße an und konnte direkt vor dem Haus parken. Ich summte Mr. Harrison vom Vorflur aus an, aber es kam keine Reaktion. Mich überkam kalte Panik. Ich hatte ihn am Abend vorher angerufen. Er hatte gesagt, er wäre da. Ich hatte Angst, er säße da oben und hätte es sich anders überlegt. Ich war nach New York gelockt worden; mir war ganz übel mitgespielt worden.

Ich holte mehrmals tief Luft und beruhigte mich. Ich hoffte, daß er ausgegangen war oder daß die Sprechanlage kaputt war, und ich ging an die Straßenecke und rief ihn vom Münztelefon aus an. Nach längerem Klingeln ging er ran: »H. Harrison.« Ich konnte laute Musik im Hintergrund hören – Tanzmusik alten Stils.

»Ich bin's, Louis. Ich steh hier an der Straßenecke, Mr. Harrison«, sagte ich.

»Wer?«

»Louis –«

»Moment, ich dreh mal eben die Musik aus ... Ich bin gerade beim Tanzen.« Die Musik hörte auf. Er hatte den Summer nicht gehört. »Wer ist da?«

»Louis, Ihr neuer Mitbewohner –«

»Wo sind Sie denn? Auf dem New Jersey Turnpike liegengeblieben?«

»Ich steh hier an der Straßenecke.«

»Ach, Sie sind schon da. Gut. Ich dachte schon, womöglich kommen Sie gar nicht ... Brauchen Sie Hilfe beim Tragen? Ich kann Gershon runterschicken, daß er Ihnen hilft.«

»Gershon?«

»Das ist jemand, der schwere Gerätschaften für mich schleppt.«

»Oh ... ich brauch keine Hilfe«, sagte ich.

Ich entlud meinen Wagen – ich hatte nicht viel dabei –, und mit ein paarmal Gehen kriegte ich meine Sachen hochgeschleppt. Wieder schlug mir der starke Geruch nach Schweiß und Eau de Cologne entgegen. Ich hatte ihn gemocht, als ich zum Bewerbungsgespräch hier war, aber jetzt überkamen mich Zweifel und Befürchtungen. Würde dieser Geruch auf mich überspringen, wie wenn man mit starken Rauchern zusammenwohnt? Und das Apartment kam mir sogar noch kleiner und rumpeliger vor als in meiner Erinnerung. Und zum zweiten Mal an diesem Morgen kriegte ich Herzflattern vor Panik. Beging ich womöglich einen schrecklichen Fehler?

Aber jetzt konnte ich nicht mehr zurück. Ich packte Laken und Decke aus und machte mein Bett. Und dieses bißchen Ordnung inmitten der ganzen Unordnung hatte etwas Tröstendes an sich. Dann setzten Mr. Harrison und ich uns in seinem Zimmer zusammen, um über ein paar Grundregeln unseres Zusammenlebens zu reden. Er saß auf seinem Stuhl in der Ecke, und ich saß auf demselben Stuhl wie bei meinem Bewerbungsgespräch. Er trug einen grünen Blazer und seine gelbbraune Hose, und durch die beiden Fenster flutete heller Sonnenschein herein und schien die Orangetöne des Teppichbodens noch kräftiger herauszuarbeiten.

»Fassen Sie mich nicht als Vermieter oder Mitbewohner auf. Begreifen Sie mich eher als Ihren Gastgeber«, sagte er. »Und Sie sind mein Hausgast.«

»Danke«, sagte ich. Es war ein nettes Willkommen, aber in seiner Gegenwart wurde mir ganz schüchtern zumut.

Dann erklärte Mr. Harrison mir, daß es eigentlich gegen die Regularien seines Mietvertrags war, das Zimmer unterzuvermieten. »Darum dürfen Sie niemals an die Tür gehen, wenn Sie jemanden klopfen hören«, sagte er. »Es könnte sich um den Vermieter oder einen Mieteintreiber handeln. Falls Sie einmal jemand auf der Treppe ansprechen sollte – was freilich eher unwahrscheinlich ist –, sagen Sie ihm, Sie wären mein unehelicher Sohn und daß wir uns erst kürzlich wiedergefunden hätten. Mir steht es frei, Verwandte und Erben hier bei mir übernachten zu lassen.«

Ich war von diesem Einfall mit der Unehelichkeit insgeheim angerührt, und dann sagte Mr. Harrison: »Und Ihre Mietzahlung sollten Sie als Schenkung an mich betrachten.«

Ich sagte ihm, ich wolle jetzt gleich für die erste Woche zahlen, und ich ging in mein Zimmer und holte meine Brieftasche. Ich überreichte ihm die zweiundsechzig Dollar, und er tat überrascht, aber flink steckte er sich das Geld in die Tasche, und er sagte: »Wirklich zu freundlich und so unerwartet!« Und mir ging auf, daß er das extra mit besonders lauter Stimme sagte, falls irgendwer, der Vermieter zum Beispiel, an der Tür lauschte.

Dann mußte Mr. Harrison weg, weil er sich zum Mittagessen verabredet hatte, und ich blieb allein in meinem neuen Zuhause zurück. Ich ging in mein Zimmer und packte zu Ende aus.

Meine Hemden und Jacketts und Hosen paßten alle in den Kleiderschrank, und meine Unterwäsche ging in die Aktenschränke unter dem Küchentisch. Ich hatte einen Großteil meiner Bücher bei Micawber versetzt, hatte aber eine Kiste mit Büchern über junge Gentlemen behalten, und die reihte ich auf dem Fußboden und dem Fensterbrett auf.

Und daß ich meine Bücher um mich hatte und ihre vertrauten Rücken und Umschläge betrachten konnte wie Familienporträts, war ausgesprochen gut und beruhigend: Ich hatte sämtliche Kurzgeschichten und Romane von Fitzgerald; Waughs *Brideshead* und *Eine Handvoll Staub*; Maughams *Messers Schneide* und drei Bände mit seinen Kurzgeschichten, deren Lektüre ein schöner Ersatz fürs Reisen ist, wenn man es sich nicht leisten kann, selbst irgendwo hinzufahren; eine Werkausgabe von Wilde; etliche von Wodehouse' *Jeeves*-Büchern; und Manns *Zauberberg* sowie einen Band seiner Tagebücher mit Fotos der Schweizer Klinik, die die Inspirationsquelle für den *Zauberberg* gewesen war. Außerdem besaß ich Turgenjews *Väter und Söhne*, die Geschichte eines jungen russischen Gentleman; und das Meisterwerk von Cervantes über den berühmtesten *älteren* Gentleman, *Der sinnreiche Junker Don Quijote von der Mancha*.

Außerdem brachte ich – und dies nun nicht aus Gründen der Gentlemanhaftigkeit – eine ziemlich zerlesene Ausgabe von Richard von Krafft-Ebings *Psychopathia sexualis* mit, die berühmte Studie aus dem neunzehnten Jahrhundert (219 Fallgeschichten) über abweichende menschliche Sexualität (ein Vorläufer Freuds), an die ich mich seit mehr als zehn Jahren heimlich klammerte. Ich las nicht mehr darin, aber das Buch war mir sehr wichtig, und ich konnte es nicht weggeben. Ich tat es mit meiner Unterwäsche in einen der Aktenschränke.

In jener ersten Nacht lag ich im Bett und hatte Heimweh nach Princeton. Ich war fast sechsundzwanzig Jahre alt, aber ich kam mir vor wie ein kleiner Junge. Tatsächlich drückte ich mir das Gesicht ins Kissen und erstickte ein paar Tränen, aber dann hörte ich damit auf. Ich hatte Angst, Mr. Harrison könne mich dabei überraschen. Unsere Zimmer hatten keine Türen. Also hörte ich einfach den Tauben beim Gurren zu und versuchte, Manns Tagebücher zu lesen.

Mr. Harrison war am späten Nachmittag von seinem Mittagessen heimgekehrt, hatte ein Nickerchen gehalten und war dann wieder losgegangen, um irgendwo zu Abend zu essen. Seine Verabredungen hatten für mich etwas Mysteriöses an sich. Er kam so gegen elf zurück und schaltete den Fernseher ein. Er lud mich ein, mich zu ihm zu setzen, aber aus Schüchternheit lehnte ich ab und blieb in meinem Zimmer, wo ich versuchte, zu lesen und nicht zu heulen.

Nach einer Stunde schaltete er den Fernseher aus, und ich hörte, wie er sich bettfertig machte und dann über der Küchenspüle seine Zähne putzte. Dann kam er auf dem Weg ins Badezimmer durch mein Zimmer. Er trug ein Smokinghemd und einen blauen Badeanzug mit weißen Wülsten an den Rändern. Eine schwarze Augenmaske hing ihm auf der Stirn. Das war ein bemerkenswertes Schlafgewand. Ich hatte bloß T-Shirt und Boxershorts an. Er schloß die Tür zum Badezimmer, und ich hörte ihn urinieren und dann vorzeitig spülen, während er noch urinierte, was ich einigermaßen verwirrend fand.

Er kam raus, der Long-Island-Motor brummte noch in der Toilette vor sich hin, und er stand am Fußende meines Bettes und sagte: »Haben Sie Ohrpfropfen zum Schlafen?«

»Nein, hab ich nicht. Aber ich schlafe tief und fest.«

»Nun, in New York sollten Sie welche haben. Die sind ganz ausgezeichnet. Sie werden Ihr Leben verändern.«

»Ich versuch mal, ob's so geht«, sagte ich, und dann versuchte ich, einen Witz zu machen. »Mit der Maske da sehen Sie aus wie der Lone Ranger.«

»Ich brauche sie zum Schlafen«, antwortete er in ernsthaftem Tonfall. »Ich ziehe es vor, mir einzureden, daß ich damit dem Phantom der Oper ähnele.«

Er ging einen Schritt Richtung Ausgang, und dann fiel sein Blick auf mein Buch. »Was lesen Sie da?« fragte er.

»Thomas Manns Tagebücher«, sagte ich.

Seine Augenbrauen glitten argwöhnisch in die Höhe. Ich hatte so das Gefühl, er denke an den *Tod in Venedig*. Dann sagte er mit freundlicher Stimme: »Wenn Sie wollen, können wir uns abends etwas vorlesen, um besser einzuschlafen ... Ich glaube, ein Kapitel *Pu der Bär* wäre ausgezeichnet, gefolgt von ein bißchen Rabelais.«

»Klar doch«, sagte ich und lachte ein bißchen, und das Heimweh fiel von mir ab.

»Also, *gute Nacht*«, sagte er auf deutsch, bevor er aus dem

Zimmer ging, und erinnerte mich auf diese Weise daran, daß er mich immer noch für einen Arier hielt, eine Lüge, deren Richtigstellung ich gern noch etwas hinausschieben wollte.

Der nächste Vorfall

Mit das erste in New York, was ich lernen mußte, war, wie man sein Auto parkte, ohne ein Strafmandat zu kriegen. Mr. Harrison, der ebenfalls einen Wagen hatte (einen Buick Skylark, sagte er), erzählte mir, die »*Polizei*« sei ganz gewiß hinter meinem Parisienne her, Strafmandate brachten der Stadt Geld ein, und ich müsse das als ganz normalen Lebensumstand akzeptieren. »Es ist vollkommen ungerecht, aber fassen Sie's einfach als Tribut an den König auf«, sagte er.

Ich fand heraus, wenn ich die Schilder genau befolgte, konnte ich um Strafmandate herumkommen, aber ich machte mir Sorgen, mein Wagen könne, obwohl er alt war, ein Opfer des Vandalismus werden. Er war Baujahr 1982, aber ich hielt ihn gut in Schuß. Mein Vater hatte mir dauernd Vorträge gehalten, wie wichtig es sei, das Öl zu wechseln und den Benzinstand nie unter die halbe Tankfüllung fallen zu lassen, damit kein Schmutz in den Motor gelangte. Er kümmerte sich sehr um seine Autos, weil sie sein Broterwerb waren; er war Handelsreisender.

Er verkaufte Möbel an Schulen und Pflegeheime und Gefängnisse. Sein Gebiet umfaßte New Jersey und Pennsylvania. Es war ein schwieriges Geschäft; die Einrichtungen hielten immer möglichst lange an ihrem alten Mobiliar fest.

Er starb eine Woche, bevor ich aufs College sollte. Ein schwerer Herzanfall setzte seinem Leben ein Ende. Er war erst siebenundfünfzig. Er war nicht übergewichtig, aber er trieb nie Sport, und er rauchte Zigarren. Es passierte in einem Hotelzimmer in Scranton in Pennsylvania. Er starb »unterwegs«, wie meine Mutter und ich die vielen Nächte nannten, die mein Vater nicht bei uns verbrachte.

Mein Vater kannte den *Tod eines Handlungsreisenden* durchaus, und häufig gebrauchte er für sich selbst geringschätzig den Namen Willy Loman. Und manchmal sagte er auch: »Ich werde alle meine Probleme lösen: Ich werde tot umfallen.« Aber ich hab nie rausgefunden, ob er das von Arthur Miller hatte oder ob er selber drauf gekommen war. Ich glaube allerdings, mein Vater fand es abscheulich, daß sein Leben als Handelsreisender so getreulich auf die Bühne gebracht worden war, ganz so, als wäre sein eigenes Dasein in ein Klischee verwandelt worden.

Nachdem er starb, saß ich *Schiva*, und dann stieg ich in den Unterricht ein. Ich hätte auf dem Campus wohnen sollen, aber meine Mutter brauchte mich, also fuhr ich drei Tage pro Woche mit dem Parisienne nach Rutgers. Viele Jahre lang, bis es schließlich verflogen war, konnte ich immer noch die Asche der Zigarren meines Vaters riechen, wenn ich in den Wagen einstieg. Ich mochte den Geruch nicht, aber ich vermißte ihn, als er schließlich verschwunden war.

Meine Mutter kam nach dem Tod meines Vaters nie wieder richtig auf den Damm, und ihre Depression verwandelte sich in Eierstockkrebs, jedenfalls ist das meine Theorie, und drei Jahre, nachdem mein Vater gestorben war, starb auch meine Mutter, fast auf den Tag genau.

Mein Vater war, weil er als Reisender auf Kommissionsbasis gearbeitet hatte, nie richtig versichert gewesen, und das hatte böse Konsequenzen für meine Mutter, die nicht arbeitete, als er starb, und auch nie wieder zu arbeiten anfing. Ihre Krebsbehandlung zehrte fast unser ganzes Geld und die Hypothek auf, und für mich blieb sehr wenig übrig.

Darum war mir der Parisienne als Hinterlassenschaft meiner Familie lieb und teuer, und ich fragte Mr. Harrison, ob er wohl meinte, mein Wagen könne leicht verwüstet oder gestohlen werden. Er glaubte das nicht, aber er riet mir, eine Wegfahrsperre fürs Lenkrad zu kaufen. Er selbst habe keine Wegfahrsperre, sagte er, aber er habe irgendwo ein rotes Rohrstück gefunden und klemme sich das ins Lenkrad, weil das aussehe wie eine Wegfahrsperre und mit einiger Wahrscheinlichkeit jeden potentiellen Dieb an der Nase herumführen würde.

Nach ein paar Tagen nannte ich meinen Gastgeber nicht mehr Mr. Harrison, sondern redete ihn einfach mit Henry an. Er wiederum benutzte meinen Namen nicht sehr häufig. Er mußte sich sehr bemühen, ihn nicht zu vergessen. Ein paarmal nannte er mich Otto, der Name seines vorherigen Mieters, wie ich herausfand, als Post für einen gewissen Otto Bellman kam. Henry hatte mir die Post abgenommen und sie in ein Fach im Kühlschrank getan, damit sie nicht verlorenging. Und ich verbesserte ihn nicht, als er mich Otto nannte. Ich wollte nicht, daß es ihm peinlich war.

Ich fing an, nach einem Job zu suchen, und jeden Tag ging ich mit der *New York Times* und der *Village Voice* in den griechischen Imbiß auf der Second Avenue. Ich kringelte Anzeigen ein, und dann verschickte ich Lebensläufe und Bewerbungsschreiben. Ich benutzte Henrys alte Schreibmaschine, und die Typen waren schon ein bißchen abgenutzt, aber das verlieh meiner Korrespondenz einen altmodischen Touch, der mir sehr gefiel. Außerdem suchte ich etliche Zeitarbeitsfirmen auf und machte Tests in Maschineschreiben, wobei immer ein lumpiger Schnitt von achtundzwanzig Wörtern pro Minute herauskam. Zwölf Wörter zu langsam, um einen Job zu kriegen. Ich glaubte, mit jedem Test müsse sich meine Anschlagzahl verbessern, aber das tat sie nicht. Ich wurde ziemlich schnell mutlos, versuchte es aber immer weiter.

Henry war von meinem Eifer ziemlich beeindruckt. Er wollte mir helfen, darum sagte er: »Ich spiel dir morgens immer Militärmusik vor, daß du gedanklich richtig eingestellt bist.«

Er besaß viele Schallplatten, darunter auch eine mit Märschen, aber er wachte nie früh genug auf, um sie mir vorzuspielen. Er schlief jeden Tag bis elf oder zwölf und ging so gegen Mitternacht zu Bett. Er sagte, er brauche zwölf bis vierzehn Stunden Schlaf, wie Katharine Hepburn.

Obwohl Henry es vorgeschlagen hatte, fingen wir auch keine nächtlichen Lesungen von *Pu der Bär* und Rabelais an. Wie die morgendliche Militärmusik war dies eine der vielen Maßnahmen, die sich Henry für meine Selbstvervollkommung oder unsere gegenseitige Selbstvervollkommnung ausdachte, aber über das Vorschlagsstadium gelangten sie nie hinaus.

Dabei hätten wir noch einiges an Vervollkommung brauchen können. Trotz unseres gentlemanhaften Äußeren lebten wir wie zwei zusammengepferchte Penner: Henry hatte eine Flasche bei sich unter dem Bett, in die er nachts reinpinkeln konnte. Ich wohnte seit ungefähr zehn Tagen bei ihm, als er mir von der Flasche erzählte, was ihm ziemlich peinlich war. Ich hatte den betreffenden Tag damit verbracht, bei Maschinenschreibtests in Zeitarbeitsfirmen durchzufallen, und ich saß niedergeschlagen auf Henrys Couch und sah fern. Ich benahm mich inzwischen ungezwungener und betrat ohne Hemmungen sein Zimmer, und er war so rücksichtsvoll gewesen, eine braune Überdecke über seine Couch zu breiten, so daß ich nicht direkt mit seiner Bettstatt in Kontakt kam.

Unter seinem Bett befanden sich einige Paare seiner ausgetretenen Schuhe und etliche Flaschen, auf denen noch die Etiketten klebten: Pflaumensaft, Apfelsaft und Mineralwasser. In manchen Flaschen war noch Flüssigkeit. Ich stieß aus Versehen mit dem Fuß an eine von den Flaschen, und Henry sah das und mißverstand meine Absichten.

»Trink niemals aus einer von diesen Flaschen!« sagte er mir mit großem Nachdruck. »Da könnte dir ein böser Fehler unterlaufen! Eines der Opfer, das ich für das gemeinschaftliche Leben bringe, besteht darin, daß ich nachts eine Flasche benutze, statt durch dein Zimmer zu gehen und dich aus deinen freudianischen Träumen zu wecken. Das soll nicht heißen, daß ich nichts mit dir teilen wollte, wenn du durstig bist, aber nicht einmal ich weiß noch, was worin ist. Womöglich ist das inzwischen alles vermischt. Alles unter dieser Couch muß deswegen als potentiell giftig angesehen werden!«

Obwohl er es nicht direkt aussprach, wußte ich auf der Stelle, daß er das Pissen meinte, und ich wußte das Opfer wohl zu schätzen, das er brachte. »Danke, das ist sehr freundlich von dir«, sagte ich. »Ich hoffe, das ist nicht gar zu lästig.«

»Nein, lästiger ist es, aufzustehen.«

Er hatte meine freudianischen Träume erwähnt, weil ich

zwei Nächte zuvor aufgewacht war und nach meiner Mutter geschrieen hatte. Ursache waren wahrscheinlich die Ängste, ein neues Leben anzufangen. Ich träumte, daß sie vor mir weglief und daß ich verzweifelt ihre Hilfe brauchte. Schließlich war ich gerade nach New York gezogen und steckte voller Ängste, und ich vermißte sie, aber ich hatte auch so ein Gefühl, daß mein Bedürfnis nach meiner Mutter ein sexuelles war. Am nächsten Tag hatte ich mich gesorgt, ich könnte Henry im Schlaf gestört haben, und ich fragte ihn: »Hab ich dich mit meinem Geschrei heute nacht aufgeweckt?«

»Ich hab kein bißchen gehört«, sagte er. »Die Ohrpfropfen waren tief drinnen.«

»Dann ist ja gut«, sagte ich, und dann fragte ich: »Bleiben die da nie drin stecken?«

»Manchmal schon. Mit heißem Wasser kann man sie lösen. Einmal mußte ich in die Notaufnahme. Wer weiß, vielleicht steckt immer noch einer drin ... Warum hast du geschrieen?«

»War 'n Traum«, sagte ich.

»Wovon?«

Ich zögerte, ihm die Wahrheit zu erzählen. Henry hatte mir nicht sehr viele Fragen über mein Leben gestellt, und von meinen Eltern hatte ich ihm nichts erzählt. Und ich wollte das Gespräch nicht auf meine Mutter bringen, aber mir fiel so auf die Schnelle keine gute Lüge ein, und darum sagte ich: »Ich hab nach meiner Mutter gerufen.«

»Warum hast du nach ihr gerufen?«

»Das war quasi sexuell«, sagte ich.

»Na ja, du bist in den Zwanzigern«, sagte Henry, »da ist das ein ganz normales Handicap. Wenn es in den Vierzigern immer noch so ist, mußt du zum Analytiker.« Er hielt inne, dachte über den Rat nach, den er mir gerade gegeben hatte, und widerrief ihn dann. »Aber was bringt's? Man findet raus, was es zu bedeuten hat, und was dann? Irgendwas ändern? Nein. Es ist nicht weiter von Belang. Einfach zum nächsten Vorfall weiterpreschen.«

Zum nächsten Vorfall weiterzupreschen schien das Leitprinzip von Henrys Leben zu sein. Jedes Erfordernis der Haushaltsführung wurde als nächster Vorfall oder als nächstes zu lösendes Problem angesehen. Sein größtes Problem war, soweit ich hatte erkennen können, das Wiederfinden von Schlüsseln. Etliche Male am Tag sagte er so etwas wie: »Also der nächste Schritt, das sind die Schlüssel. Wo sind sie? Meine Socken hab ich gefunden, jetzt sind die Schlüssel weg. Ist doch das reinste Tollhaus!« Seine Schlüssel waren ein steter Quell von Frustrationen.

Der häusliche Vorfall des Wäschewaschens fand in der Duschwanne statt. Mir fiel auf, daß Henry ausgesprochen lange duschte – bis zu dreißig oder vierzig Minuten. Ich fand heraus, daß er sich in dieser Zeit nicht nur duschte, sondern auch seine Klamotten wusch. Er trampelte auf seinen Hemden herum, während das Wasser draufbrauste, um den Spülvorgang zu imitieren.

Bei den ersten Malen allerdings, die er da drin war, als ich über seine Waschmethoden noch nicht Bescheid wußte, sorgte ich mich, er könnte in der Wanne ausgerutscht sein. Ich war richtig bekümmert und fragte mich, ob ich an die Badezimmertür klopfen sollte, aber ich wollte auch keinen Fauxpas begehen. Dann eines Abends, als er aus dem Badezimmer herauskam, ein grünes Handtuch um seine Hüften geschlungen und sein schönes dichtes Haar glatt nach hinten gekämmt, mußte ich meine Besorgnis einfach loswerden, und so bemerkte ich diskret: »Hat dir deine Toilette Spaß gemacht? Du warst da ganz schön lange drin.«

»Ich hab meine Hemden gewaschen«, sagte er. »Ich knete sie mit den Füßen. Muß dabei an Wein denken.«

Abgesehen davon, daß er versuchte, immer zum nächsten häuslichen Vorfall weiterzupreschen, hatte Henry auch einen vollen Terminkalender mit gesellschaftlichen Vorfällen. Ich fand das ungewöhnlich. Er hatte wenigstens fünf Damen an der Hand, die mehrmals täglich anriefen und ihn zu diversen Anlässen einluden. Er war äußerst beliebt. Ich ging bei vielen dieser Anrufe ans Telefon, und die Frauen klangen alt und hinfällig, aber sie waren offenbar noch gut genug beisammen, um abends auszugehen.

Es existierte in New York also eine mysteriöse, betriebsame ältliche Gesellschaft, in deren Getriebe Henry ein wichtiges Rädchen war. Und sie trafen sich keineswegs zu Bridgeabenden und zum Verspeisen von Thunfischsalaten; Henry hatte Termine im Russian Tea Room, Tanzabende im Waldorf, Dinnerpartys im Supper Club.

Eine der Damen, die häufig anriefen, war Marjorie Mallard, seine Exverlobte. Als er mir erzählte, sie seien zehn Jahre lang verlobt gewesen und hätten sich erst kürzlich getrennt, fragte ich: »So lange bist du verlobt gewesen – warum hast du sie da denn nicht geheiratet?«

»Ich kann sie nicht mehr heiraten«, sagte er. »Sie stirbt. Es würde ausgesprochen schlecht aussehen, sie kurz vor ihrem Tod noch zu heiraten. Außerdem hat sie immer alle Fäden in der Hand gehalten, ich würde das Geld gar nicht zu sehen kriegen. Das ist etwas, was niemand weiß: Wenn man Geld heiratet, sieht man gar nichts davon. Die schwierigste Methode, an Geld zu kommen, ist, es zu heiraten. Mir gefällt die viktorianische Einstellung: Das Geld gehört in die Hände des Mannes, ganz gleich, wo es herkommt.«

Eines Abends während meiner zweiten Woche in dem Apartment machte sich Henry fein, um zu einer Dinnerparty zu gehen. Er legte sein beinloses Bügelbrett quer über den Küchentisch und richtete sein Hemd her, das in der Dusche gehangen hatte. Das Hemd war noch nicht richtig trocken, und er benutzte das Bügeleisen, um es anzuwärmen.

Als das Hemd fertig war, wählte er eine Krawatte aus seiner umfänglichen Sammlung. Die Krawatten hatte er um das Rohr eines alten Staubsaugers gehängt, der nicht mehr funktionierte. Der Staubsauger wurde versteckt in der Küche in einem engen Schränkchen aufbewahrt, das als Tür einen roten Vorhang hatte. Der Schrank stand gleich neben dem Geschirrschrank. Als ich eines Tages die Türen des Geschirrschranks aufgemacht hatte, hatte ich entdeckt, daß Henry die Regalböden vor langer Zeit entfernt, eine Stange eingebaut und daran seinen einzigen Anzug, ein Smoking-Outfit, zwei blaue Blazer und etliche Sportsakkos aufgehängt hatte. Und wenn man diesen Schrank erst einmal geöffnet hatte, war er wie ein riesiges Duftkästlein: Heraus strömte Henrys Geruch nach Schweiß und Eau de Cologne – wie Blumen, die ein Weilchen im Umkleideraum gelegen hatten –, und mir ging auf, daß dieser Schrank die hauptsächliche Quelle für den Geruch im Apartment war und warum dieser Geruch in der Küche am stärksten war.

Nachdem er sich also eine Krawatte vom Hals des Staubsaugers geangelt hatte, öffnete Henry den Geschirrschrank und entnahm ihm seine graue Anzugjacke (unsere paar Teller verwahrten wir oben auf dem Kühlschrank), und als er komplett angezogen war, sagte ich: »Heute siehst du richtig adrett aus.«

»Ich trag meine Weste nicht«, sagte er. »Letzte Woche hab ich meine Weste angehabt. Auf diese Weise kriegen sie nicht mit, daß ich bloß einen Anzug habe. Aber Marjorie Mallard wird auch da sein, meine Exverlobte, weißt du, und in Sachen Kleidung fällt ihr jedes Detail auf. Eines Abends gefielen ihr meine Schuhe sehr. Sie sagte, sie sei Schuhfetischistin. Darum hab ich den ganzen Abend lang meine Füße hinter die Stuhlbeine geklemmt, um die Schuhe zu verstecken. Es ist besser, diese Leute in ihrem Schuhfetischismus nicht noch zu bestärken.«

Die Oper

In der dritten Woche meiner Arbeitssuche war ich zum Bewerbungsgespräch bei einer Umweltschutzzeitschrift namens *Terra*, die jemanden für den Abonnementsverkauf per Telefon suchte. Es bestand außerdem eine gewisse Chance, leichtere Korrekturarbeiten übernehmen zu können. Der Herausgeber der Zeitschrift war ein schlanker dunkelhaariger Mann namens George Cummings. Er führte das Bewerbungsgespräch mit mir, und es stellte sich heraus, daß er in Princeton studiert hatte. Ich sprach vom Campus, als wäre auch ich Absolvent der Uni, und damit beeindruckte ich ihn. Außerdem sah er aus wie jemand, der gerade bei Brooks Brothers aus der Tür gekommen war, und ich glaube, er wußte meine adrette, jung-gentlemanhafte Erscheinung zu würdigen.

Ich sorgte mich allerdings, es könne ihm auffallen, daß mein Haar schon lichter wurde. Er war Ende dreißig und hatte noch volles Haar. Mein Ansatz zur Glatzenbildung verbarg sich hinter der heckenartigen vorderen Haarfront. Es war eine seltsame Art und Weise, eine Glatze zu kriegen, wie bei einem Wald, dessen äußere Bäume kerngesund sind, aber wenn man da hindurchlinst, sieht man, daß innen drin ein Feuer gewütet hat.

Aber entweder störte es George nicht, oder er nahm es gar nicht wahr – meine blonde Haarfarbe machte es für manche Leute schwierig zu erkennen, was da vor sich ging –, und er war so begeistert von mir, daß er sagte: »Ich möchte, daß Sie diese Woche gleich anfangen, wenn's geht.«

»Ich kann morgen anfangen«, sagte ich, und vielleicht hätte ich mich doch ein bißchen mehr bedeckt halten sollen, aber er war die Art Mensch, mit denen man nicht Versteck spielen muß.

Ich kehrte gegen halb sechs ins Apartment zurück und überbrachte Henry die gute Nachricht. Er saß auf seinem Stuhl in der Ecke, und ich setzte mich auf sein Bett. Er freute sich sehr darüber, daß ich eine Stelle gefunden hatte, aber er war auch mißtrauisch.

»Was für eine Art Zeitschrift ist das?«

»Umweltschutz. Erscheint vierteljährlich.«

»Das könnte ein Deckmantel für etwas Pornographisches sein.«

»Glaub ich nicht. Die sitzen in einem sehr feinen Gebäude.« *Terra* hatte seinen Sitz auf der Zweiundsechzigsten, nicht weit von der Lexington.

»Das will nichts heißen ... Aber wenigstens hast du Arbeit. Ich wußte, daß du jemand bist, der die Miete bezahlen kann. Du solltest deine Eltern anrufen und ihnen mitteilen, daß du hier in der Großstadt deinen Weg machst.«

Einen Moment lang blieb ich stumm. Ich mußte es ihm sagen. Es wäre grotesk, ihn zu hintergehen. Ich war mutig und direkt und sagte: »Tut mir leid, daß ich das nicht schon früher erwähnt hab. Ich finde das immer irgendwie schwierig ... Aber jedenfalls waren meine Eltern beide krank und sind vor ein paar Jahren gestorben.«

Mir pochte das Herz, und zum ersten Mal, seit wir uns kannten, schien Henry wirklich von mir Notiz zu nehmen. Ich sah ihn nicht direkt an, aber ich spürte die Intensität seines Blicks. Bisher war er mir in seinem Umgang mit mir immer irgendwie abgelenkt vorgekommen, so, als käme ich ihm bei seinem nächsten Vorfall in die Quere. Mit feierlicher, ruhiger Stimme sagte er bloß ein Wort: »Ja.«

Es war seltsam. Er bestätigte einfach bloß, was ich gesagt hatte, und doch war da Mitgefühl in dieser einen Silbe. Ich wollte gerade schon einen dummen Scherz darüber machen, daß ich eine private Bombe hatte hochgehen lassen, aber zum Glück klingelte das Telefon. Es war eine von Henrys Damen, und ich konnte mich in mein Zimmer zurückziehen. Ich saß auf meinem Bett, und ich hörte seinem Part des Telefongesprächs zu, und offenbar wurden seine Pläne für den Abend über den Haufen geworfen.

Als er aufgelegt hatte, rief er mir zu: »Wir sollten es feiern, daß du eine Stelle gefunden hast. Laß uns heute in die Oper gehen.«

»Schon recht«, sagte ich, »aber ist die Oper denn nicht zu teuer?«

»Sei nicht so bourgeois«, sagte er. »Wir brauchen nicht zu zahlen. Aristokraten zahlen nie. Du wirst schon sehen, wie es funktioniert, wenn wir da sind.«

Ich war begeistert, daß Henry etwas mit mir unternehmen wollte, und gegen acht Uhr waren wir beide angezogen und bereit in unseren Blazern und dünnen Barracuda-Regenmänteln. Auf Henrys Regenmantel waren mehrere schmierige schwarze Fettflecken, aber die schienen ihn nicht weiter zu stören.

Wir verließen das Apartment und machten uns auf den Weg zu Henrys Wagen, den ich in den drei Wochen unseres Zusammenlebens noch nicht zu sehen gekriegt hatte. Ich erbot mich, uns in dem Parisienne hinzufahren, aber er wollte unbedingt seinen Skylark nehmen.

Henry und ich waren ein untypischer Haushalt, insofern wir zwei Wagen hatten, aber als autobesitzende Individuen waren wir keineswegs ungewöhnlich. Die Mär, daß die Bewohner Manhattans keine Autos haben, soviel hatte ich schon gelernt, war schlicht und einfach nicht wahr. Die Anzahl der Fahrzeuge, die allnächtlich auf den Straßen der Upper East Side parkten, war ganz erstaunlich. Und diese Autos führten kein selbständiges Leben – es existierte eine heimliche Massenpopulation von Autobesitzern, die die unveränderlichen Gesetze des Wechselseitig-an-der-Straße-Parkens streng befolgten. Also huschten diese nie gesehenen Menschen jeden Abend oder jeden frühen Morgen raus und bewegten ihren Wagen wie gewissenhafte Farmer, die ihr Feld am einen Tag von links pflügen und am anderen von rechts. Ich war einer von diesen Autofarmern, und Henry ebenso.

Als wir die Dreiundneunzigste raufgingen, setzte ein leichter Regen ein. Sein Wagen war auf der Fünfundneunzigsten, und es überraschte mich nicht, festzustellen, daß der Skylark die automobile Version des Apartments war. Er war dreckig und verbeult. Es waren Risse im Vinyldach, und auf den Ablagen unter Front- und Heckscheibe konnte ich Müll liegen sehen.

Es nieselte nur, deswegen wurden wir nicht allzu naß, aber Henry suchte ungeduldig nach seinen Schlüsseln, die sich auf dem Weg von unserm Apartment irgendwo an seinem Körper verkrümelt hatten.

»Das ist der Fluch, der auf dem Hause der Harrisons lastet«, sagte er. »Schlüssel, die von Geisterhand geklaut werden.«

Während Henry seine Taschen abfingerte, sah ich, daß die Reifen des Wagens abgefahren und ziemlich schlaff waren. Und das Nummernschild hinten war aus Florida.

»Warum hat dein Wagen denn eine Zulassung aus Florida?«

»Da unten überprüfen sie bloß den Schadstoffausstoß, und die Versicherung ist billig. In New York könnte ich mir die Zulassung niemals leisten. In Florida bringen sie uns Armen viel mehr Wohlwollen entgegen.«

Dann fand er seine Schlüssel und öffnete die Beifahrertür. Er stieg ein und rutschte über den vorderen Sitz, grummelte und grunzte dabei die ganze Zeit, bis er schließlich hinter dem Lenkrad saß. Dann stieg ich ein, und Henry erläuterte: »Ich kann mir bloß eine einzige funktionstüchtige Tür leisten.«

Er entfernte sein rotes Rohrstück vom Lenkrad und drehte den Zündschlüssel, aber der Wagen sprang nicht an. Er pumpte mit dem Gaspedal und versuchte es noch einmal, doch ohne Erfolg.

»Wir müssen ihm einen Augenblick Zeit lassen, um den Mut zum Tempo wiederzufinden«, sagte er. Wir saßen still und geduldig da, der leichte Regen tröpfelte auf die Windschutzscheibe, und dann sagte Henry: »Wie sind heutzutage in New Jersey die Versicherungsbeiträge?«

»Ziemlich hoch, glaube ich. Aber für mich ist das nicht so schlimm – mein Wagen ist alt, und ich hab eine saubere Weste.«

»Ja, du bist sehr reinlich, wie ein Apotheker. Jeden Tag machst du dein Bett. Das ist mir Ansporn. Ich hab das Gefühl, ich muß mit dir mithalten.«

»Na ja, jedenfalls ist das eine gute Sache, daß du deinen Wagen in Florida billig versichern kannst und nicht mal da lebst.«

»Doch, ich lebe da, zeitweilig. Jeden Winter fahr ich nach Florida, nach Palm Beach. Von Mitte Dezember bis zum ersten März bin ich weg. Ich hab's dir noch nicht erzählt, aber jetzt, wo du eine Stelle hast, weiß ich, daß ich dir mit dem Apartment trauen kann ... Wenn unser Arrangement weiterhin besteht.«

Ich war entsetzt, hören zu müssen, daß Henry mich allein in dem Apartment zurücklassen würde. »Warum fährst du nach Florida?« fragte ich. Seine Ankündigung hatte mich verletzt, vor allem wo wir gerade drauf und dran waren, unseren ersten gemeinsamen Abend zu verbringen.

»Da unten spielt sich im Winter das gesellschaftliche Leben ab – ich muß mit dem Wanderzirkus mitziehen.«

»Fährst du mit dem Wagen runter?« fragte ich. Der Skylark schien dazu nicht imstande.

»Ja. Der Wagen hat das vier Jahre ohne Unterbrechung geschafft.«

»Und unterwegs übernachtest du in Hotels?«

»Nur die erste Nacht. Danach, wenn ich weit genug südlich bin, zelte ich draußen.«

»Du zeltest?«

»Ja. Ich hab ein Zelt. Ich liebe es, in Kontakt mit der Natur zu treten. Am liebsten würde ich den ganzen Tag nur damit verbringen, am Meer zu liegen und meinen Blick über Himmel und Wasser schweifen zu lassen und sonst gar nichts zu tun.« Henry hielt inne, grübelte über sein ideales Dasein nach und fuhr dann fort: »Ja, Kontakt mit der Natur bei Tage. Aber in der Nacht … wenn es Nacht wird, möchte ich auf einen Maskenball gehen.«

Er drehte wieder am Zündschlüssel, und der Skylark erwachte zu neuem Leben.

»Wo übernachtest du in Palm Beach?« fragte ich. Ich war enttäuscht, hatte mich aber schon mit dem Gedanken abgefunden, daß er mich verlassen würde.

»Ich hab da unten einige Damenbekanntschaften«, sagte er, und sein Tonfall deutete an, daß er nicht in die näheren Einzelheiten gehen wollte, und dann fuhr er ziemlich ungestüm auf die Straße hinaus. Als er beschleunigte, roch es sofort nach Benzin.

»Der Mechaniker hat mir erzählt, diese Gerüche würden meine Gehirnzellen töten«, sagte er. »Ich finde, das ist ganz gut so. Weise Menschen wissen, daß es am besten ist, gar nicht zu denken. Und Leute mit abgestorbenen Gehirnzellen können nicht denken, also kommt's auf dasselbe raus.«

Wir drehten beide unsere Fenster runter, und wir rasten die Fünfundneunzigste Straße hoch und kurvten dann in Schlangenlinien die Fifth Avenue runter. Henry war für die Bedürfnisse anderer Fahrer völlig unempfänglich. Er nahm zwei Fahrspuren in Beschlag. Plötzlich wurde der Regen heftiger, und die Straße war rutschig. Henry hatte die Scheibenwischer eingeschaltet, aber nur der Wischer auf meiner Seite der Windschutzscheibe funktionierte. Er lehnte sich breit zu mir herüber, um etwas sehen zu können. Ich vergrub meinen rechten Fuß nervös in dem Haufen aus benutzten Kaffeebechern und Zeitungen vor meinem Sitz, trat reflexartig auf ein imaginäres Bremspedal. Ich legte meinen Gurt an. Ich sagte: »Henry, meinst du nicht, du solltest dich besser anschnallen?«

»Ich bin kein Bruder Hasenfuß wie ihr Typen aus der jungen Generation.«

Die Art, wie er herumfuchtelte, und die mangelhafte Sicht machten mir ein wenig Angst. Wir durchquerten den Park auf der Neunundsiebzigsten Straße. Ich sagte: »Ist es nicht zu unsicher, mit abgefahrenen Reifen zu fahren?«

»Paß mal auf«, sagte Henry, dem meine mangelnde Courage auf die Nerven ging, »schon Napoleon hat gesagt: ›Wenn dir Notzucht droht, dann entspann dich und genieße sie.‹«

Ich entspannte mich ein bißchen, und es war schön, durch den Central Park zu flitzen, wo die nassen, dunklen Bäume auf beiden Seiten der Straße über den steinernen Mauern einen Tunnel bildeten. Das war so, als tauchte man in einen Wald ein. »Es ist wunderbar, durch den Park zu fahren«, sagte ich.

»Das ist das Schöne daran, Kinder zu haben«, entgegnete Henry, »man erlebt die Dinge ein zweites Mal.«

Wir schafften es ohne Unfall zum Lincoln Center, und da fanden wir sogar einen Parkplatz. Henry hatte es so abgepaßt, daß wir genau vor dem Ende des ersten Aktes da wären. Auf dem Rücksitz lag ein Regenschirm, den wir uns teilten, während wir zur Plaza des Center spazierten. Unter dem Regenschirm enthüllte Henry mir konspirativ, wie die Operation vor sich ging.

»Wenn irgendwer die Oper verlassen will, sagst du zu ihm: ›Entschuldigung, wollen Sie schon gehen?‹ Wenn sie ja sagen, sagst du: ›Dürfte ich wohl Ihre Eintrittskarte haben?‹ Und vergewissere dich, daß das Billett, mit dem man wieder hineindarf, dabei ist – ohne das Billett ist die Eintrittskarte wertlos. Verstehst du? *Das Billett ist das ein und alles.*«

»Warum gehen denn überhaupt Leute weg? Ist das nicht Geldverschwendung?«

Henry erklärte mir, unsere Zielobjekte seien Leute, die die Oper gar nicht mochten, darum gingen sie nach dem ersten Akt, ganz gleich, wieviel Geld sie ausgegeben hatten, oder Touristen aus dem Mittelwesten, die einfach nichts mitkriegten; oder ein gewisser Typus von Snob, der meinte, es habe Stil, erst ein bißchen Oper mitzunehmen und dann essen zu gehen. Und selbst, wenn die Leute vorhatten, die Oper zu verlassen, ließen sie sich oft noch das Billett geben, entweder aus lauter Gewohnheit oder weil sie sich bei den Platzanweisern nicht in Verlegenheit bringen wollten.

Wir betraten die Theaterlobby mit ihren hohen Glasfassaden, und Henry brachte uns strategisch in Stellung. Er wollte drinnen bleiben und den Aufzug überwachen, der aufs Parkdeck führte. Ich sollte draußen warten und die Leute anhalten, die auf die Plaza hinaustraten.

»Ich hoffe, es stört dich nicht, daß ich meinen Dienstgrad ausspiele«, sagte Henry. »Aber du bist nun einmal der Offiziersanwärter, und du bist jünger, also gehst du nach draußen. Hier ist der Schirm. Ich werde hier drinnen die Stellung halten.«

Wir hatten einige Konkurrenz. Henry zeigte auf eine Gruppe von fünf älteren Herren und einer älteren Dame. »Sieh dir die mal an. Geier! Opernsüchtig. Diese eine Dame da treibt das schon seit Jahren. Die gehört eigentlich in ein Pflegeheim. Wir müssen ein bißchen Abstand von denen halten, der Sicherheitsdienst hat sich ihre Gesichter eingeprägt. Normalerweise schaffen sie es frühestens nach dem zweiten Akt reinzukommen.«

Ich ging nach draußen, und dann endete der erste Akt, und Leute begannen herauszukommen. Ich sprach die Menschen genau so an, wie Henry mir das gesagt hatte, aber ich hatte kein Glück. Alle Leute, die mir über den Weg liefen, wollten einfach nur frische Luft schnappen oder eine rauchen, während sie unter der Markise standen, die sie vor dem Regen schützte. Niemand wollte weg. Zusehends entmutigt, ging ich nachsehen, wie es bei Henry lief. Die Lobby war voller Menschen.

»Geh zurück auf deinen Posten, du hältst dich nicht an die Order«, flüsterte er mir verärgert zu. »Dir könnte jemand durch die Lappen gehen.«

Unter dem Eindruck dieser Rüge ging ich wieder nach draußen, und tatsächlich verließen gerade zwei Frauen den Schutz der Markise. Ich folgte ihnen unter meinem Schirm; sie teilten sich einen Schirm und gingen schnellen Schritts über die Plaza, aber ich holte sie ein.

Es stellte sich heraus, daß sie die Oper überhaupt nicht mochten, und sie gaben mir gerne ihre Eintrittskarten, aber nur die eine hatte ein Billett. Eine der beiden Damen hatte sich nicht damit aufgehalten, sich vom Platzanweiser ein Billett geben zu lassen, weil sie wußte, sie würden gehen, und sie entschuldigte sich ausgesprochen charmant bei mir dafür. Trotzdem fand ich, ich hatte mich prima angestellt. Ich brachte Henry meine Trophäen und erhoffte mir Lobesworte, aber er war nicht zufrieden. Ich wurde wieder nach draußen beordert, um mir noch ein Billett zu besorgen, aber ich hatte kein Glück, und dann blinkte drinnen zur Vorwarnung schon die Beleuchtung. Ich kehrte zu Henry zurück, und auch er stand mit leeren Händen da. Das System mit den Wiedereintrittsbilletten war nur dazu da, Leuten wie uns den Plan zu vereiteln. Ich sah, daß auch von den Opernsüchtigen keiner erfolgreich gewesen war. Aber Henry hatte sich einen neuen Plan ausgedacht.

»Du gehst vor und gibst ihnen Eintrittskarte und Billett, und ich halt mich direkt hinter dir«, sagte er. »Ich tu so, also könne ich mein Billett nicht finden, und dann fragst du mich, was ich denn damit angestellt habe. Wahrscheinlich werden sie uns unsern Trick glauben und mich durchlassen, um nicht die ganze Schlange aufzuhalten.«

Der Eingang zum Theater war mit roten Samtkordeln abgetrennt, abgesehen von zwei Durchlässen, wo Platzanweiserinnen in ihren offiziellen blauen Uniformen die Karten einsammelten. Wir standen in einer der Schlangen, und als ich an der Reihe war, gab ich der Platzanweiserin mein Billett und zeigte ihr meine Eintrittskarte. Henry war gleich hinter mir und fing an, seine Taschen abzusuchen. »Hab ich dir mein Billett gegeben?« fragte er mit realistisch klingender Besorgnis, und er fummelte immer noch nach dem nicht existierenden Billett herum, als wäre es ein Schlüsselbund.

»Ich weiß nicht,« sagte ich, »hast du's mir gegeben?« Und ich fing an, meine Taschen abzutasten und zu durchsuchen. Wir tasteten und fummelten nun beide rum und hielten die ganze

Schlange auf. Die Beleuchtung blinkte wieder. Die Platzanweiserin wurde ein bißchen genervt und sagte: »Gehen Sie weiter, ist schon okay.« Und wir spazierten gemeinsam hinein, Schulter an Schulter, und wir fingen beide an zu kichern. Chagalls Engel sahen über uns herab. Mit all den wunderschön angezogenen Leuten stiegen wir die pompöse rote Treppe hoch, und uns beiden war sehr glücklich zumut. Unsere Plätze waren ziemlich weit oben, aber das machte nichts. Ich war schon in Broadway-Shows gewesen, aber noch nie in der Oper. An jenem Abend wurde *Tosca* gegeben, und es war phantastisch. Pavarotti sang!

Nach dem zweiten Akt ging Henry, der mit unseren Plätzen unzufrieden war, wieder raus, sagte mir aber, ich solle drin bleiben und mich unter die Menschen mengen und die prächtige Atmosphäre genießen. Ich fühlte mich sehr als junger Gentleman.

Als Henry wieder reinkam, hatte er zwei neue Karten für uns. Ein Paar hatte seine Hundertdreißig-Dollar-Plätze im Parkett aufgegeben, und so hatten Henry und ich das große Privileg, nur ein paar Reihen von der vortrefflichen Aufführung entfernt zu sitzen. Tosca wurde von einer Russin mit einer wunderbaren und explosiven Stimme gesungen. Sie stellte sogar Pavarotti in den Schatten. Henry flüsterte mir voller Bewunderung zu: »Nur Rußland kann noch solche Frauen hervorbringen!«

Als es vorbei war, fuhren wir heil und sicher nach Haus. Der Regen hatte aufgehört, und Henry schien jetzt weniger Schlangenlinien zu fahren. Nach recht kurzer Suche fanden wir einen Parkplatz; es war wirklich unser Abend.

Stumm stiegen wir die vier Treppen zu unserm Apartment hinauf. Wir zogen uns aus und kletterten ins Bett. Die Oper hatte in uns ein Gefühl der Zufriedenheit ausgelöst.

Henry rief mir von seinem Bett aus zu: »Ich will gerade meine Ohrpfropfen reinstecken. Gibt's noch irgend etwas, was ich wissen sollte, bevor ich von der Welt nichts mehr höre?«

»Ich hätte bloß noch eine Frage. Können wir bald mal wieder in die Oper?«

»Warum nicht?« sagte Henry. »Wir können es uns leisten!«

Der Ersatzmann

Ich fing bei *Terra* an zu arbeiten, und nachdem ich meine anfänglichen Befürchtungen, ich würde den Job nicht pakken, überwunden hatte, kam ich ganz gut damit zurecht. Und es stand mir frei, wieder in die Oper zu gehen, aber Henry war zu sehr beschäftigt. Zusätzlich zu seinem prall gefüllten Kalender mit gesellschaftlichen Verpflichtungen unterrichtete er noch zwei Abende pro Woche von sechs bis zehn am Queensborough Community College in Bayside englischen Aufsatz. Er fuhr immer mit seinem Skylark da raus, und mindestens einmal in der Woche blieb er mit einer Panne oder einem Plattfuß liegen. Das erklärte, warum sein Regenmantel so schmierige Flecken hatte.

Eines Tages erzählte er mir, er habe auf der Brücke der Neunundfünfzigsten Straße gesetzeswidrig den Verkehr aufgehalten, als er einen platten Reifen hatte und seinen Wagen aufbockte, um das Reserverad aufzuziehen. Die gesetzliche Vorschrift ist, daß man auf ein Abschleppfahrzeug warten muß, aber er wollte den Unterricht nicht verpassen, und er schaffte es, einen neuen Reifen aufzuziehen, bevor die Polizei eintraf.

Ich konnte mir nicht vorstellen, daß er in Queensborough genug verdiente, um davon leben zu können, und mir war eine offiziell aussehende Postsendung von der Bundesregierung aufgefallen, die ich in der Küche unters Licht hielt: Es war ein Scheck von der Sozialversicherung. Ich fragte mich, wie alt man wohl sein mußte, um anspruchsberechtigt zu sein. Ich war mir nicht sicher, ob Henry in den Sechzigern oder in den Siebzigern war.

Ich stellte mir ihn betreffend vielerlei Fragen. Ich spekulierte drüber, wie er sich wohl in Queensborough gab. Ich stellte mir vor, so jemanden wie ihn hatten die Studenten gewiß noch nie kennengelernt. Er schien sich nicht sonderlich auf seinen Unterricht vorzubereiten, obwohl er manchmal am Nachmittag auf seinem Stuhl in der Ecke saß und Arbeiten korrigierte. Seine hauptsächliche Sorge und Beschäftigung war, soweit ich sehen konnte, der Umgang mit seinen Damenbekanntschaften, obwohl ich anfänglich die Natur seines gesellschaftlichen Lebens nicht so recht durchschaute.

Die Frau, die sogar noch häufiger als seine Exverlobte anrief, war ganz offensichtlich die wohlhabendste von Henrys Damen. Es war eine Milliardärin, eine Mrs. Vivian Cudlip. Henry erzählte mir, sie sei zweiundneunzig Jahre alt, und ich sagte: »Deine Damenbekanntschaften scheinen ziemlich alt zu sein. Magst du keine jüngeren Frauen?«

»Jüngere Frauen kann ich mir nicht leisten. Die erwarten, daß man zahlt. Die älteren sind die einzigen, die zahlen. Und vor zwanzig Jahren, als ich sie kennenlernte, waren sie auch noch nicht so alt – da waren sie siebzig!« sagte er, und er lachte über die geriatrische Ausrichtung seines Liebeslebens.

Mrs. Cudlips Geld, so erzählte mir Henry, ging auf die Zeit der großen Eisenbahnen zurück. Sie stammte ursprünglich aus Philadelphia, da besaß sie immer noch ein Haus, und ihre ganze Familie fieberte ihrem Tode entgegen. »Jeder in Philadelphia wartet auf irgend jemandes Tod«, sagte Henry. »Dafür leben die eigentlich.«

Aber Henry erzählte mir, trotz vieler Krankheiten sei Mrs. Cudlip sehr zäh und ausdauernd. Eine Krebserkrankung im Kiefer als Folge übermäßigen Rauchens habe sie ganz scheußlich entstellt (ein Großteil vom Kinn habe entfernt werden müssen), und sie habe schlimme Osteoporose, aber das alles hielte sie nicht davon ab, an jedem Abend der Woche in New York oder Philadelphia oder Palm Beach oder Southampton (das waren ihre vier Hauptwohnsitze) etwas zu unternehmen.

»Sie hat eine unglaubliche Konstitution«, sagte Henry. »Brach sich mal um vier Uhr morgens in einer Diskothek in Philadelphia den Knöchel. Lag ein halbe Stunde auf dem Fußboden und wartete auf den Krankenwagen. Kam in Rekordzeit wieder auf die Beine. Fing sich in Newport während eines Besuchs bei Freunden eine Lungenentzündung ein, erholte sich im Nu. Jetzt erzählen sie ihr, sie habe Anämie und ein Loch im Herzen, aber nichts bringt sie aus dem Lot. Sie prescht weiter zum nächsten Vorfall!«

Wenn Mrs. Cudlip anrief, um Henry irgendwohin einzuladen, dann war das genauer gesagt ihre Sekretärin, die anrief.

An meinem zweiten Tag bei *Terra* rief sie sehr früh am Morgen an, so gegen acht. Ich zog mich gerade an, und Henry hörte seiner Ohrpfropfen wegen das Telefon nicht, also kam ich aus meinem Zimmer in Henrys dunkles Zimmer gestürmt, um ranzugehen. Er hatte mich gebeten, ihn niemals vor elf zu wecken, darum erzählte ich Mrs. Cudlips Sekretärin, Henry sei außer Haus. Ich legte auf, und praktisch im gleichen Augenblick, während ich noch auf Zehenspitzen davontrippelte, um Henry nicht zu stören, klingelte das Telefon schon wieder. Er rührte sich kein Stück, seine Augenmaske starrte immer noch die Wand an, und ich ging wieder an den Apparat.

»Hallo«, flüsterte ich, denn ich war mir nicht wirklich sicher, ob Henrys Ohrpfropfen alle Geräusche abhielten.

»Hier spricht Vivian Cudlip«, krächzte eine Stimme. »Wekken Sie Henry.«

Ich wußte, daß Mrs. Cudlip wichtig für Henry war. Er hatte mir ein Foto gezeigt, auf dem er neben ihr auf ihrer Yacht stand. Sie hielten beide einen Drink in den Händen, und er sah sehr gut aus, sie aber stand gebeugt und klein daneben. Ihr Kopf befand sich auf der Höhe von Henrys Ellbogen, und sie hatte eine lockige rote Perücke auf und eine riesige Sonnenbrille, die ihr fast das ganze Gesicht bedeckte und den Verlust des Kinns verbarg. Mit diesem Bild im Hinterkopf und als sofortige Reaktion auf ihren Kommandoton legte ich den Hörer hin und weckte Henry, indem ich ihm höflich auf die Schulter tippte.

Zuerst schob er sich die Augenmaske hoch, dann entfernte er die Ohrpfropfen. Er sah mich an und sagte: »Was ist los? Welche Katastrophe ist eingetreten?«

»Mrs. Cudlip ist am Telefon, sie hört sich böse an«, sagte ich und flüsterte immer noch, so daß sie über den Hörer nichts mitbekommen konnte.

Er langte mit allen Anzeichen von Eile nach dem Telefon, und ich reichte es ihm rüber.

»Hallo, Vivian ... Für dich laß ich mich zu jeder Stunde wecken ... Das war der Oberleutnant. Er ist mein Adjutant am Morgen. Ich werde ihm Weisung geben, mich zu wecken, wenn du anrufst … Ja, ich kann kommen. Ich glaube, ich bin abkömmlich, wenn nicht, ruf ich zurück … Sehr gut, morgen, sechs Uhr, Turtle Bay … Genau … Genau … Sehr gut, bye-bye.«

Innerlich strahlte ich vor Freude, als er mich seinen Oberleutnant nannte. Ich spürte, daß in diesem Ausdruck so etwas wie Zuneigung mitschwang, wiewohl ich mir nicht sicher war, ob Henry sich überhaupt irgendwem nahe oder zugeneigt fühlte. Er legte den Hörer auf und sagte: »Mein Schlaf ist mir geraubt. Ruft im Morgengrauen an, weil sie morgen abend mit mir essen will. Aber die Königin fordert Gehorsam … Ich mag das nicht leiden, wenn du da im Schatten stehst. Könntest du bitte den Vorhang aufziehen? Du würdest einen erstklassigen Kammerdiener oder Schildknappen abgeben.«

Ich zog den Vorhang auf, und ein bißchen staubiges Sonnenlicht verlieh dem Raum mit seinem orangenen Teppich einen zitronigen Glanz. Henry setzte sich in seinem Bett auf und sagte zu mir: »Ich geb ihnen immer das Gefühl, vielleicht käme ich auch nicht. Man will ihnen nicht allzu verfügbar erscheinen, sonst wollen sie einen gar nicht mehr haben.«

»Mrs. Cudlip scheint dich ziemlich gut zu kennen«, sagte ich.

»Ja, ich denke wohl, Vivian ist meine beste Freundin, aber sie hat zu viele Hofschmeichler. Ich bin in Wahrheit bloß einer von fünfzig Speichelleckern, und die ganze Sache könnte jeden Moment auffliegen, und dann wäre ich aus dem Spiel. Natürlich gibt es Menschen, die versuchen, einem die Freundschaften zu zerstören. Barry Barbarash lechzt ständig nach Vivians Gunst. Er macht sich Hoffnung, auf Dauer als residierender Rosenritter eingesetzt zu werden. Er ist ein hingebungsvoller Päderast, aber Vivian hat ihn gerne um sich, weil er sie dauernd mit neuen Leuten bekanntmacht. Das mag sie … Aber Barbarash will mich rausdrängen. Er wartet nur auf die Gelegenheit zuzuschlagen. Wenn ich erst entfernt bin, verringert sich für ihn die Gefahr, er könne selbst aus dem Hofstaat fliegen. Aber ich bin ein Mensch von solchem Tiefgang, daß ich seine Attacken voraussehen kann.«

»Was ist denn ein Rosenritter?« fragte ich.

»Ein Ritter, der Rosen bringt. Oder ein Rosenkavalier. Ein Begleiter.«

Ich hatte das Gefühl, nun plötzlich die wahre Natur von Henrys Beliebtheit bei Frauen zu durchschauen. Er war ein ältlicher Gigolo. »Bist du auch so ein Begleiter?«

»Ja.«

»Wirst du bezahlt?«

»Natürlich nicht. Außer durch angenehme Freuden – ein kostenloses Essen, einen guten Champagner und ein gutes Orchester. Es ist nichts Schlechtes dabei, diese drei Dinge anzunehmen, insbesondere, wenn man da auf andere Weise nicht herankommt.«

»Zahlst du jemals für die Damen?« fragte ich, weil ich fand, es müsse auf Gegenseitigkeit beruhen.

»So funktioniert das nicht!« schrie er mich an. Mein offensichtlicher Wissensmangel verärgerte ihn, und für ihn war es früh am Morgen, aber dann beruhigte er sich wieder und ging daran, mich zu unterweisen.

»Wir erben alle irgend etwas«, sagte er. »Ich habe einen Verstand geerbt. Sie haben Geld geerbt. Ich habe eine gewisse Anziehungskraft geerbt ... und einen *joie de vivre*, was wirklich sehr schön ist, wenn man ihn hat. Ich schenke ihnen Witz und ein geistreiches Gespräch, und sie schenken mir ein Essen. Das ist ein gerechter Tauschhandel.«

»Was ist mit ihren Ehemännern?«

»Tot. Alle tot. Die Frauen überleben die Männer, deswegen sind sie in der Überzahl, und darum braucht man manchmal einen zusätzlichen Mann am Tisch. Das gewährleistet eine perfekte Sitzordnung. Junge – Mädchen, Junge – Mädchen. Ich bin der Ersatzmann, der Einspringer.«

»Gibt es auch Einspringerinnen?«

»Einspringerinnen sind nie nötig. Von derlei hat man noch nie was gehört.«

»Warum brauchen diese reichen Frauen denn Begleiter?«

»Um zu zeigen, daß sie immer noch einen Mann haben können. Und wenn man auf Reisen geht, ist ein Mann ganz praktisch. Ein Mann ist praktisch, um die Koffer zu tragen und alle Gepäckstücke durchzuzählen.«

»Wie ist das bei Frauen ohne Geld? Was passiert mit denen?«

»Die bleiben übrig. Sind verloren. Männer ohne Geld können immer noch irgendwie durchhalten. Sie büßen nicht ihr Aussehen ein. Vor allem, weil sie erst gar keins haben.«

»Was meinst du, könnte ich wohl jemanden begleiten oder als Ersatzmann mit an einem Tisch sitzen?« fragte ich. Mir gefiel der Gedanke, mich in Schale zu werfen und supernobel zu speisen. Das war etwas, was vorzüglich zum Stil eines jungen Gentleman paßte.

»Du bist jung«, sagte Henry. »Kannst du tanzen?«

»Nein.«

»Deine Generation ist hoffnungslos ... aber vielleicht könnten wir irgendwo was für dich finden. Vivian hat eine Enkelin, könnte sein, daß die dich mag.«

»Das wäre ja unglaublich«, sagte ich.

»Ich glaube allerdings nicht, daß du fürs Begleiten geschaffen bist«, sagte Henry, und er sah, daß das Lächeln aus meinem Gesicht verschwand, darum fügte er flink hinzu: »Aber vielleicht hast du ein gewisses Potential. Wenn man mit sehr alten Frauen Umgang hat, muß man gut darauf achtgeben, daß sie nicht stürzen. Ich tanzte mal mit Vivian im Doubles, und plötzlich glitt sie mir einfach aus den Armen und sank geradewegs zu Boden. Ständige Wachsamkeit. Darum nennt man Begleiter oft auch Gehhelfer. Die Frauen müssen sich bei einem am Arm festhalten, während sie bei einem festlichen Dinner oder dem Artilleristenball in den Raum schreiten, ansonsten würden sie zusammenklappen. Aber ich bin kein Gehhelfer.«

»Warum bist du kein Gehhelfer?«

»Weil ich einen Job habe. Kein wirklicher Gehhelfer hat einen Job. Das sind hundertprozentige Schnorrer.«

Dann sah mich Henry mit leerem Gesichtsausdruck an. »Führen wir eine Unterredung?« fragte er.

»Ja, denk ich schon«, sagte ich.

»Also, das muß aufhören. So früh am Morgen rede ich nie,

nicht bevor ich die Zeitung gelesen habe. Ich brauch die neuesten Greueltaten, um meinen Blutkreislauf in Gang zu bringen.«

Er stand auf und betrachtete sich in dem langen Spiegel, der zwischen den beiden Fenstern an der Wand hing. Er lächelte. Sein Haar stand ihm vom Kopf ab und war graubräunlich, was es am Morgen häufig war. Später am Tag dann wurde es dunkelbraun, und manchmal waren dicht am Haaransatz kleine Kleckse und komische kleine Krümelchen zu sehen. Seine Methode des Haarefärbens war mir ein echtes Mysterium, denn es befanden sich keinerlei Färbeutensilien im Badezimmer, und trotzdem war es immer das Badezimmer, aus dem er mit nachgedunkelten Haaren herauskam. Er hob die Arme über seinen Kopf, um sich zu strecken, und ich ging an den Kühlschrank, um mir Saft zu holen. Er kam zu mir herüber, und mit den Händen strich er sich vorne sein Smokinghemd glatt.

»Ich hab ein höchst elegantes Schlafgewand, nicht wahr?« fragte Henry und brach damit bereits seinen Redebann.

»Das hast du allerdings«, sagte ich.

Als ich spät am Nachmittag jenes Tages von der Arbeit nach Hause kam, hatte Henry gerade eine andere von seinen Frauen am Telefon. Ich stand in der Küche, warf einen Blick in den Kühlschrank und hörte diskret zu, während Henry mit ihr sprach.

»Doris, du mußt dir unbedingt wenigstens eine Stunde freimachen, wo du unter keinen Umständen an deine Probleme denkst. Es ist schon schlimm genug, daß du dich überhaupt damit befassen mußt. Am besten machst du das vor dem Schlafengehen. Niemals über Probleme nachdenken, bevor du schlafen gehst ... Wenn diese Krankenschwester noch mal unverschämt zu dir ist, sag das dem Doktor ... Ich besuch dich morgen, Zimmer zwei-fünfzehn, Beth Israel, werd ich nicht vergessen ... Wir bleiben in dauerndem Kontakt. Erhol dich ein bißchen ... Genau ... Bye-bye.«

Er legte auf, und ich schloß den Kühlschrank. Traurig

sagte er zu mir: »Alle meine alten Damenbekanntschaften sterben.«

»Tut mir leid«, sagte ich.

»Wenn ich nicht tanzen würde, würde ich auch auseinanderfallen«, sagte er.

Und dann legte Henry auf seinem tragbaren Plattenspieler eine Platte auf. Es war ein Album mit alter Cole-Porter-Tanzmusik. Henry tanzte normalerweise jeden Nachmittag, und kurz nachdem ich eingezogen war, hatte er mich eines Nachmittags vorgewarnt: »Ich werde jetzt tanzen, aber ich mag mir dabei nicht zuschauen lassen. Ich versuch, das immer zu erledigen, wenn du nicht da bist, aber manchmal ist das Bedürfnis einfach zu stark. Wenn du solange in deinem Zimmer bleiben könntest, wäre mir das sehr lieb.«

Aber diesmal, nach seinem Telefonat mit der kränkelnden Doris, fing er geradewegs vor meinen Augen zu tanzen an. Er vollführte Schleifschritte, breitete in der Luft seine Arme aus, verdrehte den Hals und grimassierte mit den Gesichtsmuskeln, und das alles zum Takt des Orchesters. Der Tanz war eine Mischung aus Walzer und Isadora Duncan. Über die Musik hinweg schrie er mir zu: »ICH BEWEG ALLES, WAS ICH FÜR VERROTTET HALTE!«

Otto Bellman und seine Schweizer Jodlerbande

Ich hatte Henry schon früher beim Tanzen zugesehen, aber da hatte ich es immer heimlich getan. Vom Fußende meines Bettes aus konnte ich gerade dorthin um die Ecke in die Küche sehen, wo an der gegenüberliegenden Wand ein Spiegel hing, und dieser Spiegel verlängerte meinen Blick genau in den langen Spiegel im Wohnzimmer, und so war ich, wenn ich die beiden Spiegel als Spion benutzte, in der Lage, Henry tanzen zu sehen.

Und ich liebte die Art und Weise, wie er sich bewegte. Häufig baute er vaudevilleähnliche Schnörkel und choreographische Stolperer ein, und natürlich war die Musik ganz wunderbar. Für gewöhnlich war es Cole Porter oder Gershwin.

Sein Tanz dauerte immer um die zehn Minuten, und oft hatte er ein Sportsakko an, um mehr und besser in Schweiß zu kommen. Und dieses Tanzen hielt ihn vergleichsweise fit. Er hatte einen kleinen Ansatz von Bauch, aber ansonsten war er in guter Verfassung, und was seinen Körper anging, war er nicht prüde. Er war diskret, aber wenn er sich umziehen mußte, die Hosen fallen lassen, dann zögerte er nicht in meiner Gegenwart, wiewohl er darauf achtete, mir den Rücken zuzukehren. Mehr als einmal kriegte ich in diesen ersten Wochen unseres Zusammenlebens das weiche, weiße Fleisch seines Hinterns zu sehen. Ganz im Gegensatz zu seinem ledrigen, faltigen Gesicht erschien sein Hinterteil beinahe jung und wohlerhalten.

Darum war es schwer, Henrys Alter zu taxieren. Und wie ich da in der Küche stand und ihm zusah bei seinem Tanz nach dem Telefonat mit der kränkelnden Doris, da war ich mehr denn je beeindruckt von Henrys Vitalität. Ich fragte mich, ob er vielleicht sogar erst Ende fünfzig sein mochte.

Nach ungefähr zehn Minuten ließ er sich auf seinen Stuhl fallen. Und angesichts des strategisch günstigen Standorts dieses Stuhls, genau in der Ecke mit freiem Blick auf das ganze Apartment, mich eingeschlossen, begriff ich ihn immer als Henrys Thron. Ich hab mich nie draufgesetzt.

»Wein«, sagte er zu mir und spielte eine größere Erschöpfung vor, als er wirklich verspürte. Ich holte die Flasche billigen Rotwein, die er neben dem Kühlschrank aufbewahrte. Er hielt mir seinen fleckigen roten Kelch hin, und ich schenkte ihm ein.

»Du darfst dir gerne auch ein Glas genehmigen«, sagte er. »Ganz umsonst.«

Ich angelte mir das eine Glas, das ich immer benutzte (alle anderen Gläser waren zu milchig und fleckig), und ich goß mir ein kleines Quantum ein. Ich setzte mich auf die Couch, und ich sagte: »Henry, wie alt bist du eigentlich?«

Er schaute mich zornig und indigniert an, als hätte ich ihn

gerade beleidigt, was das genaue Gegenteil dessen war, was ich beabsichtigt hatte. Ich fand ihn ganz unglaublich: zwei Tage in der Woche unterrichten, mit Damen ausgehen, sich in Opernvorstellungen einschleichen, platte Reifen wechseln, tanzen. Es war eine Frage, die ich ihm aus lauter Bewunderung und Ehrfurcht gestellt hatte, aber er faßte sie als Affront auf. Er richtete sich kerzengerade auf und sagte: »Frauen und wir vom Theater dürfen unser Alter niemals preisgeben! Wir müssen darauf eingerichtet sein, binnen kürzester Frist einen Achtzehnjährigen zu spielen!«

»Tut mir leid«, sagte ich.

»Ich vergebe dir. Es war eine Indiskretion der Jugend.« Und er schien mir durch und durch zu vergeben, denn am Ende verfielen wir in ein längeres Gespräch über seine Karriere am Theater. Ich fand heraus, daß Henry zusätzlich zum Stückeschreiben und zum Englisch- und Dramenunterricht auch noch so einiges an Schauspielerei betrieben hatte, sowohl an Off-Broadway- als auch an Sommerbühnen. Er war auch auf Campus-Tournee gewesen, und zwar mit dramatischen Lesungen seiner eigenen Werke.

Seine Stücke waren historische Dramen über große Gestalten aus dem neunzehnten Jahrhundert: George Eliot (*Die tote Hand*), Tschaikowsky (*Die pathetische Schönheit*), Nellie Bly (*Das Tollhaus*) und Lord Alfred Tennyson (*Queen Victorias Dichter*); und aus dem siebzehnten Jahrhundert noch Anne Hutchinson (*Anne Hutchinson kämpft gegen die Kirche*).

Die Dialoge dieser Stücke, so erläuterte er, hatte er aus den Briefen und Schriften dieser großen Gestalten adaptiert. Diese akademische Qualität seiner Werke stieß in den Universitäten auf einiges Interesse, und Henry zeigte mir das Werbefaltblatt, das er an Schulen verschickte. Darauf war ein Bild von ihm mit Jackett und Krawatte, auf dem er sehr jung und stattlich aussah, mit dunklen, eindringlichen Augen.

Außerdem enthielt das Faltblatt Sätze, die er Besprechungen seiner Aufführungen entnommen hatte. Sie stammten aus obskuren Zeitungen wie dem *Kansas Star* oder dem *Rochester*

Reporter. Ein Auszug aus dem *Sacramento Bee* beschrieb ihn in der Rolle Tennysons auf folgende Weise: »Harrison ist ein echter viktorianischer Stutzer!«

Henry verschickte seine Faltblätter immer noch, aber er hatte schon einige Zeit keine Lesung mehr abgehalten. »Ich befinde mich in einer Pause zwischen zwei Engagements«, sagte er. »Unglückseligerweise einer Pause von zwei Jahren.«

Er war nicht sonderlich stolz auf diese historischen Werke. »Das ist im Grunde bloß so eine Collagemethode«, erläuterte er, »mit der ich ihre Briefwechsel in Dialoge umgewandelt habe. Das kann jeder. Und es gibt Hunderte von Briefen, aus denen man sich was auswählen kann. In London gab es im neunzehnten Jahrhundert sieben Briefzustellungen täglich. Das war so, wie man heute telefoniert. Ein großartiges Zeitalter war das ... Sie sorgten sich so sehr um Sex, die Viktorianer, daß man sogar die Beine der Queen-Anne-Stühle mit Hosenbeinen einkleidete, auf daß sie niemanden stimulierten.«

Henry war stolz auf sein einziges Werk rein fiktiver Natur, das er als sein bedeutendstes Stück ansah, obwohl es niemals aufgeführt worden war. Der Titel lautete *Henry und Mary kommen immer zu spät.*

In Wahrheit hatte er mit seiner Sexualkomödie über die Shaker noch gar nicht angefangen, und er betrachtete es auch nicht wirklich als sein *Opus magnum*, wie er das bei unserem ersten Treffen behauptet hatte. Aber es war ein Stück, das er schreiben wollte. »Ich bin zu unorganisiert, um mit den Shakern in die Gänge zu kommen«, sagte er. »Um schreiben zu können, muß ich auf einem Hügel in meinem Wagen sitzen, mit irgendeinem schönen Ausblick. Es gibt ein paar wunderbare Gipfel in Harlem, von denen aus man die Klippen von New Jersey sehen kann. Die Steilküste. Ich werde nach Harlem fahren müssen, um über die Shaker zu schreiben.«

Ich fragte Henry, ob ich eines seiner Stücke lesen dürfe, und er sagte, die historischen Werke lägen tief im Kofferraum seines Wagens vergraben, und *Henry und Mary kommen immer zu spät* sei ihm einfach abhanden gekommen. »Alle paar

Monate«, sagte er, »finde ich's mal irgendwo. Irgendwas wird verlegt, irgendein Möbelstück wird verrückt, eine Hose wird gewaschen, und da plötzlich ist es – mein *Opus magnum.* Letztes Frühjahr ist es ganz kurz einmal aufgetaucht. Beim nächsten Mal, wenn es an die Oberfläche steigt, werde ich auf jeden Fall schnell zugreifen und es an einen sicheren Ort tun. Irgendwo hier muß es sein, aber der Versuch, es aufzustöbern, würde meinen sicheren Tod bedeuten. Es ist deprimierend, in so einem Durcheinander zu leben, aber Klarschiff zu machen wäre noch deprimierender.«

Und dann mutmaßte Henry, daß der vorherige Mieter, Otto Bellman, der ein illegaler Einwanderer aus der Schweiz gewesen war, das Stück gestohlen habe.

»Warum sollte er es stehlen?« fragte ich.

»Aus Rache. Ich hab ihn rausgeschmissen.«

Diese Mitteilung alarmierte mich einigermaßen. Es war die erste konkrete Information, die ich über meinen Schweizer Vorgänger erhielt, außer daß ich regelmäßig bei seinem Namen gerufen wurde. »Warum hast du ihn rausgeschmissen?« fragte ich.

»Er jagte prostituierten Negerinnen auf der Lower East Side hinterher. Ich will in keinster Weise Hilfestellung bei der Verbreitung das Aids-Virus leisten!«

»Woher weißt du denn, was er trieb?«

»Er hat's mir erzählt. Er fühlte sich von ihnen angezogen, weil sie so ganz anders waren als das Lumpenproletariat, mit dem er aufgewachsen war. Ich bin mir sicher, er hat *Henry und Mary* mitgehen lassen. Wahrscheinlich läßt er es in Jugoslawien auf die Bühne bringen und lebt von den Erträgen.«

»Warum ist er nach New York gekommen?«

»Er will Schauspieler werden, behauptet, daß er sich mit Kriegskunst auskennt. Er glaubt, das ist die Methode, mit der man Filmstar wird. Er *könnte* wohl Bösewichte spielen. Er hoffte, ich könnte ihm Kontakte vermitteln.«

»Wie lange hat er hier gewohnt?«

»Sechs Monate. Zuerst war er gar nicht so schlecht. Er hat ein gutes Profil. Er sieht aus wie Brigitte Bardot, außer daß er einen leichten Buckel hat ... Ich mag eine gute Köperhaltung. Aber ich hab etwas Schreckliches gemacht. Ich konnte ihn nicht einfach rauswerfen – er hatte kein Geld, nach allem, was er durchgemacht hatte. Also fragte ich meine Freundin Virginia, ob er nicht bei ihr auf der Couch schlafen könne. Sie ist die Tochter meines besten Freundes in Greenwich. Ich dachte, er würde da nur für ein paar Tage bleiben, aber er ist immer noch da! Sie ist fünfundvierzig und nie verheiratet gewesen. Womöglich ist sie verzweifelt genug, seinem Zauber zu erliegen. Gut möglich, daß ich eine böse Verführungsgeschichte in Gang gebracht habe.«

Ich wollte nicht so enden wie Otto Bellman, als Strafe für verdächtiges Sexualverhalten vor die Tür gesetzt, darum war ich heilfroh, daß ich mein Exemplar von Krafft-Ebings *Psychopathia sexualis* klugerweise versteckt hatte.

In jener Nacht nach unserer Unterhaltung über seine Stücke und Otto Bellman waren die Lichter aus, und wir lagen beide im Bett. Er rief von seinem Zimmer aus nach mir: »Kannst du noch einmal nach der Tür sehen, ob sie auch richtig verschlossen ist? Ich bin zu erschöpft.«

»Klar doch«, sagte ich, und ich war froh, ihm irgendwie aushelfen zu können. Es gab mir das Gefühl, vertrauenswürdig und Henry nahe zu sein. Ich überzeugte mich, daß die Kette, das Polizeischloß und das Türschloß richtig gesichert waren.

»Alles in Ordnung«, sagte ich, und ich stand in der Küche und spähte in das Dunkel seines Zimmers. Ich konnte am Ende der Couch seinen Scheitel erkennen.

»Danke, daß du uns eingeschlossen hast«, sagte er. »Wir wollen doch nicht, daß Otto Bellman und seine Schweizer Jodlerbande hier einbrechen und uns unserer Tugend berauben!«

»Ganz gewiß nicht«, sagte ich. »Schließlich hat er womöglich schon dein Stück gestohlen.«

»So ist es. Womöglich müssen wir ihn herlocken, indem wir ihm Schnaps anbieten, und ihn dann fesseln und ihm drohen, wir würden ihn der Einwanderungsbehörde übergeben, falls er das Stück nicht wieder herausrückt. Und Virginia verläßt. An sie müssen wir auch denken. Natürlich könnte es sein, daß er sehr kräftig ist. Bucklige sind das oft. Und vielleicht kennt er ein paar gefährliche Griffe. Nun ja, jetzt ist nicht die Zeit, das alles zu bedenken, es ist nicht gut, vor dem Schlafengehen zu denken … Ich stopf mir die Ohrpfropfen rein … Hast du die Katze reingelassen?«

»Die Katze?«

»Das sagen die Leute sich so, bevor sie sich schlafen legen.«

»Ach so … ja, die Katze ist drin.«

»Gut. Jetzt sind beide Ohrpfropfen drin. Ich hab den Funkkontakt verloren.« Und auf deutsch wünschte er mir eine »*Gute Nacht!*«

»Gute Nacht«, sagte ich, aber er hörte mich nicht, und ich ging auf Zehenspitzen den orangenen Pfad entlang zu meinem Bett zurück.

Kapitel III

Ich fühlte mich mit Frauen überall in Amerika verbunden

Ich mochte meinen Job bei *Terra*. Ich hatte Spaß dran, mich jeden Tag dafür anzuziehen und immer eine andere Krawatte umzubinden. Ich hatte zehn Krawatten für einen zweiwöchigen Rotationszyklus.

In Princeton hatte ich bloß sieben gehabt, aber ich hatte die Anzahl vergrößern können, als Henry mich eines Samstagnachmittags zu einem gemeinnützigen Second-Hand-Laden auf der Second Avenue mitgenommen hatte, und ich hatte mir da drei Schlipse ausgesucht, außerdem zwei blaue Oxfordhemden mit Paul-Stuart-Etiketten und ein rostfarbenes Sportsakko. Die Qualität der Sachen war sehr gut, weil es die Upper East Side war, und alles zusammen kostete mich bloß um die fünfzehn Dollar.

Henry war mit mir zu dem Second-Hand-Laden gefahren, weil er ein sauberes Hemd brauchte. Er hatte sich nicht aufraffen können, eines in der Duschwanne durchzukneten. Er sagte: »Manche Leute gehen in den Waschsalon. Ich gehe in den Second-Hand-Laden.«

Jeden Tag, wenn ich morgens zur Arbeit ging, schlief Henry noch, und darum war's im Apartment pechduster. Mein Lüftungsschachtfenster ließ kein direktes Sonnenlicht ein, darum wußte ich nie, wie es draußen aussah, bis ich auf die Straße hinaustrat. Und ganz gleich, ob es nun grau oder klar war, das Tageslicht war immer ein Schock, freilich ein angenehmer nach der dunklen Enge unserer Räumlichkeiten.

Ich ging die Sechsundneunzigste Straße rauf in Richtung U-Bahn, und wenn ich dann auf dem Bahnsteig stand und auf den Zug wartete, dann hoffte ich, die anderen Leute würden denken: »Da ist ein junger Gentleman auf dem Weg ins Büro.«

Auf der Lexington Avenue ging ich jeden Tag, bevor ich bei *Terra* eintrat, noch in einen Feinkostladen und bestellte einen Kaffee und ein Vollkornbrötchen mit Butter. Ich wollte, daß man mich als Stammgast auffaßte. Ich versuchte, eine Routine zu entwickeln.

In dem Feinkostladen baute ich eine Bekanntschaft mit dem jungen Kassierer auf, Roberto, dessen Haar tiefschwarz war wie Öl und sehr dicht. Jeden Tag, wenn er den Kopf neigte und mein Kleingeld aus dem Schälchen nahm, untersuchte ich heimlich sein Haar, und zwar nicht ohne ein Gefühl der Ehrfurcht und des Neides. Am ganzen Haarschopf war keinerlei Schwachstelle auszumachen. Meine Diagnose lautete dahingehend, daß dieses Haar ihn nie im Stich lassen würde.

Er unterhielt sich immer mit dem Verkäufer hinter dem Tresen über die Knicks, und da ich ein Anhänger der Knicks bin, gelang es mir, ein paar Bemerkungen einzuwerfen. Es entsprach nicht ganz meiner Vorstellung von einem jungen Gentleman, Basketball-Fan zu sein, aber als ich neun Jahre alt war, war mein Idol für kurze Zeit ein älterer Cousin, der ein paar Wochen bei uns wohnte und der Fan der Knicks war. Darum hab ich seit jener Zeit immer ein Faible für den Club gehabt.

Es war noch in der Vorsaison, als ich die ersten Male in den Feinkostladen kam, und Roberto und ich machten uns große Hoffnungen für unser Team. Wir tauschten immer wieder dieselben Informationsbrocken aus, die wir irgendwo in der Zeitung aufgelesen hatten, formulierten sie aber immer auf unterschiedliche Weise, so daß wir einen wohlinformierten Eindruck machten. Ich freute mich morgens drauf, ihn zu sehen, und bei den wenigen Malen, die er nicht da war, war ich enttäuscht.

Nach dem Feinkostladen ging ich ins Büro, wo mir meine eigene kleine Kabine zugewiesen worden war. Wir waren eine kleine Belegschaft von acht Leuten: George, der Herausgeber; vier Frauen; zwei Männer; und ich. Zwei von den Frauen waren Ende fünfzig und verheiratet, und die anderen beiden waren Singles. Eine der Singles, Mary, war extrem attraktiv, und sie peinigte mich auf eine Weise, wie hübsche, adrette blonde Mädchen mit schlanken Armen das schon immer getan hatten – in ihrer Gegenwart verspüre ich einen physischen Schmerz, als hätte mir jemand in den Magen geboxt. Außerdem leide ich im Beisein solch hübscher Mädchen an einer plötzlichen Persönlichkeitsleere. Ich bin dann unfähig, einen einzigen interessanten Satz zu formulieren.

Und Mary rief in mir all diese Symptome hervor. Ich fühlte mich von ihrer Schönheit angegriffen. Ich kriegte stets aufs penibelste mit, wie sich ihr schlanker Körper unter ihren weiten Blusen und ihren wallenden Wollhosen bewegte. Ich pflegte die Luft einzusaugen, wenn sie an mir vorüberging, und versuchte dann, den Duft ihres Parfüms so lang wie irgend möglich in der Nase zu behalten. Das alles peinigte mich ziemlich, darum ging ich ihr aus dem Weg, so gut ich konnte, und auch meinen anderen Kollegen gegenüber gab ich mich immer scheu und zurückhaltend.

Aber am Telefon, wenn ich meiner Arbeit nachging, war ich sehr gesellig. Meine Aufgabe bestand darin, alle naturkundlichen Museen und Naturschutzzentren im ganzen Land zu kontaktieren und sie nach Möglichkeit dahin zu kriegen, daß sie für ihre Mitglieder Sammelabonnements unserer Zeitschrift aufgaben. Es gab Tausende solcher Adressen.

Der größte Vorzug meines Jobs war, daß fast alle, mit denen ich am Telefon zu sprechen hatte, Frauen waren. Und am Telefon mochten sie mich echt. Nachdem ich mit meinem Anliegen fertig war, kamen wir häufig noch ins Plaudern. Sie freuten sich über die Unterbrechung ihrer sonstigen Tätigkeiten und redeten sich mir gegenüber allerlei Sachen von der Seele. Sie erzählten mir, wie hektisch es in ihrem Büro zuging, wie überarbeitet sie waren – eine neue Dinosaurierausstellung mußte hergerichtet werden; ein unorganisierter neuer Direktor hatte seine Stelle angetreten; der Etat wurde gekürzt. Nach ein paar

Wochen und zahllosen Folgeanrufen, mit denen ich den Stand meiner Bemühungen überprüfte, verkehrte ich mit vielen dieser Frauen auf Vornamensbasis, und sie redeten sogar noch ausgiebiger mit mir.

Während die Damen redeten, fing ich immer an, mir ihren Tagesablauf auszumalen. Ich stellte sie mir vor, wie sie sich morgens abhetzten, während sie sich für die Arbeit fertigmachten, wie sie dabei über den Ärger nachdachten, der ihnen bevorstand, und gleichzeitig ihre Büstenhalter und Höschen und Strümpfe anzogen. Dann sah ich sie in schlichten Kleidern vor mir, wie sie in der Küche standen und Kaffee schlürften. Dann fuhren sie zur Arbeit. Es herrschte dichter Verkehr. Überall in den Vereinigten Staaten stellte ich mir dichten Verkehr vor. Ich sah mich im Wagen mit ihnen sitzen, und ich schaute aus dem Fenster. Ich warf einen Blick auf den Mississippi in St. Louis, auf den Regen in Seattle, auf die Wüste in Tucson.

Dann sah ich die Frauen in ihren Büros sitzen. Sie tranken noch eine Tasse Kaffee. Sie gingen sich frischmachen. Ich war irgendwie mit in der Damentoilette. Ich beobachtete sie dabei, wie sie sich Büstenhalter und Höschen zurechtrückten. Die Lässigkeit dieser Abläufe erregte mich. Und dann klingelte immer das Telefon auf ihrem Schreibtisch. Ich war es, der von *Terra* aus anrief, und sie lächelten dabei glücklich. *Louis Ives aus New York City*, dachten sie sich. Meine Hoffnung war, daß sie sich vorstellten, ich sei ein weltgewandter Gentleman aus Manhattan.

Trotz dieser ganzen Phantastereien, während sie redeten, war ich doch ein guter Zuhörer und versuchte immer, ihnen Ratschläge in Form derselben Platitüden zu geben, die ich Henry im Umgang mit seinen Damen benutzen hörte. »Versuchen Sie, vor dem Schlafengehen nicht mehr an Ihre Probleme zu denken«, sagte ich; oder noch eine Formulierung von Henry: »Es war nie einfach, und es wird immer nur noch schwerer.«

Meine Damen lachten stets über meine Bemerkungen; es ging ihnen danach besser. Und es war mir ganz gleich, ob sie alt oder verheiratet oder schwabbelig sein mochten; was zählte, war die gewaltige Femininität der ganzen Geschichte, und es geschah überall. Ich fühlte mich mit Frauen überall in Amerika verbunden.

Schweinchen Dick fiel von der Klippe

Ich hatte den Job seit ungefähr zwei Wochen, als ich das Telefon für einen ungewöhnlichen privaten Anruf benutzte. Ich machte gerade Pause, saß in meiner Kabine und las die *New York Press*. Auf den hinteren Seiten entdeckte ich eine umfangreiche Rubrik namens »Dienstleistungen für Erwachsene«. Eine Anzeige sprang mir ins Auge: »Aufstylung für Transvestiten.« Die angegebene Telefonnummer hatte die Vorwahl 718.

Ich zitterte. Ich wählte. Eine Frau ging ran und sagte: »Hallo.«

»Ich sah Ihre Annonce«, flüsterte ich.

»In welcher Zeitschrift?«

Sie überprüfte die Effektivität ihrer Anzeigenstreuung. »In der *New York Press*«, sagte ich.

»Wir sitzen hier in Bay Ridge. Wo befinden Sie sich?«

»Manhattan.«

»Können Sie nach Brooklyn rüberkommen?«

»Ja«, sagte ich mit einer Notlüge. Ich hatte keine Ahnung, wie man nach Brooklyn fuhr.

»Also, wir führen eine komplette Aufstylung durch. Zwei Stunden für fünfundachtzig Dollar. Make-up. Perücken. Miederwaren. Kleider. Hochhackige Schuhe. Schulung in Femininität. Wir können mit Ihnen einkaufen gehen oder ins Kino. Ganz, wie Sie es wünschen. Nur keinen Sex. Möchten Sie einen Termin mit uns machen?«

»Vielleicht...«

»Wenn Sie wünschen, können wir auch Aufnahmen machen. Bringen Sie Kleinbildfilme mit oder Polaroid.«

»Welche Empfindlichkeit?« fragte ich, um zu zeigen, daß ich ein ernsthafter Anrufer war.

»Zweihunderter.«

»Danke«, sagte ich und legte auf. Mir pochte das Herz, aber für derlei Dienstleistungen war ich noch nicht bereit, obwohl ich den Preis außerordentlich günstig fand. Ich schätzte, wahrscheinlich waren sie wegen ihrer Lage in Brooklyn so preiswert. Aber ich wollte das nicht. Was, wenn es mir wirklich gefallen sollte, mich wie eine Frau anziehen zu lassen, wenn es professionell durchgeführt wurde? Dann würde ich das ständig machen müssen. Ich hatte genug Transvestiten-Pornographie gelesen, um zu wissen, was mit den Männern passiert. Es wächst einem über den Kopf: Ich müßte ständig einkaufen gehen, Geld ausgeben. Ich stellte mir vor, wie ich meine Frauenkleider im Apartment vor Henry versteckte. Diese ganze Geschichte würde eine Menge Arbeit bedeuten.

Aber ich schloß es nicht aus, die Dienste dieser Firma in Zukunft einmal auszuprobieren. Ich schrieb mir die Telefonnummer auf einen kleinen Zettel und steckte mir den in die Brieftasche. Ich wußte, daß an mir eine drängende Neugier nagte, die ich irgendwann einmal würde stillen müssen. Aber ich hatte noch zuviel Schiß, um diesen Schritt zu tun: Was, wenn ich irgendeine unsichtbare Grenze zur Weiblichkeit überschritt und dann nicht mehr zurückkonnte? Ich wollte meinem Dasein als junger Gentleman nicht entsagen.

Aber ich hatte eine zweipolige Orientierung. Es war keine stimmungsmäßige Orientierung, sondern es war eine geschlechtliche Orientierung. Der eine Pol war ein Verlangen nach Femininität und Schönheit, danach, wie ein hübsches Mädchen aufzutreten, und der andere Pol war der Wunsch, ein junger Gentleman zu sein, der eine Krawatte trug und ins Lincoln Center ging, um *Tosca* zu hören. Wie ließ sich das miteinander vereinbaren? Ich wünschte mir, die mädchenorientierten Gedanken würden weggehen, würden einfach verschwinden, aber das taten sie nicht.

Zum ersten Mal bewußt wurde ich mir dieser Sehnsucht, ein Mädchen zu sein, als ich noch ziemlich jung war. Ich war erst fünf oder sechs Jahre alt, und ich sah Trickfilme im Fernsehen. Eine der Figuren, ich glaube, es war Schweinchen Dick, wurde von einer hohen Klippe gestoßen, und während sie endlos durch die Luft fiel, flatterte ihre Kleidung windgepeitscht um sie herum, und irgendwie wurde sie durch das wundersame Walten des Cartoons in ein Mädchen verwandelt. Die flatternde Hose wurde zum Kleid, das Gesicht wurde plötzlich hübsch, die Wimpern kräuselten sich, das Haar wurde lang, und unter dem Hemd erblühten kleine knospende Brüste. Sie lächelte glücklich. Und während ich zuschaute, erwachte in mir etwas, was ich noch nie verspürt hatte – es war ein prickelndes, erotisches Verlangen. Und irgendwie war mir, während Schweinchen Dick zum Mädchen wurde, so zumute, als würde auch ich zum Mädchen, und das gefiel mir. Es gefiel mir besser, als ein Junge zu sein.

Aber dann, gar zu bald, knallte Schweinchen Dick auf dem Boden auf. Man sah bloß noch eine Staubwolke, und dann verzog sie sich. Sie lebte noch, aber sie war wieder ein Junge, und ich ebenso.

Ich wollte heulen. Ich fand, wir waren viel zu schnell zurückverwandelt worden.

Nachdem ich diesen Cartoon gesehen hatte, fing ich an, zu mir selbst und zu Gott zu sagen: »Ich wünschte, ich könnte nur zehn Minuten lang ein Mädchen sein und mich selbst im Spiegel betrachten.« Ich wollte einfach mal wissen, wie das war, und auf das Zeitlimit von zehn Minuten war ich verfallen, weil ich dachte, so klänge die Bitte einigermaßen vernünftig. Aber ich wußte, Gott tat nur etwas für einen, wenn er einen mochte, und es kam mir ganz fürchterlich frustrierend vor, daß ich womöglich nie ein Mädchen sein würde. Darum hoffte ich, eines Tages würde Gott beschließen, mich zu mögen, und es einfach mal machen. Und ich würde hingehen und einen Blick in den Spiegel werfen, und statt mich selbst zu sehen, würde ich ein hübsches Mädchen in einem Kleid sehen, das lächelte.

Und dieser Wunsch oder dieses Gebet, ein Mädchen zu sein, wovon ich nie jemandem was erzählt hatte, verließ mich viele Jahre hindurch nicht, aber wie es mit der Kindheit nun einmal läuft, vergaß ich das alles schließlich.

Aber der Wunsch kehrte zurück, als ich knapp sechzehn war. Bei mir setzte gerade die ziemlich verspätete Pubertät ein, und ich fing an, mit Masturbation herumzuexperimentieren. Ich entdeckte im Keller unseres Hauses ein Versteck mit den pornographischen Zeitschriften meines Vaters und einem einzigen Buch: *Psychopathia sexualis*.

Ich sah mir die Bilder der nackten Frauen in den Zeitschriften an, und sie gefielen mir, aber richtig erregt wurde ich erst, als ich in *Psychopathia* das Kapitel und die Fallgeschichten entdeckte, wo es um Männer ging, die glaubten, sie seien Frauen. Und da fiel mir dann auch der Schweinchen-Dick-Cartoon wieder ein und ebenso mein Kindheitswunsch, ein Mädchen zu sein, und der Wunsch war wieder da.

Dr. Richard von Krafft-Ebing, der Freuds Vorgesetzter gewesen war, als Freud in Wien anfing, war der Autor von *Psychopathia*, und die Fallgeschichten sind seine Protokolle zu den Patienten, die er behandelte. Und die Männer, die sich wie Frauen anzogen und glaubten, sie seien Frauen, litten an einer »Wahnvorstellung des Geschlechtswechsels«. Ich wollte auch so eine Wahnvorstellung haben, und darum las ich jede Nacht immer von neuem dieselben Fallgeschichten durch und masturbierte dazu und versuchte, meinen Erguß zeitlich so abzustimmen, daß er gleichzeitig mit einem Satz kam, der mich erregte.

Da war ich also, ein halbwüchsiger jüdischer Junge in New Jersey, der über deutschsprachige Männer aus dem neunzehnten Jahrhundert las, die den Verstand und ihre männliche Identität verloren hatten, und ich faßte sie als erotische Rollenmodelle auf.

Krafft-Ebing bot auch allerlei anthropologische Daten und Phänomene zum Thema, darunter meine Lieblingsstelle, in der es um die Pueblo-Indianer ging, die mit Bedacht Männer feminisierten.

In dieser Passage wurde beschrieben, wie die Pueblos jedes Jahr einen ihrer stärksten Krieger auswählten und ihn auf ein Pferd setzten, mit dem er exzessiv herumreiten und auf dem er exzessiv masturbieren mußte, und beides zusammen hatte den

Effekt, daß diesem Mann die Geschlechtsteile zerstört wurden. Anschließend wurde seine Haut weich, und seine Brust vergrößerte sich. In dem Stamm übernahm er die Rolle einer Frau. Er zog sich wie eine Frau an und wurde bei religiösen Zeremonien auch sexuell als solche benutzt. Diese Männer hießen *Mujerados* und standen in hohem Ansehen.

Das brachte irgendeinen Nerv in mir zum Klingen, und ich phantasierte oft, ich sei ein Stammesmitglied, das für die Geschlechtsumwandlung auserwählt wurde. Einmal zog mich die Vorstellung so sehr in ihren Bann, daß ich masturbierte, so viel ich nur konnte, und mit meinem Zehngangfahrrad herumfuhr und dabei auf dem Sattel herumhüpfte, als würde ich auf einem Pferd galoppieren. Aber dieses Experiment dauerte nur ein paar Tage an.

Im Rahmen eines anderen Experiments probierte ich einmal die Kleider meiner Mutter an. Eines Tages hatte ich das Haus ein paar Stunden lang ganz für mich, und ich fing mit völliger Nacktheit an, und als ich mir einen der Schlüpfer meiner Mutter überstreifte, war das, als erhielte ich einen Stoß puren Adrenalins. Ich hätte einen Hundertmeterlauf hinlegen können. Der Schlüpfer verursachte außerdem eine gewaltige Erektion, aber ich fühlte mich feminin. Mein Hintern sah mädchenhaft aus, und ich streichelte mich.

Der Schlüpfer fühlte sich schon ziemlich exquisit an, aber dann, als ich mir ungeschickt den Büstenhalter überstreifte und den Träger auf meinem Rücken spürte und auf die beiden weißen Körbchen runtersah, Körbchen, die für Brüste gedacht waren, da kam ich mir wunderschön vor. Da kam ich mir wie ein Mädchen vor. Ich war high. Ich hatte Brüste. Ich hob ab und flog. Meine beiden BH-Körbchen waren Flügel.

Dann zog ich einen dünnen Baumwollrock an und spazierte im Zimmer meiner Eltern herum. Die ungewohnte Empfindung der Luft zwischen meinen Beinen machte mich verwundbarer und aufreizender. Ich wollte ein Mädchen sein! Und vor allen Dingen wollte ich schön sein. Ich dachte an die ganzen hübschen Mädchen in der Schule, wie sie in ihren Röcken den Flur entlangstolzierten, wie schnuckelig sie waren, und wie erregt sie sein mußten, wo sie doch heimlich von der Luft gestreichelt wurden.

Ich stopfte mir ein paar Papiertücher in den Büstenhalter, und ich zog eine Bluse an. Ich unterbrach mich immer wieder, um mich zu berühren und um die Stoffe auf meiner Haut zu spüren. Der weiche Umriß des Rocks verbarg meine Erektion ein bißchen. Und dann sah ich in den Spiegel. Mit voller Absicht hatte ich das bis ganz zuletzt aufgeschoben. Nun war ich drauf und dran, mir meinen alten Wunsch zu erfüllen: in den Spiegel zu schauen und ein wunderschönes Mädchen zu sehen.

Aber als ich mich dann sah, war das, als ob man sich aus Versehen mit dem Messer in den Finger schneidet. Einen Moment lang verspürt man einfach nur Leere, dann ein Erkennen, und schließlich Pein und Schmerzen, wenn man realisiert, daß man sich selbst verletzt hat. So brauchte auch ich ein paar Sekunden, um mich zu sammeln, und als ich mich dann unmißverständlich in den Kleidern meiner Mutter sah, war ich voller Scham und Abscheu. Über dem Rock und der Bluse blickte mich das Gesicht an, das ich mein Leben lang gehabt hatte, kein hübsches Mädchen, das lächelte, nur ich, und ich sah verwirrt und krankhaft aus, aber gleichzeitig voll pathetischer Hoffnung.

Ich legte mich auf das Bett meiner Eltern, und ich verging vor lauter Demütigung. »Was ist bloß mit mir los?« schrie ich mich im Stillen an. Mehrere Minuten lang bewegte ich mich kein bißchen; meine Augen hatte ich geschlossen.

Ich beruhigte mich ein wenig, und die Empfindung des Büstenhalters und des Schlüpfers auf meiner Haut war immer noch überaus angenehm. Ich hatte mich von dem Bild im Spiegel befreit, und ich wollte, daß mein Experiment in irgendeiner Weise funktionierte, und darum fing ich sehr umsichtig, um nichts zu beflecken, zu masturbieren an, und nach meinem Orgasmus schämte ich mich sogar noch mehr. Die Kleidungsstücke, die sich wenige Augenblicke zuvor noch wunderschön angefühlt hatten, schnürten mich jetzt ein wie Fesseln. Ich wollte sie vom Leibe haben: *Was treibe ich da in den Klamotten meiner Mutter?*

Vorsichtig legte ich alles wieder weg, hegte die Befürchtung, meiner so pingeligen Mutter könne das kleinste Fältchen auffallen, aber nach allem, was ich weiß, hat sie nie etwas bemerkt. Und falls sie doch bemerkt hat, daß irgendwas nicht richtig an seinem Platz lag, muß sie wohl gedacht haben, daß das einfach eins dieser Mysterien der Haushaltsführung war.

Trotz meiner sehr gemischten Gefühle hab ich dann doch noch ein paarmal probiert, mich aufzudonnern. Ich wollte, daß ich mir dabei gut vorkam. Beim letzten Versuch, als ich fast siebzehn war, trug ich Lippenstift auf und steckte mir Spangen ins Haar, aber das Ergebnis war das gleiche: Als ich in den Spiegel sah, war ich immer noch vorhanden, unschön, ein Junge.

Ein internationales Abkommen über die Tugenden der Keuschheit

Nachdem ich den Aufstylungsservice in Brooklyn angerufen hatte, stöberte ich den Rest der Sexannoncen durch, die sich zu Dutzenden und Aberdutzenden in der *Press* fanden. Zum größten Teil stammten sie von Leuten, die Sado-Maso und Rollenspiele und Massagen anboten, und ich liebte es, diese ganzen Anzeigen zu lesen. Ich kam mir nicht mehr so einsam vor – die ganze Stadt hatte Sexprobleme.

Aber die Annoncen waren auch so was wie die Büchse der Pandora. Da draußen gab es einfach zu viel. Zu vieles stand einem offen, wenn man sich schwach fühlte. Darum legte ich die *Press* beiseite und machte mich wieder an die Arbeit, rief meine Damen in ihren Naturschutzzentren und Museen an.

An jenem Abend kam Henry so gegen elf reingesaust, direkt von seinem Unterricht und gerade noch rechtzeitig, um *Werden Sie schon bedient?* zu sehen, eine britische Comedyserie über die Belegschaft eines Kaufhauses. Wir hatten es uns angewöhnt, das fast jeden Abend anzusehen, wenn Henry von seinem Abendunterricht in Queens oder vom Essen mit einer seiner Damenbekanntschaften heimkehrte. Er sah die Sendung schon seit Jahren; sie lief auf einem Kabelkanal, und er sagte, es gäbe Hunderte von Folgen, von denen er viele immer noch nicht gesehen hätte.

»Hat es schon angefangen?« fragte er ganz außer Atem, während er sich den Regenmantel auszog.

»Gerade eben erst«, sagte ich.

»Gott sei Dank. Bloß der Gedanke an *Werden Sie schon bedient?* hat mich meine letzte Unterrichtsstunde überstehen lassen ... Irgendwelche Nachrichten?«

»Nein.«

»Ein Zeitalter geht zu Ende! Ich werde mich in mich selbst zurückziehen müssen.«

Er setzte sich auf seine Couch, um unsere Sendung zu sehen, und ich saß auf meinem Stuhl. Wir tranken beide ein Gläschen Wein.

Wir beide liebten eine bestimmte Figur, Mrs. Slocombe. Sie war Witwe und Abteilungsleiterin für Miederwaren in dem Kaufhaus. Sie war von matronenhaftem Körperbau, hatte ein schorfiges und aufgedunsenes Gesicht, lange künstliche Wimpern und Haare, die entweder lila oder rot oder orange gefärbt waren. Der Höhepunkt einer jeden Sendung war gekommen, wenn Mrs. Slocombe mit dem aufrichtigen Bemühen, einen Upper-class-Akzent hinzukriegen, sich über das Wohlergehen ihrer Katze ausließ.

»Meine Muschi war die ganze Nacht draußen in der Kälte. Ich mußte sie am Feuer wärmen«, sagte sie etwa, und Captain Peacock, der Oberabteilungsleiter, schob diskret eine Augenbraue hoch, das britische Lachen aus der Konserve wurde eingespielt, und Henry und ich kicherten in unsere Weingläser hinein.

Es gehörte zu Henrys Generositäten, daß er mir jeden Abend ein Glas Rotwein spendierte, gratis, wie er gerne sagte, zur Begleitung unseres Fernsehabends. Obwohl Henry in jeder anderen Hinsicht darauf beharrte, daß alle Transaktionen zwischen uns finanziell oder durch Ausgleich in Naturalien geregelt werden mußten. Wenn er sich zum Beispiel zur einmaligen Haarwäsche mein Shampoo ausborgte, dann sollte ich mich mit einer entsprechenden Portion bei der Zahnpasta bedienen – einmal Putzen. Eines Abends brauchte er ein Paar Socken, um zum Essen auszugehen, und er war schon ganz verzweifelt. »Ich werde mir die Knöchel schwarz anmalen müssen!« Also lieh ich ihm ein Paar schwarze Socken, und trotz all meiner Proteste gab er mir einen Dollar dafür. Er sagte, wir sollten keinerlei gegenseitige Verpflichtungen eingehen, was mich insgeheim verletzte.

Als *Werden Sie schon bedient?* an jenem Abend vorbei war (Captain Peacock war bei einer Beförderung übergangen worden), fing Henry an, die Kanäle durchzuprobieren, indem er übellaunig auf der Fernbedienung rumdrückte. »Die Kultur stirbt«, sagte er wütend. »Es muß da draußen doch noch irgend etwas geben.« Er zappte zum Gerichtskanal und erklärte: »Prozesse müßten in diesem Lande abgeschafft werden. Sie sind zu teuer.«

»Aber wodurch sollten wir sie ersetzen?« fragte ich.

»Durch einen einzelnen Tyrannen«, sagte er.

Er trank den Rest aus der Weinflasche, und dann holte er eine Plastikflasche mit Mineralwasser unter seiner Couch hervor – irgendwie wußte er, daß das eine sichere war – und leerte auch diese. Dann tat er die Weinflasche und die Plastikflasche in den Müll in der Küche.

»Henry, wir sollten diese Flaschen wirklich zur Wiederverwertung bringen«, sagte ich. »Wir könnten uns einen Müllsack bloß für Wertstoffe zulegen.«

»Dir haben sie auch schon eine Gehirnwäsche verpaßt. Diese Umweltschützer. Wiederverwertet wird gar nichts. Endet alles am selben Ort«, sagte er, und er stand da in der Türöffnung zwischen Küche und Wohnzimmer.

»Tut es nicht, und wir sollten es wirklich mal versuchen. Das kann gar nicht so schwer sein. Ich trag alles runter. Wiederverwertung ist eine wichtige Sache.«

»Wiederverwertung ist der hinterhältigste Einfall dieser ganzen Generation«, sagte er. »Und Hilfe für die Obdachlosen, von denen die meisten haben, was sie verdienen. Das einzige Problem, um das man sich kümmern sollte, ist Sex. Wenn wir das unter Kontrolle kriegen, dann können wir uns auch diesen anderen Problemen zuwenden. Wir brauchen ein internationales Abkommen über die Tugenden der Keuschheit. Jawohl. Das erfordert ein gerüttelt Maß Arbeit ... ein gerüttelt Maß an Ertüchtigung, Volkstanz, langen Wanderungen, Mahlzeiten mit sieben oder acht Gängen, Mah-Jongg, und was sonst noch? ... Krieg! Das wird ihnen den Gedanken an Sex schon austreiben.«

Henry hielt inne, erwog seine Lösungsvorschläge, wie Keuschheit auf internationaler Ebene erreicht werden könnte, und dann sagte er mit resignierendem Tonfall: »Dann gibt's natürlich noch das Homosexuellenproblem. Keiner war bisher in der Lage, das zu lösen. Zu wenig Forschung.«

Und er setzte sich wieder auf seine Couch und nahm das Zappen durch die über vierzig Kabelkanäle wieder auf. Kabelfernsehen war Henrys einziger Luxus. Es kostete über zwanzig Dollar im Monat, aber die Hälfte davon übernahm ich. (Anfang Oktober hatten wir das mit den wöchentlichen »Schenkungen« seingelassen, und ich hatte die erste meiner monatlichen Mietzahlungen geleistet. Henry zog es vor, sie in bar entgegenzunehmen.)

Er hörte auf zu zappen, als er den öffentlichen Kanal von New Jersey reinkriegte, auf dem man eine Dokumentation über die königliche Familie ankündigte, die demnächst kommen sollte. Henry war immer auf dem laufenden über die Sippe, und mehr als einmal hatte er seine große Bewunderung für die Königin und ihre Juwelen zum Ausdruck gebracht. Kurze Ausschnitte aus der Dokumentation wurden gebracht, und wir sahen eine Sequenz mit dem Herzog von Windsor und Wally Simpson, wie sie Händchen hielten und zusammen durch einen Garten spazierten. Dann war die Vorschau auf die Dokumentation zu Ende, und Henry, der sonst nichts mehr finden konnte, was er sehen mochte, schaltete den Fernseher aus.

»Wir sollten mal was über Wally Simpson lesen«, sagte er. »Sie ist eine der interessantesten Menschen unserer Zeit. Vielleicht die größte Frau des zwanzigsten Jahrhunderts.«

»Die größte? Warum denn das?«

»Sie war eine Amerikanerin, die beinahe Königin von England wurde! Brachte im Alleingang beinahe die ganze königliche Familie zu Fall. Eine faszinierende Frau ... Marlene Dietrich hat versucht, Edward von ihm wegzulocken, um ihn zu retten. Die Dietrich hatte auch Erfahrungen mit homosexuellen Liebhabern.«

»Willst du damit sagen, der Herzog von Windsor wär homosexuell gewesen?«

»Sicher doch. Die Engländer sind alle homosexuell, wegen ihres Internatsschulsystems. Die kommen da nie wirklich drüber hinweg.«

Ich war Englandfan genug, um mich mit den wichtigen Fakten über den Herzog von Windsor auszukennen. Außerdem hatte mir der Schneider im English Shoppe in Princeton einmal erzählt, der Herzog von Windsor habe seine Sportsakkos zusammengeknäult ganz unten in seinem Kleiderschrank aufbewahrt, damit sie abgetragener aussähen, und darum hatte ich das ebenso gemacht.

»Warum hätte er seinen Anspruch auf die Krone für Wally Simpson aufgeben sollen, wenn er homosexuell war?« fragte ich.

»Wally fühlte mit ihm«, sagte Henry. »Sie verstand ihn. Außerdem hatte sie eine maskuline Kieferpartie und sehr schöne dunkle Augen. Ihre Kopfform war maskulin, und sie konnte ihm Jungs ranschaffen. Sie war stark, und er war schwach, ein totaler Versager ... Aber das ist eine faszinierende und korrupte Epoche, die solltest du genau studieren ... Befreundet waren sie mit Jimmy Donahue, dem Woolworth-Erben, und der war totaler Homosexueller. Einmal in London hat er sich mit seinen Freunden betrunken, und sie haben einem Soldaten die Geschlechtsteile rasiert. Dann beschlossen sie, dem Soldaten die Testikel abzuschneiden, also haben sie's auch getan. Sie ließen ihn bei der Brooklyn Bridge liegen. Er schaffte es ins Krankenhaus. Das kostete Jimmys Mutter zweihundertfünfzigtausend Dollar, was nicht genug ist, um den Verlust der Testikel aufzuwiegen, aber damals war es genug. So also sah der Menschenschlag aus, mit dem Edward und Wally sich abgaben. Es heißt allerdings, Jimmy Donahue habe sehr charmant sein können. Allerdings nicht, wenn man Soldat war.«

»Es ist fast so, als seien alle interessanten Leute homosexuell«, sagte ich.

»Nein. Alle interessanten Leute sind trisexuell.«

»Trieb-sexuell?«

»Nein, trisexuell. Sie haben dreierlei sexuelle Ausrichtung. Asexuell, homosexuell und heterosexuell.«

»Bist du trisexuell?«

Das war als spielerische Frage gemeint, mit der ich zum Ausdruck bringen wollte, Henry sei ein interessanter Mensch und demzufolge dann ja wohl trisexuell, aber die Worte kamen mir auf irgendwie lüsterne Weise über die Lippen und verrieten mein sehr reales Verlangen, Henrys sexuelle Ausrichtung in Erfahrung zu bringen.

Und wenn ich wüßte, daß er homosexuell oder bisexuell oder trisexuell war, dann könnte ich mir auch vorstellen, daß er sich zu mir hingezogen fühlte; das könnte eine Möglichkeit sein, sicherzugehen, daß er mich mochte. Aber war Trisexualität eine realistische Möglichkeit? War ich trisexuell? Konnte es sein, daß die widerstreitenden Kräfte von Heterosexualität und Homosexualität (wie Vorwärts- und Rückwärtsgang im Auto) jemanden im neutralen Leerlauf der Asexualität gefangen hielten?

»Ich bin ein Anhänger der römischen Kirche«, gab er mir zur Antwort. »Ich habe nur Sex, wenn ich verheiratet bin.«

»Aber du bist nie verheiratet gewesen«, sagte ich und hatte mich jetzt nicht mehr unter Kontrolle, weil ich die Wahrheit wissen wollte.

»Ja.«

»Du hast nie Sex gehabt?«

»Aus mir wirst du nichts herauskriegen.«

»Bitte entschuldige, daß ich meine Nase da reinstecke.« Ich war mit meiner Neugier wirklich zu weit gegangen, aber die hatte sich über die sechs Wochen, die ich ihn jetzt schon kannte, aufgestaut; ich wagte es nicht, Henry in die Augen zu schauen.

»Du mußt folgendes akzeptieren«, sagte Henry: »Wenn wir uns dieses Apartment teilen wollen, dann ist es am besten, so wenig voneinander zu wissen wie möglich – den besten zwischenmenschlichen Beziehungen liegt dies als Fundament zugrunde … Alles, was ich von meinen Hausgästen verlange, ist, daß sie mir nicht mitten in der Nacht ein Messer in den Rücken jagen.«

»Du machst dir doch nicht wirklich Sorgen, dir könnte jemand ein Messer in den Rücken jagen, oder?«

»Jeder, den ich hier reinlasse, ist ein Fremder. Das ist das Risiko, das ich eingehe.«

»Tut mir leid, daß ich grob gewesen bin«, sagte ich.

Henry vergab mir. Sein Tonfall war ruhig, belehrend. »Versuche, über wichtigere Dinge nachzudenken«, sagte er. »Denk mal über deine Seele nach, über deinen Charakter. Denk mal über das Gefrierfach nach. Das ist ein einziger Eisblock. Das müßte man mal abtauen. Mag sein, daß darin noch ein Steak ist. Konzentriere dich auf solcherlei Dinge. Es könnte tatsächlich etwas zu essen drin sein.«

Dann ging Henry wieder zur Spüle und putzte sich die Zähne und machte Toilette; ich tat es ihm nach, und wir beide begaben uns zur Nachtruhe. Bevor ich einschlief, rief er mir von seiner Couch aus zu: »Wenn wir uns dazu aufraffen, dann laß uns das Gefrierfach an diesem Wochenende abtauen.«

»Ist in Ordnung«, sagte ich, obwohl ich den starken Verdacht hatte, wir würden uns doch beide davor drücken.

»Gut … Noch irgendwelche Gedanken? Ein letzter Kommentar?

»Nein.«

»Da wären wir also. Wo sind wir?«

Henry beschloß unsern Tag oft mit dieser Frage, und stets wurden dann die Ohrpfropfen reingesteckt, und der Funkkontakt war weg.

Die Rezessionsversohlerin

Am nächsten Tag war ich bei der Arbeit, und ich konnte nicht anders, ich warf wieder einen Blick in die *New York Press*. Ich stieß auf eine Anzeige, die mir aus irgendeinem Grund bisher entgangen war. Da stand: REZESSIONSVERSOHLERIN. Ich war zu verwirrt und neugierig, um mir das entgehen zu lassen, also rief ich an.

»Hallo«, meldete sich eine Frauenstimme.

»Ich hab Ihre Anzeige gesehen«, flüsterte ich.

»Welche?«

Sie hatte also mehrere aufgegeben? »Rezessionsversohlerin«, sagte ich.

»Wann möchtest du vorbeikommen?«

»Ich weiß nicht recht ...«

»Ich bin eine reife Brünette mit voller Figur. Ich werde dir ordentlich den Hintern versohlen. Hast du besondere Wünsche?«

»Ich bin Anfänger ...«

»Ziehst du gern Frauenkleider an? Ich kann dir ein paar von meinen anziehen. Wann kannst du kommen?«

Woher wußte sie, daß ich daran interessiert war, Frauenkleider anzuziehen? »Ich bin um sechs mit der Arbeit fertig.«

»Dann komm um sieben vorbei. Wieviel kannst du dir leisten?«

»Ich ...«

Sie lauschte meinem Zögern. Sie versuchte, den Inhalt meiner Brieftasche zu wittern. Sie schätzte ihn fast korrekt ein. »Vierzig Dollar für eine Stunde«, sagte sie.

Das war billig. Rezessionspreise eben. »In Ordnung«, sagte ich.

»Ich wohne Nummer 153 in der Dreiundneunzigsten Straße West. Frag beim Türsteher nach Miss Hart. Wie heißt du?«

»David«, sagte ich.

»Die Adresse hast du?«

»Ja«, sagte ich.

»Sei um sieben da«, sagte sie und legte auf.

Es war alles so schnell gegangen. Ich hatte bloß mit der Versohlerin reden wollen. Ich hatte gar nicht vorgehabt, einen Termin abzumachen, aber der Preis war so niedrig, und das Verkaufsgespräch war so flink gelaufen. Und sie wohnte in meiner Straße! Es war zwar auf der anderen Seite des Parks, aber trotzdem ein ziemlich großer Zufall, und ich faßte das als gutes Zeichen auf.

Es war Freitag, und den restlichen Nachmittag konnte ich kaum noch geradeaus denken. Ich stellte mir eine vollbusige Brünette von Ende dreißig vor: Sie hatte gesagt, sie sei reif. Ich wollte meinen Arbeitskollegen sagen, daß ich was Aufregendes vorhatte, aber das konnte ich nicht machen. Immerhin erzählte ich aber einer meiner Damen vom Cape Cod Museum of Natural History, daß ich an diesem Abend eine Verabredung hatte, und sie wünschte mir alles Gute.

Ich stieg an der Sechsundneunzigsten Straße aus dem Stadtbus aus und ging dann die drei Blocks. Es war ein altes Hochhaus mit einer dreckigen Lobby. Es gab einen Türsteher, aber keinen Liftführer.

Im Aufzug musterte ich mich in dem kleinen Spiegel in der Ecke der Decke. Von dem erhöhten Blickwinkel aus war die Ausdünnung meines Blondschopfs deutlich zu erkennen. Das war nicht fair. Ich bin zu jung, um schon eine Glatze zu kriegen, dachte ich. Ich hoffte, Miss Hart würde zumindest finden, daß ich ein hübsches Gesicht hatte.

Sie wohnte im fünfzehnten Stock; ihr Apartment lag weit hinten in einem Flur mit vielen Apartments. Ich drückte auf den Summer. Die Tür öffnete sich ungefähr zu einem Viertel. Sie stand in dem Spalt und verbarg sich hinter der Tür, so daß ihre Nachbarn sie nicht sehen konnten. Sie trug ein total schwarzes Outfit, bestehend aus Büstenhalter, Höschen, Strumpfband, Strümpfen, die halb den Schenkel hinaufreichten, hochhackigen Schuhen und sogar einer Brille mit schwarzer Fassung.

»Bin ich zu alt?« fragte sie. »Wenn du das meinst, ist das schon in Ordnung. Noch kannst du gehen.«

Sie war über sechzig, und auf den ersten Blick sah sie furchterregend aus, so wie die Mutter meines Vaters. Sie hatte dieselbe

Art dicker schwarzer Brillengläser und dieselbe Art von getöntem schwarzen Haar, wie man sie in einem Schönheitssalon verpaßt kriegt. Ihre Haut war, wie die meiner Großmutter, ohne Runzeln, aber sie war schlaff, wie sie das im Alter wird.

»Sie sind nicht zu alt«, sagte ich freundlich. Ihre Brüste waren milchig weiß und groß.

»Komm rein«, sagte sie, und sie schloß flink die Tür hinter mir. »Wie heißt du?«

»David.«

Es war ein Studioapartment mit einer Küche, die durch kleine Schiebetüren abgetrennt war, einem großen Bett in der Ecke bei der Tür und einer Sitzecke an der gegenüberliegenden Seite des Apartments. Sie führte mich zu einer Couch und sagte, ich solle mich hinsetzen.

»Du solltest mich Mistress Hart nennen, oder falls du das vergißt einfach Miss Hart. Ich muß mal ins Bad. Leg die Kleider ab. Wir fangen an, wenn ich rauskomme.«

Sie war seltsam, wirr; ihre Augen hinter den dicken Brillengläsern waren ganz verzerrt. Sie hatte einen dünnen, unglücklichen blassen Mund. Aber die Form ihres Gesichts, die kräftigen Wangenknochen, die feine, gerade Nase bestärkten mich in der Vermutung, daß sie einmal sehr schön gewesen war.

Sie ließ mich auf der Couch zurück. Ich sah ihr nach. Sie war klein, vielleicht einssechzig – in Stöckelschuhen. Ihre Schultern waren rund und hängend. Ihr Hinterteil in dem schwarzen Höschen war sehr breit. Oben, über den Strümpfen, waren ihre Beine gespenstisch weiß, die Muskulatur sah weich aus, die Haut schlaff. Ich hatte ihr gesagt, sie sei nicht zu alt, weil ich ihre Gefühle nicht verletzen wollte. Außerdem hatte sie noch nicht halb so schlecht ausgesehen, als sie da in der Türöffnung stand. Ich hatte noch nie eine so alte Frau in Unterwäsche gesehen. Das war aufregend. Und außerdem war es schon zu spät für einen Rückzieher. Ich war in einer Art Trance, seit ich am Telefon mit ihr gesprochen hatte, und ich mußte da nun hindurch, ganz gleich, was geschehen mochte, wiewohl es ausgesprochen fair von ihr gewesen war, es mir freizustellen, einen Rückzieher zu machen.

Ich zog mich bis auf Unterhose und T-Shirt aus und sah mich um. Das Apartment war öde und trostlos. Es waren sehr wenige persönliche Dinge darin. Die Möbel waren alt und ganz offensichtlich gebraucht gekauft, denn nichts paßte zusammen. Die Vorhänge waren schwer und dick, und nur zwei schwächliche Lampen waren an, darum wirkte der Raum wie eine Höhle, ganz schattenhaft in seiner Düsternis. Der Teppich war alt und von verschossenem Grün.

Miss Hart besaß aber doch einen interessanten Gegenstand. Gegenüber von der Couch war ein Tisch mit zwei schwarzen Telefonen und zwei Anrufbeantwortern. Über den Apparaten an der Wand hing ein Blatt Papier mit großgeschriebenen, durchnumerierten Gedankenstützen, hingekritzelt mit dicker schwarzer Tinte in einer ungelenken, schiefen Schrift:

1. Herausfinden, was sie wollen
2. Einen Preis nennen
3. Die Adresse durchgeben
4. Zeit festlegen
5. Adresse wiederholen

Dann bemerkte ich, daß auf dem kleinen Ecktisch neben der Couch mehrere Bücher lagen. Ich saß in Unterhose da, wartete auf sie, wurde ein bißchen ängstlich, und ich griff mir eines der Bücher, ein großes blaues, und auf dem Umschlag stand *Anonyme Alkoholiker.* »Mein Gott«, dachte ich, »sie ist trockene Alkoholikerin, aber sie muß sich wohl um ihr Gedächtnis gesoffen haben und braucht jetzt schriftliche Erinnerungsstützen.« Ich war ziemlich beeindruckt von ihr. Ich bewunderte den Einfallsreichtum ihrer Versuche, ihr Geschäft besser zu organisieren; das hatte was Benjamin-Franklin-haftes.

Schließlich ging die Toilettenspülung, und das berührte mich doch recht unangenehm. Sie kam raus und sagte: »Wie war noch mal dein Name?«

Ich fing an, an meinem eigenen Erinnerungsvermögen zu zweifeln, weil ich doch von Anfang an einen falschen Namen angegeben hatte. Versuchte sie, mir auf die Schliche zu kommen?

»David«, sagte ich.

Sie setzte sich auf einen Stuhl gegenüber der Couch. »Was möchtest du machen?«

»Ich ... Sie erwähnten, ich könnte Frauenkleider anziehen.«

»In Ordnung, wir können dir ein bißchen was überziehen ... Möchtest du auch versohlt werden?«

Weil ich dachte, das wäre ihre Spezialität, fand ich, ich sollte das mal probieren. Ich sagte: »Ich bin noch nie versohlt worden – na ja, einmal schon, als ich noch Kind war –, aber vielleicht könnten wir das ein bißchen tun.«

»David, nicht?«

»Ja.«

»Ich werde dich Debbie nennen«, sagte sie, und plötzlich schien sie zu neuem Leben zu erwachen. Sie war bislang sehr nüchtern und geschäftsmäßig gewesen, aber jetzt lächelte sie. »Du bist in guten Händen, weißt du. Tut mir leid, daß ich so alt bin, aber bei mir kannst du viele neue Erfahrungen machen. Ich war früher sehr hübsch. Ich war in Hollywood, weißt du. Da brauchte man immer schöne Mädchen. In den fünfziger Jahren schlief ich mit Ronald Reagan. In Kitty Kelleys Buch über Nancy Reagen kannst du auf meinen Namen stoßen. Ich steh hinten drin, im Register. Katherine Hart. Da mußt du mal nachschauen. Nancy hat mich gehaßt; ich war viel besser im Bett als sie.«

»Was war er für einer?«

»Er hatte einen Haufen Freundinnen, aber er war ein Gentleman.«

Ich glaubte ihr, daß sie in Hollywood gewesen war und mit Reagan geschlafen hatte. Es war eine Lebensgeschichte, die paßte – ein junge schöne Schauspielerin hängt sich an einen Star; vielleicht hat sie Talent, vielleicht auch nicht, beim Film ist das egal; ihre Schönheit verblüht langsam, und sie verfällt der Trunksucht; sie gerät immer weiter an den Rand; Jahre später macht sie eine Entwöhnungskur, hat einen leichten Schatten weg und bringt sich knapp über die Runden, indem sie Männern den Hintern versohlt. Ich hätte sie fragen sollen, ob sie Ronald Reagan auch versohlt hatte.

»Haben Sie noch eine andere Annonce laufen außer ›Rezessionsversohlerin‹?« fragte ich unter Anspielung auf Punkt eins ihrer Liste über dem Telefon.

»Ich mach auch noch Massage. ›Reife Massage‹, so nenn ich das. Manchmal ist hier ziemlich viel los. Darum hab ich auch zwei Telefone, so daß mir kein Anruf entgeht. Viele Männer wollen versohlt werden, und viele Männer wollen massiert werden. Aber du bist zum Versohltwerden gekommen, und weil du Frauenkleider tragen willst, nicht?«

»Ja«, sagte ich, und dann sprach ich ihr ein Kompliment aus. »Mir gefällt ihre Rezessionsversohlerin-Anzeige. Das ist eine witzige Art und Weise, das auszudrücken, und sehr effektiv, glaub ich.«

»Man muß dafür sorgen, daß man den Leuten in die Augen springt, und ich biete günstige Tarife ... Dann wollen wir mal anfangen.«

Sie begann, in ihrer Spiegelkommode herumzuwühlen, und nahm da ein paar Sachen raus. Neben mich legte sie einen schwarzen Büstenhalter, wie auch sie einen trug, ein weißes Höschen mit Rüschen am Saum und einen weißen Unterrock, der vom Alter und dem vielen Waschen ganz grau geworden war. Sie besaß keine sonderlich feinen Sachen, aber es machte irgendwie Spaß, dies alles mit jemandem zusammen zu machen. Ich hatte mir seit der Highschool keine Frauenklamotten mehr angezogen, abgesehen von einem Büstenhalter, den ich in Princeton im Waschsalon gefunden und im Badezimmer übergestreift hatte, und dem Büstenhalter von Ms. Jefferies in der Pretty Brook.

Miss Hart wies mich an, ich solle aufstehen, und dann sagte sie ganz zärtlich: »Zieh dir die Unterwäsche aus, Liebling.«

Ich stieg aus meinen Shorts und streifte das T-Shirt ab. Ich stand nackt vor ihr, und ich kam mir vor wie ein kleiner Junge. Sie hatte mich Liebling genannt. Sie umschirmte meinen Penis liebevoll mit ihrer hohlen Hand, und sie lächelte.

»Zieh das Höschen an, Debbie.«

Es war mir sehr unangenehm, Debbie genannt zu werden, aber ich fand es lustig, daß sie meinen Mädchennamen behalten hatte.

Ich zog das Höschen an, und ich bekam eine Erektion. Höschen sind gar nicht soviel anders als Männerunterhosen, aber hinten ziepen sie ein bißchen anders, was ganz nett ist, und vorne ist keine Öffnung, wo der Penis raus kann, und darum ist es sichtlich erregend.

Nachdem das mit dem Höschen erledigt war, hüpfte Miss Hart hinter mich, um mir beim Überstreifen des Büstenhalters zu helfen. Sie versuchte, sich zielgerecht und energetisch zu bewegen, um zu demonstrieren, daß sie eine Professionelle war, und sie machte kleine gurrende Geräusche, während mir der BH angelegt wurde. Sobald er richtig saß, fühlte ich mich prima. Ich weiß gar nicht, was das ist mit diesen Büstenhaltern. Mein inneres Befinden hatte sich total verändert. Ich kam mir schön und mädchenhaft, glücklich und leicht vor. Die Brust, der BH, für mich steckt da überall ganz viel drin, wiewohl ich mich nicht traute, in den Spiegel zu schauen. Ich starrte einfach runter auf die schwarzen Körbchen, und ich fühlte mich toll.

Dann zogen wir den Unterrock an, und wie die Kleider meiner Mutter vor so langer Zeit verlieh mir der Rock dieses Gefühl verborgener Lüfte zwischen den Beinen, das so sexy ist. Und ich fand, diese Umziehprozedur war doch eine relativ sichere Sache, verglichen mit den Angeboten dieser Firma in Brooklyn; ich wurde nicht vollständig umgekrempelt.

»Ich werde dir beibringen, wie man sich feminin benimmt«, sagte Miss Hart. »Das erste, was man lernen muß, ist, wie man sich hinsetzt. Die meisten Männer wissen nicht, wie Frauen sich hinsetzen. Setz dich.«

Ich tat's, und sie sagte: »Eine Frau plumpst nicht einfach so hin. Dabei gehen nämlich automatisch die Knie auseinander. Wenn eine Dame sich hinsetzt, dann drückt sie ihre Waden an die Couch und preßt gleichzeitig die Knie aneinander. Dann läßt sie sich langsam nieder.«

Ich stand auf und folgte ihren Instruktionen, und das Zusammenpressen der Knie fühlte sich sehr damenhaft und geziert an und machte das Hinsetzen zu einer sexuellen Erfahrung. Ich mußte es ihr dreimal vormachen, um es richtig hinzukriegen, und ich fühlte mich sehr erregt. Dann mußte ich meine

Beine verschränken. Ich legte sie auf Kniehöhe übereinander, wie Frauen das machen, und sie sagte: »Dein Fuß hängt da herum wie ein Männerfuß. Sieh doch, wie der nach oben zeigt, voller Anspannung und Aggressivität. Männerfüße sind so, weil sie immer versuchen, irgendwo hinzukommen. Entspann deinen Fuß, laß ihn runter. Das zeigt, daß du eine Frau bist und offen für die Avancen der Männer.«

Ich verspürte einigen männlichen Stolz, daß mein Fuß sich ganz von allein aggressiv verhalten hatte, aber nichtsdestoweniger entspannte ich meinen Knöchel, ließ den Fuß sinken, und ich tat so, als sei ich ein hübsches Mädchen, das in einer Hotellobby sitzt und darauf hofft, einem Mann zu begegnen.

»Sehr schön, Debbie«, sagte sie. »Jetzt darfst du dir den Hintern versohlen lassen. Komm her zu mir.«

Sie war sehr streng und professionell, obwohl sie hinter ihren dicken Brillengläsern doch ein bißchen plemplem aussah. Sie saß auf ihrem Stuhl, und ich mußte mich über ihre Beine legen. Mein Penis drückte sich durch Höschen und Unterrock an ihren Oberschenkel, und sie drosch ungefähr ein Dutzend Mal auf meinen Hintern ein. Dann zog sie mir Höschen und Unterrock runter und versohlte mich, zuerst mit kleinen Patschern und dann mit richtigen kräftigen Schlägen. Währenddessen klingelte zweimal das Telefon, aber beide Male wurde aufgelegt, bevor der Anrufbeantworter ansprang. Jedesmal wurden die Schläge von Miss Hart nach diesen Anrufen härter, bewußt oder unbewußt bestrafte sie mich dafür, daß ich sie vom Telefonieren abhielt, auch wenn sie sagte: »Die werden sich schon wieder melden.«

Jedesmal, wenn sie mir einen überzog, sagte ich unwillkürlich: »Au!« Das klang wie eine getürkte Reaktion, aber in Wahrheit war es echt. Sie sagte immer wieder: »Debbie ist ein böses Mädchen«, und ich versuchte, das zu ignorieren. Es klang mir zu gekünstelt.

Aber mein nackter Penis preßte sich an ihren weißen Schenkel, dieser Körperkontakt war gut, und die ganze Geschichte war so verrückt, daß ich mir glücklich der Welt entrissen vorkam.

Dann schien sie es müde zu werden, mich zu versohlen, und sie sah nach der Uhr, während ich wie hingestreckt auf ihren Knien lag. Die plötzliche Stille war sehr angenehm. Sie währte nur eine Sekunde, aber es war ein irgendwie intimer Augenblick. »Ach herrje. Du bist erst seit fünfundzwanzig Minuten da. Wie lange hatten wir gesagt, daß deine Sitzung dauern sollte?«

»Eine Stunde«, sagte ich, und es war gar nicht so einfach, etwas zu sagen, während mein Bauch auf ihren Beinen lag. Ich starrte ihr hinten auf ihre Stöckelschuhe.

»Für wieviel?«

»Äh ...« Ich dachte einen Moment dran zu lügen, tat es aber nicht. »Vierzig.«

»Warum hören wir nicht früher auf, und ich stell dir dreißig in Rechnung«, sagte sie. Sie entsprach wirklich dem, was ihre Annonce aussagte.

Ich hatte den Impuls, aus Ritterlichkeit abzulehnen, aber ich war doch glücklich über die Gelegenheit, zehn Dollar zu sparen. »Ist okay«, sagte ich und stimmte ihrem neuen Tarif zu.

»Warum legst du dich nicht einfach auf das Bett, und ich masturbiere dich mit Öl. Wäre das in Ordnung, Liebling?«

»Das klingt gut«, sagte ich, und ich war jedesmal begeistert, wenn sie mich Liebling nannte. Man konnte so etwas wie Zuneigung herausspüren.

Wir gingen zum Bett, und sie kam irgendwie nervös und mürrisch hinter mir her, als könnte ich plötzlich irgend etwas durcheinanderbringen. Das war so die Art, wie auch meine Großmutter immer war, wenn sie sichergehen wollte, daß man nicht gegen ihre Regeln verstieß, wie alles zu sein hatte – daß die Teller genau so und nicht anders auf die Spüle gestellt gehörten, daß die Kissen auf einer Couch wieder zurück an ihren Platz gehörten.

Ich traf Anstalten, mich hinzulegen, aber Miss Hart sagte mit Nachdruck: »Noch nicht.«

Sie holte ein weißes Badehandtuch heraus und legte es über die Überdecke. Dann legte ich mich auf das Handtuch, und sie setzte sich neben mich auf die Bettkante. Sie zog mir Unterrock und Höschen aus. Sie wollte, daß ich auch den Büstenhalter ablegte, aber ich bat sie, ihn anbehalten zu dürfen. Darüber schien sie sich zu ärgern, aber sie nahm es ohne Widerworte hin. Sie verteilte auf meinem Bauch und auf den Körbchen des BHs überall Papiertücher, in übertriebener Einschätzung, dachte ich, meines zu erwartenden Ejakulationsradiusses.

Sie goß sich ein bißchen Öl in die flache Hand und legte sie um meinen Penis. Sie widmete sich meinem Körper wie eine Krankenschwester. Sie fing an, mich zu streicheln, und sie schien sich zu entspannen, war nicht mehr so besorgt darüber, daß ich den BH besudeln könne. Sie sah mich liebevoll an, und dann fragte sie: »Bist du Jude?«

Die Frage erwischte mich schutzlos. Hatte sie das Gefühl, ich hätte sie runtergehandelt? Oder war sie selbst Jüdin? War Hart ein jüdischer Name? Wahrscheinlich hatte sie sich damals in Hollywood ohnehin einen neuen zugelegt. Und wenn sie Jüdin war, dann würde sie den Eindruck haben, ich sei ein jüdischer Junge, der völlig aus dem Lot war. Das würde alles verderben. Wieder sah sie aus wie meine Großmutter. Ich log: »Nein, ich bin kein Jude. Warum fragen Sie?« Dann erinnerte ich mich dran, daß mein falscher Name ja superjüdisch David lautete, aber den hatte sie wahrscheinlich schon vergessen.

»Du siehst aus wie ein früherer Liebhaber von mir«, sagte sie zärtlich. »Der war Jude.«

Jetzt bereute ich meine Lüge, aber es war zu spät. Wenn ich ihr die Wahrheit gesagt hätte, hätte sie mich mehr gemocht, denn ich hätte ihr ein Stück Vergangenheit wiedergegeben. Aber ich entspannte mich, es war alles in Ordnung, und das Streicheln mit dem Öl war wunderbar. Mein Kopf lag bequem an ein Kissen gelehnt, und ihre alten weißen Brüste waren ungefähr dreißig Zentimeter von meinem Gesicht entfernt.

»Darf ich Ihre Brüste küssen?« fragte ich.

Das machte sie nicht gerade glücklich. Sie runzelte die Stirn, aber ich glaube, sie wollte mich aus ihrer Wohnung haben. Vielleicht stand noch ein Treffen der Anonymen Alkoholiker an, wo sie hinmußte. Sie hakte ihren BH auf und rückte näher an meinen Mund heran, während sie mich unentwegt weiter mit dem ergiebigen Öl streichelte. Ich ergriff ihre linke Brust, und sie war wie ein Schlauch aus Haut. Ihr Fleisch fühlte sich schlaff an, passend zu ihrem Alter, aber es war auch weich, und ihre Brustwarze stand vor und war von einem feurigen Rosa. Ich nahm sie hungrig in den Mund.

»Sachte«, sagte sie. »Meine Nippel sind sehr empfindlich.«

Ich schloß vor säuglingshafter Glückseligkeit die Augen. Ich war ein Mann mit einem Steifen, ich trug einen Büstenhalter, und ich ließ mich säugen wie ein kleines Kind. Jeder Aspekt meines Wesens wurde bedient. Ich fuhr mit der Zunge um ihre Brustwarze herum und öffnete den Mund, um mehr von ihrem Fleisch reinzukriegen. »Sachte!« wies sie mich zurecht. Innen waren meine Augenlider glühend rot. Ich kam innerhalb von zwei Minuten. Ich spürte ein sachtes Prasseln auf einem der entfernteren Taschentücher. Sie hatte recht daran getan, Vorsorge zu treffen.

Dann hieß es saubermachen und raus aus dieser Bude. Der BH fühlte sich fürchterlich albern an, als ich ihn abnahm, mit dem Verspritzen meines Spermas war auch der Zauber verflogen. Sie warf die Taschentücher weg, legte das Handtuch zusammen, schüttelte die Kissen auf und war ganz allgemein damit beschäftigt, alle Spuren meines Besuchs zu beseitigen. Ich zog mich neben der Couch an, und dann kam sie mit mir an die Tür, und ich gab ihr die dreißig Dollar. An der Tür hing noch ein Zettel ähnlich jenem über den Telefonen. Es war nur eine einzige Notiz drauf: »Nicht die Schlüssel vergessen.« Und da war ein kleines an die Wand genageltes Weidenkörbchen, und darin lag ihr Schlüsselbund.

»Diese Notizzettel sind bestimmt sehr hilfreich«, sagte ich.

»Ich bin eine Tagträumerin«, sagte sie. Dann öffnete sie die Tür, und ich trat in den Flur hinaus und drehte mich um, um mich zu verabschieden, aber sie schloß die Tür, bevor ich noch irgendwas sagen konnte. Ich fühlte mich von dieser Unfreundlichkeit verletzt. Aber ich begriff, daß sie eine Professionelle war. Sie war nicht drauf versessen, daß ihre Nachbarn durch ihre Spione linsten, während sie sich von den Männern, die sie versohlte, verabschiedete.

Ihr Flur war sehr lang, und ich kam auf dem Weg zum Fahrstuhl an einem Dutzend Spione vorbei, und das war wie Spießrutenlaufen durch eine Phalanx von Glasaugen. Ich hielt den Kopf gehoben, so selbstsicher, wie ein Mann das meiner Meinung nach tat, und ich tat so, als gäbe es nichts, wessen ich mich schämen müßte.

Heiß für Küchenschabe, kalt für Blei

Ich ging nach Hause, um mir irgendwas zu essen zu machen. Henry war da, sah fern und trank Wein. Er saß ganz in sich zusammengesackt auf seiner Couch; den Weinkelch hielt er an die Brust gedrückt, das Kinn ruhte auf dem Glasrand. Es war Freitagabend, aber untypischerweise hatte er nichts vor.

Ich war noch etwas benommen von meiner Versohlerei und Umkleiderei, und ich fragte mich, ob man mir mein sündiges Verhalten mit Miss Hart wohl irgendwie am Gesicht ablesen könne, ob Henry irgendeine Veränderung an mir bemerken würde.

Ich machte mir einen Teller Spaghetti. Ich stellte ihn zum Abkühlen auf den Küchentisch, und ich ging ins Bad.

Als ich wieder in die Küche kam, saß eine Küchenschabe mitten in meinen Spaghetti. Das war wirklich zuviel für mich. Erst Miss Hart. Dann mein Essen verunreinigt.

»Großer Gott! Da ist eine Küchenschabe auf meinem Essen!« brüllte ich.

»Was?«

»Eine Küchenschabe mitten in meinen Spaghetti.«

»Du hast die Regel Nummer eins für das Überleben in diesem Apartment vergessen«, sagte er. »Nie Essen unbewacht stehenlassen!«

»Diese Regel hast du mir aber nicht beigebracht«, sagte ich.

»Die hättest du schon lernen müssen, bevor du hier eingezogen bist. Geh nicht zum Militär, wenn du nicht drauf vorbereitet bist zu kämpfen.«

Ich warf die Nudeln weg und die Schabe gleich mit, denn ich bin unfähig, irgendwas auf direktem Wege zu töten, nicht mal Küchenschaben, von denen es in unserm Apartment nur so wimmelte, wiewohl noch keine so kühn gewesen war, mir aufs Essen zu klettern.

Nachdem ich die Nudeln weggeschüttet hatte, kochte ich erneut Wasser und fing wieder von vorn an. Henry wies mich von seiner Couch aus an, ich solle meinen Teller abwaschen, und fügte hinzu, ich solle immer vor dem Essen mein Geschirr abwaschen. Um mir nun doch noch einige Überlebensregeln beizubringen, erklärte er mir, daß unsere Küchenschaben quer über unsere ganzen Teller spazierten, während wir schliefen, und dabei eine unsichtbare Spur von Bazillen zurückließen. Also müßten wir stets vor dem Essen unser Geschirr abwaschen, ebenso wie hinterher. Er kam in die Küche und spülte einen Teller, um mir seine spezielle Zweistufenmethode vorzuführen.

»Zuerst heißes Wasser, um die Bazillen der Küchenschaben loszuwerden«, sagte er, »dann kaltes, um das Blei aus dem Heißwasser loszuwerden. Ansonsten bringst du dich um. New York hat Blei in seinem heißen Wasser. *Das* magst du freilich in New Jersey nicht gelernt haben.«

Henry sah mich durchdringend an, um sicherzugehen, daß ich die Lektion verstanden hatte, und sagte dann: »Heiß für Küchenschabe, kalt für Blei. Heiß für Küchenschabe, kalt für Blei.«

»Hab's kapiert«, sagte ich.

»Na na, bloß nicht voreilig sein mit Begreifen. Das ist das Problem mit dem Personal, sobald sie erst mal begriffen haben, was sie zu tun haben, kündigen sie schon wieder.«

Das war ein zweischneidiges Kompliment, aber ich freute mich drüber. Er wollte nicht, daß ich ihn verließ.

In jener Nacht wachte ich von einer Schabe auf meiner Wange auf. Sie wagte es, mir übers Gesicht zu krabbeln. Sie befand sich auf dem Wangenknochen und krabbelte Richtung Nase. Ich konnte sie sehen. Ich schrie auf und schlug sie weg.

Die Krisis war vorüber, aber ich zuckte in meinem Bett. Der verzögerte Schock der Schabe auf meinem Gesicht hatte zur Folge, daß ich rundherum meine Laken und Decken abklatschte wie ein Mann, der angegriffen wird.

Nachdem ich mich wieder aus meinem Bettzeug herausgewickelt hatte, entdeckte ich die Küchenschabe auf dem Fußboden. Sie befand sich in einem Strahl silbrigen Lichts, das aus dem Lüftungsschachtfenster kam. Sorglos spazierte sie den Pfad aus orangenen Teppichen entlang und verschwand dann im Badezimmer. Ich war entsetzt. Ich fragte mich, ob ich wie Personal, das was begriffen hat, Henry und sein dreckiges Apartment verlassen sollte. Küchenschaben auf meinem Essen und auf meinem Gesicht waren unerträglich.

Ich trank ein Glas Wasser, und ich beruhigte mich etwas. Mir fiel ein, daß die Schabe, die zu mir ins Bett gekrochen war, vielleicht diejenige war, deren Leben ich verschont hatte. Sie war aus dem Müllsack entkommen und hatte nach mir gesucht, entweder um mir zu danken oder um sich zu rächen. Wenn es Rache war, dann mußte ich mich fragen, ob ich mir vielleicht irgendeine religiös-insektische Plage zugezogen hatte, indem ich Miss Hart besuchte. Dann dachte ich an ihr Schlüsselkörbchen und an ihre Erinnerungsstützen in Form von Zetteln, und ich schalt mich dafür, daß ich das Henry nicht vorgeschlagen hatte, aber ich würde das am Morgen nachholen. Ich schlief mit dem sehr angenehmen Gedanken daran ein, wie ich ihm bei seinem Schlüsselproblem helfen konnte, und daß er das anerkennen würde.

Ich vertraute außerdem darauf, daß die Wahrscheinlichkeit, daß mir in einer Nacht zweimal eine Küchenschabe über das Gesicht krabbelte, sehr klein war. So schwerwiegend waren die Sünden, die ich bei Miss Hart begangen hatte, nicht gewesen.

Bist du Jude?

Am nächsten Morgen wachten Henry und ich beide so gegen Mittag auf. An den Wochenenden tendierte ich dazu, seine Schlafgewohnheiten nachzuahmen.

Als wir beide angezogen und bei vollem Bewußtsein waren, fragte ich ihn: »Hast du mich in der Nacht schreien gehört?«

»Nein. Darum hab ich ja Ohrpfropfen. Was ist denn passiert?«

»Eine Küchenschabe kroch mir übers Gesicht. Ich glaub, wir müssen mal wirksamere Schritte ergreifen als bloß Borsäure.« Henry hatte die Küchenspüle schon einmal mit Borsäure und Zucker markiert.

»Ist sie dir in den Mund gekrabbelt?«

»Nein.«

»Also, du wirst schon noch ein bißchen tapferer werden müssen, wenn du hier in der früheren Sowjetunion leben willst. Aber vielleicht sollte ich mal eine Bombe in Anschlag bringen, wenn dich das glücklich macht. Bis dahin könnten wir ihnen noch ein bißchen mehr Zucker füttern.«

Henry nahm ein bißchen Zucker und Borsäure und fing an, einen Ring um mein Bett zu ziehen, und während er noch am Streuen war, sagte er trübsinnig: »Wirklich zu schade, daß das hier *nicht* Rußland ist.«

Er sehnte sich häufig nach Rußland, denn im vorigen Juli war er mit einer wohlhabenden Damenbekanntschaft durch mehrere osteuropäische Länder gereist, und anschließend war er auf eigene Faust zehn Tage lang durch Rußland und die Ukraine gefahren. Und das war der beste Teil seiner Reise gewesen.

»In Riga«, erzählte er mir, nachdem er mit dem giftigen weißen Schützengraben um mein Bett fertig war, »kriegst du ein Hotelzimmer für zwei Dollar die Nacht und eine Flasche Champagner für drei Dollar. Und die Männer und Frauen da haben die allerschönsten Augen. Nichts von dem, was uns hier in Amerika beschäftigt, bekümmert sie, weil die Russen noch eine Seele haben.«

Er nahm die Borsäure und den Zucker und ging in die Küche. Ich war ganz angerührt von seiner Geste, einen Schutzwall um mein Bett zu errichten, und ich wollte nicht undankbar erscheinen, aber ich sorgte mich, ich könnte aus Versehen auf die Säure treten und sie in mein Bettzeug kriegen. Und dann käme es mir in Augen und Mund: Ich hätte mich selbst geblendet und vergiftet.

Henry fing an, sich über der Küchenspüle mit seinem elektrischen Rasierer zu rasieren. Im Schutz dieses Geräusches nahm ich ganz schnell meinen Schuh und wischte die Säure unter mein Bett, so gut es eben ging. Dadurch wurde ich etwas entspannter, und dann ging ich ins Bad, um mich mit meinem Rasiermesser an der Ecke der Duschwanne zu rasieren. Ich benutzte das Wasser aus dem Hahn, um die Klinge zu säubern. Ich hängte mir ein Handtuch um den Hals, um mein Hemd zu schützen.

Während wir uns rasierten, rief Henry nach mir und sagte: »Du und ich, wir beide müssen nach Rußland ziehen, wenn dieser Clinton die Wahl gewinnt. Er sieht aus wie W. C. Fields, aber die Integrität von Fields geht ihm ganz und gar ab.«

Es war Mitte Oktober, und bis zur Wahl waren es nur noch ein paar Wochen. Ich war für Clinton, hatte Henry aber nichts davon gesagt. Immerhin gefiel es mir ausgesprochen, trotz seiner Anti-Clinton-Einstellung, daß Henry mir vorschlug, zusammen wegzuziehen. Vorigen Abend war ich einfach Personal, von dem er nicht wollte, daß es kündigt, am Morgen dann trifft er Vorkehrungen, wenn auch todbringende, um mein Bett zu schützen, und gleich danach kommt er mir mit der Idee, wir sollten nach Rußland fliehen. Ich fühlte mich ausgesprochen wie ein Lieblingssohn.

Dann fuhr Henry mit seiner Tirade gegen Clinton fort und sagte etwas Unglückseliges: »Clinton wird alles zerstören, was von diesem Land noch übrig ist, genauso wie Dinkins New York zerstört … Ich hätte schon vor Jahren in die New Yorker Politik einsteigen sollen, aber jetzt bin ich zu desorganisiert. Und mir fehlte das Geld für einen Wahlkampf. Die Juden wollten Dinkins auf dem Posten haben, und jetzt erkennen sie den Fehler, den sie gemacht haben, nach dem, wie er mit Crown

Heights umgegangen ist.« Dann unterbrach Henry sich; jetzt schließlich war es geschehen, und er rief mit einigem Zögern zu mir herüber: »Bist du Jude?«

Ich hörte mit meiner Rasur auf. Erst Miss Hart und jetzt Henry. Alle hatten sie's auf mich abgesehen. Ich wohnte nun schon anderthalb Monate mit Henry zusammen, hörte mir seine gelegentlichen deutschen Grußformeln »*Auf Wiedersehen*« und »*Gute Nacht*« an und ließ ihn glauben, ich sei arisch, versteckte mich wie Anne Frank, wo ich doch vom Verstand her wußte, es gab keinen Grund, meine Identität zu verheimlichen.

Aber ich hatte Henry in dem Glauben bestärken wollen, ich sei wie er – ein Mensch mit blauem Blut in seinen Adern, ein Gentleman, der nichtsdestotrotz kein Geld hat. Er hatte ein paar persönliche Details durchblicken lassen, genug für mich, um zu kapieren, daß er aus einer alten Familie in Baltimore stammte, die im späten neunzehnten Jahrhundert ihr Geld, nicht aber ihre gesellschaftliche Stellung verloren hatte. Das war wahrscheinlich auch einer der Gründe, warum Henry das neunzehnte Jahrhundert so liebte und über seine großen Gestalten schrieb. Die Menschen überkommen immer nostalgische Anwandlungen beim Gedanken an eine Zeit, da ihre Familien in Wohlstand lebten.

Drum war Henry mit seinem ebenmäßigen gutaussehenden Gesicht und seinem Maryland-Stammbaum trotz seiner fleckigen Kleidung und seines dreckigen Apartments für mich ein echter Ostküsten-Gentleman, was wiederum das amerikanische Pendant zu einem englischen Gentleman war – meinem Ideal. Und ich wollte natürlich ein Gentleman sein – der junge Gentleman –, aber insgeheim wußte ich, daß ich nicht Gentleman und gleichzeitig Jude sein konnte. Es gab keine derartigen jüdischen Figuren in irgendwelchen meiner Bücher, und um die Sache noch schlimmer zu machen, waren alle meine Lieblingsschriftsteller, wie ich immer wieder feststellte, herzzerreißend antisemitisch eingestellt. Ich vergötterte sie, und sie hätten mich nicht mal leiden mögen. Darum waren also ihr Antisemitismus und mein Semitismus die hauptsächlichen Haken an meinen Phantastereien vom jungen Gentleman, aber die meiste Zeit versuchte ich, gar nicht an diese Sachen zu denken.

Und zum überwiegenden Teil nahm ich mir meinen eigenen Spagat auch ab, nur tief in mir drin wußte ich, daß ich vor allem anderen zunächst mal Jude war, in gewisser Hinsicht sogar ein sehr altmodischer Jude: Ich erwartete stets Antisemitismus von der nichtjüdischen Welt. Aber ich verachtete Nichtjuden nicht wegen ihrer Vorurteile; diese Vorurteile waren zu alt und ererbt, um sie ausrotten zu können. Ich sorgte mich einfach bloß, daß sie mich häßlich und billig und nervös finden würden, wenn sie wußten, ich war Jude, während sie diese Eigenschaften ansonsten nicht an mir wahrnahmen. Der Ausweg war, sich mit anderen Juden zu umgeben, aber ich war besessen davon, der junge Gentleman zu sein.

Darum hatte ich Angst, Henry würde mich weniger leiden mögen, wenn er es wüßte; er würde nicht mehr meinen, ich sei ein Mit-Gentleman, und ich wollte seine Zuneigung nicht verlieren, insbesondere jetzt, wo er mich gerade dazu eingeladen hatte, mit ihm nach Rußland abzuhauen. Aber wenn er mich meines Judentums wegen nicht mehr mochte, dann war ich drauf eingestellt, auch ihn nicht mehr zu mögen, obwohl ich das in meinem Herzen immer noch täte.

Vom Bad aus und mit halb rasiertem Gesicht sagte ich mutig: »Ja, ich bin Jude. Warum fragst du?«

Henry schaltete in der Küche seinen Rasierer aus und beeilte sich mit seiner Antwort, um die Atmosphäre des leichten Antisemitismus, die Unterstellung jüdischer Macht, die in seiner Bemerkung lag, zu beseitigen. »Es ist wichtig, wenn man mit jemandem zusammenlebt, eine Vorstellung von dessen religiöser Erziehung zu haben«, sagte er. »Ich habe festgestellt, daß ich mehr vom Alten Testament verstehe als die meisten Juden. Mein Freund Howard Shapiro sollte die Thorah studieren. Statt dessen läuft er irgendwelchen Gurus hinterher. Als er jünger war, lief er Bauernfängern hinterher. Mag sein, daß da ein Zusammenhang besteht ... Sein neuester Guru ist Jude, predigt aber Buddhismus. Er hat dem Guru Tausende von Dollars gegeben, und der Guru hat ihm gesagt, er solle sich einen Bart wachsen lassen. Er sieht scheußlich aus. Für einen Mann, der von Frieden erfüllt sein will, sieht er gar zu sehr aus, als sei er von der Hölle ausgesandt.«

Dann nahmen Henry und ich unsere Rasuren wieder auf (für uns keine Bärte), und er sagte nichts mehr weiter über die Juden, die Dinkins gewählt hatten. Eins von meinen Geheimnissen war gelüftet, und ich hatte es überlebt. Ich fing schon damit an, mir vorzustellen, daß ich in Henrys Augen ein richtiger junger Gentleman wär, nicht einer von der englischen Sorte, die mich auf so romantische Weise anzog, sondern einer von der wohlerzogenen, kultivierten, dunkelhaarigen amerikanisch-jüdischen Sorte, die immer ein bißchen geschnitten wird. Das war keine allzu schlechte Rolle. Ich hatte blondes Haar, aber ich stellte mir vor, daß Henry so von mir dachte.

Einer der größten Scherze aller Zeiten

Wir beendeten unsere Toilette und gingen runter in unser Café, das Salz der Erde, an der Kreuzung Second Avenue und Sechsundneunzigste Straße. Die Sechsundneunzigste war so etwas wie eine Trennlinie zwischen der Upper East Side und Spanish Harlem. Henry nannte sie die »Demarkationslinie«.

Und die Second Avenue war, wie vieles auf der Upper East Side, unverbindlich und unfreundlich, strotzend von riesigen Hochhäusern und zahllosen Waschsalons, aber wenn ich sie mit Henry zu unserm Café hinabspazierte, dann hatte ich das Gefühl, dies sei unser Boulevard, unser Montparnasse. Und neben dem Anschauen von *Werden Sie schon bedient?* war dies eine weitere Angewohnheit, auf die wir verfallen waren – samstagmorgens zusammen auf einen Kaffee loszugehen. Sonntagmorgens ging Henry zur Kirche, und in der übrigen Woche war ich zur Arbeit, bevor er auch nur aufwachte.

An jenem Samstagmorgen kauften wir uns auf unserm Weg ins Café im Laden mit den Daueröffnungszeiten unsere Zeitungen. Ich zahlte meine *Times*, und während Henry seine *Post* bezahlte, bemerkte er einen Aufkleber auf dem Tresen, auf dem stand, es sei gesetzeswidrig, Zigaretten an Personen unter achtzehn Jahren zu verkaufen. Zu dem schwer übergewichtigen, aber zuckergesichtigen schwarzen Mädchen im Kittel, das an der Kasse bediente, sagte er: »Sie können also keine Zigaretten kaufen, wenn sie unter achtzehn sind, aber Crack können sie kaufen!«

Das Mädchen sah Henry an und kicherte nervös. Sie wußte nicht, was sie sagen sollte. Sie musterte sein Haar, das noch nicht seine mysteriöse Tönung erhalten hatte. Es war teils braun und teils dunkelbraun.

Das Mächen kicherte weiter vor sich hin, und Henry sagte »Ja«, was seine Art war, die Wahrheit dessen, was er selbst gesagt hatte, zu untersteichen. Wir wollten aus dem Laden raus, und Henry ging mir voran. Er hatte gerade die Tür aufgemacht, als ich das Mädchen zu dem schwarzen Regalpacker im Teenageralter, der ebenfalls hinter dem Tresen stand, sagen hörte: »Heute erwisch ich all die komischen Typen. Er sagte, sie können keine Zigaretten kaufen, aber Crack können sie kaufen.«

»O Mann«, sagte der Regalpacker.

Henry blieb im Türdurchgang stehen, und ich glaube nicht, daß er gehört hatte, wie sie ihn einen komischen Typen nannte, dafür war der plötzliche Einbruch der Straßengeräusche zu laut gewesen, aber er kriegte den Rest ihrer Bemerkung mit und sagte in seinem königlichsten Tonfall zu mir: »Ja. Die Arbeiterklasse weiß meine Einsicht in den Lauf der Dinge zu schätzen.«

»Denk ich wohl«, sagte ich, und dann gingen wir ins Salz der Erde. Als wir das erste Mal zusammen hingingen, wollte Henry, daß wir uns an benachbarte Tische setzten und so taten, als seien wir einander vollkommen fremd. Aber er begriff schnell, daß sein Schachzug nicht funktionierte, darum sollten wir uns jetzt so benehmen, als wären wir freundschaftlich verbundene Bekannte. Er wollte nicht, daß das Personal irgendwelche Rückschlüsse auf unsere Beziehung zog, selbst wenn sie nur korrekterweise annehmen sollten, daß unsere Beziehung die von Vermieter und Mieter war.

Er sagte es natürlich nicht, aber er war besorgt, sie könnten denken, er sei ein alter Homosexueller, der sich mit einem jungen Mann umgab. Ich wußte auch, daß sie nicht mitkriegen sollten, daß wir zusammen wohnten und daß er es nötig hatte, sein einziges Schlafzimmer unterzuvermieten. Er wollte vom Personal mit Respekt behandelt werden. Der Laden wurde von jugoslawischen Einwanderern betrieben, und Henry hatte den Mädchen hinter dem Tresen Anweisung gegeben, wie sie ihn ansprechen sollten. Er hatte ihnen eingeschärft, nie »Guten Appetit« oder »Schönen Tag noch« zu ihm zu sagen.

Er hatte mir erklärt, warum er sich das verbat: »Ich will kein Rumgeplauder. Ich will unterwürfige Bedienung mit Distanz ... Die Engländer haben immer von den Franzosen gesagt: ›Sie haben dort Frauen, die das Essen servieren. Sie sind unrein, wissen Sie.‹ So pingelig bin ich gar nicht. Ich habe nichts gegen weibliche Servierer, ich will bloß nicht, daß man mir sagt, ich solle einen GUTEN APPETIT haben. Vielleicht möchte ich gar keinen guten Appetit haben.«

Also setzten wir uns an jenem Samstagmorgen, umgeben von Personal, das im Umgang mit uns bestens geschult war, mit unseren Kaffeetassen und Brötchen und Zeitungen an unsere Tische. Henry pflegte, wenn wir unsere Zeitungen lasen, häufig irgendeine kleine Meldung zu kommentieren, üblicherweise irgendwas über die königliche Familie oder einen Artikel von politischer Natur. An diesem Morgen war er erbost, wieder einmal ein Pro-Gewissensfreiheit-Statement von der Frau des Kandidaten Clinton lesen zu müssen.

»Sie sagt, Frauenkörper gehören den Frauen, und darum dürfen sie ruhig abtreiben. In dieser Sache gibt es kein Eigentum! Wir sind alle Teil eines unentwegten kosmischen Prozesses. Ja. Irgendwelche Fragen?« Wenn Henry seine unfehlbaren Dogmen verkündete, unterstrich er das häufig, indem er mich fragte, ob ich noch irgendwelche Fragen hätte.

»Keine Fragen«, sagte ich und behielt meine Einstellung pro Gewissensfreiheit für mich.

»Gut möglich, daß sie Clinton ist, und Clinton ist sie – die sind Cross-dresser! Sie hat ein sehr kräftiges Kinn, und er hat die Hüften einer Frau. Das könnte einer der größten Scherze aller Zeiten sein.«

Ich wurde aufgeregt, als er Cross-dresser sagte. Das war ein moderner Ausdruck, von dem ich nicht gedacht hätte, daß er zu seinem Wortschatz gehörte. Aber er las die Zeitung jeden Tag und war vertraut mit Crack und anderen zeitgenössischen Lastern, deshalb hätte ich gar nicht überrascht sein müssen. Ich ließ mir nicht anmerken, daß ich auf diesem Felde über Expertenkenntnis verfügte, daß ich mich gerade am vorherigen Abend bei Miss Hart als Cross-dresser betätigt hatte, aber ich legte ein gewisses Bewußtsein für die Thematik an den Tag. Ich sagte, um leichthin zu klingen: »Es könnte ganz repräsentativ für das ganze Land sein, wenn sie gewählt werden. Ich hab gelesen, daß es eine Menge Cross-dresser gibt.«

»Und jetzt sind sie drauf und dran, die Kontrolle zu übernehmen. Bei Shakespeare ist Cross-dressing ganz in Ordnung. Die meisten Frauen sind schlechte Schauspieler, ausgenommen die Garbo, die Dietrich, Mary Pickford, Joan Fontaine ... Na ja, sind so einige. Aber es mußte ja so kommen, daß die Cross-dresser ans Ruder kommen. Die sind schon zu lange still gewesen. Aber diese Clintons sind zu deprimierend, um daran zu denken! Wir müssen versuchen, nicht zu denken.«

Wir beendeten unser Frühstück schweigend und verließen dann das Café. Wir spazierten gerade zu unserem Apartment zurück, als ich einen sehr kräftig gebauten Mann aus unserem Haus kommen sah, mit einem Fahrrad, das er dann bestieg und auf dem er davonfuhr. Er hatte einen gewaltigen Bart und einen massigen Rumpf von der Art, wo Brust und Bauch eins sind. Ich hatte diesen Mann schon ein paarmal gesehen, wie er sein Fahrrad in sein Apartment im zweiten Stock schob, das direkt unter unserm lag. Normalerweise hatte ich ihn immer morgens gesehen, wenn ich zur Arbeit aufbrach. Er schwitzte immer unmäßig – es sah aus, als stiege Dampf aus seinem riesigen Leib auf –, und ein- oder zweimal hatte er mir einen schüchternen Blick zugeworfen. Ich war neugierig, wer das sein mochte, und als der Mann die Straße hinauf verschwand, sagte ich zu Henry: »Weißt du, wer das ist?«

»Natürlich, das ist Gershon Gruen.«

»Das ist der, der schwere Sachen für dich trägt, nicht?«

»Ja, und er ist auch mein Mechaniker.«

»Dein Mechaniker?«

»Er repariert kostenlos all meine Automobile. Er ist mir sehr zugetan.«

»Ich seh ihn oft mit seinem Fahrrad.«

»Ja. Er strampelt sich darauf seinen Sexualtrieb weg. Früher brachte er immer Prostituierte aus der Sechsundachtzigsten Straße mit in sein Apartment, und die bestahlen ihn. Vom Ansteckungsfaktor einmal ganz zu schweigen. Aber er konnte nicht davon ablassen. Ich hab ihm gesagt, er müsse andere Interessen entwickeln. Ich empfahl ihm Wörterbuchlektüre und Fahrradfahren. Ich sagte ihm, mit der richtigen Einstellung und körperlicher Ertüchtigung sei Keuschheit ganz einfach.«

»Er könnte auch einen Keuschheitsgürtel tragen«, sagte ich in der Hoffnung, Henry zu erheitern.

»Ja, Keuschheitsgürtel sind gut«, sagte Henry. »Ich würde auch einen tragen, aber ich verliere ja immer meine Schlüssel, und falls Clinton gewählt wird, könnte es aus patriotischen Gründen notwendig sein, daß ich mich fortpflanze. Das ist das einzige, was ich für mein Land noch tun kann. Darum kann ich mich nicht in einen Keuschheitsgürtel einschließen lassen.«

Wir betraten unser Haus und stiegen die Treppe hoch. Auf dem Treppenabsatz im zweiten Stock blieben wir stehen, um wieder zu Atem zu kommen, und ich sagte: »Das da ist Gershons Apartment, nicht?«

»Ja. Dahin brachte er sie immer mit. Ich glaube, mein Ratschlag hat seine Wirkung getan, aber seitdem spricht er nicht mehr mit mir.«

»Warum spricht er nicht mehr mit dir?«

»Er ruft nicht mehr an, wenn er den Verdacht hat, ich würde ihn bloß als Mechaniker mißbrauchen und an seiner Freundschaft nicht interessiert sein. Aber ich bin an seiner Freundschaft sehr wohl interessiert – an einer Freundschaft, die auf Autoreparaturen basiert. Außerdem ist da noch Otto Bellman. Er hat Gershon gegen mich aufgehetzt.«

»Bellman, der in meinem Zimmer wohnte?«

»Ja. All sein Trachten fußt auf Rache dafür, daß ich ihn rausgeworfen hab. Ich war ihm eine Vaterfigur. Er hat mir mein

Stück gestohlen, er verführt Virginia – ihre Eltern werden mir sehr zürnen –, und er hat mich meines Mechanikers beraubt. Nun ja, wie die Kuh zum Bullen sagte, wenn's nicht im Stehen geht, dann mache ich's im Zitzen.«

Wir stiegen die restlichen Stufen hinauf, und ich dachte über diesen Bellman, meinen Vorgänger, nach. Konnte er wirklich so ruchlos sein, wie Henry ihn hinstellte? Und obwohl Henry Bellman nicht leiden konnte, verspürte ich Eifersucht, wenn ich an ihn dachte.

An der Tür zu unserem Apartment konnte Henry seine Schlüssel nicht finden. Also öffnete ich uns die Tür, und als wir hineingingen, entsann ich mich des Schlüsselkörbchens und der Gedächtnisstützen von Miss Hart. Ich sagte: »Henry, wir sollten ein Warnschildchen aufstellen, das uns an unsere Schlüssel erinnert. Und vielleicht ein kleines Körbchen aufhängen, als festen Verwahrungsort für die Schlüssel.«

»Was?« fragte er indigniert. Sofort war er schwer aufgebracht.

Ich war betroffen, sagte aber: »Schildchen, die dich an die Schlüssel erinnern. Und ein Körbchen, so daß die Schlüssel nicht verlorengehen können.«

»Nur gestörte Menschen hängen sich Schildchen auf. Und ein Körbchen ist häßlich und würde bloß mit den Schlüsseln darin verlorengehen. Das ist ein höchst alberner Vorschlag.«

Beleidigt und verärgert stapfte Henry in Richtung Badezimmer davon, und ich blieb in der Küche zurück und kam mir ganz betreten vor. Ich wollte die Urheberschaft des Einfalls gern abwälzen, aber ich konnte Henry die wahre Herkunft nicht preisgeben. Er würde mich hochkant rauswerfen, wie er das mit Otto Bellman gemacht hatte, wenn er wußte, ich hatte eine Neigung, Personen vom Schlage Miss Harts aufzusuchen. Und ich war überzeugt gewesen, sie sei fast normal, wenn man die Umstände bedachte. Aber Henry wußte, ohne sie jemals kennengelernt zu haben, ihren Geisteszustand besser einzuschätzen: Sie gehörten derselben Generation an, und er wußte, was es zu bedeuten hatte, wenn ein Mensch Schildchen als Erinnerungsstützen aufhängen mußte.

Kapitel IV

Wir wollten alle diese Femme fatale sein

Als ich nach dem Wochenende wieder zur Arbeit kam, fing ich an, erneut in der *New York Press* zu blättern. Ich las einen kurzen Artikel über einen Club, der sich um Transvestiten, Transsexuelle und Cross-dresser kümmerte. Urplötzlich stolperte ich jetzt überall über Transvestismus. Es war ein Phänomen, von dem man eine ganze Weile nichts hörte, oder von dem man überhaupt noch nie etwas gehört hatte – ist das ein Begriff, der Name eines Schriftstellers, eine ungewöhnliche Krankheit? –, aber dann auf einmal läuft es einem ständig über den Weg.

Der Club hieß Sally's, und er befand sich in der Dreiundvierzigsten Straße West. Ich dachte, ich sollte diesem Sally's wohl mal einen Besuch abstatten. Ich war neugierig auf das Leben und auf Sex, sagte ich mir, und ich lebte in New York, warum also nicht die diversen Möglichkeiten der Stadt nutzen?

Nach der Arbeit ging ich heim, um mich auszuruhen und umzuziehen, bevor ich mich zur Dreiundvierzigsten Straße aufmachte. Ich wollte etwas anziehen, was ein bißchen weniger förmlich war als Blazer und Krawatte. Ich dachte an einen Rollkragenpulli und ein Sportsakko. Dann wäre ich immer noch ein junger Gentleman, aber ein bißchen legerer.

Ich kam so gegen halb sieben beim Apartment an, und an der Tür hing eine Warnung von Henry in seiner schrägen Kritzelschrift, ich solle nicht reinkommen, wenn es noch vor sechs sei, und dann stand da in großen Druckbuchstaben: ICH HABE EINE KÜCHENSCHABENBOMBE GEWORFEN. Er hatte das nicht mit mir abgesprochen, und es befremdete mich ein bißchen, daß er in unserer Bude eine Bombe hochgehen ließ, ohne mir das vorher zu sagen. Ich hatte es nicht so richtig ernstgenommen, als er ein paar Tage zuvor von einer Bombe gesprochen hatte. Ich hätte Fallen vorgezogen; das wäre eine ungiftigere Alternative gewesen.

Ich nahm den Zettel von der Tür, und da das Zeitlimit schon verstrichen war, betrat ich das Apartment. Henry war in der Küche, genau vor mir, und er bückte sich gerade, wobei eine lang aufgeplatzte Naht sichtbar wurde. Er stöpselte einen alten rostigen Ventilator in die Steckdose. Die ganze Bude stank nach Gift.

Der Ventilator begann zu pusten, und Henry stand auf und sagte zu mir: »Ich hab alle Fenster geöffnet. Ich hab mein bestes gegeben. Wahrscheinlich hab ich die schwächlichen umgebracht und eine Küchenschabe höherer Ordnung gezeugt.«

»Wo sind meine Bananen?« fragte ich.

»Ich hab sie in den Aktenschrank getan, damit sie nicht kontaminiert werden. Außerdem hab ich diese Tassen da umgedreht, damit sie nicht von innen kontaminiert werden.« Die Tassen befanden sich auf dem Kühlschrank, und Henry fing an, sie wieder richtigrum zu drehen, und besah sie sich ganz genau und sagte: »Jetzt sind wahrscheinlich Ausscheidungen von Schaben an den Rändern. Nun denn, man muß halt wählen, was man will. Ein sicherer Augenblick ist uns nie vergönnt. Was für ein Leben. In Jugoslawien ist es allerdings noch schlimmer, das dürfen wir nicht vergessen.«

Ich öffnete die oberste Schublade meines Aktenschranks und holte meine Bananen aus der Unterhosenkartei hervor. Ich war heilfroh, daß Krafft-Ebing in der Schublade vergraben lag, in der ich meine T-Shirts aufbewahrte. Ich legte die Bananen wieder auf den Küchentisch, wo ich sie immer liegen hatte.

Ich beschloß, eine Dusche zu nehmen, um mich fürs Sally's zu erfrischen, und dann gleich aus dem Apartment zu verschwinden, ohne mich erst noch hinzulegen – ich konnte den Geruch der Schabenbombe nicht ertragen. Ich sagte zu Henry: »Der Gestank hier drin ist fürchterlich.«

»Sei nicht so empfindlich«, sagte er. »Bei dir geht alles durch die Nase. Du lebst ein Leben wie ein Hund.«

Ich schluckte die Beleidigung runter. Es ärgerte ihn, daß ich nicht dankbarer war, wo er doch etwas wegen der Küchenschaben unternommen hatte. Außerdem war ihm bei ein paar Gelegenheiten aufgefallen, was für einen scharfen Geruchssinn ich hatte – ich bemerkte es immer, wenn der Bewohner gegenüber im Flur rauchte, und ein- oder zweimal hatte ich mich über Kochgerüche beklagt, die durch mein Lüftungsschachtfenster hereindrangen.

Trotzdem war mein Geruchssinn noch lange kein Grund, mich mit einem Hund zu vergleichen. Aber ich sagte nichts. Ich war auf dem Sprung zum Sally's, und die Heimlichkeit dieses Vorhabens erzeugte Schuldgefühle bei mir, und unter dem Eindruck dieser inneren Scham fehlte mir das Selbstvertrauen, mich verteidigen zu können.

Ich duschte, und Henry legte, um dem Gestank seiner Bombe zu trotzen, eine Platte auf und tanzte. Als ich rauskam, angezogen und abmarschfertig, saß er bei offenem Fenster auf seinem Thronstuhl und korrigierte Arbeiten für seinen Unterrichtskurs. Er hatte eine zweistärkige Frauenbrille aus Plastik auf, die er sich für fünfundzwanzig Cent auf einem Flohmarkt in New Jersey gekauft hatte, und da er sich in der Abgeschiedenheit unserer Wohnung befand, störte Henry sich nicht weiter an der femininen Form – den spitz zulaufenden Ecken – seiner Lesebrille.

Ich putzte mir über der Küchenspüle die Zähne, und mir fiel auf, daß meine Ausgehpläne für Henry und mich einen Rollentausch bedeuteten. Normalerweise war ich derjenige, der zu Hause saß, während Henry abendlichen Verpflichtungen nachging oder seinen Unterricht abhielt.

Ich hatte gehofft, er würde mich mal fragen, ob ich vielleicht noch mal einen Abend mit ihm zur Oper wolle oder ihm bei der Begleitung von Vivian Cudlip und ihrer Enkelin assistieren, aber Henry hatte keinerlei Einladungen ausgesprochen, und ich wollte ihm nicht durch Bettelei auf die Nerven gehen und wie eine Klette erscheinen.

Darum war ich ein bißchen froh drüber, daß wenigstens einmal ich derjenige war, der ausging, und ihn zurückließ. Und als ich die Tür aufschloß, fragte Henry: »Wo willst du hin?« Er zog aus meinem Äußeren – gutgekämmtes Haar, Sportsakko und Rollkragen gegen die Oktoberkühle – den Schluß, daß ich was besonderes vorhatte. Normalerweise, wenn ich ausging, wollte ich bloß zu dem chinesischen Restaurant in der Second Avenue. Trotzdem hatte ich nicht erwartet, daß er mich fragen würde, wo ich hinwollte, daß er soviel Interesse an mir zeigen würde, darum erwischte er mich unvorbereitet, aber instinktiv log ich. »Ich will Freunde im Village besuchen«, sagte ich.

»Das glaub ich dir nicht. ›Freunde im Village‹ klingt mir zu sehr nach Bunbury. Gut so. Bloß nicht die Wahrheit erzählen ... Wo stammt der Ausdruck Bunbury her?« wollte er plötzlich wissen und prüfte mich ab wie ein Professor. Das Korrigieren hatte ihn auf dieses Gleis gesetzt.

»Wilde. *Ernst und seine tiefere Bedeutung.*«

»Du kennst dich aus bei Wilde. Womöglich warst du tatsächlich auf dem College. Von jetzt an wollen wir, wenn wir ausgehen, einander immer sagen, wir besuchten Bunbury. Je weniger wir voneinander preisgeben, desto besser werden wir miteinander auskommen.«

»Ich weiß, hast du mir schon mal gesagt.«

»Nun, das ist der Schlüssel in der Erziehung. Wiederholung.«

»Also gut ... Ich will Bunbury besuchen«, sagte ich, und ich verließ das Apartment. Die Bunbury-Prüfung hatte in mir gemischte Gefühle erzeugt. Einerseits hatte Henry mitgekriegt, daß ich belesen war, und das freute mich; ich wollte seine Anerkennung. Aber andererseits unterstrich er wieder einmal, daß wir einander nicht wirklich kennen durften, und das betrübte mich. Ich wollte zwar nicht, daß er meine Geheimnisse kannte, und er hatte sofort gespürt, daß ich da etwas verbarg, aber gleichzeitig wollte ich doch, daß wir einander nahe waren, was normalerweise auch bedeutet, daß man sich einander offenbart.

Ich ging in das chinesische Restaurant, bevor ich zum Sally's fuhr, und ich aß ein einsames Mahl. Ich war ein bißchen trübsinnig, als ich in meinen Wagen stieg, aber als ich den Parisienne Richtung Innenstadt lenkte, richteten sein wohnzimmerartiges Interieur und sein leistungsfähiger Motor meine Moral wieder auf. Es verlieh einem neuen Mut, bei Nacht die Park Avenue entlangzufliegen und sich unbesiegbar vorzukommen. Die breite Motorhaube vor mir war so etwas wie diese Bullenfänger vorne an Lokomotiven. Ich war größer als alle anderen Autos, und ich war den Taxis ebenbürtig.

Natürlich hatten die Abmessungen meines Parisienne auch ihre Nachteile. Beim Parken war das sehr hinderlich, und jede Nacht, wenn ich meinen Wagen bewegte und nach einem Parkplatz suchte und drum betete, einen zu finden, mußte ich sehr drauf achtgeben, mein Gebet auch richtig zu formulieren, so daß ich eine besonders große Parklücke fand.

So raste ich also Richtung Downtown zur Dreiundvierzigsten Straße, aber vom Wagen aus konnte ich das Sally's nirgendwo entdecken. Ich parkte den Parisienne in der Ninth Avenue (da war massenhaft Platz), und ich spazierte ostwärts los. Ich überprüfte auf dem ganzen Weg die Dreiundvierzigste entlang die Hausnummern, bis zur Eighth Avenue, die Tokio-hell erleuchtet war von den Neonreklamen der vielen Peep-Shows.

Ich überquerte die Avenue, und als ich auf der Dreiundvierzigsten noch weiter Richtung Osten ging, kamen da zwei Peep-Shows und danach dann zwei unauffällige Glastüren. Ich sah durch die Scheiben, und da hing ein altes Pappschild an der Wand, auf dem in verblaßten pinkfarbenen Buchstaben mit aufgeklebtem Glitterzeugs der Name geschrieben stand, nach dem ich suchte – Sally's. Ich hatte es gefunden. Links von dem Pappschild befand sich eine schwach beleuchtete Treppe mit rotem Teppich. Meine Knie wurden mir weich, und mein Magen war nervös. Ich wollte reingehen und wollte doch nicht reingehen. Ich hatte Schiß.

Ich ging Richtung Osten weiter, um mir Mut anzulaufen, und ich sah, daß gegenüber auf der nördlichen Straßenseite ein halbes Dutzend Auslieferungslaster der *New York Times* standen. Ich fragte mich, was die da wohl machten. Dann sah ich, daß da auf dem klotzigen Gebäude genau gegenüber, daß da ein kleines weißes Neonschild mit einer Digitaluhr hing. Der Schriftzug war in der unverwechselbaren Type gehalten: **The Times**. Sally's befand sich auf der gegenüberliegenden Straßenseite von der berühmtesten Zeitung der Welt. Ich hatte schon fast mein Leben lang ihre Sportseiten gelesen.

Ich war aufgeregt wie ein Tourist, das entdeckt zu haben, aber ich fühlte mich erwischt. Wie konnte ich in meinen neu aufgetanen Transvestiten-Transsexuellen Club gehen, während die *New York Times* mir dabei zusah? Ich ärgerte mich, daß sie hier war. Sie kam mir bei meinem Abenteuer in die Quere. Und was trieb die *Times* denn ausgerechnet in dieser Peep-Show-Umgebung? Die Dreiundvierzigste Straße hätte viel besser zur *Post* oder zur *News* gepaßt. Von der Gegenwart dieser Zeitungen wäre ich nicht peinlich berührt gewesen. Und dann ging mir auf, woher der Times Square seinen Namen hatte.

Darüber hatte ich mir noch nie Gedanken gemacht, und ich war sehr mit mir zufrieden, daß ich das rausgefunden hatte. Und dieses kleine Erfolgserlebnis verlieh mir die Kraft, ins Sally's reinzugehen. Mutig schob ich mich durch die doppelten Glastüren und die Stufen zum ersten Treppenabsatz hinauf, wo eine Schwarze mit orangegefärbten Haaren und relativ heller Haut hinter einem Spieltisch saß. Sie sah aus wie eine verlebte Prostituierte. Sie hatte wunderschöne Wangenknochen, aber die Wangen darunter waren eingefallen.

»Zehn Dollar Schutzgebühr«, sagte sie. Ich merkte irgendwie, ohne daß es spezielle Anzeichen dafür gegeben hätte, daß sie einmal ein Mann gewesen war. Ihre Männlichkeit war wie etwas, das mit Bleistift hingekritzelt und dann wieder ausradiert worden war, wo man aber immer noch etwas erkennen konnte, die Konturen.

Ich gab ihr zehn Dollar, und sie gab mir einen Bon, den ich anstarrte.

»Ist für ’n Drink umsonst«, sagte sie.

Es ging noch drei weitere Treppen hoch, und ganz oben stand ein massiger Schwarzer in Windjacke. Ich wollte an ihm vorbeigehen, und er trat mir in den Weg.

»Arme hochnehmen«, sagte er.

Ich tat es, und er suchte mich nach Waffen ab. Obwohl ich keine dabei hatte, hatte ich das Gefühl, er könnte irgendwas finden. Es war für mich nicht ungewöhnlich, grundlos Schuldgefühle zu haben. Aber er entdeckte keinerlei Waffen, und er ließ mich vorbei. Direkt vor mir war eine große runde Bar, und ich griff mir den ersten freien Barhocker, der so was wie ein großer hoher Stuhl war. Das Sally’s war schummerig beleuchtet, und in den Schatten rund um die Bar befanden sich viele sexy Frauen und ernst dreinschauende Männer, und die Luft war verräuchert, und es wurde Tanzmusik gespielt.

Die Barkeeperin kam zu mir herüber. Sie war eine junge getönte Blondine. Ihre Haut war makellos und olivfarben. Sie trug ein enges, geknöpftes, gelbes Trägertop. Ein paar von den Knöpfen waren geöffnet und gaben den Blick auf kleine, feste, runde Brüste frei. Sie trug Jeans, und ihre Hüften waren schmal. Sie hatte die Figur eines Teenagers. Und nur an ihren gerundeten Schultern, die um eine Spur zu kräftig gebaut waren, konnte ich ablesen, was sie einmal gewesen war.

Ich gab ihr meinen Getränkebon und bestellte ein Bier. Sie langte über sich, wo die Gläser hingen, und als sie die Arme hob, trat dadurch die Form ihrer runden Brüste noch deutlicher hervor. Und ihre Achselhöhlen waren ausrasiert, weich, erschreckend sexy. Sie nur anzusehen war wie eine intime Handlung; ich stellte mir vor, wie sie sie rasierte, wie sie sich dabei mädchenhaft fühlte, und auf der Stelle verliebte ich mich in sie.

Sie goß mir mein Bier ein, ging dann weg, um jemand anders zu bedienen. Und während ich sie ihre schmalen Hüften wiegen sah, setzte sich eine sehr kräftige Schwarze in kurzgeschnittenem schwarzen Cocktailkleid neben mich. Ich warf ihr einen Seitenblick zu, und sie lächelte mich an. Sie hatte vollkommene rote Lippen, und ihre Zähne blitzten weiß. Ihre Haut sah irgendwie gehaltvoll und glänzend aus, wie bei feiner Schokolade. Ihr Haar war schwarz und glatt und ging ihr bis auf die Schulter. Ihre Augenbrauen waren dünn und beschrieben einen Bogen. Sie sah mich mit Schlafzimmeraugen an.

»Na, wie geht's dir so heut abend?« fragte sie.

»Gut«, sagte ich.

»Dein blondes Haar gefällt mir«, sagte sie, und sie schloß langsam ihre Augen und machte sie dann langsam wieder auf.

»Danke«, sagte ich, und ich war überrascht und erfreut über ihr Kompliment.

»Ist das Naturfarbe, Kindchen?« fragte sie.

»Alles Natur«, sagte ich und fügte dann hinzu: »Aber ich verlier schon ein bißchen.«

Ich hatte diese schlechte Angewohnheit, jedem gleich zu erzählen, daß ich eine Glatze kriegte. Teilweise hatte ich es drauf abgesehen, daß sie es leugneten und mir neue Sicherheit gaben, und außerdem beichtete ich es, weil ich dachte, sie würden sich nicht insgeheim über mein ausgehendes Haar lustig machen, wenn ich das Thema ganz offen ansprach.

»Du solltest dir lieber keine Glatze zulegen, Kindchen. Weiße Männer sehen glatzköpfig ganz furchtbar aus. Schaff dir lieber eine Perücke an.«

Ich haßte es, wenn Leute mir mit einer Perücke kamen. Als ich Henry gegenüber zugegeben hatte, daß mein Haar lichter wurde, hatte er mir ein Toupet empfohlen. Als ich zu ihm sagte: »Niemals werd ich ein Toupet tragen«, wurde er ärgerlich und sagte: »Du solltest dir Sorgen um den Aufbau deiner Persönlichkeit machen, nicht um den deiner Haare.«

»Ich hoffe, daß ich ohne Perücke auskomme«, sagte ich zu der Schwarzen.

»Ich finde, du siehst gut aus«, sagte sie aufrichtig, und sie legte mir ihre Hand an die Hüfte. »Möchtest du mir einen Drink ausgeben?«

»Gern«, sagte ich. Die schöne Barkeeperin kam wieder, und meine neue Freundin bestellte Cola-Rum. Ich zahlte dafür, und das machte mir nichts aus. Ich mochte diese kräftige Schwarze, mochte die Art, wie sie mir Komplimente machte.

»Danke, Kindchen«, sagte sie, nachdem sie an ihrem Drink genippt hatte. »Wie heißt du?«

Ich wollte mich erst wieder David nennen, aber das war bei Miss Hart irgendwie in die Hose gegangen. »Louis«, sagte ich.

»Ich bin Pepper«, sagte sie und bot mir züchtig ihre Hand. Ihre Nägel waren rotlackiert, und ich legte meine Hand in ihre, und ich kam mir wie ein kleiner Junge vor. Pepper war wohl so knapp einsneunzig auf Strümpfen, und sie hatte entsprechende Hände.

Sie ließ die eine dieser großen Hände von meiner Hüfte zu meinem Penis wandern. Sie fand ihn auf fachmännische Weise, ohne erst suchen zu müssen, umkreiste ihn und streichelte ihn. Ich war verängstigt und schockiert, aber ich sprang auf ihre Berührung an. Pepper riß ihre Schlafzimmeraugen auf. »Fühlt sich wie ein feiner Pimmel an, Kindchen«, sagte sie. Ihre sehr direkte Sprache berührte mich peinlich, aber ich war glücklich. Ich war erst seit wenigen Minuten im Sally's, und schon hatte ich eine Affäre.

Sie streichelte mich, und dann sagte sie: »Möchtest du nicht ein bißchen mit mir ausgehen, Kindchen?« Ich fühlte mich geschmeichelt, wiewohl ich Grips genug hatte, um zu kapieren, daß man unter dem Begriff Ausgehen hier im Sally's womöglich etwas anderes verstand.

»Wie ausgehen?« fragte ich.

»Bist du schon mal hiergewesen?«

»Nein, ist mein erstes Mal.«

»Weißt du, in was für einer Bar du hier bist? Was für eine Art Frau ich bin?«

»Ja, denk ich schon«, sagte ich.

»Hier kommen Männer zum Ausgehen her, Kindchen. Wir sind alle professionelle Mädchen. Du und ich, wir gehen ein bißchen aus, und du gibst mir Trinkgeld dafür, eine kleine Zuwendung. So läuft das Geschäft, weil es nämlich eine ganze Menge Geld kostet, eine Tunte zu sein.«

»Wieviel Trinkgeld?«

»Hundertfünfundzwanzig, aber weil's dein erstes Mal ist und weil du blond bist, mach ich's für hundert.«

Das war eine ganze Stange Geld, viel mehr, als die Rezessionsversohlerin gekostet hatte. »Ich glaub nicht, daß ich es mir leisten kann, so teuer auszugehen, aber trotzdem danke«, sagte ich, aber sie hörte nicht auf, meinen Penis zu massieren, weil sie hoffte, mich noch rumzukriegen.

»Bist du schon jemals mit einer Tunte zusammengewesen?«

»Nein, noch nie«, sagte ich.

»Das ist das beste auf der ganzen Welt, Kindchen. Du weißt gar nicht, was dir entgeht.«

»Ich will ja nicht zudringlich sein«, sagte ich. »Aber haben die meisten von euch sich operieren lassen?«

»Künstliche Muschis einsetzen? Kindchen, die Männer, die hier herkommen, haben's nicht auf 'ne Muschi abgesehen. Die sind auf 'nen Pimmel aus«, sagte sie, und dabei drückte sie meinen Penis ganz besonders. »Alle Tunten sind noch voll funktionsfähig. Da steckt das dicke Geld drin.«

»Ihr seid keine Transsexuellen?« fragte ich.

»Transsexuell ist man, wenn man Hormone einnimmt oder sich Implantate einsetzen läßt, Kindchen. Mit Muschis hat das nichts zu tun ... Ich hab keine Implantate, aber ich schluck Hormone. Darum hab ich auch diese Titten.«

Brüste hatte Pepper allerdings, aber sie waren nicht fest und rund wie bei der Barkeeperin; sie waren ein bißchen schlaff und flach, wie bei einer älteren Frau, doch ihre Brustwarzen piekten auf reizvolle Weise durch den Stoff ihres Cocktailkleids hindurch. Sie schien Ende dreißig zu sein, aber ich hatte nicht vor, sie nach ihrem Alter zu fragen; die Lektion hatte ich bei Henry gelernt.

»Läßt sich denn niemand von euch operieren?« fragte ich, weil ich glaubte, die Operation sei das große Ziel. Ich ging ein gewisses Risiko ein, indem ich mir soviel herausnahm, aber sie schien mir meine Frage nicht übelzunehmen, und sie berührte mich auf intime Weise.

»Wir wollten alle diese Femme fatale sein, zuerst jedenfalls, wollten eine Muschi haben, wollten uns operieren lassen, aber das ist ein Traum, Kindchen. Man muß was Besonderes zu bieten haben, um zu überleben, da steckt das dicke Geld drin. Und um was Besonderes bieten zu können, braucht man einen Pimmel ... Ich mach's auch für achtzig«, sagte Pepper plötzlich, und dann gingen die netten Streicheleien an meinem Penis in ein bedrohliches Drücken über.

Ich mochte Pepper sehr. Sie hatte ein wunderhübsches Lächeln, sie war umgänglich und redselig, und sie senkte in einer Tour ihren Preis für mich, aber ich wollte keinen Sex mit ihr haben. Und sogar mitten in der Bar hier tat sie meinem Penis schon weh. Was, wenn ich erst mit ihr allein war? Da könnte ich wirklich eine Verletzung davontragen.

»Tut mir leid«, sagte ich. »Ich glaub, ich will hier einfach sitzen und mich ein bißchen umschauen.« Ich befürchtete, wenn sie noch kräftiger zudrückte, dann könnte sie mir echten Schaden zufügen. Aber ich wollte nicht den Versuch machen, ihre Hand wegzuziehen, und damit eine Szene heraufbeschwören. Das war ein ungewöhnliches Etiketteproblem: Wie bittet man jemanden darum, einem nicht am Penis weh zu tun?

»Hast du schon mal Sex mit einem Mann gehabt?« fragte sie, und zu meiner Erleichterung löste sie ihren Griff.

»Nein«, sagte ich, und sie drückte wieder fester zu. Ihr Griff war wie ein Lügendetektor.

»Sieh mal, Kindchen, wenn du mit einer Tunte zusammen bist, kriegst du das Beste, was die Welt zu bieten hat. Wenn du's mal probieren willst, ich bin in der Nähe.« Pepper ließ mich los und erhob sich majestätisch von ihrem Stuhl, und genau in dem Augenblick kamen drei neue Tunten rein. Alle küßten sie Pepper auf die Wange, und eine von ihnen nannte sie Miss Pepper. An der Art und Weise ihres Umgangs miteinander konnte man ablesen, daß Pepper im Sally's über eine Menge Respekt verfügte.

Ich saß da und nippte an meinem Bier und schaute mich um. Die Bar war ein großer Ring, die Blondine stand mittendrin und bediente. Hinter der Bar war eine Tanzfläche, neben der rechts und links Tische standen, aber niemand tanzte. Die Tunten redeten miteinander oder sprachen die Männer an, die alle allein zu sein schienen. Niemand war mit einem Freund zusammen hergekommen.

Die Tunten hatten sehr knappe Kleider oder einfach bloß Bikinioberteile und Röckchen an. Ein paar hatten Morgenmäntel über, und einige steckten in Jeans und engen T-Shirts. Es waren Schwarze oder Latinos oder Asiatinnen. Weiße Mädchen sah ich gar nicht. Und es waren viele Spiegel an den Wänden, und die Tunten überprüften dauernd ihre Frisur und ihr Make-up. Sie betrachteten sich gern selber. Und viele von ihnen hatten absolut schöne Gesichter. Gesichter, wie ich sie sonst nirgendwo auf der Welt zu sehen gekriegt hatte. Eine ganz bestimmte, verrückte Mischung aus Mann und Frau: Das Zusammenspiel von Wangenknochen und Augen und Lippen war ganz und gar anders, aber doch wunderschön.

Ich liebte es, hier zu sein, und ich wußte wirklich nicht, warum, aber etwas, was Henry mir mal gesagt hatte, schien es zu erklären. Eines Nachts hatte er von seinem Bett zu mir herübergerufen, und statt seine übliche abschließende Bemerkung zu machen – »Da wären wir also. Wo sind wir?« –, hatte er ganz unerwartet gesagt: »Die Dinge scheinen in einem befremdlichen Mißverhältnis zu stehen.« Ich hab gefragt, was er damit meine, aber er hatte schon seine Ohrpfropfen reingetan und antwortete mir nicht. Aber genau das gefiel mir so am Sally's: An diesem Ort herrschte das befremdlichste Mißverhältnis, das ich jemals erlebt hatte. Einige der schönsten Frauen, die ich jemals gesehen hatte, waren in Wahrheit Männer.

Viele von ihnen sprachen mich auf die gleiche Weise an, wie Miss Pepper das getan hatte, aber ich lehnte alle ihre Angebote höflich ab, wiewohl mir die Art und Weise, wie sie mich anfaßten und streichelten, gefiel. Und sie benutzten sehr viel Parfüm, was mir ebenfalls gefiel. Dann so gegen zehn Uhr ging in meinem Innern eine Alarmglocke los, und ich beschloß, daß ich nach Haus mußte. Mein Leben als Student und später als Lehrer machte es schwierig für mich, vor Schultagen allzu lange aufzubleiben.

Ich traf jemand jüdischen

Ich fuhr wieder aus der Innenstadt heraus und dachte an die Lüge, die ich Miss Pepper erzählt hatte: daß ich noch nie Sex mit Männern gehabt hätte. Ich hatte Angst gehabt, sie würde deswegen schlecht von mir denken, und obwohl sie mir erzählt hatte, sie habe einen Penis, glaubte ich ihr auf einer bestimmten Ebene nicht, und deshalb war sie für mich eine Frau, und ich wollte nicht, daß eine Frau dachte, ich sei homosexuell. Aber einmal hatte ich doch Sex mit einem Mann gehabt.

Es passierte, als ich in Princeton lebte und in meinem zweiten Jahr an der Pretty Brook unterrichtete. Ich kam gerade von einem Ausflug mit meinen Schülern nach Rutgers zurück, und ich sah aus dem Fenster des Schulbusses, und ich entdeckte einen Buchladen für Erwachsene an der Route 1, nicht weit von New Brunswick. Ich fragte mich, ob irgendeins von den Kindern den Laden sähe. Ich tat so, als sähe ich ihn nicht, aber ich merkte mir den Ort.

Also fuhr ich eines Abends wieder da hin. Ich kaufte mehrere Zeitschriften, in denen es um Transvestismus ging, und ein kleines Taschenbuch namens *Zum Mädchendasein gezwungen.* Der Titel hatte mich angezogen.

Als ich bezahlte, spürte ich Scham meiner Auswahl wegen und wünschte mir, ich hätte irgendwas Machomäßigeres gekauft, und deshalb floh ich schnell aus dem Laden. Es war ein Freitagabend, am nächsten Tag schulfrei, und es war so gegen Mitternacht. Ich war absichtlich spät hingefahren in der Hoffnung, so der Gefahr zu entgehen, dem Vater eines Schülers oder einem Kollegen über den Weg zu laufen.

Während ich auf der Route 1 Richtung Süden fuhr, war ich so begierig darauf, meine Zeitschriften zu lesen, daß ich nicht warten konnte, bis ich zu Hause war. Ich schaltete die Innenbeleuchtung des Parisienne ein und versuchte, beim Fahren ein bißchen zu lesen.

Ich war auf der rechten Spur, fuhr vielleicht so achtzig Stundenkilometer, und plötzlich tauchte ein Wagen neben mir auf der linken Spur auf. Ich sah instinktiv und mit leichtem Schaudern rüber, weil ich dachte, vielleicht wäre das ein Polizist, der mich rechts ran winken und dann sehen würde, daß ich *Der Transvestit* las, ein Newsletter für Cross-dresser.

Aber es war nicht die Polizei, es war jemand in Zivil, ein Mann, und er lächelte mir auffordernd zu. Dann beschleunigte er an mir vorbei, blinkte und fädelte sich vor mir in der rechten Spur ein. Dann kehrte er auf die linke Spur zurück. Ich wußte instinktiv, daß er versuchte, mit mir zu kommunizieren. Mit trommelndem Herzen lenkte ich den Parisienne auf die linke Spur, hinter den Wagen des Mannes. Um zu sehen, ob ich tatsächlich mit ihm in Kontakt getreten war, fuhr er dann wieder rechts rüber, als Test. Ich tat es ihm nach. Sein Wagen schien frohlockend zu beschleunigen. Ungefähr eine Meile die Straße runter fuhr er ab. Ich war erhitzt und blieb ihm wie irre auf den Fersen.

Ich folgte diesem Highway-Verführer, als er ein paarmal rechts und links abbog, bis wir uns in einer Eigentumswohnanlage befanden, die aus Reihen grauer holzgedeckter Häuser im Möchtegern-Nantucket-Stil bestand. Er parkte ein, und ich parkte ein paar Wagen entfernt.

»Jetzt wird er mich umbringen«, dachte ich, aber ich fuhr nicht weg. Er stieg aus seinem Wagen, und ich stieg aus dem Parisienne. Ich ging ein paar Schritte von meinem Wagen weg, so daß er nicht reinsehen und meine Transvestitenliteratur entdecken konnte. Sogar im Umgang mit einem potentiellen Serienmörder war mir meine Perversion peinlich. Er war ein massiger schwerfälliger Typ, knapp einsneunzig, mit lockigem braunen Haar und einem betrunkenen Grinsen. Sein Gesicht kam mir harmlos vor, aber auch lüstern.

»Hi«, sagte er.

»Hallo«, sagte ich steif.

»Ist irgendwie komisch, nicht?« fragte er. Wir standen ungefähr drei Meter voneinander entfernt, wie Cowboys.

»Ja«, sagte ich.

»Wie heißt du?« fragte er.

»David«, sagte ich, ganz unwillkürlich lügend.

»Haste Lust, mit reinzukommen, Dave?« fragte er und versuchte, auf ruhig und vertraulich zu machen, indem er meinen getürkten Namen abkürzte, und dann sagte er: »Ich heiß Richie.«

Ich sagte nicht: »Ja, ich komm mit rein.« Ich wollte keine Verantwortung für mein Tun übernehmen. Ich kam mir vor wie ein Roboter. Er ging zu seiner Eingangstür, und ich ging ihm nach. Wir hatten uns auf dem Highway getroffen, und ich ging mit in seine Eigentumswohnung. Als wir durch die Tür eintraten, erblickte ich eine Mezuzah! Er war Jude! Ein jüdischer Mörder? Ein jüdischer Homosexueller? Ich spürte etwas weniger Distanz zu Richie.

Wir tranken etwas im Wohnzimmer. Ich hatte gedacht, er wäre mir vom Pornoladen aus nachgefahren, aber es stellte sich heraus, daß er auf dem Rückweg von einer Schwulenbar gewesen war. Er war ziemlich betrunken und nervös, und er erzählte mir seine Geschichte. Er war seit einem Jahr von seiner Frau geschieden, dies hier war ihre gemeinsame Wohnung gewesen, und erst jetzt in den letzten Monaten, im Alter von achtunddreißig Jahren, hatte er sich ans Licht getraut. Ich nickte mitfühlend. Ich war sehr förmlich, sagte kaum etwas und war von der Situation ziemlich eingeschüchtert. Wir gingen rauf in sein Schlafzimmer und zogen uns aus.

Als wir beide nur noch unsere Unterhosen anhatten, sagte ich: »Du bist Jude, nicht?«

»Woher weißt du das?« fragte er, und ein Anflug jüdischer Unsicherheit und Schutzbedürftigkeit huschte ihm übers Gesicht. Ich kannte das gut.

»Ich hab die Mezuzah gesehen«, sagte ich, und dann, um ihm seine Selbstsicherheit zurückzugeben: »Ich bin auch Jude.«

Wir legten uns völlig nackt auf sein großes Bett. Ich war mir meines Körpers unsicher, und ich war nervös, und mein Penis war schlaff, hatte sich fast ganz in sich zurückgezogen. Ich machte nicht gerade eine gute Figur, und er war auch nervös, aber sein Penis war gewaltig. Selbst wenn meiner steif gewesen wäre, hätte ich da nicht mitgekonnt. Ich bedauerte die ganze verrückte Geschichte schon. Schwanzvergleich hab ich nie gern gespielt.

Aber Richie war freundlich, es schien ihm nichts auszumachen, daß ich so winzig war. Er atmete schwer, und er hatte seine Freude dran, zärtlich meinen Bauch und meine Brust anzufassen, während ich ganz still dalag.

»Tut mir leid, daß ich so klein bin«, sagte ich. »Ich bin nervös.«

»Du bist schon in Ordnung«, sagte er. »Faß du *mich* an.«

Ich legte meine Hand auf seinen Penis. Der war wie der größere, ältere Cousin meines eigenen. Ich war von seiner Breite beeindruckt. Es machte mir nichts aus, ihn in meiner Hand zu halten, und Richie wurde durch meine Berührung ermutigt, und er fing an, mich zu küssen, aber das konnte ich nicht. Ich sagte: »Bitte nicht.«

Er war ein bißchen geknickt, reagierte aber mit einem neuen Einfall. »Willst du eine Massage?« fragte er.

»In Ordnung«, sagte ich.

Ich lag nicht auf dem Bauch, sondern drehte mich auf die Seite, und er fing an, mir die Schultern zu kneten. Er war kein schlechter Masseur, aber ein sonderlich guter war er auch nicht – seine Hände waren nicht wirklich gefühlvoll –, und ich fragte mich, ob seine Frau das wohl als einen seiner Mängel angesehen haben mochte.

Er wurde der Massage schnell müde, und er hockte sich dicht an mich ran, und er schlang seine Arme um mich, und er hielt mich in einer löffelartigen Stellung. Wir blieben einige Minuten lang so, und dann glitt sein Penis mir zwischen die Schenkel und lag zwischen meinen Beinen, und er ließ ihn da einfach so ruhen. Und ich fühlte mich wie als kleiner Junge, wenn ich mit meinem Vater kuschelte. Ich glaube, das war immer unabsichtlich, aber ich weiß noch, wie ich den Penis meines Vaters an meinem Hintern oder hinten an meinen Beinen spürte, wenn wir in seinem Bett lagen und er schlief.

Und ich hab viel im Bett meines Vaters gelegen, weil meine Mutter wieder arbeiten ging, als ich in der ersten Klasse war. Sie mußte früh am Morgen weg, und deshalb legte sie mich zu meinem Vater ins Bett, weil er oft depressiv war und nicht allein sein wollte. So benutzte mich meine Mutter also als Ersatz für sich selbst, und das half ihr, die Gewissensbisse zu überwinden, wenn sie wegmußte, weil mein Vater und ich beide jemanden hatten, der sich um uns kümmerte. Und ungefähr eine Stunde, nachdem sie weg war, wachte er auf und half mir, mich für die Schule fertigzumachen.

Und es war seltsam, aber während Richie mich umschlungen hielt, fühlte ich mich genauso wie damals vor vielen Jahren mit meinem Vater. Ich fühlte mich klein und krank und aufgeregt. Richie fing an, seinen Penis zwischen meinen Beinen zu rubbeln, und mit dem Rücken zu ihm masturbierte ich, und ich ejakulierte auf sein Bettlaken. Einen Moment danach sprang ich geradezu aus dem Bett, wischte mich mit einem Papiertuch ab, zog mich an und floh.

Zuerst sah er aus, als würde er gleich explodieren, als ich meine Sachen anzog, und ich kriegte schon Angst, ich würde am Ende doch noch von diesem Fremden verprügelt werden. Aber dann fing er beinahe an zu heulen, bedrängte mich, ich solle nicht weggehen, schrieb mir in aller Eile seine Telefonnummer auf, schlug vor, wir sollten mal essen gehen, und bettelte mich von neuem an dazubleiben. Aber ich schämte mich zu sehr, war zu durcheinander. Ich sagte: »Tut mir leid. Ich bin ziemlich verwirrt, was Sex angeht. Du bist ein netter Kerl, aber ich muß los.«

Ich rannte da raus und fuhr eilig davon. Je weiter ich weg war, desto besser ging es mir, und dann dachte ich im stillen: »Ich hab jemand jüdischen getroffen, immerhin das.«

Amerikaner beschäftigen sich zu sehr mit Sport

Ich wollte am nächsten Abend wieder ins Sally's, aber ich sah ein, daß da viele Gefahren lauerten. Was, wenn mich irgendwer von der Arbeit da reingehen sah? Und was, wenn ich aus reiner Neugier schwach wurde und mit einer der Tunten mitging? Es war sehr teuer, und ich konnte mir eine Krankheit einfangen. Also blieb ich am darauffolgenden Abend zu Hause, und ich war allein im Apartment; Henry war zum Unterricht.

Ich sah mir ein Play-off zwischen den Toronto Blue Jays und den Oakland Athletics an, und die leichte Verdaulichkeit des Spiels trug dazu bei, daß ich bald etwas zufriedener mit mir war. Den ganzen Tag über hatte ich ins Sally's zurückkehren wollen, aber ich war auch von dem Gedanken geplagt worden, daß ich ein Perverser war, weil ich mich da überhaupt reingetraut hatte. Und obwohl ich nicht wirklich irgendwas Schlimmes gemacht hatte, hatte ich während der Arbeit mit dem Gefühl in meiner Kabine gesessen, mir stünde Ärger bevor.

Darum war ich froh, diese Freude am Baseballschauen an mir beobachten zu können. Ich kam mir nicht mehr so verdorben vor, wenn ich Gefallen an einem Ballspiel finden konnte.

Während des achten Inning kam Henry nach Haus, und er fragte wie immer: »Irgendwelche Nachrichten?«

»Nein.«

»Ein Zeitalter geht zu Ende!«

Ich nahm an, daß Henry, weil er beim Theater war, deswegen gute Formulierungen gern wiederholte. Und mir machte das absolut nichts aus; ich wußte seine Konsequenz sehr zu schätzen.

Er zog seinen Regenmantel aus, und er sah, daß ich mir Baseball anschaute, und er sagte: »Amerikaner beschäftigen sich zu sehr mit Sport. Tennis ist in Ordnung. Aber selbst das ist inzwischen verdorben worden. Ich seh es mir nicht mehr an, es sei denn, die Männer tragen lange Hosen und die Frauen tragen solche Kleider wie Helen Wills-Moody.«

Die Blue Jays lagen weit in Führung, und ich zappte zu einem anderen Kanal, und wir sahen *Werden Sie schon bedient?* Die Folge drehte sich um einen Oxford-Professor, der eine gewisse Zuneigung zu Mrs. Slocombe entwickelt.

Henry bemerkte: »Ich werde eine Fernsehserie über Oxford im Mittelalter schreiben. Das war wie in der Bronx. Sie liefen da mit Waffen herum und erdolchten einander durch die Brust.«

»Klingt nach einer guten Idee«, sagte ich. »Sendungen mit

historischen Kostümen sind beliebt. Ich glaub, das könnte ein Erfolg werden.«

»Die Serie wird eine erzieherische Absicht verfolgen, was gefährlich ist, aber die Gewalt wird sie beliebt machen. Natürlich wird es da keinen Sex geben, aber wir können den Leuten Brustansätze bieten. Die Frauen trugen damals weite Gewänder, weil sie einander immer die Kinder stillten.«

»Das ist irgendwie sexy.«

»Sei nicht geschmacklos.«

Wie immer kriegte Mrs. Slocombe ihren Mann auch diesmal nicht, und *Werden Sie schon bedient?* ging zu Ende. Henry fing an, durch die Kanäle zu zappen, und zufällig gerieten wir in die letzten paar Minuten der Dokumentation über die königliche Familie, die der öffentliche Fernsehsender von New Jersey ausstrahlte.

»Ach Gott, das haben wir verpaßt!« sagte Henry.

Die Schlußsequenzen befaßten sich mit dem Mangel an Privatheit der Königsfamilie und mit der unbarmherzigen Jagd durch die Medien, und man zeigte ein verschwommenes Foto vom Herzog von Edinburgh, des Gemahls der Queen, in knappem schwarzem Badeanzug am Strand irgendeiner tropischen Insel.

»Schau ihn dir an«, sagte Henry. »Der ist nichts anderes als ein Anhängsel! Dieser Zweiteiler ist vulgär. Wahrscheinlich hat er Syphilis.« Dann zeigte man ein anderes Foto vom Herzog mit schwarzer Krawatte. Er war glatzköpfig, aber er sah elegant aus, und das fand ich ermutigend.

»Da sieht er aber ausgesprochen vorzeigbar aus«, sagte ich.

»Der ist nichts anderes als ein Anhängsel!« wiederholte Henry.

Die Dokumentation war zu Ende, und Henry und ich bereiteten uns aufs Schlafengehen vor. Als ich mir die Zähne putzte, lag Henry schon unter seiner Decke. Bisher war sein Kopf immer neben der Tür zur Küche positioniert gewesen, aber in dieser Nacht ragten seine Beine in die Öffnung.

»Wie ich sehe, hast du die Position gewechselt«, sagte ich.

»Ich probiere etwas Neues aus. Womöglich hat mein Kopf über Jahre hinweg in der falschen Richtung gelegen, das könnte die Ursache all meiner Probleme sein.«

»Warum das?«

»Wir sind alle losgelassen, fliegen wegen der ständigen Erdrotation herum. Wir kommen nie wirklich zum Stillstand oder zur Ruhe, das ist pure Illusion. Aber ich hab gehört, daß man zumindest im Schlaf den Kopf so lagern kann, daß man keinen Gegenwind hat.«

»Hast du das heute gehört?«

»Nein, schon vor etlichen Jahren. Aber da war ich zu faul, irgend etwas deswegen zu unternehmen, und jetzt hab ich vergessen, in welche Richtung man sich drehen soll. Überall lauern Probleme. Mein Kopf liegt schon seit Jahren gen Westen, und nichts hat sich zum Abschluß bringen lassen. Dein Kopf liegt gen Westen, aber du scheinst in der Lage zu sein, zur Arbeit aufzustehen ... Wenn du die Welt hättest erschaffen können, hättest du sie so erschaffen, wie sie ist? Immer rundherum wirbelnd?«

»Ich hätte sie so gemacht, daß sie immer auf und ab hämmert wie ein Hüpfstab«, sagte ich und versuchte, einen Witz zu reißen.

»Das ist wirklich außerordentlich interessant. Das ist die Wurzel aller Philosophie, dieses Rundherumwirbeln. Das ist es, was uns müde macht, immer in die Mitte hinabgesogen zu werden. Ich werde jetzt mit dem Kopf gen Osten schlafen, und die Füße gehen im Westen unter, mal sehen, ob sich etwas verbessert. Wenn es funktioniert, sag ich dir Bescheid.«

»Danke«, sagte ich.

»Darfst das Wechselgeld behalten«, sagte er.

Im tiefsten Queens

Am nächsten Tag fuhr ich zur Arbeit, und als ich ins Büro kam, sagte Mary, die schöne Blonde: »Hi.«

»Hi«, sagte ich, und ich dachte im stillen: »Warum tust du mir das an?« Sie trug eine kurzärmelige weiße Bluse, die aus dünnem Stoff war, so daß ich ihren weißen BH sehen konnte, und das war wirklich zuviel. Ich liebte sie und ich haßte sie. Ihr Haar war zu einem losen Büschel aufgesteckt, das so aussah, als könne es jeden Moment auseinanderfallen und sich über ihre Schultern ergießen. Sie hatte eine weite graue Hose an, perfekt gebügelt, und nur eine ganz leichte Andeutung ihres Hinterns war zu bemerken, eine leichte Delle in der Hose genau an jener Stelle, wo die beiden Pohälften auseinandergingen. Sie hatte mich am Haken.

»Wie geht's heut so?« fragte sie. Sie bezog mich einfach bloß in ihre frühmorgendlichen Büroneckereien mit ein, aber dann hob sie ihren rechten Arm bis über den Kopf und richtete eine der Haarklemmen in ihrem blonden Büschel. Ich sah die alabasterne Unterseite ihres perfekten Arms: jenen Körperteil, der zur verborgenen Achselhöhle führte.

»Mir geht's gut, danke«, sagte ich, und ich war so aufgekratzt und so angespannt, daß es mir buchstäblich so vorkam, als würde sich mein Kopf gleich vom Hals herunterschrauben. Irgendeine Art von unwillkürlichem Kopfzucken setzte ein, und aus dem inneren Winkel meines Auges konnte ich erkennen, daß meine Nase von dem Zucken und Zittern in Bewegung gesetzt wurde. Die Spannung war zuviel für mich. Ich bekam einen Steifen, daß es knackte. Das Heben ihres Arms war zu gewaltig gewesen – ich konnte die Bewegung ihres Büstenhalters und ihrer Brust sehen – und ich wollte ihr über die Unterseite des Arms lecken und mich dann ganz oben von einem Gebäude stürzen.

Sie lächelte mich an und sagte fröhlich: »Ab an meinen Schreibtisch«, und dann marschierte sie los zu ihren Pflichten. Ich zog mich in meine Kabine zurück, und ich wartete, bis mein Kopf zu zucken aufhörte, und ohne ihre Anwesenheit gewann ich einen Teil meiner Kraft zurück, und es gelang mir, den Kopf auf dem Hals zu halten. Das Kinn sackte mir einfach aufs Schlüsselbein, und dann hob ich mein Kinn wieder und betrachtete mich selbst auf dem grauen Bildschirm meines Computers. Ich hatte die traurigen Augen eines Hundes.

Ich überlegte sogar, ins Bad zu gehen und mit dem Bild ihrer Arminnenseite im Kopf zu masturbieren, aber so weit war ich doch noch nicht gesunken. Also tröstete ich mich mit dem Gedanken: »Ich kann heute abend einfach ins Sally's gehen.« Irgendwie machte das die Last der Anziehung, die Mary auf mich ausübte, ein bißchen leichter.

An jenem Abend fuhr ich in die Dreiundvierzigste Straße. Miss Pepper war an der Bar. Ich sagte hallo zu ihr. Sie sagte, ich solle ihr einen Drink ausgeben, und das tat ich auch. Dann sagte sie: »Weißt du, Kindchen, du würdest eine gute Tunte abgeben. Ich würde dir die Nase richten. Dir eine blonde Perücke besorgen, die zu diesen blonden Wimpern paßt. Du könntest uns ganz gut Geld einbringen.«

»Findest du nicht, daß meine Nase ganz maskulin aussieht?« sagte ich.

»Darum würde ich die ja richten.«

Ich fühlte mich geschmeichelt, daß Miss Pepper soviel Interesse für mich entwickelte und daran dachte, etwas mit mir zu unternehmen, selbst wenn dieses Etwas nur aus ihrem Einsatz als Zuhälterin bestand; mir gefiel die Aufmerksamkeit.

Dann sah sie einen Mann, von dem sie dachte, sie hätte eine Chance auf ein Date, und sie ging weg und nahm den Drink mit, den ich bezahlt hatte und an dem sie noch kaum genippt hatte. Ich hatte für den Preis des Drinks irgendwie ihre Gesellschaft erwartet, aber ich verstand auch die Notwendigkeiten ihres Geschäftes.

Als sie mich allein gelassen hatte, beobachtete ich die blondierte Barkeeperin dabei, wie sie nach den Gläsern über ihrem Kopf langte, und schwelgte in heimlichen Blicken auf ihre Achselhöhlen. Ich dachte an die Innenseite von Marys Arm. Die hatte mich zum Sally's getrieben.

Die Achselhöhle einer Frau ist für mich ein Ort der Wunder. Mir gefällt das Plastische daran, das Hohle. Außerdem ist es von da nicht weit zum Busen. Und im Frühjahr und Sommer kann man einer Frau oft ganz bis oben in den Ärmel schauen und sieht dann die Achselhöhle, den Ansatz der Brustschwellung und manchmal einen BH-Träger – man bekommt drei der besten Sachen von der Welt mit einem flüchtigen Blick.

Die Faszination, die Achselhöhlen auf mich ausüben, hat

ihre Wurzeln in einem Erlebnis während der sechsten Klasse. Es war spät im Frühling, und ich saß zusammengekauert am Fenster im Schulbus. Ein blondes Mädchen, Tina Kirchenheimer, stand ziemlich weit vorne im Bus auf, weil gleich ihre Haltestelle kam. Sie war sehr hübsch, und sie trug ein gelbes Baumwollkleid mit Schulterträgern und ohne Ärmel. Sie hielt sich an der gepolsterten grünen Stange neben dem Fahrer fest. Helles Spätnachmittagslicht, das so wunderbar war, weil es nach der Unterdrückung in der Schule Freiheit bedeutete, kam durch die Windschutzscheibe, und der Bus schlingerte, als er rechts ranfuhr. Tinas Arm streckte sich ganz lang, als sie sich ausbalancierte, und das Sonnenlicht, das durch die Windschutzscheibe kam, beleuchtete in der Achselhöhle ihres Arms, nur ein paar Sekunden lang, Büschelchen gelben Haars, die aussahen wie verknäulte Goldfäden.

Ich hatte bisher nur bei erwachsenen Männern Achselhaar gesehen. Ich war perplex, und ich kriegte eine Stange, wie man damals dazu sagte. Bei mir hatte die Pubertät noch nicht eingesetzt – das passierte erst, als ich schon fast im zweiten Jahr auf der Highschool war –, aber diese in Sonnenlicht getränkten gelben Haare fand ich so unglaublich schön und gleichzeitig schockierend. Sie veränderte sich, wurde gerade zur Frau, und ich schreckte davor zurück, und mein winziger Penis wurde zu Stein.

Der Bus kam zum Halten, ihr Arm ließ los, und sie stieg aus. Ich starrte ihr aus dem Fenster nach – sie war schön in ihrem gelben Kleid –, und ich hoffte, sie würde ihren Freundinnen zuwinken, so daß ich noch einmal ihre Achselhöhle sehen konnte. Außerdem hegte ich die verrückte Hoffnung, daß sie mir zuwinken würde, obwohl ich noch nie richtig mit ihr gesprochen hatte. Aber sie kehrte dem Bus den Rücken zu und ging nach Hause davon. Wir fuhren wieder los.

Ich saß an der Bar und nippte an meinem Drink, und Tunten sprachen mich an und machten ihre Angebote, aber ich sagte stets nein, und zwar mehr wegen der Kosten als wegen der Ansteckungsgefahr.

Wie bei meinem ersten Besuch war ich ganz zufrieden damit,

an der Bar zu sitzen. Hier stand alles in so einem befremdlichen Mißverhältnis; das war ein Schauspiel im besten Sinne des Wortes. Die Tunten sahen lebendig aus, und die Männer sahen traurig aus, und sie alle bewegten sich sehr viel. Das war wie eine Erwachsenenversion von Reise nach Jerusalem. Alle suchten sie nach dem rettenden Platz. Es war ein tolles Spektakel, und wenn man einfach sitzen blieb, wie ich das tat, dann war es hochinteressant anzusehen. Aber nach einem Weilchen beschloß auch ich, mich zu bewegen, und ich ging rüber und setzte mich an einen der Tische neben der großen Tanzfläche.

Verspiegelte Säulen reichten vom Tanzboden bis zur Decke, und auch an den Wänden waren Spiegel, und ein paar von den Mädchen tanzten allein und betrachteten ihre Spiegelbilder. Sie starrten sich selbst an, genau wie ich das tun würde, genau wie ich das hatte tun wollen, als ich mir die Kleider meiner Mutter angezogen hatte. Ein Mädchen zog spontan ihr Shirt hoch und zeigte ihre Brüste, während sie tanzte. Es waren nette Brüste, ungewöhnlich rund, aber gesund aussehend, und dann ließ ein anderes tanzendes Mädchen wie zur Antwort ihre Brüste aufblitzen. Die Mädchen lächelten und lachten. Sie waren glücklich, daß sie Brüste hatten. Ich konnte das gut verstehen.

Ich saß eine Stunde lang neben der Tanzfläche, und dann ging ich wieder an die Bar. Ich trank mehrere Biere. Ich ignorierte die Tatsache, daß morgen Schultag war. Ich war rebellisch. Und je später es wurde, desto mehr Tunten und Männer trafen ein. Das Sally's war ziemlich voll. Ich sah mich nach Miss Pepper um, aber sie war verschwunden. Sie hatte jemanden gefunden, der mit ihr ausgehen wollte.

Dann sprach mich ein Mädchen an, und ich fand, sie war das schönste Mädchen in der ganzen Bar, sogar noch schöner als die Barkeeperin.

Sie hieß Wendy, und sie sprach mit spanischem Akzent. Sie sah nicht aus wie eine Wendy, aber sie mußte es wohl darauf abgesehen haben, sich wie ein amerikanisches Mädchen zu fühlen, als sie sich umbenannte.

Sie hatte dunkle lockige Haare, die bis auf die Schultern reichten, große braune Augen, eine klare Olivenhaut und eine sexy Nase mit einem ganz leichten Buckel. Ihre Lippen waren voll und hatten die Farbe von Roter Bete. Ihre Wangenknochen waren sehr hoch, was sie aussehen ließ wie eine junge Sophia Loren. Sie trug ein enges schwarzes Top mit Trägern. Sie hatte wunderschön geformte Brüste. Ich war begierig drauf, ihre Brüste zu berühren.

Sie bat mich, ihr einen Drink auszugeben, um meine Unterwürfigkeit auszutesten; ich bestellte ohne weitere Nachfragen.

Ihr Screwdriver kam, und sie fragte: »Willst bißchen ausgehen, Baby? Magst mich?«

»Du bist wunderschön.«

»Wir können ins Carter«, sagte sie, »das kostet bloß neunundvierzig Dollar«, und sie zeigte auf die beiden Glastüren links von der Bar. Ich hatte schon so einige Tunten stolz mit einem Mann am Arm durch diese Türen gehen sehen, und früher am Abend hatte ich eine Tunte gefragt, wo die alle hingingen, und sie hatte mir erzählt, das Sally's hinge mit einem Hotel zusammen, dem Carter.

»Ich glaub, ich kann's mir nicht leisten, in ein Hotel zu gehen«, sagte ich. Ich wollte nicht sagen: »Ich kann mir dich nicht leisten«; ich wollte sie nicht beleidigen, wollte es nicht noch offensichtlicher machen, daß sie eine Prostituierte war. Aber ich wollte auch ein bißchen Verhandlungsspielraum signalisieren, damit sie sich weiter mit mir unterhielt. Als ich den anderen Tunten erzählt hatte, ich sei bloß da, um mich ein bißchen umzuschauen, hatten sie mich nach ein paar Minuten mehr oder weniger abgeschrieben, aber ich wollte nicht, daß Wendy wegging. Sie legte mir ihren Arm um die Schulter; ich konnte ihr erregendes billiges Parfüm riechen.

»Wir können zu mir nach Haus, ich wohne in Queens«, sagte sie. »Einhundert Dollar. Wirst nicht enttäuscht sein.«

»Ich kann nicht nach Queens fahren«, sagte ich. Queens machte mir angst. Es schien mir zu weit weg, zu kompliziert.

»Meine Schwester hat eine Bude auf der Lower East Side. Ein Zimmer. Wir können da hin.«

Ich wollte bei ihr sein, und ich war betrunken, und ich warf einen Blick auf ihre Brüste, und ich sagte zu ihr: »Okay.« Und auf der Stelle verspürte ich diesen unglaublichen Adrenalinstoß. Sie nahm einen großen Schluck von ihrem Drink, und sie sagte: »Auf geht's.«

Ich war in einer Sex-Trance, und ich glitt von meinem Hokker. Alle Vorsicht war dahin. Ich konnte eine schwache Stimme sagen hören: »Geh nicht«, aber es war zu spät.

Als wir nach draußen kamen, hakte sich Wendy stolz bei mir ein und protzte mit mir, als wir an ein paar Tunten vorbeigingen, die gerade ankamen. Sie schaute die Tunten nicht an, und die Tunten schauten Wendy nicht an, aber alle sahen sie einander.

»Hast du keinen Mantel?« fragte ich. »Es ist ein bißchen kühl.«

»Baby, ich hab Hitze.«

Ich lenkte unsere Schritte rasch zur Eighth Avenue runter, vorbei an den beiden Peep-Shows und vorbei an dem Grüppchen junger schwarzer Männer, die an der Ecke rumhingen. Wendy, die in ihren hohen Plateauschuhen nur ein oder zwei Handbreit kleiner war als ich, schritt mit Grazie und Selbstvertrauen einher und drückte mir dabei den Arm, spielte meine Freundin. Ich spürte, wie ich vor Nervosität nüchtern wurde.

Als ich den Parisienne anließ, strich Wendy mir über das Haar und die Wange, und sie sagte: »Nett siehst du aus.« Mit ihrem Akzent klang das süß, und ich lächelte. Dann sagte sie: »Ich mag deinen Wagen.« Auch dieses Kompliment gefiel mir; ich war stolz auf meinen Parisienne.

Wir fuhren zu einem Geldautomaten; sie wußte natürlich, wo der nächste war, an der Ecke Ninth Avenue und Zweiundvierzigste, und dann fuhren wir auf die Lower East Side.

Als wir dort ankamen, ließ sie mich am Haus ihrer Schwester vorbeifahren, weil ihr Bruder mit seinen Freunden auf den Stufen hockte. Wir fuhren den Block ein Stück runter, dann stieg sie aus dem Wagen und sagte, ich solle warten. Sie wollte sichergehen, daß das Zimmer auch verfügbar war.

Ich beobachtete sie im Rückspiegel und sah, daß ihr Bruder

sie nicht durch die Haustür lassen wollte. Sie schienen sich zu streiten. Er hob die Hand, als wolle er sie schlagen.

Sie kam zum Wagen zurückgelaufen, wobei sie auf ihren Hochhackigen ungeschickt schwankte, und ihr Bruder folgte ihr schnellen Schrittes. Ich fragte mich, ob man mir eine Falle gestellt hatte und mich jetzt in den Sack stecken wollte. Sollte ich abhauen? Das wäre das Klügste. Ich blieb da. Sie sprang in den Wagen und sagte bettelnd: »Mein Bruder mag nicht, wenn meine Titten raushängen. Wir müssen hier weg! Schnell!«

Ich sah in den Rückspiegel. Er war praktisch schon bei meinem Wagen, sah brudermäßig und fies aus, und ich fuhr an, und Wendy drehte sich um, warf einen Blick aus dem Rückfenster und zeigte ihrem Bruder den Stinkefinger. Sie war wunderschön. Ich hatte sie gerettet.

»Wir müssen doch nach Queens, wo ich wohne«, sagte sie. Ich hatte Angst, nach Queens zu fahren; alle New Yorker Stadtbezirke jenseits von Manhattan schienen mir Gegenden, wo man unmöglich hinfahren konnte. Mein Vater hatte sich immer so darüber ereifert, nach Queens zu fahren, um meine Großtante Sadye (die Tante meiner Mutter) zu besuchen, als ob das eine alles in den Schatten stellende, absolut komplizierte Reise sei. Aber Wendy war zu schön, um ihr zu widerstehen, und ich erklärte mich einverstanden, nach Queens zu fahren. Und ich verspürte einen Anfall von Schuld, weil meine Großtante noch lebte und immer noch dort lebte, und ich hatte sie noch nicht einmal angerufen, seit ich nach Manhattan gezogen war.

Wendy leitete mich zur Brücke an der Neunundfünfzigsten Straße, und als wir rüberfuhren, holte sie ein kleines braunes Fläschchen mit einer Flüssigkeit darin aus ihrer Handtasche, schnüffelte daran und hob dann ihr Top hoch. Sie enthüllte ihre Brüste! Sie waren nicht sehr schön. Die Brustansätze und die Spalte hatten perfekt ausgesehen, aber der Busen als Ganzes war klumpig und hing ihr steif am Körper, und trotzdem war es ausgesprochen sexy, daß sie halbnackt in meinem Wagen saß, und die Brustwarzen waren hübsch und dunkelbraun, und die Haut war glatt und olivfarben, und ich griff hinüber, um sie zu berühren, im Glauben, das habe sie gewollt, aber sie schob meine Hand weg und sagte: »Noch nicht, du magst mich zu sehr.«

Es kam mir mehr als unglaublich vor, daß ich Manhattan verließ und den schwarzen, ölglänzenden East River überquerte und eine Transsexuelle, die oben ohne war, dabei hatte. Ich war stolz. Ich erlebte ein Abenteuer. Ich war kühn. Ein Taxi überholte uns, und ich wollte, daß der Fahrer Wendy in meinem Wagen sah.

Dann kam mir der Gedanke, daß ihre Blöße uns womöglich ins Kittchen bringen könnte. Und dann hatten wir die Brücke überquert, und wir waren offiziell in Queens, und ich hatte plötzlich so ein Gefühl, gleich werde sich meine Großtante aus einem Fenster beugen und mich sehen.

Ich war erfüllt von Schuldgefühlen und Nervosität, aber auch von Erregung. Wendy hielt mir die freie Hand, während ich fuhr, und ich mochte das, obwohl ihre Hand sich bei aller Schönheit so fest wie eine Männerhand anfühlte. Eine Frauenhand ist zerbrechlicher. Ihre Hände verraten sie, dachte ich. Aber das war mir egal. Ich freute mich, daß sie meine Hand halten wollte.

Wir fuhren lange unter dem Dach der Hochbahn, durch die Queens den Eindruck einer Stadt im geschlossenen Raum machte. Einmal machte Wendy mir ein weiteres Kompliment, indem sie sagte: »Du bist nett im Herzen. Willst du mein Freund sein?«

»Das möcht ich gerne«, sagte ich, vor allem wegen der Art und Weise, wie sie mich lobte.

»Willst bei mir wohnen? Mein Mann sein?« fragte sie.

Ich schätzte, sie war high von dem, was sie da geschnüffelt hatte, und daß sie deswegen übertrieben romantisch war. »Ich hab gerade ein sehr günstiges Zimmer«, sagte ich und wich ihrem Vorschlag aus. »Ich glaub nicht, daß ich das aufgeben kann.«

»Wenn du mein Mann sein willst, mußt bei mir wohnen«, sagte sie. Ich wußte nicht, was ich sagen sollte, darum versuchte ich wieder, sie zu berühren, und wieder schob sie meine Hand weg, und dann bedeckte sie ihre Brüste wieder mit ihrem Top.

Da schlug sie mir also vor, daß wir zusammenwohnen sollten, aber ich hatte sie immer noch nicht berührt.

Wir fuhren gut zwanzig Minuten, und ich fragte sie, wann sie gewußt hätte, daß sie ein Mädchen sein wollte, weil ich sehen wollte, ob es da irgendwelche Übereinstimmungen mit meiner eigenen Entwicklung gab.

»Eines Tages will ich Frau sein«, sagte sie, »und ich geh zur Schule im Kleid meiner Schwester mit meinen kleinen Titten. Ich seh wie kleines Mädchen aus, und alle Jungen mögen mich.« Sie lächelte, als sie das sagte, und bestätigte auf diese Weise, daß das, was passiert war, die richtige Entscheidung gewesen war, der richtige Weg für sie.

Ich stellte ihr noch mehr Fragen, und sie erzählte mir, sie sei in Puerto Rico aufgewachsen, und an dem Tag, als sie im Kleid zur Schule gegangen sei, sei sie dreizehn gewesen; ich vermutete, daß sie wahrscheinlich gerade angefangen hatte zu pubertieren. Von da an hatte sie sich immer als Mädchen angezogen.

»Was ist mit deinen Eltern? Stören die sich dran?« fragte ich.

»Meine Eltern, sie sind sehr nett. Sie sagen: ›Alles, was du willst.‹ Als ich sechzehn war, zog ich nach New York. Das war, was ich wollte. Ich fing an, die Hormone zu nehmen, und anschaffen. Dann, als ich siebzehn war, kriegte ich meine Titten. Dreitausend Dollar. Als ich achtzehn war, vor drei Jahren, kriegte ich die Kastration, weißte, bloß die Eier. Jetzt spar ich mein Geld für meine Muschi. Zwanzigtausend.«

Sie erzählte mir diese ganze Geschichte ihrer Umwandlung, einschließlich der Kosten, in einem sehr sachlichen und stolzen Tonfall. Dann näherte sich unsere Fahrt durch Queens nach unzähligem Abbiegen ihrem Ende, und wir kamen an ihrem Haus an. Es war ein altes dreigeschossiges hölzernes Reihenhaus, das in kleine Apartments aufgeteilt worden war. Sobald wir in ihrem Zimmer waren, fragte sie nach dem Geld. Ich gab es ihr, und sie zählte nach.

Ihr Zimmer war klein, sauber und schmal. Sie hatte ein Waschbecken, ein Einzelbett, einen Nachttisch, einen kleinen

Kühlschrank und eine Frisierkommode mit einem Fernseher oben drauf. Der Raum war fast restlos mit Möbeln vollgestellt und hatte keine freie Fläche mehr, wo man sich hätte bewegen können. Das Bad war auf dem Flur, sie teilte es sich mit zwei anderen Mietparteien. Auf ihrem Nachttisch stand eine Vase mit vertrockneten Rosen. Außerdem war da ein Gegenstand aus Plastik mit Röhren in verschiedenen Farben, die wie ein Fächer vom Sockel abstanden. Sie drehte an einem Schalter, und die Röhrchen fingen zu funkeln an.

»Ist wie ein Brunnen, weißte, mit Wasser«, sagte sie. Außerdem war da noch eine Muschelschale aus Plastik, und in der Muschel steckte eine kleine weiße Glühbirne, die eine Perle darstellen sollte, aber dieses Ding funktionierte nicht mehr. Sie wollte, daß ihre Bude feminin und sauber aussah, ihr Bett war penibel gemacht, und diese Gegenstände auf dem Nachttisch sollten es wie ein Boudoir erleuchten. Die Billigkeit ihrer Plastikschätze und ihr Verlangen nach Eleganz hatten etwas Herzzerreißendes an sich.

Sie ging zum Kühlschrank rüber und holte eine Flasche Wasser raus. Ich sah, daß im Kühlschrank etwas zu essen lag – in Plastik verpackte Bagels und ein paar Äpfel. Die Lebensmittel versetzten mir regelrecht einen Schock; es war, als hätte ich vergessen, daß sie ein menschliches Wesen war, das essen mußte.

»Haste Hunger? Willst was haben?« fragte sie.

»Nein, danke«, sagte ich, aber ihr Angebot war ehrlich und freigiebig gewesen.

Sie trank etwas Wasser und fing dann an, sich vor ihrem Kleiderschrank auszuziehen. »Nicht gucken«, sagte sie. Ich saß auf ihrer Bettkante und zog mir die Schuhe aus, und ich blinzelte heimlich zu ihr rüber. Sie hatte mir ihren Rücken zugekehrt. Das Trägertop fiel, ich sah ihre Brüste von der Seite, und ich war froh, daß ich in Queens war.

Dann mühte sie sich aus ihrer engen Jeans und nahm einen kurzen, durchscheinenden Morgenmantel aus dem Kleiderschrank und zog ihn an. Sie drehte sich zu mir um und lächelte. Ich zog mir die Kleider bis auf die Unterhose aus, und ich faltete sie zu einem adretten Stapel und legte den auf meine Schuhe.

Sie putzte sich über ihrem kleinen Waschbecken die Zähne. Dann drehte sie sich zu mir um und griff sich mit den Händen ins Haar. Sie entfernte ein großes lockiges perückenartiges Teil. Ihr Haar war immer noch mädchenhaft, reichte ihr aber nur noch knapp bis zum Hals. Das künstliche Teil hatte unglaublich natürlich gewirkt; ich hatte gar nichts davon bemerkt.

Sie hängte das Haarteil an einen Nagel in ihrem Schrank. »Ich hänge es an den Nagel, weißt was ich meine? Ich hänge *es* an den Nagel«, sagte sie, deutete auf ihr Haar und erklärte mir das Wortspiel, voller Stolz, daß sie eins gemacht hatte, sogar auf englisch, was sie ganz gut sprach, aber nicht wirklich fließend. »Und jetzt bin ich frei. Verstehst? Arbeit vorbei. Wie seh ich aus?«

»Immer noch sehr hübsch«, sagte ich.

»Nöö, seh nicht gut aus ohne das Haar«, sagte sie. »Mit dem Haar bin ich Hure, Flittchen, Quälgeist, sexy«, sie wackelte mit den Hüften, und ihre Brüste bewegten sich leicht unter dem Morgenmantel, »aber ohne das Haar bin ich einfach nettes Mädchen, und wir sind normal. Du bist mein Mann, und du bist von der Arbeit zurück, und jetzt gehen wir ins Bett.«

Es machte mir nichts, daß sie uns Rollen zuwies, und sie machte das Licht aus und stellte ihren Schwarzweißfernseher an, ohne Ton. Der Fernseher tauchte den Raum in ein romantisches Licht, und die kleine Regenbogenfontäne der Röhrchen schimmerte auch noch.

Sie legte sich auf ihr Bett, und ich hockte schüchtern auf der Kante. Ich behielt meine Unterhose an, so daß alles sicher wäre. Sie zog mich zu sich heran. Sie schob sich ihr Höschen ein kleines Stück runter. Sie hatte ein kleines Büschel dunkler Haare, und sie hob die Hüften und fuhr sich mit der Hand zwischen die Beine. Sie stellte sicher, daß ihr Penis hinten fest eingeklemmt war; ich konnte die Wurzel erkennen, die sich nach unten wegbog. Sie sah, daß ich hinschaute, und sagte: »Keine Sorge, ist bloß ein kleiner Pimmel. Wird nicht steif.« Sie zog sich den Schlüpfer wieder hoch.

Dann zog sie ihren Morgenmantel aus; ich vermutete, sie hatte ihn bloß angezogen, um wenigstens für ein paar Minuten ein bißchen was von ihrer Garderobe nutzen zu können. Ihr Brüste waren harte Kugeln, die ihr vom Brustkorb abstanden. Sie fielen nicht zur Seite und schmolzen nicht dahin wie echte Brüste, aber schön war sie trotzdem. Ihre braunen Nippel waren groß. Ich fragte mich, ob die Hormone die Brustwarzen wachsen ließen. Meine eigenen Warzen waren winzig, wie ein Fünfcentstück; ihre waren Halbdollarstücke. Sie sagte: »Was möchtest du gern?«

»Ich möchte dich einfach halten«, sagte ich.

Sie öffnete mir ihre Arme. Ich legte mich mit der Brust an ihre, mein Gesicht war an ihrem Hals. Ich inhalierte ihr Parfüm. Sie drückte mich sehr fest. Mich hatte schon lange niemand mehr im Arm gehalten.

Ich hatte in meinem Leben erst eine Liebesaffäre gehabt. In meinem dritten Jahr an der Pretty Brook verliebte sich die Kunstlehrerin in mich. Sie hieß Elaine, und sie war fünfunddreißig Jahre alt, und sie dachte, ich wäre auf eine positive Weise unnormal. Sie meinte, wir wären Seelenverwandte. »Du tust so, als würdest du in einer anderen Zeit leben, nicht wahr?« sagte sie mir einmal. »Ich stelle mir gern vor, daß jetzt die zwanziger Jahre sind. Und wie steht's bei dir?«

»Die Zwanziger sind gut«, sagte ich. »Aber ich mag auch das späte neunzehnte Jahrhundert.« In beiden Epochen hatte es eine Menge junger Gentlemen gegeben.

Elaine war eine großgewachsene Frau, und ich fand, sie war schön. Sie hatte dichtes kastanienfarbenes Haar, das ihr halb den Rücken runterreichte, und sie hatte einen langen grazilen Hals. Sie trug kein Make-up, und ihre großen braunen Augen waren voller Liebe; sie mochte es, mich zu bemuttern.

Ihr Apartment lag im Erdgeschoß eines Hauses in einer ruhigen Sackgasse in Princeton (sie hieß Humbert Street, und einige Leute in der Stadt glaubten, Nabokov, dessen erster Wohnort in Amerika Princeton gewesen war, müsse sie aufgefallen sein, als er zur Ertüchtigung seine Spaziergänge machte), und Elaine hatte diese Phantasievorstellung, ihre Brüste ins geöffnete Schlafzimmerfenster zu legen, als lehne sie sich nur mal raus, um eine bißchen frische Nachtluft zu schnappen, und ihr Fenster ging auf eine Allee, und ich sollte dann vorbeikommen und im Dunkeln an ihren Brüsten saugen und dann weitergehen, ohne ein Wort zu sagen.

Aber wir haben's nie ausprobiert. Ich war acht Monate mit ihr zusammen, und dann, nach dem Ende des Schuljahrs, ging sie in den Staat Washington, um da zu malen und sich um die Bed-and-Breakfast-Pension ihrer Schwester am St. George River zu kümmern, und sie kehrte nicht zurück. Wir tauschten noch ein Weilchen Briefe, und dann schrieb sie, sie habe einen Mann kennengelernt, und ich schrieb ihr nicht mehr.

Ich küßte Wendy auf den Hals. Sie schob sich mein linkes Bein zwischen ihre Beine. Ich küßte sie überall auf den Hals und dann auf das Schlüsselbein, arbeitete mich langsam zur Brust hinunter. Ich war in Unterhose, aber ich war sehr erregt und rieb mich glücklich an ihrem Bein. Vor ungespieltem Behagen atmete sie keuchend, und als ich meinen Mund um ihre Brustwarze legte, flüsterte sie: »*Papi.*«

Ich lutschte an ihren beiden Nippeln. Die Brüste gaben kaum nach, die Implantate waren hart, aber ihre Haut war weich und glatt. Und zwischen ihren Brüsten hing ein fruchtiger, billiger Geruch nach ihrem Parfüm, und für mich war das ein Aphrodisiakum. Ich zwängte mich zwischen ihre beiden Beine und saugte an ihren Brüsten und rieb mich am Laken, kämpfte gegen den Drang, zu kommen. Sie bäumte sich mit den Hüften auf und rieb die Vorderseite ihres Schlüpfers an meinem Bauch, und ich spürte das, was ihr Penis gewesen sein mußte, es war weich, und sie flüsterte unablässig »*Papi*«, und ich dachte unablässig: »Mommy«.

Ich fand es interessant, daß sie nach dem männlichen Elternteil rief und ich innerlich nach dem weiblichen wimmerte. Und dann glaubte ich, sie »Daddy« sagen zu hören. Ich wünschte mir, ich könnte laut Mommy sagen, aber es war mir zu peinlich, obwohl es nicht wirklich meine Mommy war, die ich wollte, wenn dieses Wort in meinem Kopf aufstieg; für mich war es einfach ein ursprünglicher Ausdruck für Liebe.

Wendy fuhr fort, *Papi* zu murmeln, und während ich ihr zwischen den Beinen lag, dachte ich, daß es bedeutsame Unterschiede zwischen uns gab. Ich hatte versucht, mich mit Frauenkleidern aufzudonnern, als meine Pubertät einsetzte, genau wie sie, aber ich hatte mehr oder weniger wieder damit aufgehört, und sie hatte weitergemacht. Sie rief nach dem Vater, und ich wollte die Mutter. Und ausgehend von Wendy, stellte ich die Vermutung auf, daß alle Tunten nach ihren Vätern riefen. So kam ich auf den Gedanken, daß ich, weil ich nach meiner Mutter rief, vielleicht gar keine unterdrückte Tunte war, was mir ein echtes Anliegen war, und daß ich vielleicht nur ein junger Gentleman war.

Ich unterbrach mich beim Küssen ihrer Brüste, und ich fragte säuselnd: »Warum sagst du Daddy, wenn ich dich küsse?« Sie hatte bloß einmal Daddy gesagt, aber ich übersetzte die ganzen *Papis*.

»Was? Sag ich gar nicht«, sagte sie.

»Ich dachte, ich hätte es gehört«, sagte ich.

»Was du so hörst«, sagte sie, und sie rückte von mir ab. Sie hatte das Gefühl, ich hätte sie irgendeiner Perversität bezichtigt. Ich hatte die Stimmung verdorben. Wer weiß, vielleicht hatte sie gar nicht Daddy gesagt, und die Übersetzung ihrer *Papis*, so stellte sich später heraus, war ein dämliches Mißverständnis. Ich wußte es damals noch nicht, aber *Papi* ist ein gebräuchlicher spanischer Kosename. Mein ganzes freudianisches Theoretisieren war gegenstandslos gewesen.

Ich zog sie wieder zu mir heran, küßte ihr den Hals und dann die Brust. Sie begann wieder vor Wohlbehagen schwer zu atmen. Ich machte alles richtig. Dann bemerkte ich im Schein des Fernsehers, daß oben auf ihrer rechten Brust, nicht weit von der Achselhöhle, eine Wunde war. Ich hatte sie vorher noch nicht bemerkt. Die Wunde war rot und verschorft. Weil ich mit den Augen so dicht dran war, sah sie riesig aus. Ich zuckte zurück vor Entsetzen. »Was ist das?« fragte ich und zeigte drauf. Ich krieg Aids, dachte ich, ich bin mit einer offenen Wunde in Kontakt gekommen.

»Ich hab ein Problem mit Implantat. Kommt vor«, sagte sie, und ihre Stimme klang wütend und genervt. »Ich geh zum Arzt, er bringt das in Ordnung.«

Dann kehrte sie mir ihren Rücken zu und legte sich auf die Seite. Ich versuchte, rational zu denken. So weit oben hatte ich ihre Brust nicht geküßt, ich hatte mich auf die Nippel konzentriert. Und es war nur ein kleiner Riß, wirklich, vielleicht zwei Zentimeter lang, und er blutete nicht. Mit mir ist alles in Ordnung, folgerte ich.

Ich hatte ein schlechtes Gewissen, daß ich sie zweimal innerhalb weniger Minuten vor den Kopf gestoßen hatte. Sie sah sich die stummen Bilder des Fernsehers an. Ich fragte mich, ob sie mich bitten würde, zu gehen. Ich legte ihr die Hand auf die Schulter. Sie zog sie nicht weg. Ich preßte mich an ihren Rücken, und ich drückte mein Gesicht in ihr dunkles Haar. Wir fingen an, uns ein wenig zu wiegen. Durch meine Unterhose drückte ich mich an ihren Hintern. Sie schob sich zurück, um mich zu spüren. Ich rieb hoch und runter. Ich umfaßte sie und drückte ihr die linke Brust. Sie atmete mit erregten kleinen Keuchern. Zwischen uns war alles in Ordnung. Wir wiegten uns schneller. Ich küßte sie seitlich aufs Gesicht.

»Willst du mein Mann sein?« flüsterte sie.

Ihre Frage war ernst gemeint; sie sehnte sich verzweifelt danach, geliebt zu werden, und in diesem Augenblick wollte sie sogar meine Liebe. Und ich fühlte mich von ihrem Bedürfnis überwältigt, von der Hoffnungslosigkeit ihres Bedürfnisses, aber ich fühlte mich auch geschmeichelt, und die Schmeichelei erregte mich, und ich ejakulierte in meine Unterhose.

Ich hielt sie fest umschlungen, und ich erschauerte, und dann lag ich da ein, zwei Momente lang in der Schwärze, die auf den Orgasmus folgte, aber sowie ich wieder richtig bei Bewußtsein war, kriegte ich die Panik und wollte weg. Plötzlich war alles nur noch schäbig, der stumme Schwarzweißapparat, das Waschbecken, das aus der Wand ragte, ihre Perücke, die im Kleiderschrank hing. Ich war mit einer Prostituierten in einem engen kleinen Apartment in Queens. Ich setzte mich auf und sagte: »Ich muß los.«

Ich fing an, mich anzuziehen, und ihr schien es nichts auszumachen. Sie wußte, daß Männer häufig weglaufen mußten, wenn sie gekommen waren, daß sie nicht wirklich als gute Ehemänner taugten. Sie zog sich den Morgenmantel über, nahm sich ein Handtuch aus dem Kleiderschrank, sagte kein Wort und ging auf den Flur raus zum Bad.

Während ich mich anzog, hatte ich so eine Vorahnung, daß mein Wagen gestohlen wäre und daß ich mich angesteckt haben könnte. Selbstvorwürfe spülten in Wellen über mich hinweg. Ich ging auf den Flur raus und hörte die Dusche. Ich fand, es wäre nicht richtig abzuhauen, ohne mich zu verabschieden. Ich öffnete die Badezimmertür. Sie schlug den Duschvorhang zurück. Mascara rann ihr in schwarzen Rinnsalen von den Augen herab; sie sah dadurch aus wie eine Frau, die weint.

Sie war schön. Ihr Sophia-Loren-Gesicht, ihre vollen Lippen, ihre blitzenden Brüste, ihr glatter und flacher Bauch. Und sie hielt den Duschvorhang so, daß ich unterhalb des Bauches nichts von ihr sehen konnte. Wie ein Vollidiot mußte ich noch fragen, um mir eine Rückversicherung zu holen: »Es war alles sicher, nicht wahr?«

Aber durch das strömende Wasser hindurch konnte sie mich nicht hören. »Ich will jetzt saubermachen«, sagte sie. »Komm wieder ins Sally's. Wir gehen zusammen aus.«

Ich schloß die Badezimmertür und lief den Flur runter zur Straße. Ich war mir sicher, daß mein Wagen gestohlen war, daß ich es verdient hatte, den Wagen meines Vaters einzubüßen, aber er war noch da. Trotzdem hatte ich ein Problem: Ich hatte keinerlei Vorstellung, wie ich nach Manhattan zurückkam.

Ich fuhr einfach los, und die Straßen waren menschenleer; es war zwei Uhr morgens. Zweimal liefen mir einzelne Männer über den Weg, aber sie sprachen kein Englisch. Und wieder hatte ich dieses Gefühl, meine Großtante würde sich aus einem Fenster lehnen und mich sehen und wissen, daß ich nach Queens gekommen war, um nichts Gutes zu treiben, wohingegen ich über Jahre hinweg nicht den Mut gehabt hatte, hinzufahren und sie zu besuchen.

Ich kurvte ungefähr zwanzig Minuten lang unter der Hochbahn herum auf der Suche nach einem Wegweiser Richtung Manhattan oder nach jemandem, der englisch sprach, verspürte die ganze Zeit über Gefühle von Schuld und Scham wegen der

Dinge, die ich getrieben hatte, als plötzlich ein Löwe auf meinen Wagen zugesprungen kam. Ich schleuderte Richtung Straßenrand und stieg auf die Bremse. Ich kreischte laut los: »OH MEIN GOTT!« Millionen Gedanken schossen mir gleichzeitig durch den Kopf. Ich dachte, ein Löwe sei aus dem Zoo in der Bronx ausgebrochen und nach Queens geflohen. Ich machte mir Sorgen, er könnte zu Tode kommen, von einem Auto überfahren werden. Aber wenn ich ausstieg, um ihn zu retten, indem ich die Polizei anrief, würde ich selbst zu Tode kommen, auf übelste Weise.

Dann warf ich einen Blick in meinen Rückspiegel, um zu sehen, ob er mich verfolgte, und ich begriff, daß es ein riesiger ausgestopfter Löwe war, wie man sie beim Rummel gewinnen kann, und daß ihn jemand von den Gleisen der Hochbahn über mir auf mich hatte runterfallen lassen. Er war vom Pflaster abgeprallt und dann auf meinen Wagen gesprungen, mit den Krallen voran genau auf mein Fahrerfenster zu. Ich konnte es nicht glauben. Eben war die unglaublichste Sache meines Lebens passiert, und ich konnte sie keinem erzählen, denn wie konnte ich erklären, daß ich mich spät in der Nacht mit einer Transsexuellen im tiefsten Queens herumtrieb.

Kapitel V

Der jüdische Herzog von Windsor

Der Löwe erwies sich als gutes Omen, denn gleich nach seinem Überfall entdeckte ich einen Wegweiser nach Manhattan. Aber dann kriegte ich die Panik bei einer unklaren Richtungsangabe, und ich bog genau falsch ab und fand mich auf der Schnellstraße Brooklyn-Queens wieder, die mir die phantastischsten Ausblicke auf die Skyline der Stadt bot. Ich hatte sie erst selten von Osten aus gesehen, meistens war ich von Westen her auf Manhattan zugekommen, von New Jersey aus. Von dieser Seite sah es fast wie eine andere Stadt aus, man konnte viel mehr davon sehen, das ganze lange Messer der Insel, und mitten drin in alledem stand das Empire State Building und sah aus, als könne es mich umbringen.

Ich stellte mir vor, wie die Spitze des Gebäudes mir in den Bauch eindrang und glatt durch mich hindurchging. Ich haßte mich noch immer, weil ich bei Wendy gewesen war, und nach der Begegnung mit dem Löwen waren meine Nerven noch immer überspannt. Kein Zweifel, ich hatte etwas Falsches getan, und ich würde dafür bestraft werden.

Die Schnellstraße brachte mich zur Williamsburg Bridge, und von da schaffte ich es nach Hause. Als ich das Apartment betrat, stumm wie ein Verbrecher, starrte ich mit Schuldgefühlen auf Henrys schlafende Füße. Er hielt an seinem Experiment fest, mit dem Kopf Richtung Osten zu schlafen. Ich schlich auf Zehenspitzen den orangenen Pfad entlang und fand, daß ich das wenige, was Henry mir an Zuneigung gezeigt hatte, gar nicht verdiente.

Ich ging zu Bett, und am Morgen wachte ich verkatert und deprimiert auf. Als ich mich fertigmachte, um zur Arbeit zu gehen, fand ich einigen Trost darin, die Rolle des jungen Gentleman noch eifriger als sonst zu spielen. Ich rasierte mich besonders gründlich, fuhr mit der Klinge hoch und runter, was ich normalerweise nicht machte, und mit dieser Glätte kam ich mir nicht mehr so verdorben vor. Ich kämmte mein Haar mit einem Vitaminöl, das mir ein Friseur empfohlen hatte, und ich band meine Krawatte zu einem ganz besonders guten Windsorknoten. Ich dachte insgeheim: »Ich bin sozusagen ein jüdischer Herzog von Windsor.«

Dann, nachdem ich mich angezogen hatte, dachte ich an Wendy, und plötzlich mußte ich mich hinlegen und masturbieren, öffnete mir dazu Sportsakko und Hemd. Dadurch verdarb ich mir die ganze saubere Junger-Gentleman-Stimmung, in die ich mich versetzt hatte. Ich lag da ganz erschlagen auf meinem Bett und dachte: »Ich sollte mich einfach umbringen«, was ein Gedanke ist, der mir oft nach dem Masturbieren kommt und wenn ich das alles nicht mehr ertragen kann und mir wie ein totaler Versager vorkomme.

Normalerweise grübele ich, nachdem mir dieser Gedanke gekommen ist, über die genaue Durchführung nach, aber die Sache hat immer einen Haken: Ich hab Angst, daß ich bloß in ein Koma falle, wenn ich eine Überdosis schlucke, oder daß ich nur gelähmt bin, wenn ich aus dem Fenster springe, und wenn ich mir doch erfolgreich das Leben nehme, wer wird dann meinen Körper finden? Das ist schrecklich, so etwas jemandem anzutun. So scheitern dann meine Pläne schließlich, aber die zehn Minuten oder so, die ich damit zubringe, sie mir auszudenken, lenken mich von meiner selbstsüchtigen Verzweiflung ab und trösten mich irgendwie. Aber als ich an jenem Morgen auf dem Bett lag und mein Bauch ganz klebrig war von meinen Problemen, hatte ich nicht die Zeit, an Selbstmord zu denken. Ich mußte Klarschiff machen und zur Arbeit.

Gab's da Tiere?

Bei der Arbeit wurde ich bei jedem Klingeln des Telefons von irrationalen Ängsten heimgesucht. Mir wollte der Gedanke nicht aus dem Kopf, die Polizei habe irgendwie rausgefunden, daß ich bei einer Prostituierten gewesen war, und sie hätten mich ausfindig gemacht, indem sie zuerst Henry anriefen und ihm erzählten, was ich getan hatte.

Außerdem quälte mich noch immer die Vorstellung, meine Großtante habe sich aus einem Fenster gelehnt und mich erkannt. Ich hatte nicht mehr viel Kontakt zu ihr gehabt, seit meine Mutter gestorben war, aber ich beschloß, sie anzurufen. Das wäre eine Mizwa, und vielleicht könnte ich damit die Dinge wieder ins Lot bringen, mit einer guten Tat, die meine böse Tat ausradierte.

»Hallo«, sagte sie, und ihre Stimme klang ein bißchen flach und alt. Sie war Ende achtzig, wiewohl keiner in unserer Familie jemals ihr genaues Alter kannte. Sie war eine große Schönheit gewesen, als sie jung war, eine rothaarige jüdische Holly Golightly. Sie war berühmt für ihre vielen Liebhaber, und sie hatte mehrmals geheiratet, aber seit ihren Sechzigern war sie allein.

»Hier ist Louis«, sagte ich, »dein Neffe.« Ich erwartete halbwegs, sie würde sagen: »ICH HAB DICH LETZTE NACHT IN QUEENS GESEHEN!«

»Dich kenn ich ja gar nicht mehr!« sagte sie, und ihre Stimme wurde lebendig.

»Tut mir leid, daß ich mich nicht gemeldet hab. Ich bin nach New York gezogen. Jetzt kann ich dich mal besuchen kommen.«

»Du hast einen Wagen?«

»Ja.«

»Ich will nicht, daß du nach Queens fährst, das ist zu gefährlich.«

»Das krieg ich schon hin«, sagte ich.

»Du kannst die U-Bahn nehmen ... Aber das ist auch gefährlich. Wir müssen uns wohl auf eine Telefonromanze beschränken.«

»Ich würd dich gern besuchen. Werd mal rumkommen. Wie geht's dir so?«

»Ganz gut für die Umstände. Ißt du ordentlich?«

»Ja.«

»Was ißt du?«

Ich erzählte meiner Großtante, wie ich mich ernährte, und dann fragte sie, warum ich nach New York gezogen sei, und ich brachte sie auf den neuesten Stand, was mit mir passiert war.

Ich sagte ihr, ich würde anrufen, wenn ich mal rumkommen könne, und dann legten wir auf. »Paß auf dich auf«, sagte sie, und es tat mir gut, mit ihr zu reden.

Ich kam über den Tag, indem ich meine Damen überall in Amerika anrief. Ich war nicht so umgänglich wie sonst mit ihnen, weil ich mir insgeheim pervers vorkam, aber ich mühte mich nach Kräften. Und ich blieb soweit ich konnte in meiner Kabine, um Mary aus dem Weg zu gehen; ich wollte nicht, daß es gleich wieder losging. Am späten Nachmittag hatte ich eine Unterredung mit George, und er war mit den Fortschritten, die ich machte, zufrieden. Einige der Museen und Naturschutzzentren fingen an, die Sammelabonnements zu bestellen, die ich ihnen geboten hatte.

Am Ende des Tages fühlte ich mich halbwegs wieder normal, aber als ich das Büro verließ und Richtung U-Bahn ging, hatte ich ein deprimierendes Erlebnis. Ich spazierte die Lexington hoch, und mir kam ein Obdachloser ohne Hemd entgegen. Es war kalt draußen, aber er hatte eine behaarte Brust, was ihm, wie ich hoffte, ein bißchen Wärme verschaffte. Er trug eine schmutzige Jogginghose, und sein Gesicht sah intelligent aus. Er blieb einen Augenblick stehen, um mit würdevoll geneigtem Kopf in ein Schaufenster zu sehen. Und dann, als wir aneinander vorbeigingen, sagte er zu mir: »Dir gehen die Haare aus.«

Er sagte das mit äußerster Autorität und Entschiedenheit, und er ging schnell weiter, als müsse er dringend irgendwohin. Ich blieb stehen und sah in das Schaufenster, um mein Haar zu überprüfen, und es sah sehr dünn aus. Sogar Idioten zeigten schon drauf.

An jenem Abend war Henry an der Reihe, spät nach Haus zu kommen. Ich lag im Bett, schlief noch nicht, und ich fragte mich, wo er wohl sein mochte. Er hatte an diesem Abend Unterricht, und normalerweise schaffte er es bis elf nach Hause, um *Werden Sie schon bedient?* zu sehen, aber jetzt war es schon deutlich nach eins. Ich fragte mich, ob er vielleicht einen Unfall gehabt hatte, oder ob *er* irgendwas Sexuelles anstellte. Ich hatte so ein Gefühl, daß er das tat.

Gegen zwei Uhr hörte ich draußen an der Tür Schlüsselklimpern und gemurmelte Flüche. Ich wurde schlagartig wach.

»Schläfst du?« fragte er, als er ins Apartment kam.

»Nein«, sagte ich.

»Solltest du aber. Na, wenigstens muß ich jetzt nicht leise sein.«

»Wo warst du?«

»Was?«

»Wo warst du?«

»Ich war aus ... bei einer Bekanntschaft. Mehr sag ich dazu nicht.«

Meine Verdacht erhärtete sich. Er hatte irgendwas getrieben. Er drehte in der Küche den Wasserhahn auf und wusch sich das Gesicht und putzte sich die Zähne.

»Eine weibliche Bekanntschaft?« fragte ich.

»Was?« fragte er und drehte den Hahn zu.

»Warst du bei einer weiblichen Bekanntschaft?«

»Ich war bei Bunbury«, sagte er mit sichtlichem Überdruß. »Mehr wirst du von mir nicht erfahren. Letzte Nacht warst du aus. Schon aufgefallen, daß ich dich nicht frage, wo du warst?«

Ich vermutete, daß er tatsächlich Sex mit einer seiner Damen gehabt hatte oder in irgendeinen schwulen Pornofilm gegangen war. Suchte er sich auf diese Weise Trost? Hatte auch Henry es nötig, irgendeine Art von Sex zu haben? Berührt zu werden?

Dann kam er im Schatten an meinem Bett vorbei und ging ins Bad, ohne mich anzusehen. Wie immer betätigte er die Spülung, während er noch urinierte. Das machte mich verrückt, aber ich sagte nichts.

Als er im Bad fertig war, kam er wieder an meinem Bett vorbei, und einen Moment lang sah ich in dem silbernen Licht, das aus meinem Lüftungsschachtfenster kam, sein hübsches Profil. Er sah nicht zu mir herüber; er wollte meine Privatsphäre nicht stören.

Ich lauschte, wie er beim Ausziehen grunzte und grummelte und sich auf seine kleine Couch niederließ. Dann sagte er: »Es ist wirklich zu absurd.«

»Was ist zu absurd?« fragte ich.

»Alles. Es steht alles in einem so befremdlichen Mißverhältnis, wie Thomas Hardy gesagt hat. Vielleicht wegen der Erbsünde. Das ist mein Beitrag dazu, nicht Hardys.«

Beim vorigen Mal, als er vom befremdlichen Mißverhältnis geredet hatte, hatte er Hardy nicht als Zitatquelle angegeben, aber darauf sprach ich ihn nicht an. Ich war mehr von dem Gedanken fasziniert, daß Henry vor mir womöglich eine Art von Beichte über seinen Abend ablegen wollte, wo er doch die Erbsünde erwähnt hatte. Dann fragte er: »Noch irgendwelche letzten Gedanken oder Kommentare, bevor ich meine Ohrpfropfen reinstecke?«

»Letzte Nacht hätte ich beinahe eine komische sexuelle Erfahrung gemacht«, sagte ich mutig. Ich dachte, die Atmosphäre wäre vielleicht gerade passend, um Henry ein bißchen zu beichten. Wahrscheinlich hatte er gerade selbst über die Stränge geschlagen und würde mich deshalb nicht so streng aburteilen. Und ich wollte beichten. Den ganzen Tag über hatte ich mich langsam wieder aufgebaut wie ein Phönix, und ich wollte die Last meines Geheimnisses abwerfen, um den Gesundungsprozeß voranzubringen, aber ich war nicht so blöde, alles beichten zu wollen. Außerdem hoffte ich, wenn ich mich ein bißchen öffnete, täte er es vielleicht auch.

»Ich will nichts davon hören. Gab's da Tiere?«

»Ja«, sagte ich. Seine Intuition versetzte mir einen Schock.

»Was für welche?«

»Einen Löwen.«

»Das ist gefährlich!«

»Es war ein ausgestopfter Löwe.«

»Du bist noch seltsamer als Otto Bellman. Aber von einem Löwen kann man kein Aids kriegen. Ich steck mir jetzt die Pfropfen rein. Was passierte mit diesem Löwen?«

»Also, um die Geschichte kurz zu machen«, sagte ich von meinem Bett zu seinem Bett rüber.

»Nein, um die kurze Geschichte interessant zu machen«, fiel er mir ins Wort.

»Jedenfalls, dieser eine Freund von meiner Arbeit nahm mich mit in diese Bar, und ich lernte ein schönes Mädchen kennen, aber es stellte sich raus, daß sie ein Transsexueller war. Das ist eine Bar, wo die Hälfte der Mädchen Transsexuelle sind, und mein Freund hatte mir das nicht gesagt, er wollte mich foppen, und er sagte mir nichts davon, bis ich diesem Mädchen anbot, sie mitzunehmen, weil sie nicht genug Geld für ein Taxi hatte. Und dann wär's unhöflich gewesen, einen Rückzieher zu machen.«

»Transvestiten?«

»Nein, Transsexuelle. Die nehmen weibliche Hormone ein und lassen sich operieren. Transvestiten ziehen sich bloß Frauenkleider an.«

»Diese Geschichte ist mir zu lang. Sie gefällt mir nicht.«

»Na, jedenfalls fuhr ich sie nach Haus, ich wollte nicht unhöflich sein. Und als wir vor ihrem Haus hielten, umarmte sie mich plötzlich, und ich fühlte mich von ihr angezogen, aber mehr ist nicht passiert. Dann, als ich wieder zurückfuhr, ließ irgendwer von den Gleisen der Hochbahn aus einen ausgestopften Löwen auf meinen Wagen runterfallen. Ich dachte, es wär ein echter Löwe. Und der Löwe prallte auf und sprang genau auf mein Fenster zu. Kannst du dir vorstellen, daß jemand so was macht?«

»Das ist alles ziemlich verdächtig. Ich dachte, du hättest mehr Verstand. Du bist ja vollkommen naiv. Du kannst von Glück sagen, daß sie dir keinen Stein aufs Auto haben fallen lassen. Und du solltest keine fremden Leute nach Hause fahren, vor allem wenn du dir über ihr Geschlecht nicht im klaren bist.

Vielleicht sollte ich dir Ausgangsverbot erteilen. Jetzt steck ich mir definitiv die Ohrpfropfen rein. Wir sind nicht ganz bei Trost, daß wir immer noch wach sind. Erzähl mir nie wieder eine Gutenachtgeschichte wie diese.«

Dies ist bloß eine Tonbandaufnahme

Ich schaute eine ganze Woche lang nicht mehr in die *New York Press* hinein, und anschließend benahm ich mich und belegte mich selbst mit einem Ausgangsverbot, indem ich wieder allabendlich zu Hause blieb. Und Henry, ganz im Sinne seiner aristokratischen Umgangsformen, wo man Probleme einfach ignoriert, erwähnte die Beichte, die ich abgelegt hatte, mit keinem Wort.

Halloween war an einem Freitag, und Henry wollte mit Vivian Cudlip ausgehen. Ich hatte nichts geplant. Ich kam früh von der Arbeit heim, so gegen vier, und Henry war ganz aus dem Häuschen. Er hatte gerade einen Anruf von Vivians Sekretärin erhalten, daß die Pläne sich geändert hätten und für den Abend jetzt Smoking-Garderobe erforderlich sei; sie würden um acht Uhr zu einem Tanzdinner ins Carlyle gehen.

»Das ist entsetzlich«, sagte er.

»Warum das?« fragte ich.

»Ich hab keine Manschettenknöpfe. Die waren in dem Koffer, der diesen Sommer in Polen gestohlen wurde. Meine Steuerunterlagen der letzten acht Jahre waren auch darin. Irgendwer hat jetzt meine Menschettenknöpfe und meine ganzen Finanzprobleme.«

»Warum hast du denn die Steuerunterlagen mit nach Polen genommen?«

»Um während langer Bahnfahrten daran zu arbeiten. Das Finanzamt ist hinter mir her. Ich hab seit Jahren keine Steuern mehr bezahlt. Ich schulde denen auch nichts, ich kann alles absetzen, aber wenn man keine Unterlagen vorlegen kann, glauben sie einem nicht. An alledem ist Polen schuld. Das Land bringt mir einfach kein Glück. Einmal hab ich mir an einer billigen polnischen Sardinenbüchse die Hand aufgeschnitten.«

Henry steckte den Kopf in seinen Kleiderschrank, um nach einem anderen Paar Manschettenknöpfe zu suchen, falls da noch ein Paar sein sollte, das er vergessen hatte. Er warf schmutzige Hemden auf die Couch.

»Ich brauch Manschettenknöpfe!« schrie er verzweifelt, während ich hilflos in der Küche herumstand. »Ich kann mein Hemd nicht ohne anziehen. Man käme natürlich damit durch, aber mir wäre der Abend verdorben. Ich werde losgehen und mir ein Paar besorgen müssen. Ich hoffe bloß, sie sind nicht allzu teuer.«

Henry zog seinen Regenmantel an, und während er die Taschen des Regenmantels durchsuchte, sagte er voller Resignation: »Jetzt sind die Schlüssel weg. Sie sind den Weg allen Fleisches gegangen.«

Wir fingen an, das Apartment abzusuchen, und ich fand seine Hausschlüssel tief vergraben im Sitzpolster seines Thronstuhls. Er dankte mir überschwenglich, und da ich ihm nun gerade diesen Gefallen getan hatte, bat ich ihn auch um einen: »Henry, meinst du, ich könnte irgendwann mal Vivians Enkelin kennenlernen, wie du's seinerzeit gesagt hast?«

Ich dachte, vielleicht könne irgendeine Art von Ablenkung, die gesünder war als diejenigen, auf die ich bisher verfallen war, mir gut tun. Und es war die höchste aller Jung-Gentleman-Phantasien, sich in ein wohlhabendes Mädchen zu verlieben und mit ihr zu reisen.

»Ich werde daran arbeiten«, sagte Henry. »Wenn ich etwas in die Wege leiten kann, darfst du ihr aber nie erzählen, wie wir hier leben. Das wäre das Ende meiner Karriere. Aber ich bin mir nicht sicher, ob du sie mögen würdest. Sie ist sehr großbusig.«

»Ich mag Brüste«, sagte ich.

»Ich mag Brot«, sagte Henry und gewann moralisches und asexuelles Oberwasser. »Ich mag das Brot, das im Salz der Erde serviert wird. Ja. Das Café ist ein großer Gewinn für mein Leben.«

Und dann ging er zur Tür, und als guter Kammerdiener folgte ich ihm, und ich sagte: »Ich hoffe, du findest irgendwo Manschettenknöpfe.«

»Durch Schlamassel hindurch und in neuen Schlamassel hinein, so lautet meine Devise«, entgegnete er, und dann hatte er seinen Heldenabgang, schloß die Tür hinter sich mit einem theatralischen Schnörkel, und er sah ein bißchen wüst aus, als er ging. Sein Regenmantel war offen. Sein Hosenlatz war offen, was er häufig war, da die Reißverschlüsse der meisten seiner Hosen kaputt waren, und diejenige, die er trug, war die mit der aufgeplatztzten Naht. Und sein Haar hätte mal wieder diese mysteriöse Färbung nötig gehabt. Aber trotz alledem sah er doch robust und beeindruckend aus.

Ich machte mir keine großen Hoffnungen, daß er bei Vivians Enkelin irgendwas für mich arrangieren könne, aber möglich war es schon, und es war ganz nett, ein bißchen drüber zu phantasieren, zumal ich nun wußte, daß sie großbusig war.

Anderthalb Stunden später kehrte Henry zurück. Ich lag auf meinem Bett und las. »Ich hab die perfekten Manschettenknöpfe gefunden«, sagte Henry, als er hereinkam. »Ich mußte alle Secondhand-Läden der Upper East Side abklappern, aber schließlich hab ich sie gefunden.«

»Wieviel haben sie gekostet?« fragte ich, denn ich wußte, er hatte sich um die Geldausgabe gesorgt.

»Zwanzig Dollar.«

»Das ist nicht übel, schätze ich.«

»Was?!?« schrie er ungläubig aus seinem Zimmer herüber.

»Hast du sie nicht genommen?« fragte ich.

»Natürlich nicht! Sei doch nicht so bourgeois. Ich bin bloß noch mal raufgekommen, um die Autoschlüssel zu holen, die verschwunden sind, natürlich. Es war nie einfach, und es wird immer nur noch schwerer. Ich fahr nach Spanish Harlem. Ich kenn da einen Secondhand-Laden, wo ich Manschettenknöpfe für drei Dollar kriegen kann.«

»Warum hast du dir dann erst die Mühe gemacht, zu den Läden hier in der Gegend zu laufen?«

»Um Benzin zu sparen, und als der erste Laden keine hatte –

dabei hatten sie früher alle Manschettenknöpfe –, mußte ich irgendwie den Beweis haben, daß es auf der Upper East Side immer noch welche gibt.«

Henry fand seine Autoschlüssel verblüffend schnell, und eine Stunde später kehrte er triumphierend aus Spanish Harlem zurück, denn er hatte ein Paar Manschettenknöpfe für nur drei Dollar gefunden, genau wie er vorausgesagt hatte. Aber die ganze Angelegenheit hatte ihn sehr ermüdet.

»Das ist mir alles zuviel, ist alles zuviel, irgendwo läßt es nach«, sagte er. »Ich werde mich auf ein kurzes Nickerchen hinlegen. Man kann nicht in der Gesellschaft auftreten, wenn man aussieht, als würde es mit einem bergab gehen.« Er legte sich hin, und eine Viertelstunde lang war alles ruhig. Dann rief er herüber: »Ich schlafe nicht. Macbeth hat den Schlaf gemordet! Nur die Unschuldigen können schlafen.«

»Tut mir leid, daß du nicht schlafen kannst«, sagte ich von meinem Zimmer aus.

»Ich versuchte, an Laster zu denken, um besser einzuschlafen. Ich versuchte, mir irgendwelche beliebigen Gegenstände vorzustellen, zum Beispiel eine Kaffeekanne. Ich versuchte, an angenehme Menschen zu denken.«

»Wen hast du dir da als angenehmen Menschen vorgestellt?« sagte ich und hoffte auf ein Kompliment.

»Das war das Problem.«

Dann war er in meinem Zimmer. Er trug nur seine Boxershorts. Sein orangenes Handtuch hatte er sich über die Schulter und den Bauch drapiert, und sein Bauch war sein schwacher Punkt. Er wirkte ein wenig aufgedunsen, obwohl man das kaum sehen konnte, wenn er angezogen war. Sein Körper war fast ganz unbehaart, abgesehen von ein paar Strähnen in der Mitte seines Brustkorbs und einiger Haarreihen auf den Schienbeinen. Seine übrige Beinbehaarung war durch jahrzehntelanges Hosen- und Sockentragen abgerieben worden. Er sah mich an, wie ich da auf meinem Bett lag und las.

»Es ist kalt hier im Apartment. Ist dir nicht kalt?« fragte er.

»Eigentlich nicht«, sagte ich.

»Oh, stimmt, ich hatte vergessen, daß du noch jung bist. Dein Blut zirkuliert immer noch durch den Körper und wärmt dich. Mein Blut hat angehalten.«

»Es muß doch noch zirkulieren«, sagte ich. »Dein Verstand arbeitet immer noch so prima.«

»Verstand?« fragte er. »Was für ein Verstand? Den bin ich seit Jahren los. Dies ist bloß eine Tonbandaufnahme.« Und mit diesen Worten ging er ins Bad und schloß die Tür.

Als er gebadet und sein Smoking-Outfit mit den neuen Manschettenknöpfen am Hemd angezogen hatte, sah er königlich aus. Er hatte außerdem sein Haar neu getönt und das gut hingekriegt; von diesen seltsamen, mysteriösen Krümeln war nichts zu bemerken.

Die Queen hat fünfzig Zimmer

Am nächsten Morgen ging ich alleine ins Salz der Erde. Ich war ruhelos gewesen und unfähig, noch länger im Bett zu bleiben, und Henry schlief noch.

Als ich wieder ins Apartment hochkam, saß Henry auf seinem Stuhl am Fenster und korrigierte Arbeiten. Er trug eine grüne Hose und einen grünen Rolli. Er lächelte, als er mich sah, und sagte: »Ich feiere nicht St. Patrick's Day.«

»Du siehst aus wie ein Blatt«, sagte ich gutgelaunt.

»Das sind die einzigen sauberen Kleidungsstücke, die ich hab«, sagte Henry, und er mußte über sich selbst lachen. »Aber ich hätte gestern abend als Blatt gehen sollen. Manche Leute haben Kostüme getragen.«

»Wie war der Abend?« fragte ich, und ich hatte gute Laune, weil Henry mich angelächelt hatte, als ich ins Apartment kam. Normalerweise war er wegen irgend etwas zu verdrossen, um mich so anzusehen.

»Nun ja, das gab eine ziemliche Aufregung in der Limousine, als ich allen erzählte, ich sei meiner Manschettenknöpfe wegen eigens nach Spanish Harlem gefahren. Nichts hören Leute, die Geld haben, lieber, als Geschichten darüber, wie jemand ein

Schnäppchen gemacht hat. Aber ich glaub, ich sollte lieber vorsichtig sein – die fangen noch an und denken, ich hätte Geld, wenn ich dauernd von günstigen Gelegenheitskäufen erzähle, und dann könnten sie sich fragen, warum ich mir nie die Rechnung bringen lasse.«

»Du hörst also am besten auf der Stelle damit auf.«

»Ja, auf der Stelle.«

Ich legte mich wieder hin; oft hatte ich an Wochenenden nach dem Frühstück diesen starken Drang, wieder schlafen zu gehen. Henry fing an, sich in der Küche eine Büchse Suppe heißzumachen. Er bot mir was davon an, aber ich sagte nein danke, und dann erzählte er mir von seinem Tanzdinner mit Vivian. Wie es bei unserm Zusammenleben häufig geschah, lag ich einfach auf meinem Bett, während Henry mich unterhielt und in der Küche herumhuschte und sich etwas zu essen herrichtete:

»Irgendjemand am Tisch sagte, Fergie und Diana sollten geköpft werden und dann die Köpfe draußen vor dem Buckingham Palace aufgespießt. Es war ein Richter, der das sagte. Aber sie sollten nicht vor Gericht kommen, erläuterte er, weil es dann in die Berufung gehen könne. Es gibt da einen speziellen Paragraphen, wonach die Queen Todesurteile ohne Gerichtsverhandlung aussprechen kann. Und dann wird Andy Reformen durchführen wie Heinrich der Vierte, und Charles wird abdanken. Ich glaub außerdem, daß man den Herzog von Edinburgh gleich mit erledigen sollte. Er sollte auch enthauptet werden.«

Henry brachte wieder einmal seinen Zorn auf den Herzog von Edinburgh zum Ausdruck, den Ehemann der Queen, auch bekannt als Prinz Philip. Ich glaube, Henry beneidete ihn auf eine Weise, wie man jemanden beneidet, der alles erreicht hat auf einem Feld, wo man selbst Ambitionen hat. Als Henry seine Bemerkung in Sachen Enthauptung machte, sagte ich: »Auf den hast du's wirklich abgesehen, nicht?«

»Der ist doch nur ein Schnorrer, und er hat an jedem Urlaubsort stets ein neues Mädchen, und er schert sich gar nicht drum, ob die Queen das weiß. Und er hat jede Menge Apparaturen, elektrische Rasierapparate, Haarauszieher – er hat nie auch nur einen Tag in seinem Leben richtig gearbeitet. Er ist der dümmste Mann von ganz England.«

Er unterbrach sich für einen Moment, und dann sagte er in sanftmütigerem und nachsichtigerem Tonfall, immer noch auf Prinz Philip gemünzt: »Nun ja, wir haben alle so unsere Probleme, wie James Thurber schon sagte, und meines ist es, böse zu sein.«

»Dein Problem ist, daß du böse bist?« fragte ich.

»Nein! Das hat Thurber von sich selbst gesagt.«

»Was ist dann dein Problem?« fragte ich, und ich schlug ein Tagebuch auf, das ich kürzlich gekauft hatte und neben meinem Bett aufbewahrte. Auch einen Stift hatte ich bereit.

»Das weiß ich nicht«, sagte Henry. »Ich habe mich nie für mich selbst interessiert. Viel zu langweilig. Es ist stimulierender, über die Probleme anderer Leute nachzudenken ... Mein einziges Problem, soweit ich das erkennen kann, ist, daß ich kein Geld hab. Und die Frauen, die Geld haben und die ich heiraten könnte, sind alle zu erbärmlich, um mit ihnen zu schlafen, und wenn man verheiratet ist, wird das von einem verlangt, weißt du. Aber ich mag es nicht, neben jemand anderem zu schlafen, sei das ein Hund, eine Frau oder was auch immer. Wenn ich doch bloß mein eigenes Zimmer haben könnte, könnte ich mich auch verheiraten ... und das würde eine Menge Probleme mit dem Finanzamt lösen ... Ich brauch eine Frau mit einem großen Haus. Dann kann man sich voreinander verstecken. Die Queen hat fünfzig Zimmer. Das ist wahrscheinlich genau die richtige Größe.«

Henry war fertig, und ich sagte nichts. Ich kritzelte Notizen in mein Tagebuch. Als ich es kaufte, hatte ich beschlossen, Henry machte einfach zu viele interessante Bemerkungen, um sie nicht aufzuschreiben. Ich schrieb schnell, und er spürte irgend etwas an meinem Schweigen, und er sagte: »Was machst du da drin?«

»Ich schreib all die komischen Sachen auf, die du so sagst«, flüsterte ich halb geständig; ich wußte, er konnte mich nicht hören.

»Was?«

»Ich lieg hier einfach rum und denk über all die komischen Sachen nach, die du so sagst.« Ich schob das Tagebuch unter mein Bett.

»Die sind nicht komisch«, sagte er. »Sie sind die reinste Wahrheit.«

Kapitel VI

Vier Milchmädchen mit Zahnlücken

Am 3. November wurde Clinton zum Präsidenten gewählt, und Henry hatte in Southampton einen Autounfall unter Alkoholeinfluß. Henry sagte, Clintons Triumph sei die Ursache dafür, daß er zuviel getrunken habe. Nach einer Dinnerparty auf dem Anwesen von Vivian Cudlip war er von der Straße abgekommen und an einen Baum gefahren. Auf der Party hatte der Sieg von George Bush gefeiert werden sollen. Henry blieb unverletzt, aber der Wagen war beschädigt. Er schaffte es, damit nach New York zurückzufahren, aber er war sich der Zuverlässigkeit des Skylark nicht mehr sicher.

Am 7. November, einem Samstag, war mein Geburtstag. Ich erwähnte das Henry gegenüber, als wir nach unserem Kaffee im Salz der Erde zu unserem Apartment zurückgingen. »Heute werde ich sechsundzwanzig«, sagte ich und versuchte, meiner Stimme einen unbeschwerten Klang zu geben. »Ich hab Geburtstag.« Ich hatte mit dem Gedanken gespielt, es ihm gar nicht zu sagen – das hatte ich sogar bis nach dem Frühstück durchgehalten –, aber Stoizismus war nicht gerade meine Stärke.

»Mir wär's lieber, du hättest mir nichts davon erzählt«, sagte er. »Jetzt fühl ich mich verpflichtet.«

»Tut mir leid«, sagte ich. »Vielleicht könntest du mich einfach irgendwohin auf einen Drink einladen?« Das war kläglich, aber ich wollte einfach ein bißchen Aufmerksamkeit von Henry.

»Ich kauf dir einen Ballon«, sagte er. »Nein ... Ich schenk dir eine alte Krawatte. Du wirst langsam groß.« Als wir ins Apartment zurückkamen, ging er zu seinem Kleiderschrank hinüber und holte einen häßlichen breiten Schlips draus hervor. Er hatte eine rote Grundfarbe und war mit großen grauen Elefanten bevölkert. Er überreichte ihn mir feierlich und sagte: »Ein junger Mensch kann damit durchkommen.«

»Danke«, sagte ich. Ich warf einen Blick auf das Etikett hintendrauf. Brooks Brothers. Es war eine Krawatte von guter Qualität, und plötzlich gefiel sie mir sehr.

»Du darfst sie bloß nicht tragen, wenn wir zufällig einmal mit meiner Exverlobten Marjorie ausgehen sollten. Sie schenkte sie mir vor einigen Jahren zu Weihnachten.«

»Ich werde dran denken«, sagte ich.

Dann trat Henry vor den Geschirrschrank und holte ein rotes Sportsakko heraus. »Das kannst du zu der Krawatte tragen«, sagte er. »Es hat bei mir nie richtig gesessen, zu lang in den Armen.« Er reichte mir das Sakko, und es roch nach seinem Schweiß und seinem Eau de Cologne, aber wenn ich es in die chemische Reinigung brachte, wäre es eine vorzügliche Ergänzung meiner Jung-Gentleman-Garderobe, und wenn ich es anhatte, konnte ich mir vorstellen, wie Henry es trug, und ein bißchen so tun, als sei ich er. Ich probierte das Sakko an, und es paßte wie angegossen.

»Bist du sicher?« fragte ich, und er nickte mir zu, er sei es. »Vielen, vielen Dank«, sagte ich, und dann fügte ich hinzu: »Du überhäufst mich ja richtig mit Geschenken.«

»Nein, tu ich nicht«, sagte er. »Ich schmeiß bloß Sachen weg.« Trotzdem schien diese Schenkerei Henry aufzuheitern, ihn richtig großmütig zu machen, und er sagte: »Laß uns aus Anlaß deines Geburtstags heute abend in ein Musical gehen, und dann kauf ich dir ein Eis in der Waffel.«

»Das wäre toll«, sagte ich, und ich nahm an, wir würden uns irgendwo einschleichen, darum fragte ich gar nicht, wie wir uns das leisten könnten. Und ich war ganz glücklich, daß wir was zusammen unternehmen würden; das hatte ich schon über einen Monat immer gewollt, seit unserer Spritztour in die Oper.

»Wir brechen um halb neun auf«, sagte Henry. »Die meisten Vorführungen machen ihre Pause so um Viertel nach neun. Das ist der Augenblick, wo man sich draußen unter die Raucher mischen kann. Dann geht man einfach mit rein und versucht, einen leeren Platz ausfindig zu machen. Das ist immer mit ein bißchen Anspannung und Ängsten verbunden, bis die Lichter ausgehen, aber man hat mich noch nie erwischt.« Er sagte, wir würden uns unsere Vorstellung danach aussuchen, wo wir einen Parkplatz fänden.

Wir verbrachten zusammen einen ruhigen Nachmittag. Ich las, und Henry korrigierte Arbeiten. Einmal rief er nach mir und sagte: »Ich hab diese Woche versucht, meinen Studenten etwas über das Leben beizubringen. Ich sagte zu ihnen: ›Die einzige Möglichkeit, sicherzugehen, daß man um seiner selbst willen geliebt wird und nicht wegen Geld oder Sex, ist, daß man unattraktiv und arm ist.‹ Aber dann hab ich ihnen erklärt, daß es sehr schwer ist, geliebt zu werden, wenn's so um einen steht.«

»Ich glaub nicht, daß ihnen das eine Hilfe sein wird«, sagte ich. »Das macht die Liebe praktisch zu einer Unmöglichkeit.«

»Nun, sie müssen aber wissen, womit sie es zu tun haben.«

Als es Zeit war loszufahren, hatten wir beide einen blauen Blazer, eine Krawatte (ich trug meinen neuen Geburtstagsschlips) und einen Regenmantel an. Ich schlug vor, meinen Parisienne zu nehmen, aber Henry wollte in seinem Skylark fahren, um ihn zu testen, nachdem er ein paar Tage lang an der Straße gestanden hatte.

Wir wollten gerade zur Tür raus, als das Telefon klingelte. Henry flitzte flink durch Küche und Wohnzimmer, um ranzugehen. Ich war beeindruckt von seinem plötzlichen Geschwindigkeits- und Agilitätsschub.

»Womöglich ist es eine Einladung zu einem Gratisessen«, sagte er über die Schulter zu mir. »Und ein Gratisessen könnte das nächste nach sich ziehen!«

Er meldete sich am Telefon auf seine übliche Weise: »H. Harrison ... Oh, hallo, Gershon.« Henry riß als Zeichen für mich die Augen auf. Es war unser geheimnisvoller bulliger Nachbar von unten; die Zeit des Schweigens zwischen Henry und Gershon war vorüber. »Wie geht's dir? Ist etwas leckgeschlagen? Welchem Umstand verdanken wir denn die Ehre deines Anrufs? ... Du willst wissen, wie's mir geht. Nun ja, ich fuhr nach Southampton, und ich kam von der Straße ab. Ich durchquerte einen Hohlweg, sauste durchs Unterholz und erwischte einen toten Baum, der vom Gewicht meines Buick zermalmt wurde. Einen großen und gesunden Baum verfehlte ich um Haaresbreite. Man hat mich für den Galgen aufgespart. Ich werde dich über weitere Unglücksfälle auf dem laufenden halten. Jetzt muß ich los, Gershon. Ich ruf dich bald an; ich war gerade im Aufbruch begriffen.«

Henry legte auf und hielt sich den Finger vor die Lippen, um mir zu bedeuten, ich solle nichts sagen. Er flüsterte: »Womöglich hat er Röhren nach hier oben verlegt, um mich auf Schritt und Tritt zu belauschen.«

Sobald wir draußen waren, sagte Henry: »Er ist zusammengebrochen und hat angerufen. Genau zur rechten Zeit. Der Wagen muß mal durchgesehen werden. In ein paar Wochen muß er es bis nach Palm Beach schaffen. Durch den Unfall ist irgendwas mit der Servolenkung nicht mehr in Ordnung, und das Öl leckt. Aber Gershon kriegt das wieder hin ... So lange hat er es noch *nie* durchgehalten, mich nicht anzurufen. Kommt nur wegen Bellman. Ich hab sie beide zusammen Fahrradfahren sehen. Bellman braucht die Nähe seines eigenen Geschlechts. Die *Menschen*. Ein deutscher Ausdruck für ein sehr deutsches Phänomen. Darum war es auch so einfach, sie in der Luftwaffe zusammenzustecken. Zusammen funktionieren sie.«

Wir gingen die Second Avenue hoch, und Henry wußte nicht mehr, wo er seinen Wagen geparkt hatte. »Endlich hab ich mal meine Schlüssel,« sagte er, »und dafür hab ich jetzt den Wagen verloren!«

Wir fanden den Skylark in der Park Avenue, und das einzige äußere Anzeichen des Unfalls war die vordere Stoßstange, die in einem verwegenen Winkel hinunterhing. Henry stieg als erster in den Wagen ein, durch die Beifahrertür, und als er losfuhr, mußte er gewaltig am Lenkrad zerren.

»Wenn das ein japanischer Wagen wäre, wär ich jetzt tot«, sagte Henry, während wir die Park runterfuhren. »Für Fahrten unter Alkoholeinfluß braucht man einen amerikanischen Wagen. Darauf leg ich jeden Eid ab. Ja.«

Als Henry links in die Fifth Avenue einbog, verursachte sein eingeschränktes Lenkvermögen beinahe einen Zusammenstoß mit einem Bus.

»Das ist alles bloß Clintons Schuld!« schrie er. »Er hat mir meinen Wagen zerstört. Meine Freiheit. Ich kann dieses Land nicht mehr ertragen. Es ist alles deine Schuld. Die wirklich großen Menschen dieses Landes werden sich alle in ihr Schneckenhaus zurückziehen. Sie hätten uns um unsere Hilfe bitten können, aber jetzt ist es zu spät. Ich werde nicht umhinkönnen, nach Rußland zu ziehen.«

»Ich glaube kaum, daß meine eine Stimme bei dieser Wahl den Ausschlag gegeben hat.«

»Doch, das hat sie.«

»Na ja, wir brauchten Veränderung.«

»Nein! Die Jugend weiß gar nichts. Je mehr die Dinge sich verändern, desto schlimmer werden sie.«

Ich sagte nichts darauf, und wir fuhren schweigend dahin. Ich hatte Geburtstag, und einen politischen Streit wollten wir beide vermeiden. Als ich ihm vor ein paar Tagen erzählt hatte, ich hätte nur für Demokraten gestimmt, hatte er mir mehrere Stunden lang die kalte Schulter gezeigt.

Wir schafften es unversehrt bis zum Theaterviertel – das Lenkrad schien lockerer zu werden, während wir fuhren –, und wir fanden einen Parkplatz ganz in der Nähe der *Will Rogers Follies*. »Würdest du dir das gern ansehen?« fragte Henry säuselnd und vergab mir anläßlich meines Geburtstags meine Stimme für Clinton.

»Klar doch«, sagte ich.

»Ich hab's schon dreimal gesehen. Ich geh immer gern hin, wenn sie einen neuen Will Rogers haben, um zu sehen, wie der neue die Rolle ausfüllt. Diesen hier hab ich noch nicht gesehen –

Mac Davis. Das ist ein vulgärer Name, aber womöglich kann er singen.«

Wir lungerten ungefähr zehn Minuten an der Straßenecke dicht beim Theater herum, und dann wurde das Publikum zur Pause rausgelassen. Henry wurde ein bißchen aufgeregt und fing an, mir Anweisungen zuzuflüstern.

»Zieh deinen Regenmantel aus und häng ihn dir über den Arm; dann siehst du aus, als wärst du gerade rausgekommen.« Wir legten uns beide die Mäntel über den Arm. »Und jetzt mischen wir uns unters Volk.« Wir gingen von der Straßenecke weg und in die Menge hinein. Wir standen herum, als würden wir ein bißchen Luft schnappen.

Nach nur zwei Minuten sagte Henry für die Ohren eventueller Lauscher: »Laß uns wieder reingehen. Ich muß mal austreten.« Als wir die Lobby betraten, flüsterte er: »Besorg dir ein Programm. Es sieht besser aus, wenn man eins hat.«

Dicht bei den scharlachrot verhängten Eingängen zum Theater lagen stapelweise Programme. Ich bückte mich rasch und griff mir zwei. Kein Platzanweiser schien etwas mitzukriegen. Ich reichte eins an Henry weiter und sagte: »Wir sollten sie einrollen. Sieht realistischer aus.«

»Ja, gute Idee«, flüsterte Henry aus dem Mundwinkel. »Laß uns mutig sein und es direkt im Parkett probieren.«

Wir traten ins Theater ein und gingen den abschüssigen Teppich Richtung Bühne hinunter, und dann auf halbem Wege blieben wir stehen und lehnten uns an die Wand. Wir hatten zwei Plätze am Gang im Auge. Es lagen keine Mäntel drauf, und sie schienen unbesetzt, aber immer noch waren viele Leute in der Lobby oder gingen auf die Toiletten.

»Laß uns hier noch etwas herumhängen«, sagte Henry, »um zu sehen, ob sie frei sind. Versuch, nicht allzu geierhaft auszusehen. Wenn irgendwer kommt, gehen wir in den ersten Rang.«

Es standen überall Leute herum und unterhielten sich; manche gingen zurück zu ihren Plätzen. Eine der Platzanweiserinnen schien uns aufs Korn zu nehmen.

»O nein, die *Polizei*«, flüsterte Henry. »Wenn sie uns nach unsern Eintrittskarten fragt, sag ich ihr, sie sind mir ins Urinal gefallen. Sie wird niemanden behelligen mögen, den sie für einen Rentner hält.«

Sie ging weg, und wir hatten beide die Befürchtung, sie könne mit Verstärkung zurückkommen, aber sie tauchte nicht wieder auf. Dann näherten sich zwei ältere weißhaarige Damen, die sehr adrett in Wollröcke gekleidet waren, und setzten sich auf die beiden Plätze direkt hinter denen, auf die wir es abgesehen hatten.

Henry warf einen Blick auf die Frauen und sagte: »Niemand aus Manhattan kommt mehr auf den Broadway. Wer kann sich das noch leisten? Bloß Witwen, deren Männer eine Lebensversicherung hatten ... Geh mal hin und frag, ob die Plätze da besetzt sind. Wahrscheinlich trauen sie dir eher als mir.«

Die Frauen sagten, die Plätze seien frei, und Henry und ich setzten uns hin. »Mach dich klein«, sagte er. »Wir wollen ihnen doch nicht die Sicht nehmen.«

Die Lichter wurden gelöscht, und das Musical fing an. Es war eine schlechte Vorführung, hektisch und oberflächlich, und die Frauen hinter uns hatten großen Spaß dran. Sie lachten über die simpelsten Gags und übertriebene Gesten. An einer Stelle warf Henry mir einen skeptischen Seitenblick zu, als die Frauen beide schallend lachten und gluckten: »Du liebe Zeit!« Aber er sah nur einen kurzen Augenblick zu mir rüber. Ich wußte, daß wir beide dachten, die Damen seien ungebildet, aber wir wollten nicht zu hart über sie richten, denn wir hatten Schuldgefühle, weil wir ihnen doch ein bißchen die Sicht nahmen, die während des ersten Aktes ungehindert gewesen war.

Als die Vorführung vorbei war und wir hinausdefilierten, sagte ich allerdings mit snobistischem Unterton: »Das Publikum hat ja echt gelacht.«

»Ja. Wenn man bezahlt hat, hat man auch mehr zu verlieren«, sagte Henry.

»Ohne viel zu verlieren zu haben«, sagte ich, »hat's mir Spaß gemacht. War ein ziemlicher Ulk.«

»Es war wirklich sein Geld wert«, sagte Henry, und wir kicherten beide, und wir waren beide glücklich. Wenn man sich in Vorstellungen einschleicht, belebt das irgendwie die Stimmung. Und Broadway-Musicals haben viel zuviel Leerlauf und Wiederholungen, wenn man beide Akte sieht, aber einer ist gerade richtig – glitzernd und amüsant, selbst wenn es eine schlechte Aufführung ist.

Wir traten aus dem Theater auf den Broadway hinaus, und die Luft war kühl. Wir waren mitten auf dem Times Square, und Henry sagte: »Nun, du kannst nicht behaupten, ich hätte dich an deinem Geburtstag nicht ins Theater eingeladen.«

»Nein, kann ich nicht«, sagte ich. »Vielen Dank für alles. Gefiel dir dieser Will Rogers?«

»Er war nicht schlecht, aber er sieht aus wie ein Sexsüchtiger ... Laß uns statt einer Eiswaffel im Sbarro eine Pizza essen.«

Das Sbarro lag einen Block südlich vom Theater, und wir nahmen jeder ein Stück, und Henry zahlte für uns beide. Die Tische waren die Treppe runter, im Souterrain. Es gab sehr viele Tische, und der Raum war hell erleuchtet. Zu dieser späten Stunde, ein bißchen nach elf, waren da nur sehr wenige Leute, aber Henry plazierte uns ganz in der Nähe von vier übergewichtigen jungen Mädchen, alle vier in Jeans und Sweatshirts gekleidet.

»Ich hab uns diesen Platz ausgesucht«, sagte Henry, »damit wir nahe bei diesen sylphengleichen Milchmädchen mit Zahnlücken aus der Duluth High School sind. Vielleicht kriegen wir ein paar interessante Wortwechsel mit. Ich könnte sie in ein Stück einbauen.«

»Henry, bitte«, flüsterte ich. »Nicht so laut.«

Er ignorierte mich und sagte: »Die haben noch keinen Mann kennengelernt, obwohl sie sich wie Männer anziehen.«

Um ihn von den Mädchen als Thema abzubringen, sagte ich: »Diese Pizza ist ziemlich lecker.«

»Du benutzt diese ganzen Altweiberausdrücke – lecker – du mußt mit deiner eigenen Generation schritthalten. Du bist ein Spießer.«

Ich aß meine Pizza und schwieg. Henry machte mich dauernd auf subtile Weise runter, und das traf mich immer sehr. Wenn er mich wirklich kennen würde, dachte ich, würde er auch merken, daß ich kein Spießer war. Aber die Dinge, die mich unspießig machten – meine Momente der sexuellen Verwegenheit und Verrücktheit –, waren auch genau die Dinge, die Henry veranlassen würden, mich abzulehnen. Darum mußte ich ihn in dem Glauben lassen, ich sei öde und langweilig.

Wir hatten unsere Pizza auf und wollten den Raum verlassen. Unten neben der Treppe war ein Tresen mit Servietten, Plastikutensilien und kleinen Packungen mit Zucker, Ketchup und Salz. Henry fing an, sich Zuckerpäckchen und Serviettenstapel zu grapschen.

»Nimm Zucker mit«, sagte er. »Wir können ihn an die Küchenschaben verfüttern, wenn sie wiederkommen.«

Ich griff mir rund zwei Dutzend Packungen, und als wir dann die Treppe raufstiegen, stießen wir zusammen, weil wir uns beide darauf konzentrierten, die Zuckerpäckchen in die Taschen unserer Regenmäntel zu bugsieren, und Regenmanteltaschen sind aus irgendeinem Grund schwer aufzufummeln. Das Resultat dieses Zusammenpralls war, daß wir beide unsere Zuckerpäckchen die Treppe hinabpurzeln ließen, und Henry ließ auch noch seine Servietten fallen.

»Du bist mir vielleicht ein Meisterdieb«, sagte Henry, »verstreust die Beweisstücke wie eine Schnitzeljagdspur ... Ich glaub nicht, daß die Kassierer uns sehen können. Du sammel mal die da unten auf. Du bist jung, du kannst dich bücken. Die Servietten laß liegen. Die sind jetzt mit Krankheitskeimen übersät.

Henry stöhnte auf, als er sich bückte, und dann sagte er: »O MEIN GOTT, ICH HABE IN ERBROCHENES GEFASST!«

»Was?!?«

»Oh, das ist bloß das Marmorimitat. Das sah wie Erbrochenes aus.«

Uns gelang ohne weitere Vorfälle die Flucht, wiewohl wir wie üblich vor uns hin kicherten, während wir das Restaurant verließen. Zuckerklauen war wie das Einschleichen in eine Aufführung. Mir war wieder ganz glücklich zumut, und ich vergab Henry, daß er mich einen Spießer genannt hatte. Als wir im Wagen saßen, sagte er: »Laß uns die Zweiundvierzigste Straße runterfahren und mal schauen, ob es da Gewalt zu sehen gibt.«

Wir mußten nur vier Blocks weit fahren, und als wir zur Ampel an der Ecke Zweiundvierzigste und Seventh Avenue kamen, reckten wir unsere Hälse nach links und rechts, aber es war nichts los. »Alles ruhig«, sagte Henry. »Die neue Clinton-Depression spürt man sogar hier.«

Wir fuhren die Eighth Avenue hoch, unmittelbar an der Dreiundvierzigsten vorbei, nur fünfzig Meter entfernt vom Sally's. Unwillkürlich sagte ich: »Weißt du was? Diese Transsexuellenbar, wo ich drin war, ist gleich da drüben. Hatte ganz vergessen, daß das hier in der Gegend ist. Vielleicht sollten wir mal rein. Das bietet echt ein Schauspiel. Wer weiß, vielleicht versetzt dir das auch 'nen Kick.«

»Nein, das glaube ich nicht«, sagte Henry. »Vielleicht seh ich da nur den Rektor meines College, Dr. Rubinstein.«

»Da siehst du deinen Rektor bestimmt nicht«, sagte ich und lachte.

»O doch, das tu ich. Solche Risiken darf man nicht eingehen, wenn man den Professor auf Lebenszeit noch nicht in der Tasche hat.«

Ich hatte Henry den Vorschlag gemacht, weil ich ihm zeigen wollte, daß ich kein Spießer war, und ich hatte zumindest erwartet, er würde mich für so einen Vorschlag ausschimpfen, aber statt dessen konterte er mit der Mutmaßung, Dr. Rubinstein würde da sein. Er war unergründlich. Aber ich hatte großes Glück, daß er nicht reinwollte. Ich war da seit der Nacht des Löwen nicht mehr gewesen, und wenn Miss Pepper oder Wendy mich sahen und mich zu überschwenglich begrüßten, würde Henry gewiß das Ausmaß meiner Verstrickung erkennen, und er würde mich aus dem Apartment werfen, wie er das mit Otto Bellman gemacht hatte.

Wir fuhren heim, ohne das Sally's noch mit einer Silbe zu erwähnen, und als wir uns bettfertig machten, rief er zu mir herüber: »Mein Leben ist ruiniert!«

»Wieso das?«

»Meine Augenmaske ist nicht da. Ich kann ohne sie nicht schlafen.«

»Aber morgens ist es in deinem Zimmer immer ganz dunkel.«

»Nicht dunkel genug. Bellman ist womöglich hier eingebrochen und hat sie gestohlen, um mich zu peinigen. Das ist der letzte Strohhalm.«

»Wirst du überhaupt schlafen können?«

»Ich wickel mir ein Hemd um den Kopf. Das hat früher immer funktioniert.«

»Danke für meine Geburtstagsgeschenke – den Elefantenschlips, das rote Sakko, Will Rogers, die Pizza.«

»Nächstes Jahr machen wir's wieder ... Jetzt sind die Ohrpfropfen drin, das Hemd ist gebunden.«

Fort Schuyler

Am folgenden Morgen gegen halb zwölf kreischte Henry plötzlich los.

»Alles in Ordnung mit dir?« fragte ich nervös von meinem Bett aus.

»Das bedeutet bloß, ich bin auf«, sagte er.

»Du hast mich erschreckt«, sagte ich.

»Laß dich nicht erschrecken, das hier ist eine Geschäftsbeziehung«, sagte er, und dann kreischte er noch einmal, während ich ihn aufstehen hörte. Als er mit Kreischen fertig war, sagte er: »Ich hätte gern ein Bett, das einen rausschleudert. Zuerst fängt es zur Warnung kräftig zu vibrieren an. Man hat eine Minute Zeit, es zu verlassen, und dann schleudert es einen hinaus.«

Er beendete den letzten Satz, als er zu mir ins Zimmer geschritten kam. Ein Oxfordhemd war ihm um den Kopf gewickelt. Die Ärmel, die immer noch verknotet waren, hatten ihm die Augen bedeckt, aber jetzt hatte er sie sich über die Stirn geschoben. Der Rest des Hemds hing ihm hinten vom Kopf herunter wie die kleinen Capes, die die französischen Fremdenlegionäre hinten an ihren Hüten haben. Er blieb am Fußende meines Bettes stehen und sagte: »Meine schlechten Gewohnheiten färben auf dich ab. Lange schlafen. Aber das ist gut für dich. Vielleicht wächst du noch, und ich brauche das, weil ich zerfalle.«

»Warum meinst du dauernd, ich wär so jung?«

»Alle unter dreißig sehen für mich gleich alt aus. So ungefähr um die zwölf.«

Dann ging er ins Bad, und ich hörte ihm beim Urinieren zu. Mitten beim Urinieren betätigte er wie immer die Toilettenspülung. Die Spülung hörte auf, und er pinkelte immer noch ein bißchen. Warum wartete er nicht, bis er mit Pinkeln fertig war, und spülte dann? Ich hatte die Theorie, daß er vielleicht ein Spiel spielte und versuchte, das Ende seines Urinierens und das Ende des Spülvorgangs zusammenfallen zu lassen. Dieses Mysterium beschäftigte mich schon seit Wochen, und außerdem störte mich, daß hinterher oft noch ein bißchen Urin im Wasser war.

Als er mit allem fertig war, stiefelte er schnellen Schritts durch mein Zimmer, aber ich hielt ihn auf. Ich fand, ich wohnte jetzt lang genug auf engem Raum mit Henry zusammen, um ein kleines Risiko eingehen zu können, und ich hatte bereits etliche diffizile Themen angeschnitten, zum Beispiel letzte Nacht, als ich einen Besuch im Sally's vorschlug, und darum sagte ich jetzt: »Kann ich dich mal was Persönliches fragen?«

»Ich werde nicht antworten, aber fragen kannst du.«

»Warum spülst du, bevor du mit Urinieren fertig bist?«

»Ich will's hinter mich bringen. Ich bin zu faul, um noch länger damit warten zu mögen.«

»Da bleibt ein bißchen was im Becken, weißt du.«

»Bleibt es nicht.«

»Manchmal doch«, sagte ich und blieb standhaft.

»Nun, ich möchte ein bißchen was aufsparen, falls es mal damit zur Neige geht«, sagte Henry, und er marschierte aus dem Zimmer. Ich lachte. Das war ein schöner Start in den Tag. Wir zogen uns beide an, und Henry legte eine Platte auf. In den Spiegeln schaute ich ihm beim Tanzen zu. Er tanzte Walzer. Er verdrehte sich. Er wirbelte herum, und er machte einen Schleifschritt. Er sang zu der Platte mit: »The Army, the Navy, the Church, and the Stage ...«

Als er fertig war, ging ich in die Küche, um mir die Zähne zu putzen, und er ruhte sich auf seinem Stuhl aus. Ich sagte: »Du solltest ein Übungsvideo für Gentlemen aufnehmen, wie Jane Fonda.«

»Meinen Schritten könnte niemand folgen. Die sind vollkommen selbstausgedacht und intuitiv, sie basieren auf Dschungelrhythmen.«

Während ich mir über der Küchenspüle die Zähne putzte, rief Henry Gershon an und fragte ihn, ob er sich den Wagen mal ansehen könne. Als er auflegte, sagte er: »Gershon wird den Buick in Augenschein nehmen! Womöglich ist Bellmans Einfluß im Schwinden begriffen. Ich glaube, wir fahren zum Parkplatz von Fort Schuyler. Da laß ich Gershon alle Mechanikerarbeiten für mich erledigen.«

»Wo ist denn Fort Schuyler?«

»In der Bronx. Das ist sogar recht hübsch. Es liegt direkt am Wasser. Die State University of New York hat da ihre Marineakademie. Die haben ein sehr schönes hölzernes Schulschiff. Das ist das Annapolis der Bronx!«

»Warum fahrt ihr ganz da raus?«

»Niemand stört einen da, und er kann unter den Wagen kriechen und Werkzeug um sich herum liegen haben. Und ich kann die Nähe zur Natur genießen.«

»Wieso erledigt Gershon eigentlich diese ganzen Arbeiten für dich?«

»Ich bin ihm wie ein Vater – ich bin überhaupt nicht mit ihm zufrieden, und darum will er mich immer zufriedenstellen. Wir leben schon seit zwanzig Jahren im selben Haus, und bis Bellman daherkam, war ich sein einziger Freund. Gelegentlich bringt er eine obdachlose Person mit nach Hause und läßt sie bei sich auf dem Fußboden schlafen, aber das endet immer damit, daß sie ihn bestehlen.«

»Wovon lebt Gershon?«

»Er ist U-Bahn-Mechaniker. Gewerkschaftsmitglied. Er gehört zu den reichsten Leuten der Upper East Side. Sie können ihn nicht rauswerfen, ganz gleich, wie lang er seinen Bart wachsen läßt oder wie verrückt er sich aufführt. Ich glaube, er hat Syphilis von den ganzen Prostituierten. Das geht aufs Gehirn, weißt du.«

Dann ging Henry wieder ins Bad, und ich wußte, er würde sich jetzt die Haare färben. Aber ich wußte immer noch nicht, wie. Ich hatte x-mal auf den Regalen nach Färbemitteln gesucht, aber nie welche entdeckt. Und dabei lagerten haufenweise Sachen auf den Regalen. Sie waren wie ein Totempfahl aus Toilettenartikeln; vermutlich repräsentierte jeder Regalboden die Hinterlassenschaften eines meiner Vorgänger. Aber Färbemittel waren nicht darunter, und Henry ging immer mit leeren Händen hinein. Wie er sich die Haare färbte, war ein noch größeres Mysterium als das Urinieren.

Fünf Minuten nachdem er ins Badezimmer gegangen war, kam Henry also mit dunkelbraunen, fast schwarzen Haaren wieder raus, und hineingegangen war er mit bräunlich-grauen. Ich kommentierte diese Verwandlung mit keinem Wort.

Er fragte mich, ob ich nicht mitkommen wolle nach Fort Schuyler. Das klang nach einem Abenteuer, und ich wollte immer gern bei Henry sein, also sagte ich ja.

»Geh runter und sag Gershon, daß ich so gut wie abfahrbereit bin«, sagte er. »Ich finde nie seine Telefonnummer. Ich muß noch die Schlüssel suchen. Mag sein, und ich finde statt dessen meine Schlafmaske. Dann kann ich mich schlafen legen und so tun, als hätte ich keine Autoprobleme.«

Ich ging runter und klopfte bei Gershon an die Tür. Von innen sagte er: »Kleinen Moment ... bitte.«

Es war still, und dann ging die Tür langsam und schüchtern auf, bis Gershon mit seiner gewaltigen Körperfülle und Größe den Rahmen ausfüllte. Er trug eine alte graue Jogginghose und ein verschossenes schwarzes Sweatshirt.

»Ich bin Louis«, sagte ich. »Henrys Mitbewohner. Ich komm mit euch nach Fort Schuyler. Er sagt, er ist abmarschbereit.«

»Bitte ... komm rein.«

Gershon sprach im Flüsterton, und die Worte kamen ihm langsam und zögerlich über die Lippen. Das war kein Stottern, sondern einfach eine sehr bedächtige Sprechweise. Ich trat in sein Apartment, und zum ersten Mal konnte ich mir Gershon richtig ansehen. Bisher war ich ihm nie näher als bis auf Flurlängendistanz gekommen.

Er war ungefähr einsneunzig, und er hatte fast die Breite von zwei Männern, obwohl er nicht fettleibig war. Er war dick und kräftig gebaut. Sein Haar war hellbraun und ringelte sich in lockigen Strähnen bis auf die Schultern runter. Er trug es auf der Seite gescheitelt und so aus den Augen gekämmt, daß eine vorspringende und geschwollen wirkende Stirn sichtbar wurde, die aussah, als hätte er vor lauter Frustration seinen Kopf gegen irgendeine Zememtwand gehämmert. Tief eingesunken unter den Brauen lagen seine winzigen blaugrauen Augen. Die Nase war plump und schien durch dieselbe Aktion geplättet worden zu sein, die die Stirn hatte anschwellen lassen. Die Lippen waren rosig-weiß und ziemlich voll und sinnlich. Sein Bart hatte wie das Haar Naturkrause und hing ihm ungefähr fünfzehn Zentimeter lang vom Kinn herab.

»Ich muß mir noch Schuhe anziehen«, sagte Gershon, und er ging durch die Küche in sein Schlafzimmer. Der Küchenfußboden war mit Fahrradteilen und Zeitungspapier bedeckt, und zwei Fahrräder hingen unter der Decke. Ich ging Gershon hinterher; ich war auf unverschämte Weise neugierig, wie wohl sein Schlafzimmer aussah. Ich stand in der Türöffnung, und er saß auf seinem Bett und schnürte sich einen riesigen Laufschuh zu.

Sein Bett bestand aus mehreren Matratzen, die aufeinandergelegt waren. Neben dem Bett war ein Lesepult, auf dem geöffnet ein dicker Band des *Oxford English Dictionary* lag. Auf der Seite lag eine Lupe, und über dem Wörterbuch hing wie ein Kran eine metallene Leselampe, ungefähr einszwanzig hoch. Gershon befolgte tatsächlich Henrys Ratschlag, ein Wörterbuch zu studieren und Fahrrad zu fahren, um mit seinem Geschlechtstrieb fertigzuwerden. Aber ich bemerkte auch, daß überall auf dem Fußboden zerknüllte weiße Papiertücher herumlagen, und ich wußte sogleich, daß Gershon wie ich selbst ein wahnsinniger Masturbator war.

»Dein Zimmer hat dieselben Maße wie meins«, sagte ich zu Gershon, um ihm irgendwie eine Erklärung dafür zu bieten, daß ich meine Nase in sein Privatreich steckte.

»Ich kann dich hören ... wenn du oben rumgehst«, sagte er sachlich, ohne Verärgerung, und er zog sich den anderen Schuh an.

Ich stellte mir die Prostituierten vor, wie sie mit ihm auf den Matratzen lagen. Was hielten sie wohl von Gershon? Zerquetschte er sie nicht? War er zärtlich? Ich malte mir aus, wie er sie streichelte, sie anhimmelte, sie umarmte. Das würde ich jedenfalls tun.

Gershon zog eine orangene Daunenweste über und griff sich eine Werkzeugtasche. Wir verließen sein Apartment, und als wir die Treppe raufstiegen, sagte ich: »Ich hoffe bloß, Henry hat seine Schlüssel gefunden.«

»Er verliert sie andauernd«, sagte Gershon.

Es tat mir gut, jemanden bei mir zu haben, der von Henrys beständigem Kampf mit Schlüsseln wußte. Das rief in mir den Drang hervor, über Henry zu reden, unsere Notizen abzugleichen, herauszufinden, wie Henry vor zwanzig Jahren gewesen war. Es rief in mir ein Gefühl der Nähe zu Gershon hervor. Mit niemandem sonst teilte ich mir Henry.

Henry hatte seine Schlüssel gefunden, und wir gingen zu seinem Wagen. Es war klar und sonnig und für November noch ziemlich warm. Henry trug eine dünne gelbbraune Jacke, die wie all seine Kleidungsstücke eine Vielzahl gut eingezogener Flecken aufwies. Außerdem trug er seine gelbbraune Stretchhose und seine kaputtesten Schuhe. Es war das passende Outfit für eine Autoreparatur, aber das Haar hatte er sich nach hinten gekämmt, und er schritt mit seiner üblichen zerstreuten Arroganz daher. Ich steckte in meiner spätherbstlichen Kluft aus einer braunen Kordsamthose und einer grün und braun karierten Holzfällerjacke, was mir, wie ich glaubte, ein wochenendmäßig-sportliches und jung-gentlemanhaftes Aussehen verlieh. Gershon steckte in seinen Trainingsklamotten und der Weste und schleppte seine große schwarze Werkzeugtasche. Er kam mir vor wie unser Bodyguard.

Als wir beim Skylark ankamen, setzte ich mich auf den Rücksitz und fand da eine von Henrys Lesebrillen. »Ich hab eine deiner Brillen gefunden«, sagte ich.

»Diese Brille hat Tbc!« schrie Henry, während er den Wagen anließ. »Nicht anfassen! Sie fiel mir runter und in ein schnell fließendes Rinnsal, mitten auf der Straße, Tbc-verseucht. Ich muß sie mit in die Waschstraße nehmen, damit sie abgekocht wird!«

Sofort ließ ich die Brille wieder auf den zeitungs- und kaffeebecherübersäten Boden fallen, und ich entdeckte, daß da außerdem ein Mascara-Applikator lag. Das kam mir seltsam vor, weil mir einfiel, daß ich auch auf Henrys Kaffeetisch einen Mascara-Applikator gesehen hatte. Ich fragte mich, ob Henry sich vielleicht die Augen tuschte. Er hatte sehr feine dunkle Augen – die waren vielleicht das Beste überhaupt an seinem Äußeren –, aber ich sagte nichts wegen des Mascara.

Henry fuhr uns in die Bronx mit seiner zu leichten Schlangenlinien neigenden Fahrweise, die vom übertriebenen Rucken am sich langsam lösenden Lenkrad herrührte. Ich bereute schon ein wenig meine Entscheidung mitzukommen. Ich hatte Angst, wir würden einen Unfall bauen, und ich mußte meinen Befürchtungen irgendwie Ausdruck verleihen. Ich sagte: »Hier hinten gibt's gar keine Sicherheitsgurte.«

»Sei kein Hasenfuß! Wenn du rausgeschleudert wirst, wird Gershon dich auffangen.«

»Außer ... ich flieg als erster durch die Windschutzscheibe«, sagte Gershon.

»Ihr seid beide hoffnungslos«, sagte Henry. »Kein Elan.«

Daß ich meine Ängste ausgesprochen hatte, schien mich zu beruhigen, trotz Henrys Zurechtweisung. Ich war jetzt fähig, mich zurückzulehnen und das Orientierungsvermögen und die Selbstsicherheit Henrys zu bewundern, der das Gewirr der zerbröselnden Fahrbahnen in der Bronx erstaunlich gut im Griff hatte.

Als wir an einem McDonald's vorbeikamen, sagte Henry: »Neulich hab ich bei McDonald's ein höchst erstaunliches Baby gesehen. Ein kleines, schmächtiges Jüngelchen. Er war mit seiner Mutter da, die war in Leder. Sie war aber keine Sado-Maso; sie war absolut reizend. Ich saß hinter ihnen, und das Baby beugte den Hals ganz nach hinten über, um mich anzusehen. Das war ein richtiggehendes Phänomen. Ich beglückwünschte die Mutter, daß sie ein so begabtes Kind hatte. Sie lächelte. Wär ich nur von solchen Menschen wie diesen beiden umgeben, könnte ich New York mögen. Statt dessen sind da überall diese häßlichen Leute.«

Ich versuchte, diese Bemerkung nicht als Beleidigung aufzufassen, und Gershon schien sich nicht dran zu stören. Henry fuhr mit seinem Sermon fort. »Die Amerikaner haben ihr Aussehen verloren. Als ich jung war, sahen die Menschen besser aus. Das muß am Krieg liegen. Wenn alle tauglichen Männer ausgerottet werden, büßt man die Gene fürs gute Aussehen ein. Schweden war nicht im Krieg, und die Menschen dort haben ihr Aussehen behalten. Ich glaube, Schwedinnen sind die schönsten Frauen. Ich erzählte das in meinem Unterricht, und ein Student sagte: ›Meine Freundin kommt aus Haiti, wie kommentieren Sie das?‹ Was sollte ich dazu schon sagen? Es ist keine Frage von Rassismus. Es ist eine Frage der Präferenzen. Aber das würde er nicht verstehen.«

»Haitianerinnen können sehr schön sein«, sagte Gershon mit seiner flüstrigen, langsamen Stimme.

»Das ist doch nicht der springende Punkt!« schrie Henry.

Die Throgs Neck Bridge kam in Sicht. Henry fragte sich, was ein Throg sei, und sagte Gershon, er solle das in seinem Wörterbuch nachschlagen, wenn er wieder zu Hause war. Wir unterquerten die Brücke und fuhren durch ein Arbeiterviertel.

»Früher waren das hier verarmte Iren, heute sind's Italiener. Seht euch die vielen Autos an«, sagte Henry. »Wo arbeiten diese Leute bloß alle? Überall in Amerika stehen Häuser und Autos. Wo sind die Jobs? Das ist das große Mysterium.«

Wir fuhren auf das Tor von Fort Schuyler zu, und davor war eine kleine Checkpoint-Charlie-Schranke mit einem Wachposten daneben. Henry verlangsamte den Wagen und sagte zu Gershon: »Sag ihm, wir sind Touristen aus Rußland und daß wir uns das Fort ansehen wollen. Wenn die merken, daß wir wieder an dem Wagen arbeiten wollen, lassen sie uns bestimmt nicht mehr rein. Bei deinem Bart wird er glauben, du seist russisch-orthodox.«

Wir hielten neben der Wachbaracke an, und Gershon kurbelte sein Fenster runter. Mit seiner ruhigen, zögerlichen Redeweise, noch verschlimmert durch den Druck der Situation, kriegte er die Worte kaum über die Lippen: »Wir sind ... aus Rußland.«

Der Wachposten konnte ihn nicht hören, und wegen Gershons Bart und der ungewöhnlich qualmwolkigen Emissionen des Wagens schien er ein bißchen mißtrauisch zu sein. Darum schrie Henry rasch: »Ich begleite hier zwei russische Touristen aus St. Petersburg zum Fort!«

Henrys autoritativer Ton tat seine positive Wirkung auf den Wachposten, und er gab uns den Weg frei. Der Campus war wie eine Pfeilspitze geformt, und auf einer einzelnen Straße, erklärte Henry, konnten wir sie umfahren. Außerdem wurde die Fläche von Wegen durchschnitten, auf denen man sie zu Fuß durchqueren konnte. Wir kamen am unteren Ende der Pfeilspitze hereingefahren, wo die neueren Gebäude – Schlafsäle und Unterrichtsgebäude – angesiedelt waren. An der Spitze des Pfeils, die aggressiv in den Long Island Sound vorstieß, erhob sich ein massiger, breiter und hoher grauer Steinbau mit fünfeckigem Grundriß: Fort Schuyler.

Rechter Hand von der Straße, auf der wir uns dem Fort näherten, war eine Bucht mit Hafenanlagen. Da lagen mehrere kleine Tanker und das große, alte, hölzerne Schulschiff, von dem Henry gesprochen hatte.

»Da ist das Schulschiff, eine schmucke Yacht!« sagte Henry, und er hielt den Wagen an.

»Ich würde mir gern eine ... Yacht kaufen«, sagte Gershon. »Dann könnte ich eine Frau zum Segeln mitnehmen ... wir könnten ins Mittelmeer und uns die Blaue Grotte ansehen.«

Das war eine ziemlich phantastische und schöne Vorstellung, und ich bewunderte Gershon dafür, aber Henry ignorierte diesen Tagtraum von der Blauen Grotte einfach, und wir fuhren weiter die Straße entlang Richtung Fort. Wir hielten direkt davor an, und ganz oben auf den fünfzehn Meter hohen Steinmauern waren Geschütztürme für Kanonen.

»Es wurde zu Beginn des neunzehnten Jahrhunderts erbaut, um New York vor den Schiffen der Briten zu schützen«, sagte Henry, der mir gerne etwas beibringen wollte. »Sie versuchten, uns eine Lektion zu erteilen. Sie schafften es, Washington niederzubrennen. Wer weiß, vielleicht kommen sie zurück, wenn Clinton im Amt ist.«

»Das steht hier strategisch ideal, um New York zu verteidigen«, sagte ich, und ich warf einen Blick hinaus über die graue Wasserfläche. Obwohl es November war, waren viele Boote draußen, und New York kam mir vor wie ein riesiges Venedig, überall in Einzelteile zerlegt durch Flüsse und Kanäle.

Wir fuhren um die Spitze des Forts herum und weiter zur anderen Seite, und hoch über dem Fort und dem Long Island Sound hing die Throgs Neck Bridge und warf ihren Schatten und war so etwas wie eine Teilüberdachung. In ihrem tiefen Schatten war ein Parkplatz, und dort brachte Henry den Wagen zum Stehen.

»Ich müßte die Zulassung finden, falls ich den Wagen werde verkaufen müssen«, sagte Henry. »Ich glaube, sie ist im Kofferraum, aber vielleicht hab ich sie auch verloren wie alles andere.«

»Ich glaub ... du verlierst deinen Verstand«, sagte Gershon, und auf seine spezielle Weise hatte er Spaß dran, Henry ein bißchen zuzusetzen. In dieser Hinsicht war er um einiges mutiger als ich.

»Das macht nichts«, sagte Henry, »der Gedanke daran, meinen Verstand zu verlieren, bekümmert mich nicht. Alle haben Angst vorm Vergessen. Ich finde, Vergessen ist was Gutes – wer will sich schon wirklich erinnern? Außerdem habe ich die Art von Arbeitsstelle, wo man keinen Verstand braucht. Man braucht bloß seine Vorlesungsnotizen aus der Zeit, als man noch bei Verstand war.«

Wir stiegen aus dem Wagen, und Henry öffnete den Kofferraum, und Gershon öffnete die Motorhaube, und für mich gab's eigentlich gar nichts zu tun, darum fragte ich Henry: »Hast du was dagegen, wenn ich einen Spaziergang mache?«

»Nein. Ich hab was dagegen, daß du gefragt hast.«

Ich ging ganz bis zur äußersten Ecke des Forts raus, wo ein paar Schwarze auf den Felsen saßen und angelten. Ich trat in Blickkontakt mit einem der Männer – er war älter als die anderen, seine Haare hatten schon graue Stellen –, und ich sagte:

»Was für Fische fängt man, wenn's kalt ist?« Ich wußte, daß Angler ständig solche Fragen von Laien beantworten mußten, aber ich hoffte, es würde ihm nichts ausmachen.

»Schwarzfische«, sagte er.

Ich fragte mich, ob die so hießen, weil sie ganz schwarz von der Wasserverschmutzung waren, oder ob das ihre wissenschaftliche Bezeichnung war. Ich fragte den Angler aber nicht danach, weil ich wußte, daß er die Fische wahrscheinlich aß, und ich wollte nicht andeuten, daß sie giftig sein könnten.

Ich saß auf dem Felsen und beobachtete ihn und die andern beim Angeln, und ich schaute glücklich hinaus über die graue, bewußtseinslose Wasserfläche, die ganz schön groß war, und ich konnte das Ufer von Long Island erkennen, wiewohl es auch das letzte Ende von Queens gewesen sein könnte. Meine Großtante und Wendy waren irgendwo da draußen. Dann sinnierte ich darüber, daß das Fort jedes Schiff mit Kanonenkugeln hätte bombardieren können, das womöglich versucht hätte, hier in feindlicher Absicht in Richtung Manhattan vorbeizusegeln.

Die Gedanken an Krieg und Wasser brachten mich auf das Tote Meer. Als ich sieben Jahre alt war, sparten meine Eltern viel Geld, und wir fuhren als Sommerurlaub zwei Wochen nach Israel. Meine Eltern hatten Freunde in Tel Aviv – ein Ehepaar mit zwei Töchtern, die ein bißchen älter waren als ich. Diese Leute, die Kanareks, waren unsere Reiseführer. An jene Reise nach Israel hab ich noch mehrere Erinnerungen, obwohl ich damals noch ziemlich klein war, und eine der lebhaftesten ist mein Erlebnis im Toten Meer. Nach einer langen Autofahrt durch die Wüste im Osten Israels (bei der meinem Vater der Hut aus dem Fenster flog, und er konnte ihn sich nicht wiederholen, weil er in einem Minenfeld landete, weswegen er meine Mutter anschrie) kamen wir am Toten Meer an. An unserem Ufer war Israel, und am entfernten Ufer gegenüber Jordanien.

Übers Wasser hinweg konnten wir die kleinen rotbraunen Hügel Jordaniens erkennen, und mein Vater sagte: »Da drüben wohnt der Feind. Wenn man zu weit rausschwimmt, kann man erschossen werden.«

Meine Mutter half mir in meinen Badeanzug, und sobald ich fertig war und sie mich losgelassen hatte, stürzte ich aufs Wasser zu, wie ich das auch an der Küste von New Jersey immer tat, wo wir normalerweise im Sommer hinfuhren. Als ich mich dem Wasser näherte, sah ich, daß ein Soldat, der da am Strand Wache stand, mich anlächelte. Ich war stolz. Ich wußte, der fand mich bestimmt niedlich – viele Leute in Israel fanden mich niedlich mit meinen blonden Haaren –, und das mochte ich besonders, daß ein Soldat das dachte. Wegen meiner G.I.-Joe-Puppen liebte ich Soldaten über alles, und darum legte ich extra noch ein bißchen Tempo zu, um ihn zu beeindrucken, und ich kam ins Wasser geflogen und machte einen gewaltigen Bauchklatscher, trotz meines kleinen Körpers.

Einen Moment lang fühlte ich mich wunderbar, vor allem nach der langen, heißen Autofahrt, aber dann fing es überall an zu brennen, vor allem in den Augen und im Anus, und die Pärchen, die sich in meiner Nähe still im Wasser treiben ließen, schrien mich alle auf hebräisch an. Meine Eltern und unsere israelischen Freunde standen neben dem Soldaten, und er redete auf die Kanareks ein und zeigte auf mich und sah mich zornig an. Ich fühlte mich gedemütigt, daß er mich so ansah, nachdem ich mir gerade eben erst so schön vorgekommen war.

Meine Mutter kam und holte mich aus dem Wasser und erzählte mir, daß das Tote Meer voller Salz sei und daß es auf der menschlichen Haut brenne (was ich schon wußte) und daß es nicht erlaubt sei herumzuplantschen, sonst würde ich Ärger mit dem Soldaten kriegen. Sie erzählte mir, ich müsse mich in dem Wasser ganz langsam bewegen, und man könne sich wegen des Salzes treiben lassen, ohne zu schwimmen. Sie sagte, ich könne jetzt wieder hinein, aber ich schämte mich zu sehr vor dem Soldaten, und darum setzte ich mich an den felsigen Strand und schaute zu den Hügeln hinüber, wo die Feinde waren, obwohl man da keinen sehen konnte, und ich beobachtete die beiden Kanarek-Schwestern, wie sie glücklich im Wasser trieben.

Das andere einschneidende Erlebnis jener Israel-Reise, an das ich mich noch erinnere, passierte, als wir bei einem unserer

Ausflüge in zwei Wagen fuhren und ich zu unseren israelischen Freunden in das Auto gesteckt wurde. Ich saß auf der Rückbank, zusammen mit den beiden Schwestern, die darum gebeten hatten, daß ich bei ihnen mitfahren durfte, und das schmeichelte mir. Es waren sehr schöne Mädchen mit gekräuseltem goldbraunen Haar, und sie waren wohl so zehn und zwölf, und ich saß zwischen ihnen beiden.

Sie fingen an, mich ziemlich zu kitzeln, und ich war schüchtern, aber ich liebte das. Sie sprachen englisch, weil sie zwei Jahre in Amerika gewohnt hatten, während welcher Zeit ihre Eltern meine Eltern kennengelernt hatten, und die Mädchen fragten mich, ob ich wisse, wie Babys gemacht werden. Ich schüttelte unschuldig den Kopf, und sie erzählten mir, wenn ich ihnen meinen Penis in die Vagina steckte, würden sie ein Baby kriegen. Ich wußte nicht, daß ich solche Macht besaß. Dann fingen sie an, bei ihren Kitzeleien nach meinem Penis zu greifen. Sie versuchten, mir den Hosenschlitz aufzumachen, und mir gefiel diese erregende Aufmerksamkeit, aber ich fühlte mich auch bedrängt und in die Defensive getrieben. Ich wußte, daß das, was da passierte, böse war und daß wir Ärger kriegen würden, wenn sie mir den Hosenschlitz aufmachten, aber ihre Eltern auf den Vordersitzen bekamen nichts mit. Der Wagen hatte keine Klimaanlage, die Fenster waren geöffnet, und darum war es laut von der Straße.

Die Mädchen bedrängten mich, ich solle meinen Penis aus der Hose holen, weil sie das nicht schafften, aber ich sagte weiter nein. Ich sagte ihnen, ich hätte Angst, sie könnten schwanger werden, wenn sie ihn berührten. Ich hatte schon verstanden, daß er zumindest ihre Vagina hätte berühren müssen – das muß wohl mit anderen Gerüchten zusammengepaßt haben, die ich gehört hatte –, aber ich stellte mich diesen beiden Schwestern gegenüber ein bißchen dumm, in der Hoffnung, sie würden meine Ängste respektieren. Außerdem wollte ich ihn nicht für sie rausholen oder zulassen, daß sie ihn anfaßten, weil ich dachte, in Wahrheit hätten sie's nur darauf abgesehen, sich darüber lustig zu machen und ihn vielleicht zu kneifen. Aber sie ließen nicht locker, und es war ein echter Kampf, die Hose anzubehalten.

Während diese kleine Lektion in Sachen Sex auf der Rücksitzbank und diese Kitzelschlacht abliefen, fuhr mein Vater vor einer Ampel plötzlich neben den Wagen der Kanareks. Er lehnte sich aus dem Fenster, rauchte eine seiner abscheulichen Zigarren, und er sagte irgendwas zu der Mutter der Mädchen und zog beim Lachen eine ziemliche Grimasse. Dann sprang die Ampel um, und er fuhr an uns vorbei. Im gleichen Augenblick wandte sich die Mutter mit einem fiesen Gesichtsausdruck zu ihrem Mann um und äffte das Lachen meines Vaters nach und sagte dann auf hebräisch irgendwas über meinen Vater, was ganz offensichtlich höhnisch und gehässig gemeint war. Ich merkte genau, daß sie ihn verabscheute, und ich nahm an, sie glaubte wohl, ich würde das nicht mitkriegen, aber ich kriegte es mit.

Und es war das erste Mal überhaupt, daß ich sah, wie sich jemand über meinen Vater lustig machte. Mir gefiel das nicht, daß unsere Gastgeber hinter seinem Rücken über ihn herzogen, besonders wo er gerade gedacht hatte, er würde sie mit etwas Lustigem unterhalten, und darum tat mir mein Vater leid. Er dachte, unsere Gastgeber würden ihn mögen, aber ich wußte, daß sie das nicht taten, und ich konnte es ihm nicht erzählen; ich wollte ihm nicht wehtun.

Aber ich schämte mich auch für meinen Vater. Sein Lachen und seine Zigarre waren auch mir vulgär vorgekommen, aber weil ich sein Sohn war, schämte ich mich auch für mich selbst. Ich fühlte mich, als habe man sich auch über mich lustig gemacht, und ich wünschte mir, ich könnte aus ihrem Auto raus. Ich mochte sie nicht mehr. Und die Mädchen spürten, daß sich meine Stimmung veränderte. Sie wußten, daß ich ihre Mutter verstanden hatte, und sie hörten auf, mich zu kitzeln.

Aber ich saß in der Zwickmühle. Ich wollte nicht mehr in ihrem Auto mitfahren, aber ich wollte auch nicht bei meinem Vater sein. Sein Verhalten in Israel war noch schlimmer gewesen als zu Hause. Er war ein schlechter Reisender. Er war launisch, er schrie, er jammerte. Und mit Mrs. Kanareks Nachäfferei, mit ihrem Abscheu wurde mir zum ersten Mal von der

Außenwelt bestätigt, daß mein Vater in der Tat ein schwieriger und schwer erträglicher Kerl war.

Und so war ich nicht der einzige, der von ihm abgestoßen war, aber überwiegend bemitleidete ich ihn, obwohl ich noch klein war. Es war eine Möglichkeit, ihn zu lieben.

Während ich über all das sinnierte und dabei auf den Felsen am Ufer von Fort Schuyler saß, im Schatten der Throgs Neck Bridge, zog der Schwarze, mit dem ich geredet hatte, plötzlich einen Fisch aus dem Wasser. Zu niemandem im besonderen, aber gleichzeitig zu allen sagte er: »Hab ihn.« Auf der Stelle ging er daran, den Fisch auszunehmen. Vielleicht wollte er gleich nach Haus mit seinem Fang.

»Das ist ja ein ganz schön großer Fisch«, sagte ich, um ihm ein Kompliment zu machen. Es war ein glänzend schwarzer Fisch mit einem grauen Bauch von der Farbe des Wassers. Ich sagte: »Darf ich beim Ausnehmen zusehen?«

»Klar doch«, sagte er. »Ich brauch nicht lange dafür.« Er schien ganz froh, ein Publikum zu haben. Ich rutschte ein paar Felsen weiter, um näher dran zu sein. Die anderen Angler ignorierten ihn hochmütig.

Als erstes zog er ihm mit seinem langen, gezähnten Messer die Haut ab, und mir fiel auf, daß er den Fischkopf nicht abtrennte. Er putzte den Fisch, während er noch am Leben war. Er hielt ihn mit seiner freien Hand am Boden fest, während der Fisch sich aufbäumte und dagegen ankämpfte.

»Schneiden Sie ihm nicht den Kopf ab?« fragte ich.

»Der stirbt früher oder später sowieso. Und die zappeln sowieso noch weiter, auch wenn der Kopf schon ab ist.«

Er warf die Haut und danach die inneren Organe ins Wasser, als sei das Müll, und er legte das weiße Fleisch auf die Felsen. Sogar als er ausgenommen wurde, machte der Schwarzfisch noch gelegentlich eine zuckende Fluchtbewegung. Sein Auge starrte direkt in den Himmel hinauf. Als nur noch das Rückgrat und der Kopf übrig waren, warf der Mann den Fisch wieder ins Wasser. Mir war, als würde ich ihn sich bewegen sehen, als versuche er zu schwimmen, Botschaften an die Muskeln und

Organe auszusenden, die ihm weggeschnitten worden waren. Ich fragte mich, ob er womöglich immer noch am Leben sein könne, und dann verschwand er unter der grauen Oberfläche des Wassers.

»Danke, daß ich zuschauen durfte«, sagte ich und versuchte, höflich zu sein und den Mann nicht für seine Brutalität zu verurteilen; immerhin war ich derjenige, der hatte zusehen wollen. Ich machte mich wieder zu Henry und Gershon auf, und ich fühlte mich schwach beim Gedanken an den Fisch. Ich selber kann nie etwas töten, nicht einmal eine Küchenschabe. Wenn ich auf eine drauftreten will, bring ich's nicht fertig. Ich stell mir immer vor, daß auch sie – die Küchenschaben, die Ameisen, egal was – Sachen haben, für die sie sich abrackern, daß sie Träume haben, daß sie geliebt werden.

Ich näherte mich dem Wagen, und Gershon lag darunter; nur seine dicken Beine und die Turnschuhe waren zu sehen. Henry beugte sich über die offene Motorhaube und besah sich den schwarzen und übel zugerichteten Motor.

Henry sagte zu Gershon: »Junior ist von seinem Spaziergang zurück«; und dann sagte er zu mir: »Gershon kriegt den Wagen nicht wieder hin. Er hat gesagt, der schafft es nicht mehr nach Florida, und die Summe Geldes, die nötig wäre, um ihn wieder in Schuß zu bringen, ist zu groß. Ich muß mich nach einem neuen Wagen umschauen. Wenn ich nicht nach Palm Beach fahren kann, ist mein Leben womöglich vorbei!«

Brüste bitte

In den Wochen vor Thanksgiving verbrachte Henry fast seine ganze freie Zeit damit, nach einem neuen Wagen Ausschau zu halten. Er las die Autoanzeigen, telefonierte mit Leuten in allen fünf Bezirken, machte Termine ab, um sich ihre Wagen anzusehen, und rief dann nochmals an und sagte ab, weil ihm aufgegangen war, daß ihre Stimme am Telefon häßlich geklungen hatte. Er wollte sich mit niemandem treffen, der eine häßliche Stimme hatte. Ein paar Abmachungen hielt er ein, aber ohne Erfolg. Er wurde sehr nervös, er würde keinen Wagen mehr finden, mit dem er nach Florida fahren konnte.

Sein Budget für den Kauf war auf fünfhundert Dollar begrenzt, was die Sache natürlich erschwerte. Der Skylark fuhr immer noch, wenngleich Henry täglich damit rechnete, ihn am Straßenrand stehen lassen zu müssen. Es war besser, wenn er den Geist in New York aufgab als irgendwo unterwegs Richtung Florida.

Am Wochenende vor Thanksgiving fuhren er und Gershon nach New Jersey, um nach billigen Autos zu sehen, die die Leute an ihren Garagenauffahrten zum Kauf anboten. Sie fuhren nach Warren County, in die Pferdegegend von New Jersey, und übernachteten bei einer von Henrys Damenbekanntschaften. Henry hatte Gershon mitgenommen, damit der die Motoren in Augenschein nehmen konnte.

Ich war sehr einsam ohne Henry, und am Samstagabend wurde ich schwach und fuhr wieder ins Sally's. Halb hoffte ich und halb fürchtete ich, Wendy zu treffen. Ich hatte Schiß, ich würde wieder mit ihr losziehen, weil ich nicht nein sagen könnte. Aber sie tauchte nicht auf, und auch Miss Pepper nicht. Es waren aber viele Mädchen da, die ich bei meinen zwei früheren Besuchen nicht gesehen hatte, und mir ging auf, daß es in New York von Tunten nur so wimmelte. Ich sinnierte darüber, daß man sie tagsüber gar nicht sah, daß sie aber jeden Abend hier ins Sally's kamen, schön und aufgedonnert, bereit, ihre Schau abzuziehen, genau wie die anderen Schauspielerinnen auf den Broadway-Bühnen gleich um die Ecke.

Ich blieb zwei Stunden, und als ich dann ging, schlüpfte ich in die Peep-Show nebenan. Ich versuchte, es so aussehen zu lassen, als hätte ich gar nicht die Absicht, da reinzugehen: während ich am Eingang der Peep-Show vorbeiging, ließ ich mich plötzlich seitwärts einsaugen. Ich war wie ein Vaudeville-Schauspieler, der gegen einen imaginären Wind ankämpft. Ich machte das für den Fall, daß gerade irgendwer von den Transsexuellen, die ich kannte, auf der Straße war, denn sie sollten nicht sehen, daß ich hier reinging. Sie sollten mich für diesen jungen Gentleman halten, der gelegentlich mal im Sally's vorbeikam, aber wenn sie mich in die Peep-Show gehen sahen, dachten sie vielleicht, ich wäre bloß einer von diesen Times-Square-Perversen.

Die Peep-Show verbreitete einen zitronigen desinfizierenden Geruch und war hell erleuchtet. Da waren Regale voller Pornovideos in bunten Packschachteln, und da waren kleine Kabinen zum Videoschauen. Ziemlich weit hinten im Raum saß der Kassierer an einem erhöhten Tisch, wodurch er alles im Auge behalten konnte wie eine Rettungswache am Strand. Gleich neben ihm führte eine Tür in einen sehr viel dunkleren Raum. Und über der Tür war ein rotes Neonschild mit der Aufschrift LIVE. Es sollte als Adjektiv ausgesprochen werden und nicht als Verb, aber man konnte es in beiderlei Sinn auffassen.

Ich trat an den Kassierer heran und langte weit nach oben und kaufte bei ihm einen Zwei-Dollar-Chip für die Live-Vorführung.

Ich betrat den dunklen Raum. Er wurde nur von einer roten Glühbirne beleuchtet, und etliche Männer lungerten in den tiefroten Schatten vor einer Reihe von Türen herum, die im Halbkreis angeordnet waren. Ich öffnete eine Tür und betrat eine Kabine – sie war wie ein dunkler Wandschrank –, und ich steckte meinen Chip in den Schlitz. Eine Sichtblende in der Wand ging in die Höhe, und dahinter wurde ein glasloses Fenster sichtbar. Die Ähnlichkeit mit einem Beichtstuhl mußte für jeden fehlgeleiteten Katholiken ein Quell großer Seelenpein sein.

Ich spähte durch mein Fenster, und dort sah ich ungefähr ein halbes Dutzend Frauen, nur mit Bikinihöschen bekleidet, die auf einer halbkreisförmigen Bühne standen. Ich konnte die Fenster der anderen Männer sehen; ihre fahlen Armesündergesichter verbargen sich im Schatten, genau wie mein eigenes Armesündergesicht. Ein paar Frauen knieten vor einzelnen Fenstern. Es war so was wie eine abgedrehte Pflegestation mitten in Manhattan, wo aus dem Lot geratene Männer sich Erleichterung verschaffen konnten.

Eine massige Schwarze mittleren Alters mit riesigen Brüsten kam zu mir ans Fenster rüber. »Suchst bißchen Gesellschaft?« fragte sie.

Ich fand, das war eine nette Weise, es auszudrücken. Rücksichtsvoll. Ich mochte sie auf der Stelle. Ich nickte auf ihre Frage hin. Sie setzte mich über ihre Preisspanne ins Bild. Es kostete zwei Dollar, ihre Brüste anzufassen, Hintern drei, ihre intimste Gegend fünf, und ebenfalls fünf, ihre Brüste zu küssen. Ich zögerte, ich war mir unschlüssig.

»Überleg's dir«, sagte sie freundlich, und sie ging weg. Ich warf einen Blick auf die armen Sünder in den Fenstern. Ich sah die Frauen an. Meine Blende ging wieder runter.

Ich ging zum Kassierer in seiner Rettungsstation zurück, und er gab mir noch einen Chip. Ich ging wieder in meine Kabine, und ich steckte den Chip in den Schlitz, und die Blende hob sich. Die Schwarze war noch frei. Ich gab ihr ein Zeichen. Sie kam rüber, und ich streckte ihr die zwei Dollar hin, die ich abgezählt in der Hand hielt, und ich sagte: »Brüste bitte.«

Sie nahm das Geld und legte es auf den Fußboden. Sie kniete sich hin, denn die Bühne war erhöht, und sie steckte ihre Brüste in mein Fenster. Ich sah, daß manche von den Frauen kleine hölzerne Gebetsbänke hatten, um sich draufzuknien. Ich hatte Mitleid mit den Katholiken. Für sie war hier alles mit visuellen Landminen gepflastert.

Ich legte meine Hände unter die Brüste der Frau und hielt sie wie jemand, der auf dem Wochenmarkt die Qualität von Obst prüft. Sie waren braun und gewaltig und unglaublich schwer. Was für eine Last sie ihr sein mußten. Ich fragte mich, wie sie wohl in einem Shirt aussahen. Würde ich erkennen, wie groß sie tatsächlich waren?

Ich wünschte mir, ich könnte ihr mein Gesicht zwischen die Brüste drücken, aber es beruhigte mich auch schon, sie einfach nur zu halten. Nach dem Besuch im Sally's war ich ein bißchen in Fahrt gewesen, darum hatte es einen therapeutischen Effekt, jemanden anfassen zu können. Ich dachte dran, mich selbst anzufassen. Ich wußte, daß die meisten Männer in den Kabinen masturbierten, darum roch es hier auch überall nach Zitronenreiniger, aber mir war es zu peinlich, mein Zeugs zu all dem, was schon auf dem schwarzen Fußboden sein mochte, hinzuzufügen.

Ich fuhr ihr mit den Daumen über die dunklen und kräftigen

Brustwarzen. Mit meiner jungenhaftesten Stimme sagte ich: »Ich hab nicht mehr Geld, aber kann ich die küssen?«

»Kannst sie ruhig küssen, Schätzchen«, sagte sie ganz süß. Also drückte ich jedem Nippel ein Küßchen auf, aber dann kriegte ich Schiß, weil ich an Tbc dachte und an all die anderen Männer, die vielleicht ihre Brüste geküßt hatten. Ich war mir nicht sicher, ob sich die Frauen zwischen zwei Männern wuschen, wahrscheinlich eher nicht, denn sonst würden sie Zeit auf der Bühne verlieren, und darum hörte ich auf, ihre Brustwarzen zu küssen, und ich hätte sowieso aufhören müssen, weil meine Blende sich schon wieder zu senken begann, und ich zog meine Hände zurück, damit sie nicht eingeklemmt wurden. Sie zog ihre Brüste zurück, und sie sagte, während der letzte Lichtsplitter von der Bühne verlöschte: »Du kannst gern wieder herkommen.«

Sie mußte gewußt haben, daß ich gelogen hatte, als ich sagte, ich hätte nicht mehr Geld, aber sie war mir nicht böse deswegen. Sie hatte mich umsonst ihre Brüste küssen lassen. Und ich fand, sie war generös, selbst wenn sie mich der Gefahr einer Tbc-Ansteckung ausgesetzt hatte.

Ich schneide Ihnen Ihren Schopf ab wie Salome

Henry kehrte am späten Sonntagabend heim, und ich war absichtlich aufgeblieben. Ich konnte es nicht abwarten, daß er kam. Als er reinkam, fragte ich: »Hast du einen Wagen gefunden?«

»Natürlich nicht«, sagte er. »Mein Leben zerfällt. Es ist die reinste Tragödie, und alles dreht sich um Automobile ... Ich muß sofort nach Florida aufbrechen, sobald mein Unterricht zu Ende ist.«

»Wann ist der Unterricht zu Ende?« fragte ich, weil ich das genaue Datum vergessen hatte.

»Vor zehn Jahren«, sagte Henry.

Ich lachte, und dann fragte ich: »Wann ist dieses Semester zu Ende?«

»Am sechzehnten Dezember. Am siebzehnten will ich unterwegs sein ... Das sieht alles sehr prekär aus. Wir haben einen ganz netten Wagen gefunden, einen Chrysler in hervorragendem Zustand. Aber der sollte zwölfhundert Dollar kosten. Gershon könnte sich das leisten, aber ich kann's nicht.«

Ich konnte nicht anders, ich freute mich, daß Henry keinen Wagen gefunden hatte. Es gab mir die Hoffnung, vielleicht würde er nicht nach Florida fahren. Ich konnte es wohl ein Wochenende lang durchhalten, schien mir, aber ich glaubte nicht, daß ich in New York überleben konnte, wenn er länger weg wäre. Und dann fragte ich: »Was hat deine Damenbekanntschaft von Gershon gehalten?«

»Martha? Sie hat ihn angehimmelt. In New Jersey war er ein großer Erfolg. Ich hab ihr erzählt, er sei ein Rothschild, und sie hat mir geglaubt. Sie liebte sein Haar. Sie sagte: ›Ich werde mich hineinschleichen, wenn Sie schlafen, und ich schneide Ihnen Ihren Schopf ab wie Salome.‹ Sie will die Haare für sich selbst haben, sie hat ganz fürchterliche Perücken ... Ich könnte Martha heiraten. Sie weiß so wenig zu sagen, daß ich es erholsam finden würde. Wiewohl ich glaube, sie hat nicht wirklich genug Geld, um mir einen Lebensstil bieten zu können, der den Verlust meiner Freiheit zu kompensieren vermöchte. Und wahrscheinlich würde sie Sex haben wollen. Die Freiheit zu verlieren und Sex zu haben, das ist zuviel. Freiheit ist alles.«

Nachher kriegst du eine Erektion, und was mach ich dann?

Henry fuhr zu Thanksgiving nach Connecticut, um die Wallaces zu besuchen. Das waren diejenigen seiner Freunde, deren Tochter, Virginia, Otto Bellman aufgenommen hatte. Ich rief meine Großtante an und machte mit ihr ab, daß ich den

Feiertag in ihrem Apartment im Rego Park in Queens verbringen würde. Henry sagte mir, wie ich da hinkäme, und am Morgen vor meinem Aufbruch rief sie mich dreimal an und fragte jedesmal zuerst: »Kommst du immer noch?«

Sie wohnte in einem winzigen Apartment mit Mietpreisbindung im fünften Stock eines alten Backsteinmietshauses. Ich war seit Jahren nicht mehr dagewesen, aber die Gerüche in den Fluren, wo überall unterschiedlich gekocht wurde, erinnerten mich unwillkürlich an die vielen Fahrten zu meiner Großtante, die ich mit meinen Eltern unternommen hatte. Denn fast meine ganze Kindheit lang besuchten wir sie alle zwei Monate oder so.

Meine Großtante begrüßte mich an der Tür, die mit der Fahne der New York Mets beklebt war (wir waren beide Baseball-Fans), und sie lächelte, überglücklich, mich zu sehen. Ihr Gesicht war älter und auch sommersprossiger geworden, seit ich sie das letzte Mal gesehen hatte, aber bemerkenswerterweise hatte sie fast keine Falten, und das mit Mitte achtzig. Und ihr Haar, das sie im Topfschnitt trug, hatte kaum weiße Stellen. Es war immer noch strohblond und lebendig; es hatte praktisch die gleiche Farbe wie mein eigenes, bloß daß ihre Haare nicht lichter wurden. Sie sah richtig niedlich und schnuckelig aus, und ich drückte sie an meine Brust. Sie war winzig, und ich strich ihr übers Haar, als wäre sie ein kleines Kind. Ich fand, sie brauchte das, berührt und im Arm gehalten zu werden. Ich war zu lange nicht hergekommen, weil ich Angst hatte, nach Queens zu fahren. Ich hatte ja vielleicht was Schlimmes mit Wendy angestellt, aber auf verzwickte Weise hatte mich das meiner Großtante wiedergeschenkt.

Während ich sie umarmt hielt, flüsterte sie die jiddischen Wörter, die sie mir immer ins Ohr gemurmelt hatte, als sie mich an *ihre* Brust gedrückt hatte und ich noch ein kleiner Junge war: »*Schejne, tatele, sissele.*« Schöner Springinsfeld, kleiner Süßer.

Dann lösten wir uns voneinander, aber sie drückte mir immer noch den Arm und betrachtete mich. Sie wußte gar nicht, was sie mit sich anfangen sollte, so sehr erfüllt von Liebe war sie, und darum schrie sie frohlockend: »ICH HASSE DICH!« Dann führte sie mich in ihr Apartment, und gleich auf der Stelle mußte ich mich auf die Couch setzen, und auf dem Tisch vor mir hatte sie als Vorspeise bereits Gefilte Fisch vorbereitet. Ich wußte, daß wir nach Fahrplan handelten; alles mußte so ablaufen, wie sie es vorgesehen hatte.

»Fang an, bevor alles austrocknet«, sagte sie. Sie war nervös. Ich wußte, um sie glücklich zu machen, brauchte ich bloß alles so zu machen, wie sie es mir sagte. Ich fing an, die Gefilte Fisch zu essen, aber sie unterbrach mich: »Halt! Geh dir die Hände waschen.«

Ich kam wieder, aß weiter, und dann fragte ich: »Willst du denn gar nichts essen?«

»Nein. Ich will mich nicht vollstopfen. Ich versuche abzunehmen«, sagte sie, und dann fragte sie anklagend: »Warum nimmst du nichts vom Meerrettich?«

»Hab ich gar nicht gesehen«, sagte ich, und pflichtbewußt verstrich ich den roten Meerrettich auf dem Fisch. Ich aß, und sie sah mir zu.

Den Hauptgang nahmen wir in ihrer kleinen Küche ein. Das ganze Apartment war winzig und vollgestopft mit ihren Antiquitäten, und die Wände waren mit ihren Ölgemälden bedeckt, auf denen die Straßen von Paris und die Häfen von Maine dargestellt waren, und auf dem einen Rabbis, die sich über eine Thora beugten. Ihr Apartment war sehr adrett und herausgeputzt, um die Gäste zu beeindrucken, die niemals kamen. Jahrelang hatte meine Großtante sich geweigert, irgend etwas mit anderen Rentnern zu tun zu haben. Sie wollte nicht so alt sein wie die.

Statt eines Thanksgiving-Truthahns hatten wir Hähnchen, und ich versuchte, mich zu überfressen, um sie zufriedenzustellen, aber sie sagte tadelnd: »Du bist gar kein guter Esser.« Nach dem Essen legte ich mich etwas auf die Couch, damit sie Klarschiff machen konnte. Es war genau so wie früher bei unsern Besuchen, nur hatte ich jetzt die Rolle meines Vaters übernommen, und es wurde von mir erwartet, daß ich nach dem Essen ein Mittagsschläfchen hielt.

Ich zog mir die Schuhe aus und legte mich mit dem Kopf auf ein Kissen. Wie bei Henry war auch bei meiner Großtante die Couch gleichzeitig das Bett.

Bevor ich die Augen schließen konnte, kam sie ins Zimmer, stand da über mir und sagte: »Ich hab da was für dich. Meine Freundin Lilian hat bei einem Preisausschreiben mitgemacht. Dafür mußte sie erst eine Zeitschrift abonnieren. Sie hat nicht mal gewußt, was sie da ankreuzt. Ich hab ihr gesagt, sie soll das nicht ... Sie haben ihr den *Playboy* geschickt! Was denken die sich denn bloß? Sie kann nicht mal aufstehen. Sie ist dreiundneunzig Jahre alt ... Na, jedenfalls hat sie mir die Zeitschrift geschickt; ihre Nichte muß mir ständig Sachen von ihr zuschikken. Was soll ich bloß damit anfangen?«

Sie ging ans andere Ende der Couch, wo sie einen Korb für Zeitschriften und Zeitungen stehen hatte, und sie holte den *Playboy* mit seinem Hochglanzumschlag heraus.

»Willst du mal reinschauen?« fragte sie neckend, und sie schwenkte ihn in der Luft und äffte ein sexy Hüftwackeln nach.

Ich hatte seit Jahren in keinen *Playboy* mehr hineingesehen. Die pornographischen Sachen, die ich gelegentlich kaufte, waren nie dieses übliche Zeug, aber der *Playboy* reizte mich. »Na ja, warum nicht?« sagte ich leichthin, um meine Begeisterung zu verbergen und so zu tun, als sei ich für solche Versuchungen unempfänglich.

Sie wollte ihn mir geben, zog ihn dann aber zurück. Sie hatte ein schmutziges Grinsen aufgesetzt, und sie sagte: »Stop. Nachher kriegst du eine Erektion, und was mach ich dann?«

Sie hatte ein großes Essen vorbereitet, mir mein Nickerchen befohlen, mußte die Küche auf Vordermann bringen, und das alles zusammengenommen verlieh ihr verdammt viel Selbstzufriedenheit; irgendwo tief im Innern hatte sie sich heimlich mit ihrem Alter abgefunden, darum war sie stolz, noch die Kraft zu haben, sich zu Thanksgiving um mich zu kümmern. Und da sie immer alles unter Kontrolle haben mußte, hatte sie gedacht, auch meine Erektion sei etwas, worum sie sich zu kümmern hätte.

»Laß mich reinschauen«, sagte ich lachend, und ich setzte mich auf und schnappte nach dem *Playboy.* Sie zog die Zeitschrift zurück. »Mir wird's nichts schaden«, sagte ich.

Sie gab ihn mir, immer noch grinsend, und ging wieder in die Küche. Sie hatte schon immer einen Hang zum Sexuellen gehabt. Das gehörte zu ihrem schlechten Ruf in unserer Familie. Zu ihrer Zeit war sie eine zierliche rothaarige Schönheit mit ungewöhnlich großen Brüsten gewesen, so was wie eine jüdische Mae West.

Sie war Maniküre gewesen, und den größten Teil ihres Berufslebens hatte sie in einem Herrenclub, dem Harmony, auf der Achtundsechzigsten Ost gearbeitet. Infolgedes lernte sie eine Menge verheirateter Männer kennen, die Gesellschaft suchten. Mutmaßlich hatte sie ein paar Scheidungen und sogar einen Todesfall verursacht: Einer ihrer Kunden hatte bei der Reinigung seines Jagdgewehrs seine Frau erschossen. Und sechs Monate danach meine Großtante geheiratet. Er war einer ihrer drei Männer.

Und auch wenn sie nicht verheiratet war, hatte sie immer eine Herrenbekanntschaft, wie sie dazu sagte, einen Gentleman, der sich um sie kümmerte, sogar noch mit Ende sechzig. Aber dann wurde ihr wegen einer Krebserkrankung eine ihrer Brüste entfernt, und ihr letzter reicher Gentleman besuchte sie nicht mehr und sorgte auch nicht in der Weise für sie vor, wie er das versprochen hatte. Sie war mit Unterbrechungen über dreißig Jahre hinweg seine Geliebte gewesen.

Sie lebte von der Sozialversicherung und den Ersparnissen, die sie hatte zurücklegen können. Es gab keine Männer mehr, die ihre Schuhe unter ihrem Bett vergaßen, was immer ihr Euphemismus für Romanzen gewesen war.

Ich blätterte im *Playboy*, und die Mädchen waren so hübsch und sahen so frischgewaschen aus, daß ich tatsächlich eine Erektion kriegte. Meine Großtante wußte, wovon sie sprach. Nur weil sie mich auf die Idee gebracht hatte, um derlei müsse sich gekümmert werden, erwog ich den Gedanken, ins Bad zu gehen und zu masturbieren, aber das Essen lag mir zu schwer im Magen, darum schloß ich die Augen und machte ein befriedigendes Nickerchen.

Nachdem ich geschlafen hatte, saßen wir am Küchentisch und spielten Hollywood Gin, drei Partien bis zweihundert. Sie plauderte über dieses und jenes und erzählte mir von einem Italiener, der ihr den Hof gemacht hatte.

»Ich hab ihn vor ein paar Wochen in der Bücherei kennengelernt. Er ist mir nachgelaufen. Ich hab gesagt: ›Was wollen Sie?‹ Und er sagte: ›Sie sind eine hübsche Dame.‹ Danach hab ich ihn ignoriert. Ich hab nicht mehr viel Selbstvertrauen, wegen dem hier.« Sie öffnete ihre Bluse ein bißchen und zeigte auf die hautfarbene Brustprothese in ihrem BH; dann schloß sie die Bluse wieder. »Aber ich sah ihn da weiter jeden Tag. Er ließ mich nicht in Frieden. Ich sagte zu ihm: ›Hören Sie, ich bin amputiert.‹ Und er sagte: ›Trotzdem finde ich Sie sehr hübsch.‹ Wir sind zusammen essen gegangen. Er hat gezahlt, aber es war nicht viel. Seine Frau ist Invalidin, kann nicht sprechen. Er ist zuckerkrank und kann keine Erektion mehr kriegen, hat er mir erzählt. Wofür taugt er dann? Aber ich hab ihn eines Abends mit hochgenommen. Mir brannte die Tuschi. Die brennt mir immer nachts. Ich ließ mir von ihm mit einem Wattestäbchen Hamamelisöl auftragen. Damit er seinen Kick hatte. Aber ich laß ihn hier nicht mehr mit hoch. Ich erwähnte, ich bräuchte einen neuen Fernseher, und er hat gar nichts dazu gesagt.«

Meine Großtante benutzte Hamamelis als Allheilmittel, und »Tuschi« war ihr seltsamer Ausdruck für ihre Genitalien, oder vielleicht auch für die ganze Körperpartie drumherum, ich bin mir da nicht ganz sicher. Der Ausdruck selbst war höchstwahrscheinlich eine Kreuzung aus dem jiddischen Wort *Toches* (Arsch) und dem Wort Muschi, und deswegen bezeichnete er wahrscheinlich beides gleichzeitig, als auswechselbarer oder kollektiver Begriff. Seit ich ein kleiner Junge war, hatte sie mit mir immer über Sex und ihre Tuschi geredet, und sie erzählte mir auch immer, ich sollte Kartoffeln essen, um Blei in meinen *Petsl* zu kriegen.

Bezüglich des Italieners sagte ich ihr, weil ich nicht wollte, daß sie einen möglichen Freund verlor: »Womöglich hat er nicht so viel Geld. Ein Fernseher ist ein kostspieliges Geschenk.«

»Nun, dann sollte er aber nicht erwarten, eine nette und saubere Damenbekanntschaft wie mich haben zu können.«

Wir redeten und spielten noch weiter, und ich konnte mir nicht helfen, ich liebte meine Großtante wieder. Nachdem meine Mutter gestorben war, hatte ich fast jeden Kontakt zu der Familie verloren. Ich reagierte nicht auf Einladungen, und bald kamen auch keine mehr. Ich tat irgendwie so, als hätte ich keine Familie mehr, was so weit von der Wahrheit auch gar nicht entfernt war – ich hatte bloß noch eine Handvoll Verwandte. Darum war es ziemlich leicht, jeden Kontakt zu verlieren. Meine Großeltern waren alle sogar schon vor meinen Eltern gestorben, meine wenigen Tanten und Onkel und Cousins hatte ich nie wirklich leiden können, und überhaupt war ich immer der Sonderling gewesen. Aber ich fühlte mich schuldig, weil ich in meiner Selbstsucht meine Großtante ganz vernachlässigt hatte, von gelegentlichen Telefonanrufen einmal abgesehen.

Ich war bei unserm ersten Spiel dicht an der Siegpunktzahl von zweihundert, und mir fehlte bloß noch eine einzige Karte. Ich wartete drauf, daß sie ihre Karte abwarf, aber sie nahm sich Zeit. Ich fing an, mit dem Bein zu wippen. »Laß das«, sagte sie. »Kranke Menschen in der U-Bahn machen so was. Das macht mich nervös.«

Ich gewann die erste Partie, und sie gewann die zweite. Wir waren bei diesem Spiel immer ungefähr gleich gut gewesen, und bei unserer dritten Partie wurde es eng. Ich versuchte, mich zu konzentrieren, aber sie fing an, mich nach Henry auszufragen. Er war ans Telefon gegangen, als sie am Morgen angerufen hatte, und hatte ihr erklärt, daß er mein Mitbewohner war.

»Wie alt ist er?« fragte sie.

»Ich glaube, er ist Ende sechzig.«

»War er mal verheiratet?«

»Nein.«

»Ist er ein *Fejgele*?«

Sie stellte im Eiltempo die essentiellen Fragen, jene, auf deren Beantwortung ich selber geduldig wartete. Aber ich wollte sie nicht beunruhigen, indem ich ihr sagte, ich sei mir in bezug auf Henrys Sexualität nicht sicher; in ihren Augen hätte das Homosexualität bedeutet. Darum sagte ich: »Nein, er war zehn Jahre lang verlobt, und er hat viele Damenbekanntschaften.«

»Dann muß er Geld haben.«

»Na ja, eigentlich nicht. Die bezahlen ihm alles.«

»Die zahlen? Er ist ein Liebesdiener! Wo kriegt er diese Frauen her?«

»Das sind Damen aus der High Society. Er begleitet sie zu Diners, ins Theater, weißt du.«

»Er muß schwer was auf der Kante haben. Wenn ein Mann nicht für die Frau bezahlt, dann heißt das, er hat Geld.«

»Eigentlich nicht. Er lebt sehr sparsam. Er schläft auf der Couch und vermietet sein Schlafzimmer an mich. Und er macht seine Wäsche in der Duschwanne, um Geld zu sparen.«

»Wenn man so knausert, hat man Geld. Er läßt dich die ganze Miete bezahlen, da bin ich mir sicher, und er läßt seine Damenbekanntschaften sein Essen bezahlen. Wahrscheinlich stecken die ihm auch noch ein bißchen was extra zu. Er ist ein Gauner. Ein Schmarotzer.«

Meine Großtante war eine klassische Einmischerin; neben ihrem Hang zum Sex war dies die zweite Eigenschaft, die sie in unserer Familie so etwas wie das schwarze Schaf hatte werden lassen. Sie hatte immer ein Talent dazu, Leute gegeneinander aufzubringen, Mißtrauen zu säen, und alles, was sie über Henry sagte, stimmte oder konnte stimmen, aber ich ließ nicht zu, daß ihre Bemerkungen sich in meinem Hinterkopf festsetzten. Selbst wenn ich die komplette Miete bezahlte, war es immer noch billig.

»Er ist kein Schmarotzer«, sagte ich ruhig.

»Die Russen sind Schmarotzer«, sagte sie. Sie spürte, daß mir ihre Schlechtmacherei Henrys gegen den Strich ging, darum leitete sie geschickt von Henry zu den Russen über, die in großer Zahl im Rego Park eingezogen waren. »Ich hab jeden Tag mit denen zu kämpfen«, fuhr sie fort. »Sie nennen die Hundertachte Straße Little Moscow … Sie reißen Packungen auf und stehen im Gang und essen. Sie gehen nicht aus dem Weg. Ich muß sie immer erst mit dem Einkaufswagen anfahren. Sie sind dreckig. Die Frauen haben Busen bis hier«, sie machte mit ihrer Hand eine Geste bis zur Mitte des Tisches, »und sie tragen Pelzmäntel, aber leben trotzdem auf Essensmarken! Pelzmäntel und Essensmarken. Sie schmarotzen sich in Amerika durch. Meine Eltern hatten es nicht so gut.«

Meine Großtante war zu hundert Prozent russisch-jüdischer Herkunft, aber diese neuen Einwanderer konnte sie nicht ertragen. Ich fand es interessant, daß sie und Henry sich so ähnlich und doch auch so gegensätzlich waren. Er liebte die Russen. Sie haßte die Russen. Er stammte aus einer reichen Neuengland-Familie und betätigte sich als Begleiter älterer reicher Damen. Sie stammte aus einer armen jüdischen Familie und hatte sich als Begleiterin älterer reicher Männer betätigt. Beide schliefen sie auf der Couch. Beide waren sie alt, aber erfüllt vom Leben einer verflossenen Zeit.

Ihr Zorn auf die Russen stachelte sie beim Kartenspielen an, und bei den letzten paar Runden fing sie tatsächlich an, mich zu schlagen. Ich ging hinterher immer noch die im Stapel verbliebenen Karten durch, um zu sehen, was ich gekriegt hätte, und sie ermahnte mich stets: »Keine Leichenfledderei. Keine Leichenfledderei.«

Sie gewann das Entscheidungsspiel mit großem Vorsprung, und wir waren beide ein bißchen müde, darum wurde es Zeit für mich zu gehen. Sie gab mir noch eine Einkaufstüte voller Lebensmittel mit, wickelte erst alles einzeln in Folie und tat es dann in kleine Plastiktüten und die dann in große Plastiktüten und machte dann überall Gummibänder drum. Es würde höllisch schwer werden, an das Essen zu kommen.

»Ich werde mich zwischen hier und Manhattan schon nicht verfahren«, sagte ich bettelnd. »Mußt mir wirklich nicht soviel einpacken für unterwegs.« Ich hatte das Gefühl, sie wollte die Plastiktüten loswerden, die sich zu Hunderten bei ihr angesammelt hatten; sie war ein Kind der Depressionszeit.

»Erzähl mir nichts von Lebensmitteln«, sagte sie.

Als sie damit fertig war, mir Essen fürs ganze nächste Jahrhundert einzupacken, füllte sie eine zweite Einkaufstasche mit etlichen Rollen Papierhandtüchern und einem Dutzend Rollen Toilettenpapier, was sehr generös war. Ich umarmte sie zum

Abschied, dankte ihr für alles und strich ihr wieder übers Haar. Ich nahm die beiden Taschen, und sie kam noch mit mir zum Aufzug.

»Du kannst dem Liebesdiener ein bißchen Essen abgeben«, sagte sie. »Aber nicht, daß er alles allein ißt.«

»Das ist ein netter Gentleman«, sagte ich.

Als ich im Aufzug war, hielt ich die Tür auf und dankte ihr noch einmal für unser Thanksgiving, und sie sagte: »Komm einmal im Monat her, und ich koch dir was. Und in der Zeit, wo du nicht hier bist, haben wir eine Telefonromanze.«

Ich ließ die Aufzugstüren sich schließen, und wir lächelten einander in der schmaler werdenden Öffnung an, bis wir einander nicht mehr sehen konnten.

Du hast so viel Toilettenpapier in mein Leben gebracht

Als Henry an jenem Abend von seiner Thanksgiving-Feier in Connecticut zurückkehrte, überreichte ich ihm die ganze Ausbeute meines Ausflugs in den Rego Park. Ich erbot mich, die Lebensmittel und natürlich die Papierwaren mit ihm zu teilen. Er war sehr beeindruckt, insbesondere von dem Dutzend Klopapierrollen. Die würden uns für lange Zeit reichen. Ich erzählte ihm, daß meine Großtante sich für ihn interessierte.

»Natürlich interessiert sie sich für mich. Alle Frauen tun das«, sagte er. Und ich hatte so eine private Phantasie, daß er sie vielleicht eines Nachmittags mal ausführen, ihr ordentlich was bieten würde, aber ich wußte nicht, wie ich ihn dazu bringen sollte, denn er erwartete ja, daß die Frau zahlte, und sie erwartete, daß der Mann zahlte. Das war ein Problem, über das ich noch nachdenken mußte. Ich fragte Henry, wie sein Thanksgiving verlaufen war, und er enthüllte mir, es sei schlimm gewesen.

»Bellman war da. Das Essen war vortrefflich, aber er hat mir den Appetit verdorben. Sie haben sich verlobt! Die Eltern sind schockiert, aber sie scheinen mir nicht die Schuld dafür zu geben, und das ist gut. Sie brachten ihn nicht mit in den Club. Das wäre zu beschämend gewesen. Er ist völlig ungehobelt. Keine Manieren. Kann die Gabel nicht richtig halten, und er zieht sich fürchterlich an.«

»Wann wollen sie denn heiraten?«

»Der Termin steht noch nicht fest, es gibt also noch Hoffnung. Sie ist fünfundvierzig, und er ist fünfundzwanzig. Er macht das nur wegen der Greencard, da bin ich mir sicher. Ihm ist nicht zu trauen. Ich hätte ihn da nie reinlassen sollen. Wir können jetzt bloß noch hoffen, daß sie zu Verstand kommen wird, aber er korrumpiert jeden Menschen, den ich kenne. Zuerst Gershon und jetzt eine komplette amerikanische Familie in Connecticut. Wer weiß, vielleicht ist das alles bloß ein Racheakt, weil ich ihn rausgeschmissen hab. Er hat mich als Vaterfigur gesehen. Er ist sehr ödipal veranlagt, aber zumindest könnte dann ein Fünkchen von Aufrichtigkeit in seiner Zuneigung zu ihr stecken. Mutterliebe. Er hat mir einmal erzählt, er bewundere ihre Brüste. In dieser Hinsicht bist du ihm gleich, aber du bist geistig gesünder.«

Mir gefiel es nicht, daß Henry eine Verbindung zwischen mir und seinem Gegenspieler Bellman herstellte. Er bezog sich dabei auf unser Gespräch über die großbusige Enkelin von Vivian Cudlip, bei der er sich nach allem, was ich wußte, immer noch nicht darum bemüht hatte, mich ins Spiel zu bringen, was mich ebenfalls schmerzte: Wenn Henry hohe Stücke auf mich hielte, hätte er auch etwas unternommen. Aber ich war schon froh, daß er mich wenigstens für geistig gesund hielt.

In jener Nacht schrieb ich, bevor ich zu Bett ging, einen kurzen Dankesbrief an meine Großtante. Das war etwas, was junge Gentlemen so machten, und ich wußte, sie würde Post von mir sehr zu schätzen wissen. Ich schrieb die Anschrift auf den Umschlag, hatte aber keine Briefmarken. Ich ging mit neunundzwanzig Cent in der Hand in Henrys Zimmer, getreu unserer Regel, die gegenseitige Verpflichtungen verbot, und ich sagte: »Kann ich dir wohl eine Briefmarke abkaufen?«

»Ich schenk dir eine Marke.«

»Nein, ist nicht nötig«, sagte ich. »Ich hab's passend.«

»Du hast so viel Toilettenpapier in mein Leben gebracht«, flötete er, »da kann ich dir auch ruhig eine Briefmarke schenken.«

Kapitel VII

Flöhe, Autos und Florida

Von seinen Automobilproblemen bis hin zur Nachricht von Bellmans Verlobung lief so einiges schief in Henrys Leben. Mehr als gewöhnlich. Und dann wurde es noch schlimmer. Am Abend nach Thanksgiving machte ich gerade etwas zu essen, als er ins Apartment platzte, und seine Schlüssel hörten sich nicht gut an im Schloß. Sein Gesicht war rot und glühte. Er knallte die Tür zu, weniger aus Rage als um die Welt draußen zu lassen. Er rauschte an mir vorbei, sein Regenmantel flatterte hinter ihm in der Luft wie ein Cape. Er ging ins Wohnzimmer und setzte sich auf sein Bett. Er hielt das Gesicht in seinen Händen.

»O Gertrud, Gertrud«, sagte er, »meine Leiden kommen nicht wie einzelne Späher, nein, in ganzen Geschwadern!«

»Was ist denn passiert?« fragte ich. Ich war besorgt. Er dramatisierte die Sache sichtlich, aber so am Boden hatte ich ihn noch nie gesehen.

»Ich versuchte, in der Park Avenue zu parken«, sagte er. »Aber die Steuerung wird immer schlimmer, und ich schoß über den Bordstein hinaus und erwischte das Halterungsgestänge eines Vordachs. Zum Glück stürzte nicht gleich das ganze Ding ein. Natürlich war der Türsteher gleich daneben. Er sah, in welchem Zustand der Wagen war, und kam rüber und starrte mich an. Will wahrscheinlich nicht, daß er da vor dem Gebäude abgestellt ist. Ich kann's ihm nicht verargen. Und um die Sache noch schlimmer zu machen, mußte ich zum Beifahrersitz rüberrutschen, um auszusteigen. Ich mußte zugeben, daß die andere Tür nicht funktioniert. Das war dann doch zuviel.« Dann senkte Henry die Stimme, und in beichtendem Tonfall sagte er zu mir, seinem Mitbewohner, seinem Hausgast, seinem Möchtegernknappen und Kammerdiener: »Zu allem Überfluß hab ich auch noch Flöhe!«

»Was?«

»Flöhe.«

»Du hast Flöhe? Woher willst du das wissen? Vielleicht juckt dir bloß das Fell.«

»Nein, das sind Flöhe. Ich war bei einem Dermatologen. Er nahm eine Probe von meiner Haut und untersuchte sie unter dem Mikroskop. Er ist ein Fachmann. Es war erniedrigend. Ich verließ seine Praxis und fuhr los und knallte auf das Vordachgestänge und demütigte mich noch zusätzlich vor dem Türsteher.«

»Was hat der Dermatologe dir geraten?«

»Er ist der Meinung, zwei Flohbomben und mein Abgang würden das Problem wohl aus der Welt schaffen – das Wirtstier muß weg.«

»Meinst du, daß ich sie auch krieg?«

»Nein. Die brauchen ein erfahrenes und charmantes Wirtstier wie mich. Du bist zu jung, zu wenig Erfahrung. Aber vielleicht bleiben sie auf mir drauf, bis sie mich umgebracht haben, und springen dann auf dich über. Das sind Schmarotzer, richtige Aasgeier. Wir können nur hoffen, daß die Bombe sie erst einmal tötet und mein Fortgang gen Florida ihren Hinschied dann besiegelt. Es ist wichtiger denn je, daß ich dort hinkomme. Ich muß einen Wagen finden!«

Ich nahm es diesen Flöhen sehr übel, daß sie Henry in seiner Absicht, nach Florida zu entfliehen, noch bestärkten. Alle seine Versuche, sich einen Wagen zu organisieren, waren vereitelt worden, und ich war zusehends zuversichtlicher geworden, daß er den Winter mit mir verbringen würde. »Was meinst du, wo du die Flöhe wohl her hast?« fragte ich.

»Ich vermute, Gershon hat sie sich in New Jersey bei einem Pferd geholt. Wahrscheinlich sind sie ihm in den Bart gegangen, haben dann gesehen, daß ich mehr zu bieten habe, und lassen sich seither von mir freihalten.«

Unser Apartment war wie ein Naturparadies, das wir leider würden ausbomben müssen. Wir hatten Küchenschaben, deren Population sich langsam wieder erholte; wir hatten etliche Taubenfamilien, die auf unseren Fenstersimsen wohnten und den lieben langen Tag vor sich hingurrten, um dann plötzlich mit großem Trara davonzufliegen, als müßten sie sich auf dringende Wanderschaft begeben; und jetzt hatten wir auch Flöhe.

In jener Nacht wollte ich mir ein Glas Wasser holen, bevor ich schlafen ging. Henry saß in seinem blauen Badeanzug und dem Smokinghemd auf seinem Bett und studierte einen alten beschrifteten Briefumschlag.

»Was ist das denn?« fragte ich.

»Meine Liste, was ich alles erledigen muß. Warum steht denn da ›Hose‹ auf der Liste? Ach ja, ich muß sie flicken lassen. Nun denn, wenn wenigstens ein Posten pro Tag erledigt wird. Was hab ich heute gemacht? Ich war beim Dermatologen. Die Steuer hab ich immer noch nicht erledigt. In vier Monaten werden sie mich in den Knast stecken. Sie werden mir das Bankkonto einfrieren. Ich hab schon angefangen, mein Geld in Reiseschecks umzutauschen, so daß sie nicht rankommen können.«

»Kannst du dir nicht jemanden besorgen, der die Steuer für dich erledigt?«

»Das kann ich mir nicht leisten. Und all die Quittungen, die jemand anders dafür brauchen würde, waren in jenem Koffer, der mir in Polen gestohlen wurde.«

»Das tut mir alles echt leid«, sagte ich.

»Nun, einfach war es nie, und es wird immer nur noch schwerer ... Wenn ein Tag nicht will, wie du willst, nimm einen andern«, sagte Henry wacker und verknotete zwei seiner persönlichen Sprichwörter miteinander, um eine Extraportion Mut zu schöpfen.

Er legte die Liste auf den Tisch neben seinem Bett und griff nach einem Fläschchen Eau de Cologne mit Zerstäuber. Er besprühte sich die Knöchel, und der Geruch war von einer überwältigenden Süßlichkeit.

»Warum machst du das?« sagte ich.

»Die Flöhe fangen an den Füßen an und kriechen dann hoch. Ich kann bloß noch hoffen, daß mein Eau de Cologne sie aufhalten wird wie ein Burggraben und sie darin ertrinken. Ich möchte mich dafür entschuldigen, daß ich sie in dein Leben eingeschleppt habe.«

Mir fiel auf, daß ein Paar Boxershorts um sein Kopfkissen gewickelt war. »Warum ziehst du deinem Kissen denn Unterwäsche an?« fragte ich.

»Wegen der Flöhe natürlich. Sie bestimmen jeglichen von meinen Schritten. Ich sehe mich gezwungen, ständig alles zu waschen. Ich hab keinen trockenen Kissenbezug mehr.«

Mir war schon aufgefallen, daß Henry in der Duschwanne eine Menge Wäsche gewaschen hatte, aber ich hatte nicht gewußt, warum. Er hatte seinen Verdacht geheimgehalten. Ich vermute, er wollte mich bezüglich der Flöhe nicht mit einem falschen Alarm verschrecken, bevor er das Urteil eines Fachmanns eingeholt hatte.

»Was für ein Leben«, sagte Henry, und er stopfte sich einen seiner Ohrpfropfen rein. »Flöhe, Automobilprobleme, Steuern. Kann nicht nach Florida. Das ist mir alles zuviel, irgendwo läßt es nach. Und meine Augenmaske ist immer noch verschwunden. Mein Leben wird mir unerträglich ... Es ist ein echtes Jammertal.« Er wickelte sich sein Oxfordhemd um die Augen, drückte sich seinen zweiten Ohrpfropfen hinein und schien glücklicher. Er sagte zu mir: »Ich entfleuche ins Land des Schlummers.«

»Na dann: Such Trost in deinen Träumen«, sagte ich. Es gefiel mir nicht, ihn so bedrängt zu sehen.

»Toast?« fragte er.

»Nein. Trost. Such Trost in deinen Träumen«, sagte ich laut, so daß er mich durch seine Pfropfen hindurch hören konnte. Ich stand gleich neben ihm.

»Träume? Ich will keine Träume. Ich will Vergessen. Meine Träume sind nicht tröstlich. Ich hab immer bloß einen Traum.

Ich will gerade auf die Bühne, und ich kann meinen Text nicht. Und immer geht der Vorhang hoch.«

Die ganze Stadt hat Flöhe

Am nächsten Tag war ich bei der Arbeit, und am Morgen führte ich ein kurzes, aber verstörendes Gespräch mit Mary. Sie stand in der Nähe meiner Kabine, und sie trug einen dicken, weißlichen Schlingenmuster-Sweater und einen dunkelblauen Wollrock, und sie sagte: »O Scheiße.«

Es war schon erregend genug, diese Äußerung mit anzuhören, und dann sah ich, wie sie sich über die Wade strich. Ich wußte, was los war, aber ich fragte trotzdem: »Was ist denn?«

»Ich hab mir diese Strumpfhose gerade erst neu gekauft, und jetzt hat sie eine Laufmasche.«

»Ach, das tut mir leid«, sagte ich, und sie lächelte mich an, weil ich so mitfühlend war, und dann verließ sie den Bereich um meine Kabine. Ich hatte sie absichtlich dazu gebracht, daß sie »Strumpfhose« sagte, aber mir war nicht klar gewesen, wie sehr mich das beschäftigen würde. Das kam einfach bloß davon, die beiden Begriffe aus ihrem Mund zu hören: Strumpf und Hose. Strumpfhose.

Für mich setzen sie sich zum Inbegriff von Intimität zusammen. Und sie wußte es nicht, natürlich nicht, aber indem sie Strumpfhose sagte, hatte sie mir ihre Sexualität offenbart: die Tatsache, daß unter ihrer Blondheit, ihren Pullis, ihrer Intelligenz eine Frau steckte, die morgens nackt war, die sich eine Strumpfhose über ihre glatten, perfekten Beine streifte, bis ganz hinauf zu ihrer Tuschi.

Diese Vorstellung war mehr, als ich verkraften konnte. Ich kriegte das Bild nicht mehr aus dem Kopf, ein durchscheinendes Gewebe rollte sich bis ganz nach oben die Beine hinauf, und begleitet wurde dieser Vorgang in meinen Gedanken durch das geflüsterte Wort Strumpfhose.

Ich wußte nicht, was ich mit mir anfangen sollte. Ich dachte dran, ins Barbizon Hotel zu gehen. Da ging ich wenigstens einmal am Tag hin, um das Bad zu benutzen. Ich benutzte nicht gern die Bürotoilette, weil ich sehr befangen war. Da stand zwar eine Sprühdose mit einem Frischespray, aber ich hatte das Gefühl, deren Benutzung sei eine Art Schuldeingeständnis und würde den Geruch außerdem nur noch verschlimmern. Die anderen Leute im Büro benutzten das Spray, und ich verurteilte sie deswegen nicht, aber ich hatte Angst, daß sie mir gegenüber nicht so tolerant sein würden. Und neben den Gerüchen waren es auch die Geräusche, derentwegen ich mir Sorgen machte. Ich glaubte, daß meine Kollegen mich da drinnen hören könnten, trotz des Lüftungsventilators. Außerdem war da noch das Problem möglicher falscher Schuldzuweisungen. Wenn ich da hinging, und jemand anders hatte da Gasalarm ausgelöst, und ich machte gar nichts weiter Schlimmes, aber während ich rauskam, mußte gerade jemand anders rein – Mary zum Beispiel –, und dann würde das fälschlich mir in die Schuhe geschoben werden. Deshalb mied ich die Bürotoilette praktisch ganz. Ich wollte mutig sein und keine Klokomplexe haben, aber sie hatten sich mir schon zu tief eingebrannt. Darum hatte ich mir angewöhnt, ins Barbizon zu gehen und deren Toilette zu benutzen, was mir sehr gefiel. Das war so, wie sich mit Henry in eine Vorstellung einzuschleichen.

Und jetzt, nach Mary und diesem ganzen Strumpfhosenvorfall, drohte ich mir damit, ins Barbizon zu gehen und in der Klokabine zu masturbieren, wenn ich nicht aufhörte, an sie zu denken. Aber es war nur eine Drohung. Ich setzte sie nicht in die Tat um. Was, wenn die Wachleute vom Barbizon mich erwischten? Ich blieb an meinem Schreibtisch, und ich richtete mich wieder auf, indem ich mir meine übliche Antwort auf Mary-Erlebnisse durch den Kopf gehen ließ: »Ich kann einfach ins Sally's gehen.«

Ich war wieder ein paarmal dort gewesen seit jenem Samstagabend, als Henry in New Jersey war. Ich ging bloß hin, wenn ich mir sicher war, Henry war nicht zu Hause, so daß er nicht merkte, daß ich aus war. Miss Pepper war manchmal da, Wendy aber nie. Ich ging mit keinem neuen Mädchen los, aber ich mochte es, wie sie alle ihren Arm um mich legten und mir erzählten, ich sähe gut aus. Dann nach dem Sally's ging ich gern noch in die Peep-Show, die ich insgeheim immer nur den Brüsteladen oder die Brüsteshow nannte, und faßte da die Mädchen an. Ich fing an, den Geruch, der da herrschte, mit Wohlbehagen zu assoziieren. Ich war zusammengebrochen, auf eine noch tiefere Stufe der Schamlosigkeit gesunken, und masturbierte wie die anderen Männer in meiner Kabine, während ich die Frauen anfaßte. Das Ganze war ein gewohnheitsmäßiger Ablauf für mich – mich erst im Sally's zu erregen und mich dann im Brüsteladen zu erleichtern. Wenn dann alles erledigt war, verließ ich die Dreiundvierzigste Straße, und normalerweise widerte mich mein Verhalten ein paar Tage lang an, aber nie so sehr, daß ich nicht wieder hingegangen wäre.

Als der Tag halb herum war, hatte ich das Wort *Strumpfhose* endlich aus dem Kopf bekommen, wiewohl es stundenlang darin herumgegeistert war wie ein lästiger Ohrwurm. Während des restlichen Nachmittags hatte ich Kopfweh, und ich fühlte, daß mir eine Depression nachschlich wie ein Schatten, der mich überholen und plattmachen wollte.

Als ich nach Hause fuhr, stieg ich ganz vorne in die U-Bahn ein und versuchte, mich aufzuheitern. Ich liebte es, im vordersten Wagen zu fahren und aus der Frontscheibe zu schauen und die Gleise anzusehen. Manchmal mußte ich mir das Fenster mit anderen Leuten teilen, wiewohl die meisten U-Bahn-Insassen gar nicht zu wissen schienen, wie interessant der Blick aus der Frontscheibe war. In jener Nacht teilte ich sie mir mit einem Chassiden. Wir standen Seite an Seite, achteten sehr darauf, einander nicht zu berühren, und wir starrten gemeinsam raus, und ich sagte zu ihm: »Das ist toll, nicht?«

Aber er antwortete mir nicht. Ich vermutete, das kam daher, daß er mich für einen Nichtjuden hielt, einen Ungläubigen, aber immerhin lächelte er mich an und bestätigte mir damit, daß das eine Wucht war, während die anderen U-Bahn-Insassen das verpaßten.

Meine Stimmung heiterte sich auf. Aus dem Fenster zu starren wirkte hypnotisierend: Wir rasten dahin, schlingerten auf den schmalen Gleisen; die weißen Scheinwerfer beleuchteten den dunklen Tunnel vor uns nur sehr spärlich; die verrosteten

Eisenträger an der Decke und den Wänden waren wie Rippen. Ich dachte an die Arbeiter, die Grubenarbeiter vor sechzig Jahren, von denen einige ums Leben gekommen sein mußten, wenn plötzlich ein Stollen einbrach.

Die Bahn sauste dahin und füllte den ganzen schmalen Tunnel aus, und dann plötzlich tauchten in gelbem Licht die Haltestellen auf. Sie sahen aus wie weit entfernte Bühnen, und die wartenden Menschen wirkten wie ein ungeordneter Chor. Wenn die Bahn näher kam, entdeckten mich immer ein paar Leute im Frontfenster, wie ich da die Stirn an die Scheibe preßte, und es kam zum Blickkontakt, aber sie sahen mich immer eher argwöhnisch an. Was treibt der da vorn im Fenster? müssen sie sich gefragt haben. Stimmt vielleicht mit dem was nicht?

Aber endlich einmal scherte ich mich nicht um das, was irgendwer von mir dachte; ich war ein furchtloser Entdeckungsreisender, ein Abenteurer. Dieses Starren aus dem U-Bahn-Fenster ist etwas, was mir immer Behagen verschafft. Ich kann den Jungen absolut verstehen, der einmal eine Bahn der Linie A gestohlen hat und damit von Brooklyn nach Manhattan fuhr. In der Großstadt sind die U-Bahn-Tunnel eine erreichbare Anderswelt, in die man sehr viel einfacher eindringen kann als in den Ozean oder den Himmel.

Der Chasside stieg an der Sechsundachtzigsten Straße aus, ohne mir auch nur zuzunicken. Ich hätte gern irgendeine Art von Bestätigung erhalten, aber dafür hatte ich das Fenster eine Station lang ganz für mich.

Ich stieg an der Sechsundneunzigsten Straße aus, und ich ging den steilen Hügel von der Lexington zur Second Avenue hinunter. Henry hatte mir erzählt, Manhattan sei ein indianisches Wort, das Hügelinsel bedeutete, wiewohl er sich gerne ausmalte, wir wohnten am Fuß eines Alpenbergs. Das ließ unser Leben europäischer erscheinen. Während ich mich unserm Haus näherte, hoffte ich, Henry würde zu Hause sein.

Nicht weit von den Mülltonnen neben unserer Haustür, wo oft Ratten herumhuschten, erblickte ich etwas, das aussah wie der schwarze Metallrahmen von Henrys geliebter Couch. Irgendwas war schiefgegangen. Als ich die Treppe zu unserm

Stockwerk hinaufkam, sah ich die Matratzen der Couch an der Wand lehnen. Ich wußte, daß irgend etwas Außergewöhnliches passiert sein mußte.

Ich betrat das Apartment, und Henry stand im Wohnzimmer und bewunderte eine weiße Couch mit hellbraunen Flecken, die an jener Wand stand, wo die alte Couch gewesen war.

»Was ist denn hier los?«

»Ich hab die alte Couch weggeworfen. Es schmerzt uns, sie fahrenzulassen, aber ihre Zeit ist gekommen. Ich hab die Flohbombe noch nicht gezündet, aber die Couch war zweifellos infiziert, und ich konnte den Gedanken nicht ertragen, noch eine Nacht darauf zu verbringen.«

»Wo hast du denn diese neue Couch her?«

»Ich hab sie auf der Straße gefunden.«

»Meinst du, daß das schlau ist?« fragte ich. »Wir haben sowieso schon Flöhe.«

»Sie stand auf der Park Avenue, das ist eine sehr gute Adresse. Ich entdeckte sie unweit des Vordachs, das ich letzte Nacht angefahren hab.«

»Park Avenue ist nicht flohsicher ... Wie hast du sie hergeschafft? Gershon?«

»Nein, er war unterwegs, um seinen Sexualtrieb wegzustrampeln. Ich hab ihn jetzt erst rangekriegt, damit er sie aufarbeitet. Er hat sie geölt und ein paar Schrauben nachgezogen. Um sie heraufzuschaffen, habe ich den kleinen irischen Penner dienstverpflichtet, der immer vor der Pizzeria herumlungert. Ich hab ihm fünf Dollar gegeben. Im Flur ist er zusammengebrochen. Ich dachte schon, er würde sterben. Womöglich hat seine Leber ausgesetzt. Wahrscheinlich ist er jetzt zu schwach, um sich von dem verdienten Geld zu betrinken. Aber mit derlei Dingen kann ich mich nicht belasten.«

Ich konnte nicht glauben, daß Henry und der Penner, ein kleiner, rothaariger Kerl, der seinem Aussehen nach erst in den Dreißigern war, es geschafft hatten, die Couch vier Treppen hinaufzuschleppen. Ich vermutete, daß Henry sich wegen der Flöhe in einen irrationalen Anfall hineingesteigert und den dann an der Couch ausgelassen hatte, indem er sie wegwarf.

Und sein Zorn hatte dann solche Energien freigesetzt, daß er in der Lage gewesen war, eine andere Couch hier hochzuschleppen. Er war echt ein bemerkenswerter Typ. Ich sagte: »Ich bin sehr beeindruckt, daß du sie hier raufgeschleppt hast.«

»Nun ja, mein Tanzen hält mich fit, wiewohl ich mir möglicherweise einen Bruch dabei gehoben habe und wahrscheinlich im Schlaf sterben werde.«

»Kann man die Couch ausziehen?«

»Ja, und Gershon hat Vorsorge getroffen, daß sie schön leicht aufzuklappen ist. Und sie hat eine sehr gute Matratze.«

Dann begann Henry, die Couch mit weißen Plastikmüllsäcken aus dem Supermarkt zu überziehen. »Soll das Plastik dich vor der Couch schützen oder die Couch vor dir?« fragte ich.

»Beides«, sagte er. »Ich laß das Plastik einige Monate lang drauf. Das sollte sie sterilisieren. Und ich habe ein Plastiklaken für die Matratze. Der Dermatologe hat mir erzählt, daß die Flöhe auf Plastik nicht überleben können. Sie können auf überhaupt nichts überleben. Nun, auf einer Gardinenstange könnten sie ein kleines Weilchen überdauern, aber auf Dauer müssen sie auf einem Menschen sein.«

Als die Couch hinreichend mit Plastiksäcken überzogen war, setzte Henry sich mit einem Gesicht drauf, als sei er bei einer Weinprobe. Als er ein Weilchen sinniert hatte, sagte er schließlich: »Weißt du, als ich mit dem Penner die Couch wegtrug, waren da zwei Hunde in einem Fenster und schauten mich an. Ihre Augen waren sehr traurig. Es muß ihre Couch gewesen sein. Dann begannen sie zu bellen. Ich glaube, sie versuchten, mich zu warnen, daß Flöhe drin sind! Wir Armen können einfach nicht gewinnen. Ich habe eine flohverseuchte Couch gegen eine andere eingetauscht. Es könnte eine Epidemie sein. Die ganze Stadt hat Flöhe!«

Ich sah ein Stück Käse und schritt zur Vernichtung

Am nächsten Morgen war ich bei der Arbeit, und die Empfangsdame piepte mich auf der Sprechanlage an. »Ein Dr. Harrison auf Leitung eins«, sagte sie.

Es war Henry. Er nannte sich nur dann Doktor, wenn er meinte, das sei nötig. Er hatte mir erzählt, daß er in den fünfziger Jahren einen Docteur d'Université in Theaterwissenschaften von der Universitat Paris erhalten hätte. Über seine Zeit in Frankreich hatte er mir einmal mit sentimentalem Unterton gesagt: »Als sie die gemeinschaftliche Pißrinne im Louvre hatten, da war Europa es noch wert, besucht zu werden. Als sie die entfernten, ging es mit der Kultur bergab.«

Ich drückte auf die Taste für Leitung eins und sagte: »Henry?«

»Louis?«

»Ja, ich bin's. Alles in Ordnung mit dir? Stimmt was nicht?« Henry hatte mich die ganze Zeit, seitdem ich sein Untermieter war, noch nie bei der Arbeit angerufen.

»Bitte entschuldige, daß ich dich störe, aber ich werde jetzt eine Flohbombe zünden, und du darfst nicht vor sechs Uhr heimkehren, ansonsten überlebst du's nicht.«

»Danke für die Warnung«, sagte ich.

»Es ist nicht auszuschließen, daß ich sie falsch zünden und selbst zu Tode kommen werde.«

»Na, das will ich nicht hoffen. Bei der Küchenschabenbombe hast du das doch auch hingekriegt.«

»Im Falle meines Todes benachrichtige meinen Cousin in Charleston, South Carolina, Philip Harrison. Er ist Fußchirurg, allerdings schon im Ruhestand; er verwechselte immer die Füße, die er operieren sollte. Er wird mich im Armengrab beisetzen lassen wollen, aber sag ihm, meine Pensionskasse vom College wird für das Begräbnis aufkommen.«

»In Ordnung … Aber du wirst nicht sterben.« Ich mochte den Gedanken an Henrys Tod nicht.

»Und es soll keinerlei Feierlichkeit gleich welcher Art geben.

Ein einzelner Priester möge meinem Sarg folgen ... Hinterher mag man auf lateinisch eine kurze Gedenkmesse lesen lassen. Und die Predigt muß auf lateinisch gehalten werden. Stattfinden soll es um sieben Uhr abends, dann braucht niemand früh aufzustehen deswegen ... Ich sollte das besser schriftlich niederlegen, aber du wirst es schon behalten.«

Ich fand Gefallen an seiner Phantasie, darum sagte ich: »Ich seh zu, was sich machen läßt.«

»Was machst du heute abend?« fragte er. »Ich habe da zwei Damenbekanntschaften, die für eine Vernissage in der Historical Society eine Begleitung brauchen.«

»Na ja, ich ...«

»Es könnte dich gesellschaftlich voranbringen. Und wahrscheinlich wird es etwas zu essen geben.«

»Liebend gerne.« Endlich bekam ich Gelegenheit, mich als Begleiter zu erproben, als Rosenritter.

»Wir holen sie um halb acht ab.«

»Ich seh dich dann zu Hause, irgendwann nach sechs.«

»Ja, aber nicht früher. Ich möchte nicht deine Großtante anrufen und ihr mitteilen müssen, ich hätte dich mit einer Flohbombe ermordet.«

Als ich an jenem Abend nach der Arbeit zur U-Bahn ging, sah ich wieder den Obdachlosen mit der Brustbehaarung, der immer noch kein Hemd hatte. Es war Anfang Dezember und kalt, aber er schien es gar nicht zu bemerken. Er lächelte mich an, als ich näher kam. »Kann ich heute auf deine Unterstützung rechnen?« fragte er, als würde er sich noch an mich erinnern, und er streckte mir seine Handfläche hin.

»Weiß nicht«, sagte ich.

»Warum nicht?« fragte er, und er lächelte mich an. Seine Augen waren schalkisch, intelligent.

»Das letzte Mal, als ich dich sah, hast du mir erzählt, daß mir mein Haar ausgeht.«

»Tut's auch, na und? Kann ich auf deine Unterstützung rechnen?«

»Glaubst du wirklich, daß es mir ausgeht?«

»Bück dich mal«, sagte er. Er war sehr bestimmt, und ich befolgte seine Anweisungen. Er kam ganz nah an mich heran, und ich fühlte mich kompromittiert. Er war sehr schmutzig, obwohl er nicht stank. Die ganze Sache war verrückt, aber wenn man schon in jungen Jahren zur Glatze neigt, ist man für jeden kleinsten Ratschlag dankbar.

»Man kann direkt hindurchsehen«, sagte er. »Geht dir aus. Besorg dir 'ne Matte.«

Ich hob den Kopf und besah mir sein Haar, die wirren dunklen Strähnen, die eine Art Hecke auf seiner Stirn bildeten. »Ist das ein Haarteil?« fragte ich. Er sollte wissen, daß ich hier nicht der einzige Glatzkopf war.

»Jau, ich war mal reich. Konnte mir 'n Haarteil leisten. Konnte mir alles leisten.«

»Und? Was ist passiert?«

»Kokain. Zweihundertfünfzigtausend Dollar durch die Nase. Ich war ein reicher arabischer Jude vom Eastern Parkway, so einer wie Crazy Eddie, und beide haben wir's alles verloren. Ich hatte Geld. Ich hatte Frauen. Haufenweise. Hättste mich mal sehen sollen.«

Ein Mitjude. Ich hatte noch nie vorher einen jüdischen Penner getroffen. Ich mochte ihn. Ich mochte es, geradeheraus mit ihm zu reden. Aber ein Pizzaverkäufer, der in der Tür seines Restaurants stand und eine Zigarette rauchte, hatte unserem Gespräch zugehört, und er mochte es nicht, daß der Obdachlose vor seinem Laden herumstand. Vielleicht mochte er keine Juden. Er mischte sich in unser Gespräch ein und sagte mit fiesem Unterton: »Na und? Sieh dich doch an, was du jetzt bist.«

Der Obdachlose tat so, als hörte er nichts oder als störte ihn das nicht weiter, aber es muß ihn doch gestört haben, denn sein Gesicht verdüsterte sich, und plötzlich ging er von mir weg, ohne was zu sagen. Ich holte ihn ein und gab ihm einen Dollar. Er schnappte einfach danach, sagte nicht danke und blieb nicht mal stehen.

Als ich zu Hause ankam, roch es ein bißchen bitter von der Bombe, aber nicht allzusehr, nicht so schlimm wie bei der Schabenbombe. Und auffälliger als der Geruch war die Tatsache, daß das Wohnzimmer schon wieder umgeräumt worden war. Die alte Couch war wieder da! Wir hatten jetzt zwei. Henry hatte eine Menge Zeugs zur Seite geschoben, um Platz zu schaffen. Ein paar Fetzen sauberer wirkenden orangenen Teppichs waren zu sehen.

Henry saß auf seinem Thronstuhl, und bevor ich auch nur hallo sagen konnte, sagte er zu mir: »Von wem stammt der Spruch: ›Hier liegt jemand, dessen Name mit Wasser geschrieben steht‹?« Er prüfte mich gerne über berühmte Zitate ab, und normalerweise hatte ich keine Ahnung, von wem sie stammten. Meine einzige richtige Antwort war Oscar Wilde gewesen. Ich versuchte zu raten. Ich sagte zögerlich: »Whitman?«

»Nein, ich glaube kaum, daß Whitman sich um seine Sterblichkeit bekümmerte«, sagte Henry. »Er wollte einfach nur, daß man ihn in Frieden ließ, damit er sich in aller Ruhe den Bauch kratzen konnte.«

»Na, und von wem stammt es nun?« fragte ich.

Henry belferte mich an: »Von Keats natürlich! ... Was hat man auf den Grabstein von W. C. Fields geschrieben?«

»Dein Verstand ist heute echt auf Tod gepolt«, sagte ich. »Sieht nicht so aus, als habe die Flohbombe dich umgebracht.«

»Weich meiner Frage nicht aus.«

Ich war verärgert. »Keine Ahnung«, sagte ich.

Henry keifte mich herablassend an: »Keats und W. C. Fields! Dir sind die kulturellen Hauptströmungen unserer Zeit komplett entgangen! Sein Grabspruch lautet: ›Lieber wär ich in Philadelphia.‹«

Ich war gebührend demoralisiert, aber auch ein bißchen sauer, darum stellte ich Henry eine Frage, um ihn in die Defensive zu zwingen: »Warum hast du die alte Couch wieder raufgeholt?«

»Ich habe sie vermißt«, sagte er, irgendwie peinlich berührt, und dann fügte er hinzu, um nicht übermäßig sentimental zu klingen: »Und es ist mir zu mühselig, die neue jede Nacht aufzuklappen. Das kann unser Gästebett sein. Oder falls wir einen Lehrdiener aus Rußland kriegen, die können drauf schlafen. Was meinst du, wieviel das kosten würde? Das Lohnniveau in

Moskau muß bei einem Dollar pro Tag liegen. Das wären dann sieben Dollar die Woche. Wir könnten uns das teilen. Nur dreifünfzig für jeden. Nicht schlecht.« Er blickte mich mit hochgezogenen Augenbrauen an in der Hoffnung, mich mit dem ökonomischen Argument rumzukriegen.

»Die würden abhauen«, sagte ich. »Die würden im Salz der Erde arbeiten gehen, Teller waschen.«

»Nein, sie wären ja illegal. Sie müßten bei uns wohnen bleiben. Das wäre unser Kontrollinstrument. Und wenn wir eine Frau kriegen würden, könnte sie in deinem Bett schlafen.« Er sagte das, um mich doch noch für die Idee zu begeistern und sich gleichzeitig für die knifflige Keats- und W.-C.-Fields-Prüfung zu entschuldigen.

»Dann könnten wir vielleicht eine Amme kriegen«, sagte ich – halb, um Henry aufzuziehen, und halb, weil ich mich von meiner Phantasie davontragen ließ.

»Du bist durch und durch verdorben. Ein amerikanischer Sexmaniak«, sagte er, und einen Moment lang schwieg er und erwog die Idee mit der Amme. Dann sagte er: »Ich möchte meinen, russische Milch dürfte sehr hochprozentig sein.«

»Ja, wegen Tschernobyl«, sagte ich, und wir lachten beide.

Ich wollte für Henrys Damen gut ausgeruht sein, darum legte ich mich ein bißchen hin, und Henry kam auf dem Weg zur Dusche durch mein Zimmer. Sein orangenes Handtuch hing ihm über die Schulter, und er trug verschossene gelbe Boxershorts.

Am Fußende meines Bettes blieb er stehen, sah mich mit feierlichem Ernst an und sagte: »Dieser Abend ist sehr wichtig für mich. Eine der Damen, die du kennenlernen wirst, ist Lois Huber. Ich habe die letzten vier Jahre in Palm Beach immer in ihrem Gästeschlafzimmer übernachtet. Sie ist diejenige, mit der ich in diesem Sommer in Europa war, aber wir haben uns entzweit, weil ich sie beleidigte, und seit unserer Rückkehr habe ich sie nicht mehr gesehen.«

»Ich versuch, einen guten Eindruck zu machen«, sagte ich.

»Nun, wir werden beide mehr als das tun müssen. Ich habe keinen Wagen, der es bis Florida schaffen könnte, aber ich habe die Hoffnung noch nicht aufgegeben, einen zu finden, und darum ist es von immenser Wichtigkeit, daß ich mein Zimmer in Palm Beach wieder haben kann. Es ist nicht so, daß ich da unten wirklich auf sie angewiesen bin. Ich hab mein Zelt. Ich kann am Strand schlafen. Aber dann gäbe es keine Möglichkeit, mich für Einladungen zu kontaktieren. Ein Telefon ist unabdingbar. Bei Lois bin ich derzeit aus dem Spiel, aber ich muß wieder reinkommen.«

»Wie willst du das anstellen?« fragte ich, während ich mich in meinem Bett aufsetzte.

»Ich hab zwei Pläne. Beim ersten spielst du eine wichtige Rolle. Deine Jugend könnte eine immense Wirkung auf sie zeitigen. Das könnte dazu beitragen, daß sie aus der Deckung kommt. Sie ist sexuell überstimuliert. Du hast ansonsten nichts zu bieten, aber das ist schon in Ordnung, solange du deine Jugend hast.«

»Ich weiß nicht so recht«, sagte ich. »Ich weiß nicht, ob das auf meiner Wellenlänge liegt.«

»Du mußt nicht mir ihr schlafen. Du mußt nur ein bißchen lächeln und nett tun.«

»Ich hatte auch nicht daran gedacht, daß ich vielleicht mit ihr schlafen müßte, ich weiß bloß einfach nicht, ob ich die richtigen Worte finden werde.«

»Du mußt überhaupt nichts sagen. Du mußt einfach nur jung sein. Das wird sie ablenken. Ich glaube, sie hat mich als Test eingeladen. Sie hat gesagt, sie würde nur konstruktive Kritik akzeptieren. Wenn ich sehr gut zu ihr bin, nimmt sie mich womöglich wieder zurück. Oder es könnte auch ein Trick sein, um mich zu dem Irrglauben zu verleiten, ich hätte eine Chance, mein altes Zimmer wieder zu kriegen, und mich dann aus Rache für meine Beleidigungen zurückzuweisen.«

»Wie hast du sie denn überhaupt beleidigt, als ihr in Europa wart?«

»Ich hab ihr gesagt, daß sie bei Kleidern keinen Geschmack hat, daß sie in ihrer Reaktion auf bestimmte Dinge vulgär ist, daß sie keinen Sinn für gesellschaftliche Schichten hat, daß ihr Arsch zu groß ist, daß sie einen Rücken wie ein Sattel hat und daß sie wahrscheinlich eine moralische Schwachsinnige ist ... Ich finde, das ist konstruktive Kritik. Sie sollte das als Grundlage begreifen und darauf aufbauen. Sie kann in einer Benimmschule Unterricht nehmen.«

»Du solltest dich wirklich entschuldigen. Das ist ja eine unglaubliche Kette von Beleidigungen«, sagte ich.

»Kann ich nicht. Es ist alles wahr. Aber ich werde sie nicht weiter kritisieren. Das wird eine Form von Entschuldigung sein, und ich werde ihr dich vorstellen. Ich werde mich deiner bedienen. Aber so läuft es nun einmal. Zum Ausgleich bekommst du kostenlose Hors d'œvres und Gratisgetränke und vielleicht sogar Dinner.«

Ich hatte Angst, ich würde Henry enttäuschen, aber ich sagte mutig: »Für dich werde ich mein Bestes geben.«

»Unser größtes Problem ist die andere Frau, Meredith Lagerfeld. Sie war einmal eine gute Freundin. Sie weiß, daß ich bei Lois außen vor bin, und sie tut alles, um an meine Stelle zu treten. Sie will mein Zimmer in Palm Beach haben. Sie streckt schon seit Jahren ihre Fühler aus, um dahin eingeladen zu werden. Sie bietet all ihre Kniffe auf, verspricht Lois, daß sie sie mit Männern bekanntmachen werde. Aber das einzige, was sie kriegen kann, ist altes Obst. Sie ist eine soziale Aufsteigerin des schlimmsten Kalibers. In Palm Beach würde sie nie zurechtkommen. Sie dürfte da auf Liste D stehen.«

»Auf welcher Liste stehst du?«

»Ich springe von Liste zu Liste. A bis Z. Ich geh überallhin, wo es Essen umsonst gibt, solange die Leute interessant sind ... Ich schätze, ich steh auf Liste A, aber ich würde nicht behaupten wollen, ich sei ein Bombenerfolg. Man weiß ja nie. Im einen Jahr gehörst du dazu, im nächsten bist du draußen ... Und was wir unter allen Umständen erreichen müssen, ist, daß die Lagerfeld auf Dauer draußen ist. Während du Lois weichkochst, werde ich die Lagerfeld mit Beschlag belegen. Dann machen wir Frauentausch. Lois glaubt, die Lagerfeld könne ihr Männer besorgen, aber ich kann ihr was bieten, was die Lagerfeld nicht bieten kann: eine Rolle in einem meiner Stücke!«

»In welchem Stück?« fragte ich.

»In dem Stück über George Eliot, *Die tote Hand*. Ich hab die

Titelseite gefunden, als ich gestern abend die Couch rausschaffte, und dadurch bin ich auf die Idee gekommen.«

»Wo ist der Rest von dem Stück?«

»Der muß in einer der Reisetaschen in der Küche sein. Ich muß mal suchen.«

»Glaubst du, *Henry und Mary kommen immer zu spät* könnte auch in einem Koffer stecken?«

»Nein, im Frühjahr während der Bellman-Epoche lag es auf dem Fußboden. Wahrscheinlich läßt er es in Jugoslawien auf die Bühne bringen und wird reich von den Erlösen. Eines Tages werden wir es entdecken, oder er wird zugeben, es gestohlen zu haben. Aber *Die tote Hand* ist wie auf Lois zugeschnitten. Ich werde in Palm Beach eine szenische Lesung arrangieren und George Eliot mit Lois besetzen. Sie wollte schon immer Schauspielerin sein, und über die Jahre hat sie ein großes Interesse an meiner Arbeit bezeugt, und das Angebot, sie könne diese Rolle übernehmen, ist meine beste Chance, mein Zimmer wiederzuerlangen!«

Henry duschte sich, und dann wusch ich mich flink und begann damit, mich anzukleiden. Ich zog meine graue Hose an, dazu einen blauen Blazer, ein weißes Hemd und einen guten Schlips, und Henry warf sich in seinem Zimmer in das gleiche Outfit. Er rief zu mir herüber: »Unsere Stärken sind deine Jugend und mein Stück. Mit der Kombination aus beidem könnten wir es hinkriegen.«

»Ich weiß nicht, ob ich wirklich so jugendlich aussehe«, sagte ich. »Du weißt ja, ich neige schon zur Glatze.«

»Tust du gar nicht«, sagte Henry. »Das ist eine richtige Obsession von dir, dein Haar.« Halb angezogen in Hose und T-Shirt kam er in mein Zimmer und sagte: »Laß mich mal sehen. Beug den Kopf.« Es war unglaublich. Zwei Inspektionen von zwei Verrückten unterschiedlichen Grades an einem einzigen Tag. Ich hatte mir das Haar nach hinten gekämmt, so daß es nicht so auffiel, daß es mir ausging. Meine raffinierte Kämmtechnik und meine blonde Haarfarbe waren es, die die meisten Leute an der Nase herumführten. Aber indem ich meinen Kopf beugte, offenbarte ich Henry die Schwachstelle in der Mitte meines Haarschopfs, wie ich das zuvor schon dem jüdischen Obdachlosen gegenüber getan hatte.

»Ja, jetzt seh ich's«, sagte Henry. »Das ist ja seltsam. Es geht dir vorne und hinten nicht aus, nur in der Mitte ... Ich glaube, du hast die Räude.«

Ich ließ meinen Kopf wieder hochschnellen. Ich sagte: »Ich hab keine Räude! Das vergiß mal ganz schnell.« Ich war tief getroffen, und Henry wußte das. Er versuchte, zu retten, was zu retten war. »Also, dein Gesicht sieht recht jung aus«, sagte er. »Für ein menschliches Wesen siehst du nicht schlecht aus. Im Profil wirkst du wie George Washington.« Damit hatte er mich restlos besänftigt. Es war das erste Kompliment hinsichtlich meines Aussehens, das ich von Henry je erhalten hatte.

Er ging wieder in sein Zimmer, um sich weiter anzuziehen. Ich war fertig und setzte mich in die Küche, um ihm zuzusehen. Er holte das Bügelbrett heraus, legte es über den Herd und bügelte ein Paar dünner Socken. Ich fragte ihn warum, und er sagte: »Um sie zu trocknen. Sie sind naß von der Dusche. Möglich, daß die Flohbombe nicht jeden der kleinen Blutsauger erwischt hat, und meine Knöchel haben es ihnen besonders angetan. Darum muß ich auch weiterhin meine Socken sterilisieren.«

Als er mit den Socken fertig war, sagte er: »Und welches schmutzige Hemd paßt wohl dazu? Das ist die nächste Frage.« Schließlich war er fertig angezogen, nachdem er sich ein Hemd ausgesucht hatte, dessen Fleck von seiner Krawatte verdeckt wurde. Dann mußte ich an seinen beiden blauen Blazern schnuppern.

»Du bist der königliche Riecher«, sagte er. »Lois hat sich in der Vergangenheit über den Geruch meiner Kleidung beschwert. Sie begreift einfach nicht, daß Schmutz das Vorrecht der Aristokraten ist, aber heute abend muß ich mich lieb Kind bei ihr machen.«

Henry tat wirklich alles, um mir zu schmeicheln, denn er sah mich als wichtiges Instrument, um den Abend erfolgreich abzuschließen. Erst sah ich aus wie George Washington, und jetzt wußte er auch noch meinen Geruchssinn zu schätzen, statt sich wie sonst darüber lustig zu machen.

Ich entschied, der eine von Henrys Blazern rieche weniger prall nach den Wechselfällen des Lebens als der andere. Dankbar zog er ihn sich über, verteilte vorsichtshalber aber noch ein bißchen Eau de Cologne um die Aufschläge. Wir waren abmarschfertig, aber dann erhob zu unserer tiefen Verzweiflung wieder einmal die Schlüsselfrage ihr häßliches Haupt. »Die Schlüssel. Die Schlüssel sind weg«, sagte Henry. »Das wär's dann. Sie sind verschwunden. Als sie zuletzt gesehen wurden, waren sie auf dem Weg nach Butte, Montana.«

Die Schlüssel fanden sich neben dem Telefon, und wir brachen auf. Als wir die Treppe hinunterstiegen, stöhnte Henry auf. »Was ist los?« fragte ich. Wir blieben auf dem Treppenabsatz im ersten Stock stehen.

»Diese Hose schnürt mir die Blutzirkulation ab. Das Sperma wird mir abgetötet.«

»Was sagst du da?« fragte ich verblüfft.

»Das Sperma wird mir stranguliert.«

»Ich dachte, du hättest dich in Sachen Fortpflanzung schon zur Ruhe gesetzt«, sagte ich.

»Nein. Ich steh in der Blüte meiner Kraft.«

Ich war schockiert. Henry predigte immer Keuschheit. Deshalb konnte ich nicht glauben, daß er jetzt plötzlich von Sperma geredet hatte. Ich glaube, er war in guter Stimmung, weil wir ausgingen. Er spürte Leben in sich, aber trotzdem setzte ich ihm in dieser Frage ein bißchen zu. Ich sagte: »Als ich mich um das Zimmer bewarb, hast du mir erzählt, daß du dich in sexueller Hinsicht zur Ruhe gesetzt hast.«

»Zur Ruhe gesetzt? Nein. Ich sagte wohl: in Ruhe angesetzt.« Henry lachte über sich selbst, und ich lachte mit, und dann gingen wir die restlichen Stufen hinab und traten aus dem Haus. Ich liebte es, wenn Henry über Sex redete. Davon konnte ich gar nicht genug kriegen. Jedesmal wenn das Thema aufkam, hatte ich das Gefühl, ich käme der Wahrheit über ihn näher. Während wir zu Henrys Wagen gingen, war ich unglaublich glücklich, daß wir zusammen waren. Ich neidete der Welt gar nichts.

Wir nahmen den Skylark, obwohl ich angeboten hatte, den Parisienne zu benutzen, aber er wollte nie in meinem Wagen fahren. Er sagte es zwar nicht, aber ich wußte, er traute meinem fahrerischen Können nicht.

Es beunruhigte mich, in Henrys Buick sitzen zu müssen, aber mein Verlangen, mit ihm zusammenzusein, war größer als meine Furcht. Als wir die Fifth Avenue hinunterschlingerten, sagte er: »Die Steuerung könnte jeden Moment versagen und jedermann in unserer Nähe ins Verderben stürzen. Ich werde versuchen müssen, das mit meinem Gewissen in Einklang zu bringen. Ich sag dir rechtzeitig Bescheid, und dann springst du raus. Ich habe die Absicht, in eine Mauer zu fahren und mich selbst zu opfern. Das ist das mindeste, was ich tun kann.«

Ich ließ meine Hand am Türgriff, aber der Wagen schien ganz in Ordnung zu sein. Auf unserm Weg zum Museum durchquerten wir den Central Park, wo die dunklen, einsamen Bäume von beiden Seiten über uns hingen, und Henry sagte: »Ich sollte dich vorwarnen, daß die Lagerfeld einen ziemlichen Körperumfang hat. Sie kann kaum gehen, sie benutzt einen Stock. Das ist auch der Grund, warum sie sich die ganzen Jahre über immer gut mit mir gestellt hat, wegen meiner Automobile. Ich kann sie mitnehmen. Aber sogar ohne meine Hilfe geht sie überall hin. Ein Gratiskonzert in der Bronx, eine Theateraufführung in Brooklyn – ganz gleich, wenn's umsonst ist, ist sie da. Namentlich, wenn es etwas zu essen gibt. Und wenn man irgendwo eine Einladung braucht, kommt sie trotzdem rein. Mit ihren wallenden Brunhildelocken und ihrem Handstock kommt sie einfach anspaziert und sagt: ›Ich hatte leider keine Zeit, auf die Einladung zu reagieren.‹ Auf die Weise hat sie uns schon bei vielerlei Anlässen eingeschleust. Wir konnten uns über Jahre hinweg in Partys und Theaterstücke und Opern einschleichen. Manchmal behauptet sie auch, eine Journalistin vom *Yorkville Ladies' Home Journal* zu sein; das funktioniert auch vortrefflich.«

An der Art und Weise, wie Henry von ihr sprach, konnte ich ablesen, daß er sie immer noch bewunderte, trotz ihrer Bemühungen, ihn seines Zimmer in Palm Beach zu berauben. Er redete weiter von ihr. »Ihr hat jemand das Herz gebrochen, als sie noch sylphengleich war. Wahrscheinlich ist sie damals sehr schön gewesen. Ihr Gesicht sieht nicht schlecht aus, und ihr Haar ist vortrefflich ... Nun, wir haben alle irgendwelche Vorzüge, selbst die Lagerfeld. Manche Leute haben natürlich gar nichts, aber wenigstens haben die den Trost zu wissen, daß sie nicht mehr häßlicher werden können, wenn sie älter werden.«

Wir stellten den Wagen am Central Park West ab und betraten das Gebäude der Historical Society, das sich unweit des American History Museum befand. Während wir mit dem Fahrstuhl in das entsprechende Stockwerk fuhren, sagte Henry zu mir: »Du darfst aber keine Gesellschaft der A-Klasse erwarten.«

Die Vernissage fand in einem langen, eleganten Raum mit hoher Decke und einem schönen Holzfußboden statt. Wir blieben am Eingang des Raums stehen und lasen ein Schildchen an der Tür, auf dem erklärt wurde, dieses sei die Vernissage einer kürzlich gestifteten Sammlung von Einzel- und Familienporträts bedeutender Personen des neunzehnten Jahrhunderts aus dem Hudson River Valley. Nachdem wir uns das Schildchen durchgelesen hatten, sahen wir, daß auf der gegenüberliegenden Seite des Raums ein langer Tisch mit Obst, Kräckern, Käse und Fleisch vorbereitet worden war.

»Oh, gut, es gibt was zu essen«, sagte Henry, und dann fragte er: »Von wem stammt der Satz: ›Er sah ein Stück Käse und schritt zur Vernichtung‹?«

»Ich hab keine Ahnung«, sagte ich deprimiert, weil ich wieder einmal bei einer Gelegenheit patzte, wo ich Henry hätte zeigen können, daß ich was im Kopf hatte.

»Hazlitt formulierte das über Wordsworth«, sagte er, und dann näherten wir uns hungrig dem Tisch, indem wir uns durch die kleine Schar der Besucher drängelten. Es waren ungefähr dreißig Leute da, und niemand würdigte die Gemälde an den Wänden eines Blickes. Sie standen alle in kleinen Grüppchen zusammen und nippten an durchsichtigen Plastikbechern mit Wein.

Ich sah mich kurz um, ob ich irgendeine Schönheit entdecken konnte, aber die Gesellschaft setzte sich doch mehr aus älteren, angegrauten Herrschaften zusammen. Henry flüsterte mir zu: »Das da ist die Lagerfeld. Die da gerade beim Essen steht. Blokkiert den ganzen Tisch. Wir müssen froh sein, wenn sie uns noch was übrigläßt.«

Als wir uns dem Tisch näherten, hatte die Lagerfeld uns den Rücken zugekehrt – sie beugte sich über ein Tablett –, und Henry sagte höflich: »Meredith, du siehst heute bezaubernd aus.« Während sie sich langsam umdrehte, ein Stück Käse in der Hand, um festzustellen, wer das war, schaffte es Henry, sich gerade so weit an ihrer Körperfülle vorbeizuzwängen, daß er selbst an den Käse herankam; während er das tat, setzte er seine Komplimente fort. »Das ist ja ein bezauberndes Cape, das du da trägst«, sagte er.

»Ach, du bist's, Henry«, sagte sie. »Ich freue mich, dich zu sehen.«

»Darf ich dich mit Louis Ives bekanntmachen«, sagte Henry. »Er ist mein Hausgast und gebürtig aus dem großartigen Staate New Jersey.« Ich freute mich, daß Henry so oft seine Bewunderung für New Jersey zum Ausdruck brachte. Er fand die Leute dort ehrlich und die Automobile, die sie verkauften, preiswert.

Die Lagerfeld bot mir artig ihre große, aber weiche Hand, und ich drückte sie sacht. Sie lächelte mich mit großen Zahnlücken an, und sie sagte: »Sehr erfreut, Sie kennenzulernen.«

Sie war recht groß, um die einsfünfundsiebzig, aber weil sie eine Frau war, schien sie sogar noch größer. Außerdem war sie recht breit, und sie trug ein schwarzes Cape und unter dem Cape ein durchscheinendes schwarzes Top, das über ihren Brüsten recht dunkel war, dann nach unten hin aber durchsichtiger wurde, und ich konnte wie durch einen Schleier ihr Bauchfleisch sehen. Sie trug einen langen roten Rock, und sie lehnte sich auf ihren Stock. Ihre Gesichtshaut war weiß und rein. Ihr Haar war von einem strahlenden Strohblond und wallte ihr bis auf die Schultern. Ihre Augen wurden von der Brille auf seltsame Weise vergrößert, und sie schienen ständig hin und her zu huschen und die Gesellschaft nach irgendjemandem von Liste A oder wenigstens Liste B abzusuchen.

Sie sagte zu Henry: »George Gillie und Frau sind da. Sie hat was mit dem Lincoln Center zu tun und gibt nächsten Donnerstag eine große Party. Wir sollten versuchen, mit ihr zu plaudern.« Henry packte sich gerade wieder gierig eine dicke Käsescheibe zwischen zwei Kräcker – ein solches Sandwich zerkrümelte schon in seinem Mund –, und er sagte: »Ja, wir müssen uns eine Einladung besorgen. Aber wo ist eigentlich Lois? Ich seh sie gar nicht.«

Die Lagerfeld zeigte auf die gegenüberliegende Ecke, jenseits der Grüppchen, die den Tisch mit den Getränken umschwirrten, wo eine einzelne Dame sich die Bilder anschaute.

»Louis und ich werden ihr mal hallo sagen«, sagte Henry, »und dann komm ich zu dir zurück, und wir können uns auf die Jagd nach den Gillies machen. Ich werde ihnen erzählen, daß ich Vivian Cudlip kenne.«

Wir verließen Meredith und blieben kurz am Weintisch stehen. Ein attraktives junges Mädchen stand am Ausschank, und Henry sagte zu ihr: »Sind Sie Russin?« Er sagte das in flirtendem Tonfall, und das Mädchen errötete und sagte: »Ich bin Amerikanerin.«

»Ich werde Sie mir immer als Russin vorstellen«, sagte Henry, und er lächelte sie an. Ich versuchte ebenfalls, sie anzulächeln, aber sie schien mich gar nicht zu bemerken. Sie war immer noch rot von Henrys Bemerkung. Er sah sehr gut aus, und er benahm sich wie ein Gentleman von der draufgängerischen Sorte. Wir ließen uns von ihr zwei Gläser Wein einschenken und traten vom Tisch zurück. Henry sagte: »Die Leute hier sind absolut öde. Diese russische Kellnerin ist die einzige attraktive Frau. Und die Männer sehen aus wie der wandelnde Tod.«

Wir nippten beide kurz an unserm Wein, und dann sagte Henry: »Und nun zu Lois und unserer eigentlichen Mission.« Wir gingen auf sie zu – sie schaute sich immer noch die Bilder an –, und Henry sagte zu mir: »Mein Gott, schau dir bloß das Kleid an. Wo treibt sie so was bloß immer auf? Ich hab ihr gesagt, sie soll sich Kleider kaufen, die das Auge an der Nase herumführen. Alles, was sie trägt, betont immer ihre offensichtlichsten Defekte.« Ihr Kleid war so eine eng geschnürte Geschichte mit Leopardenmuster, die ihr einigermaßen schwellendes Hinterteil besonders betonte, was wiederum ihr Kreuz in der Tat so hohl wirken ließ, als sei es ein Sattel.

Sie starrte das Porträt einer Familie an, und noch bevor er

hallo zu ihr sagte, sagte Henry: »Da ist ein Zwerg auf dem Bild!«

Lois sah ihn an und sagte: »Außer dir käme niemand auf die Idee, daß das Kind da ein Zwerg sein könnte. Das ist kein Zwerg, das ist ein kleiner Junge.«

»Das ist ein Zwerg, ganz unmißverständlich ein Zwerg. Oder ein Kind, das ein Zwerg ist und niemals groß werden wird.«

»Das ist ein hübsches Kind«, sagte Lois. »Immer versuchst du, alles häßlich zu machen.«

»Ich hab ein gutes Auge für das Groteske!« sagte Henry, und ich konnte ihm ansehen, er war kurz davor, sie zu beleidigen, so schnell waren sie in Streit geraten, aber dann riß er sich zusammen. Er muß insgeheim gedacht haben: FLORIDA! Er beäugte das Bild aus der Nähe und sagte: »Nach eingehender Prüfung muß ich dir recht geben. Es ist doch kein Zwerg. Es ist ein Kind mit einem großen Kopf, freilich keinem unattraktiven Kopf. Wo wir gerade von Kindern reden, laß mich dir meinen jungen Hausgast vorstellen, Louis Ives. Er ist nach New York gezogen, um zu sich selbst zu finden, und derzeit ist er in der Zeitschriftenbranche tätig. Louis, dies ist Lois. Eure Namen sind wie geschaffen dafür, zusammen ausgesprochen zu werden. Sie gehen so glatt von der Zunge.«

Wir gaben einander die Hand, und Lois gewährte mir ein hübsches Lächeln. Plötzlich sagte Henry, er sei am Verhungern und müsse noch mehr Käse haben, und so ließ er uns dann flink allein, aber bevor er das tat, sah er mir noch eindringlich in die Augen, um mich an die Bedeutsamkeit meiner Aufgabe zu erinnern.

Lois und ich spazierten zum nächsten Bild weiter. Ich war mir der Tatsache, daß sie viel Geld besaß, sehr bewußt, und ich hoffte, sie würde mich mögen.

»Das sind hervorragende Gemälde, finde ich«, merkte ich an.

»Ich mag sie nicht«, sagte sie, »aber ich finde, es ist eine Schande, wenn niemand sie anschaut.«

»Ja«, sagte ich, »ich verstehe, was Sie meinen.«

Meine erste Bemerkung war nicht gerade ein Volltreffer gewesen, und so sagte ich, als wir zum nächsten Bild weitergingen: »Ihr Kleid gefällt mir sehr. Es ist interessant geschnitten.«

Mein Tonfall war säuselnd und aufrichtig, und Lois lächelte. Sie dankte mir für mein Kompliment. Sie war eine sehr kleine Frau, und ihr Gesicht war hübsch. Ihre Nase war recht klein und wohlgeformt, wiewohl an der Spitze ein bißchen zu breit. Ich tippte auf Nasenchirurgie und Face-lifting, denn mir schien, sie müsse eigentlich ein paar Falten haben, aber sie hatte keine. Ihre Lippen waren knallrot angemalt, und sie trug eine mattblonde Perücke, die ihr ziemlich tief in die Stirn hing. Ich schätzte sie auf Mitte siebzig. Ihre Gegenwart rief in mir unwillkürlich eine gewisse Sehnsucht nach meinen Großmüttern hervor, die beide schon vor vielen Jahren gestorben waren. Aber wenigstens hatte ich ja noch meine Großtante.

Und während Lois und ich vor einem der Gemälde standen und ich an meine Großmütter denken mußte, verspürte ich den plötzlichen Drang, ihr die Hand zu halten. Ich warf einen Blick auf ihre Finger. Sie waren knochig, und die Nägel waren knallrot, aber durch ihre Zierlichkeit schien sie mir süß und zerbrechlich.

»Was genau tun Sie denn in der Zeitschriftenbranche?« fragte sie, blind für meine zärtlichen Empfindungen.

»Ich arbeite im Marketingbereich für eine Umweltzeitschrift namens *Terra*. Ich hab gerade erst angefangen. Aber ich denk mir, am liebsten würde ich später mal als Herausgeber oder schriftstellerisch tätig sein«, sagte ich und markierte den pflichtbewußten, ehrgeizigen Enkel.

»Henry ist ein sehr guter Schriftsteller, wissen Sie. Haben Sie seine Stücke gelesen?«

»Nein, leider nicht«, sagte ich, »aber ich habe den Eindruck, sie müssen sehr scharfsinnig sein.«

»Ich habe sie gelesen. Er ist ein guter Dramatiker, aber er kann ein sehr grober Mensch sein, wissen Sie.«

Ich merkte, daß sie sich mir schon ein bißchen zu öffnen versuchte. »Nun ja, er kann manchmal ein bißchen launisch sein«, sagte ich.

»Letzten Sommer hat er mich ganz fürchterlich beleidigt. Meredith meinte, ich solle ihm heute abend noch eine zweite Chance geben, aber ich brauch keine Freunde, die mich auf eine Weise kritisieren, wie er das getan hat.«

»Das überrascht mich«, sagte ich. »Er spricht in den höchsten Tönen von Ihnen.« In dem Augenblick wünschte ich mir, Henry hätte hören können, wie fachmännisch ich ihm half.

»Nun, wir waren einmal gute Freunde. Platonisch.« Sie schaute mich an, um sicherzugehen, daß sie sich in diesem Punkt unmißverständlich ausgedrückt hatte, und dann fuhr sie fort. »Er war mir ein sehr guter Gefährte, als mein Mann im Sterben lag. Er ist im vergangenen Frühjahr verschieden. Dann im Sommer sind Henry und ich nach Europa gereist, und er fiel mir in den Rücken.« Sie sagte das mit einem bitteren und zornigen Unterton.

»Tut mir leid, das mit ihrem Mann hören zu müssen«, sagte ich in der Hoffnung, sie von ihrem Zorn auf Henry abzulenken.

»Ist schon gut. Ich hätte mich schon vor fünf Jahren von ihm scheiden lassen, aber dann wurde er krank, und deswegen kriegte ich die Papiere nicht zusammen. Aber dann unmittelbar vor seinem letzten Zusammenbruch war er äußerst niederträchtig zu mir, und darum habe ich auf seinem Totenbett zu ihm gesagt, die letzte Meile könne er jetzt ohne mich gehen.«

Sie war eine ganz schön kaltblütige alte Dame, und ich glaube, das alles erzählte sie mir im vollen Wissen, daß ich Henry das alles weitersagen würde. Ich hatte ein bißchen Schiß vor ihr, und alles Verlangen, ihre Hand zu halten und den pflichtbewußten Enkel zu spielen, war gewichen. Ich hatte nicht den Eindruck, daß Henry große Chancen hätte, sein Zimmer in Florida wieder zu kriegen. Wir sahen uns zusammen noch ein paar Gemälde an, und dann gesellten sich Henry und die Lagerfeld zu uns.

»Das ist hier ein fürchterlicher Haufen«, sagte Henry. »Ich glaub, das sind lauter Stubenhocker, die durch Kismet alle beschlossen haben, heute abend aus ihren Löchern herauszukommen.«

»Um neun ist im Whitney noch eine andere Vernissage«, sagte die Lagerfeld. »Da wird ein sehr viel interessanteres Publikum zugegen sein. Ich habe bloß drei Einladungen, aber du wirst dich schon reinschwatzen können, Henry. Sag einfach, du bist ein Freund von Vivian Cudlip. Sie sitzt im Vorstand. Auf die Weise solltest du Zutritt erhalten können.«

»Dies hier ist eine tote Gesellschaft«, sagte Henry. »Aber im Whitney wird es eine verderbte Gesellschaft sein.«

»Hör auf zu jammern«, sagte Lois.

Da wir vor der Vernissage im Whitney noch Zeit hatten, beschlossen sie, wir sollten bei Lois zu Haus noch was essen. Sie alle, Lois eingeschlossen, waren sehr knauserig, und zu Hause zu essen war die knauserigste Möglichkeit, die sich bot. Lois wollte einen Salat machen, und Henry und ich sollten unterwegs ein Grillhähnchen besorgen. Wir verließen das Museum, und Henry und ich begleiteten die beiden Damen zu Lois' weißem Mercedes. Er hielt Lois die Fahrertür auf, und ich ging der Lagerfeld zur Hand. Sie hielt sich an meinem Arm fest, und ich gab ihr Halt, während sie sich in den Wagen niederließ. Für einen kurzen Augenblick gab es ein kleines Problem mit dem Gleichgewicht, und sie warf mir aus ihren vergrößerten Augen einen mitleiderregenden Blick zu. Ich hatte irgendwie ein schlechtes Gewissen, weil ihr das Herz gebrochen worden war, als sie noch sylphengleich war.

Als die Damen weg waren, gingen Henry und ich zu seinem Wagen zurück und durchquerten wieder den Park. Ich erstattete ihm Bericht über alles, was Lois gesagt hatte, erzählte ihm, daß sie sich mir rasch geöffnet und mir von der Verstoßung ihres Mannes auf der letzten Meile berichtet hatte, und Henry schüttelte den Kopf. »Das sieht sehr schlecht aus«, sagte er. »Sie setzt mich mit ihrem toten Mann gleich: wieder ein Mann, der ungerecht zu ihr war. Sie ist sich nicht darüber im klaren, wie sehr sie mich da unten in Palm Beach braucht. Ohne mich kriegt sie keine Einladungen, sie hat keine Vorstellung, wie die Sache funktioniert … Und es ist sehr interessant, daß die Lagerfeld hinter der Einladung heute steckt. Sie tut nur etwas für einen, wenn sie glaubt, sie könne einem dafür eine Gegenleistung abpressen. Das ist es, was sie zu einer guten Freundin macht, sie nimmt nicht nur immer, sondern sie gibt auch ein bißchen ... Nun, wir müssen es weiter probieren. Deine Jugend hat versagt, aber ich weiß dein Bemühen durchaus zu würdigen. Dadurch kann ich jetzt besser einschätzen, wogegen ich zu kämpfen habe. Und da wäre immer noch mein Stück. Noch ist nicht alles verloren.«

Ich freute mich, ihm wenigstens eine kleine Hilfe zu sein, und mir machte unser Abenteuer Spaß. Wir fuhren zu einem Hähnchenimbiß auf der Lexington Avenue, und da war sehr viel Betrieb, darum mußten wir in der Schlange warten. Henry fragte eine der Bedienungen, ob es hier ein Badezimmer gebe, das er benutzen könne. Als er hörte, daß es da keine öffentlichen Toiletten gäbe, sagte er zu mir, er könne nicht mehr warten, der billige Wein von der Vernissage verursache seiner Blase Schmerzen und er werde mal kurz vor die Tür gehen. Er ließ mich in der Schlange stehen, huschte aus der Tür und tauchte dann sehr schnell wieder auf, was ich befremdlich fand. Dann waren wir an der Reihe, und Henry zahlte für das Hähnchen und lehnte mit einer sehr würdevollen Geste seiner Hand mein Angebot ab, meinen Anteil dazuzugeben. »Du bist ein gedungener Spitzel«, sagte er. »Dieses Hähnchen ist dein Lohn.«

Er übergab mir die Tüte mit dem Hähnchen, und wir gingen raus. Ich sah mich um, ob da gleich nebenan vielleicht eine Bar war, in die Henry geschlüpft war, um auf die Toilette zu gehen, aber es waren keine Bars oder Restaurants in der Nähe. Wir gingen zu unserm Wagen, und ich sagte: »Wo bist du denn austreten gegangen? Ich seh hier gar keine Bars.«

»Ich hab's auf der Straße erledigt.«

»Ich fasse es nicht. Wo denn? In einem Türeingang?«

»Nein, gleich da drüben, hinter der Stoßstange jenes Wagens da.«

Der Wagen parkte genau vor der Tür des Imbisses! Und das hier war der guterleuchtete bessere Teil der Lexington Avenue, und es war erst gegen halb neun am Abend.

»Wie kannst du einfach auf die Straße pinkeln?« fragte ich. »Dich hätte doch jemand sehen können. Man hätte dich festnehmen können!«

»Du mußt noch sehr viel aristokratischer werden«, sagte Henry. »Aristokraten wissen, daß sie auf die Straße pissen können.«

»Aber hattest du keine Angst, dich könnte jemand sehen? Wie hast du's denn angestellt?«

»Nun, man muß natürlich diskret sein. Man betritt die Straße, als wolle man sie überqueren. Aber dann überlegt man es sich anders und geht ein paar Schritt rückwärts. Währenddessen öffnet man sich insgeheim die Hose und steckt die Hände in die Taschen seines Regenmantels und hält sich den Mantel in weitem Bogen vom Körper weg, als Schutzschild. Und während man so rückwärts geht, nach Möglichkeit zwischen zwei geparkten Wagen, kann man pissen, und keiner kriegt mit, was man da tut. Und durch das Rückwärtsgehen verhindert man, daß man sich selbst auf die Beine pißt und daß man in seine Pisse tritt.«

Während Henry mir das Verfahren schilderte, demonstrierte er auch kurz praktisch, wie man sich den Regenmantel vom Körper hielt (ich trug ebenfalls meinen Regenmantel) und wie man diskret rückwärts schritt. Dann gingen wir zum Auto und fuhren zu Lois nach Haus.

Während wir mit dem Aufzug zu Lois' Stockwerk hochfuhren, war der Hähnchengeruch sehr stark, und dann plötzlich sagte Henry mit Nachdruck: »Achte drauf, daß du die Flöhe nicht erwähnst. Denn wenn sie auch welche kriegt, weiß sie sonst, daß sie sie von uns hat, und dann krieg ich mein Zimmer niemals wieder ... Ich werde versuchen, mich bei ihr auf keine Couch zu setzen. Die Eßzimmerstühle sind holzgefertigt, das sollte also gehen ... Sie hat einen Hund! Ich werde versuchen, sie auf den Hund überspringen zu lassen. Das wird unsere Rettung sein. Er wird gestreichelt werden wollen. Er mag mich sehr.«

Das Apartment von Lois war groß und hoch oben im Gebäude; die Südlage gewährte einen tollen Ausblick über die Millionen Lichter von Manhattan. Ich fühlte mich wie ein reicher Mensch, als ich aus dem Fenster sah. Das Apartment war sehr blumen- und kissenreich eingerichtet, viele der Möbel hatten verspiegelte Oberflächen. Das alles sollte feminin und schön wirken, aber wie bei Lois und ihrem leopardengemusterten Kleid hatte es doch etwas Gequältes und Billiges an sich.

Ihr Hund, der Lovie hieß, war winzig und hatte seidige lange braune Haare, und er gehörte zu einer dieser Rassen, die unablässig zittern. Er wieselte überall herum und jaulte, als Henry und ich eintrafen. Und er trug eine Plastikkrause um Hals und Kopf, was ihn wie eine viktorianische Lady aussehen ließ. Nachdem er die Damen begrüßt hatte, gab Henry einen Kommentar zum Hund ab: »Er trägt eine königliche Halskrause!« Und er nahm den Hund vom Boden hoch und streichelte ihn liebevoll in der Hoffnung, die Flöhe so schnell wie möglich überspringen zu lassen, während Lovie sich in seinen Armen wand.

Dann, nachdem er den Hund wieder aus seinen flohverseuchten Händen entlassen hatte, folgte Henry Lois in die Küche, um ihr beim Eindecken des Eßzimmertisches zu helfen. Lovie nahm sein Herumgewiesel und Gejaule wieder auf, und Lois schrie ihn an: »Lovie, ab ins Bett!« Es war ein Befehl, den sie den ganzen Abend lang wiederholen sollte.

Die Lagerfeld und ich ließen uns in die weiche rosa Couch im Eßzimmer sinken.

»Warum trägt Lovie diese Plastikkrause?« fragte ich die Lagerfeld.

»Er ist zu hochgezüchtet. Sie hält ihn davon ab, sich selbst anzunagen. Er kaut sich auf den Pfoten, bis sie bluten, und dann tropft das Blut überall auf den Teppich.«

»Ach«, sagte ich, und ich schaute durchs Fenster auf das elegante Gebäude gegenüber und linste den Leuten in ihre Wohnungen. Ich fragte mich, ob ich wohl noch andere Tischgesellschaften zu sehen kriegte. »Was für eine herrliche Aussicht man von hier oben hat«, sagte ich zur Lagerfeld. »Man kann alles sehen.«

»O ja«, sagte die Lagerfeld, ohne direkt auf meine Bemerkung zu antworten, »ich bin hier in der Nachbarschaft aufgewachsen.«

Ich wollte sagen: »Wie war's hier denn damals so?« Und obwohl meine Absichten ganz unschuldiger Natur waren, wußte ich doch, das wäre unhöflich. Sie schien erst Ende fünfzig zu sein, ein ganzes Stück jünger als Henry und Lois, aber trotzdem wär's nicht richtig gewesen, und darum sagte ich bloß: »Tatsächlich?«

»Es war wunderbar«, sagte sie. »Wir waren hier die beliebteste Familie. Alle Kinder wollten meine Eltern als Eltern haben. Wir machten immer die komischsten Sachen, nahmen alle mit ins Theater oder ins Konzert oder fuhren am Wochenende nachmittags nach Coney Island. Wenn wir an einem Samstagabend nichts geplant hatten, fuhr mein Vater immer mit uns ins Schnellgericht. Das war fürchterlich amüsant. Uns war niemals langweilig. Ich hab immer geglaubt, alle Familien wären so.«

Sie lächelte die ganze Zeit, aber mir schien, sie war traurig, traurig darüber, daß sie nicht mehr Teil der beliebtesten Familie war. Als wir zum Essen gerufen wurden, half ich ihr aus der Couch hoch, und sie stützte sich mit ihrem Stock ab. Am Tisch schenkte uns Henry mit großem Aplomb graziös den Wein ein. »Für dich, meine Liebe«, sagte er zu Lois. Dann aber bemerkte er eine Spraydose neben Lois' Glas. »Was ist das denn?« fragte er. »Schabenspray?«

»Sei nicht geschmacklos«, sagte sie. »Das ist Sprühbutter. Das ist nicht so schmierig. Ich mag keine verschmierten Butterdosen.«

»Nun ja, man weiß ja nie, vielleicht bringt es sogar Küchenschaben um«, sagte Henry. Lois sah ihn zornig an. Die Flöhe ließen ihn an Ungeziefer denken; er sabotierte seine eigenen Anstrengungen, sich mit Lois gutzustellen. Ich schritt ein, um ihn zu retten. Ich lobte Lois für ihren Salat, und dann lobte die Lagerfeld das Hähnchen. Wir fungierten beide als Friedensstifter, und alle fingen an zu essen. Ich mied die Sprühbutter, aß mein Brötchen trocken und nagte am Hähnchen, das sehr fettig war.

Aber es war ein bißchen zu ruhig, und die Lagerfeld spürte das und fing an, davon zu erzählen, wie schwer es doch sei, einen guten Arzt für ihr Knie zu finden. Henry sagte: »Ich hab mir sagen lassen, die königliche Familie habe fürchterliche Ärzte, aber sie leben trotzdem noch. Das spendet uns übrigen Mut.« Das führte zu einer Diskussion über die Skandale der

Familie, und Henry sagte mit großer Leidenschaft: »Sie sollten Charles und Diana hinrichten, Edward eine eiserne Maske aufsetzen – das ist ein Homosexueller, wißt ihr – und ihn dann im Château Villon in der Schweiz einsperren. Die Queen kann noch zehn weitere Jahre durchhalten, und dann kann einer von Charles' Buben den Thron besteigen. Ein König im Kindesalter, das wäre doch was!«

Die Lagerfeld sagte: »Ich hab einmal einen von Dianas Cousins kennengelernt. Sehr gutaussehend. Und er hat sie verteidigt: Diana, sagte er, bemühe sich sehr darum, daß die Ehe funktioniert, aber Charles ignoriere sie und weigere sich, in einem Bett mit ihr zu schlafen.«

»Englische Männer sind sehr kühl«, sagte Lois. »Mein zweiter Mann ist in England aufgewachsen, und er war der liebloseste Mann, den ich je kennengelernt habe.« Und dann schrie sie den armen, verschreckten Lovie an, der nicht still sein wollte: »Ab ins Bett!«

»Die komplette englische Upper class ist homosexuell«, sagte Henry. »Das liegt am Internatsschulsystem, wißt ihr. Da kommen sie nie drüber hinweg.«

Das war mir schon einmal untergekommen, aber Henry hatte keine Hemmungen, seine Lieblingstheorien in meiner Gegenwart zu wiederholen, und die Damen kicherten und nickten zustimmend mit ihren Köpfen. Und ich fragte mich, wie sie Henry wohl einschätzten. War seine sexuelle Ausrichtung für sie sonnenklar? Oder waren sie sich darüber im unklaren wie ich?

Wir aßen Eis zum Nachtisch, und dann brannten wir alle drauf, ins Whitney zu kommen. Wir nahmen wieder zwei Autos, weil Lois' Mercedes ein bißchen klein für vier Personen war, und Henrys Rücksitz war dreckig und übersät mit gebrauchten Kaffeetassen, Tbc-infizierten Lesebrillen und anderen derartigen Utensilien, die als Sitzunterlage für Damen nicht geeignet waren.

Als wir in Henrys Wagen saßen, sagte er: »Ich muß Lois im Whitney allein erwischen. Ich war drauf und dran, die Sache mit dem Stück anzusprechen, als wir den Tisch eindeckten, aber dann schien mir das nicht der geeignete Zeitpunkt. Mein Gewissen war nicht rein genug. Ich mußte an die Flöhe denken, die ich an Lovie weitergereicht hatte.«

Es begann zu regnen, und Henry ließ den Wagen an. Das Whitney lag süd- und westwärts von uns, nur so fünfzehn Straßenzüge entfernt. Wir mühten uns die Steigung der Neunundachtzigsten Straße hinauf, und wir waren schon fast bei der Third Avenue, als plötzlich der Wagen absoff.

»O *Scheiße*!« schrie Henry auf deutsch. Er fluchte oft in dieser Sprache, um seinen Ausbrüchen mehr Verve zu verleihen. Er versuchte, den Wagen wieder zu starten, aber er sprang nicht an.

»Ist das Benzin alle?« fragte ich.

»Natürlich ist es das!«

Wie ein Schulmeister sagte ich zu ihm: »Du hättest den Benzinstand nicht so weit absacken lassen dürfen.«

»Ich fahr ihn immer fast leer. Falls ich den Wagen mal stehenlassen muß, verliere ich kein Benzingeld.«

Henry wies mich an, ich solle aussteigen und den Wagen rückwärts und seitlich nach links auf einen freien Parkplatz schieben, den er da ausgemacht hatte. Es war eine Einbahnstraße, und es war nicht schwer, den Wagen bergab zu schieben, aber die Kurve nach links war nicht so einfach zu meistern, da das Lenkrad ohne laufenden Motor endgültig den Geist aufgegeben hatte.

Ich schob wacker an der Motorhaube, und ich wurde triefnaß vom Regen. Durch die Windschutzscheibe sah Henry geradezu tragisch aus, wie er da den Kopf verdrehte und verrenkte und mit all seinen Kräften versuchte, das Steuer zu bewegen. Ich fing an zu lachen, ich war ein bißchen angesäuselt von dem Wein zum Essen, und ich kam mir unglaublich komisch vor, wie ich da pitschnaß wurde und ein Auto ohne Benzin schob.

Während ich mich wie ein umgepolter Sisyphus vergebens mühte, näherten sich zwei junge Männer in meinem Alter dem Skylark. Sie waren beide sehr groß und kräftig. Sie trugen lange graue Wintermäntel, hatten aber keine Hüte oder sonstige Kopfbedeckungen oder Schirme. Ihre Gesichter waren nicht weiter bemerkenswert, aber wohlgenährt.

»Hilfe nötig?« fragte einer von ihnen.

»Ja«, sagte ich, und sie übernahmen die Sache. Einer von ihnen begann mit mir zu schieben, und der andere bedeutete Henry, er solle das Fenster runterkurbeln, und ergriff dann durch die Öffnung hindurch und an Henry vorbei das Lenkrad. Henry und ich waren nicht in der Lage gewesen, das Ding zu bewegen, aber in ungefähr einer Minute hatten sie den Wagen eingeparkt.

»Danke«, sagte ich, und sie gingen weiter, ohne ein Wort zu sagen. Henry rutschte über den Vordersitz und stieg aus der Beifahrertür und sagte zu ihren davoneilenden Rücken: »Danke, ich bin Ihnen beiden zutiefst verpflichtet«, aber sie drehten sich nicht einmal um. Sie waren seltsam und würdevoll. Wir standen im Regen und starrten ihnen nach, wie sie davongingen, Seit an Seite. »Das sind schweigende Helden«, sagte Henry, und dann bemerkte er ein Schild neben dem Wagen und rief aus: »Ach Gott, es ist der Parkplatz eines Diplomaten! Kein Wunder, daß er frei war.« Aber dann plötzlich gefiel ihm die Vorstellung, er fand Vergnügen daran. Es entsprach Henrys Sinn für Rang und Romantik, daß ein Diplomat für die Zwangslage eines anderen Gentleman wohl Verständnis aufbringen würde.

»Ich sollte besser ein kurzes Dankschreiben aufsetzen und es an die Tür hängen und erläutern, was geschehen ist, und daß wir uns ins Whitney begeben, aber binnen kurzem zurückkehren werden.« Ich glaube, Henry und ich phantasierten uns beide irgendwie zurecht, daß wir bei der Rückkehr zum Wagen eine Einladung von dem Diplomaten vorfinden würden, auf einen Drink in seinem wundervollen Prachtbau vorbeizukommen. Aber Henry konnte kein ansehnliches Blatt Papier für so ein Dankschreiben finden, und am Ende krakelte er einfach nur »Benzin alle« auf ein altes, öliges Pappschild und klemmte das aufs Armaturenbrett.

Wir nahmen im Regen ein Taxi ins Whitney. Das ist ein phantastisches modernes Museum, und als wir uns ihm in unserm Taxi näherten, sah das Whitney aus wie ein riesiger Backstein, der gerade auf die Madison Avenue runterpurzeln wollte. Als wir das Museum vor uns hatten, sagte Henry: »Das ist bis oben voll mit Pornographie. Alle Ausstellungen sehen gleich aus: Geschlechtsorgane und Toilettensitze. Amerika stirbt. Die Kultur stirbt. Was niemand kapiert, ist, daß aller Sex, homo wie hetero, langweilig ist. Sie werden noch Jahre brauchen, um das zu begreifen.«

»Aber warum sind dann alle so verrückt nach Sex?« fragte ich.

»Die Menschen haben zuviel zu essen. Ihnen fehlt das Überlebensproblem, das sie bei geistiger Gesundheit erhalten würde. Wir müssen die Rationen kürzen.«

Wir teilten uns die Kosten für das Taxi und gingen über die Brücke, die den Bürgersteig mit dem Museum verbindet. Unter der Brücke befinden sich ein Burggraben aus Beton und die großen Fenster des Kellergeschosses. Hinter diesen Fenstern konnte ich eine wimmelnde Menschenmenge erkennen.

Am Museumseingang wiesen wir die eine Einladung vor, die die Lagerfeld uns gegeben hatte, und Henry erklärte der bedauernswerten Person an der Tür, daß er seine verloren habe, und es war einfach reinzukommen. Wir gaben unsere nassen Regenmäntel ab, und Henry sagte: »Ich muß Lois unter vier Augen erwischen und ihr die Rolle der George Eliot anbieten. Sieh zu, ob du die Lagerfeld nicht irgendwie ablenken kannst. Du sollst sie nicht umwerfen oder irgendwas Gewaltsames mit ihr anstellen, schaff sie einfach ein bißchen von uns weg.«

Wir gingen die Treppe zur Party runter, und der Raum war gerammelt voll mit wenigstens zweihundert grellen Leuten. In der gegenüberliegenden Ecke spielte eine Jazzband, und die Kombination aus Musik und den vielen Gesprächen ergab eine betäubende Kakophonie.

»Wir werden sie nie finden!« schrie Henry mir zu, und just in dem Augenblick sichtete ich das Haar der Lagerfeld an der Bar. »Ich seh den Kopf von der Lagerfeld!« schrie ich Henry zu. Ich war stolz, derjenige zu sein, der sie entdeckte. Ich kam mir vor wie ein Indianerscout. Der ganze Abend hatte aufgrund unserer geheimen Mission etwas Militärisches an sich, und ich wollte, daß Henry fand, ich sei ein guter Offiziersanwärter.

Wir drängelten uns zur Bar durch, und unsere beiden

Damenbekanntschaften, Lois in ihrem Leopardenkleid, die Lagerfeld auf ihren Stock gelehnt, wirkten sehr auffällig hier unter all den aufgestylten jungen Leuten – den Frauen mit ihren schönen Haaren, den Männern mit ihren interessanten Brillen.

»Ich möchte mich dafür entschuldigen, daß ich euch beide habe allein lassen müssen«, sagte Henry. »Aber meinem Wagen ist das Benzin ausgegangen, und es sah schon danach aus, als säßen wir mitten auf der Straße in der Falle, bis die Polizei vorbeikommen und mich zahlloser Vergehen wegen mit Strafen belegen würde. Aber dann kamen uns aus dem Nichts zwei Penn-State-Studenten zu Hilfe. Es müssen wohl gestählte Reserveoffiziere gewesen sein – sie hatten uns im Nu eingeparkt.« Und dann fügte Henry würdevoll hinzu: »Ich stehe auf einem Diplomatenparkplatz.«

Die Damen lachten über die Abenteuerlichkeit von Henrys Geschichte, und dann erzählte die Lagerfeld uns dreien unter konspirativen Gesten, daß wir uns kostenlose Drinks im VIP-Raum besorgen könnten, statt hier an der Hauptbar dafür bezahlen zu müssen.

Sie führte uns durch die Menschenmenge zu den Aufzügen. Es gab da zwei große Aufzüge und weiter links dann noch einen kleineren. In dem kleinen Aufzug stand ein Schwarzer in der Uniform einer Museumsaufsicht. Die Lagerfeld sagte: »Bitte bringen Sie uns in den Sitzungssaal.« Ich sah den Mann zögern – ich glaube, wir hätten eine spezielle Whitney-Museum-Anstecknadel haben müssen –, aber die Lagerfeld mit ihren wallenden blonden Locken, ihrem Handstock und ihren riesenhaften Augen war, wie Henry schon richtig sagte, eine einschüchternde Gestalt, und selbstbewußt hinkte sie an dem Mann vorbei in den Aufzug, und wir folgten ihr.

Der Aufseher brachte uns ins oberste Stockwerk, und als die Tür sich öffnete, standen wir in einem großen privaten Sitzungssaal mit einem langen schwarzen Tisch. Ein einzelnes Gemälde hing an der Wand, eine große rote Rothko-Reproduktion. Ganz hinten im Raum, etwas weg von dem Tisch, war eine Bar aufgebaut worden, und dort mischten sich ein paar wenige elegante Leute. Die Atmosphäre des Elitären war mit Händen zu greifen, und unter den Anwesenden war eine mollige Frau in einem sehr kurzgeschnittenen Kleid, das waghalsig viel Ausschnitt sehen ließ. Ich fühlte mich sofort von ihr angezogen, und Henry sah sie und sagte: »Dies muß der Ort sein, wo sie die Orgien abhalten.«

Wir schlichen alle vier an die Bar und bestellten Getränke. Die Frau in dem knappen Kleid grüßte die Lagerfeld und kam herüber. Sie und die Lagerfeld kannten sich, und wir wurden alle vorgestellt. Ihr Name war Gloria Milton. »Verwandt mit dem Dichter?« fragte Henry.

»Genaugenommen ja. Er ist mein Großonkel hoch soundsoviel. Hoch sieben genaugenommen«, sagte Gloria, die stolz auf ihren Stammbaum war, insbesondere an einem künstlerischen Ort wie dem Whitney.

»Haben Sie *Das verlorene Paradies* gelesen?« fragte Henry.

Gloria Milton warf Henry einen scheelen Blick zu und gab keine Antwort. Wie peinlich, den eigenen Vorfahr nicht gelesen zu haben.

»Ich muß mich hinsetzen«, sagte Lois zu uns allen. »Bitte entschuldigt mich.«

Lois nahm am Sitzungstisch Platz, und Henry und ich taten es ihr nach. Die Lagerfeld und Ms. Milton blieben an der Bar und setzten ihr Gespräch fort.

»Das Kleid ist empörend, selbst für das Whitney. Ich bin mir sicher, das ist eine Hochstaplerin«, sagte Henry.

»Ich bin ja so erschöpft«, sagte Lois. »Ich hoffe, ich habe mir nichts eingefangen.«

»Das ist nur das Wetter«, sagte Henry. »Du wirst dich besser fühlen, sobald du erst in Florida bist ... Wann gedenkst du zu reisen?« Henry stellte seine Frage höflich und beiläufig, aber ich wußte, es war der Zeitpunkt gekommen, Lois sein Ansinnen zu unterbreiten.

Ich war darauf vorbereitet, gegen die Lagerfeld ins Feld zu ziehen, sollte sie sich plötzlich zu uns setzen wollen. Ich dachte insgeheim, ich könnte ihr vielleicht meinen Drink aufs Cape schütten, oder ich könnte ihr aus Versehen den Handstock wegtreten. Darum hatte ich ein wachsames Auge auf sie, und auf Ms. Miltons Busen, den sie gepudert hatte, um ein paar Sommersprossen zu verbergen; und ich lauschte diskret Henrys Gespräch, während ich gleichzeitig so tat, als starre ich den Rothko an.

»Ich fliege in zehn Tagen runter, aber ich habe noch viele Besorgungen zu machen«, sagte Lois.

»Ich kann mir vorstellen, daß da viel zu tun ist ... ja«, sagte Henry. Und dann fuhr er in seinem vertraulichsten und bescheidensten Tonfall fort: »Weißt du, Lois, ich will mal sehen, ob ich diesen Winter da unten in Palm Beach nicht das Eliot-Stück auf die Bühne bringen kann. Vivian Cudlip kann mir helfen, einen der Ballsäle im Colony zu bekommen. Das wäre ideal für eine szenische Lesung, und für die Rolle der George Eliot hatte ich an dich gedacht, wobei ich natürlich den Liebhaber geben würde. Du hast das Stück ja gelesen. Ich glaube, du wärst wunderbar.«

»Ach, du gehst diesen Winter nach Palm Beach?« fragte sie, obwohl sie nur zu gut wußte, daß Henry das jeden Winter tat.

»Ich habe die Absicht. Und ich hoffe natürlich, daß ich in ständigem Kontakt mit dir stehen werde.«

»Nun, die George Eliot würde ich gerne spielen. Aber ich werde diesen Winter sehr viel zu tun haben. Meine Tochter kommt runter, und mein Sohn auch. Und ich habe da eine neue Herrenbekanntschaft, einen Gentleman, den ich diesen Herbst in Southampton kennengelernt habe, und er wird in West Palm sein. Es wird alles sehr hektisch werden ... Und falls du daran gedacht haben solltest, in meinem Gästezimmer zu logieren, das läßt sich in dieser Saison wirklich nicht arrangieren. Meredith kommt runter. Ich glaube, die Sonne wird ihrem schlimmen Knie sehr guttun.«

»Die Lagerfeld!« protestierte Henry. Seine schlimmsten Befürchtungen hatten sich bestätigt, sie hatte sich sein Zimmer erschlichen. Lois warf ihm einen tödlichen Blick zu, als Henry Merediths Nachnamen ausrief. Die Lagerfeld selbst sah ebenfalls herüber, aber Gloria Milton sprach ununterbrochen auf sie ein und erforderte ihre ganze Aufmerksamkeit. Henry gewann schnell seine Fassung wieder und sagte zu Lois: »Ja. Das wird

Merediths Knie sehr guttun, die Sonne heilt alles. Und du brauchst dich in dieser Saison nicht um mich zu sorgen, ich habe bereits anderweitige Vorkehrungen getroffen. Es war sehr generös von dir, daß du mich in den letzten paar Wintern aufgenommen hast…«

»Das ist doch gar nichts, Henry. Ich freue mich, daß du etwas gefunden hast, und du weißt, daß ich wahrscheinlich ein bißchen Zeit für Proben und eine Aufführung werde erübrigen können.«

»Ja, natürlich, wir werden in ständigem Kontakt stehen. Du wirst eine großartige George Eliot abgeben.«

Ich war mir sicher, daß Henry jetzt keinerlei Absicht mehr hatte, das Stück auf die Bühne zu bringen, und kurz nach dieser schlimmen Niederlage verließen wir den Sitzungssaal. Wir waren alle müde. Bevor wir zur Garderobe gingen, ging Lois noch austreten. Wir übrigen drei warteten auf sie, und die Lagerfeld sagte zu Henry: »Ich hab mich gefragt, ob du morgen wohl abkömmlich bist. Ich hab draußen in Brooklyn einen preiswerten Sportarzt für mein Knie ausfindig gemacht. Es wäre wunderbar, wenn du mich rumfahren könntest, und dann nach meinem Arzttermin gibt's noch ein kostenloses Violinkonzert in der Bibliothek, wo wir hinkönnten. Ich denke, da wird es auch Wein geben.«

Henry fertigte sie kurz ab. »Morgen muß ich unterrichten. Ich kann dir nicht helfen.«

Nachdem wir alle unsere Mäntel geholt hatten, gingen wir zu Lois' Mercedes. Henry und ich schafften es, uns auf die Rückbank zu quetschen. Es hatte zu regnen aufgehört, und wir fuhren zur First Avenue, wo die Tankstellen sind, aber keine von den Tankstellen wollte uns einen Kanister leihen, um das Benzin darin zu Henrys Wagen zu befördern. Man hätte einen Kanister kaufen müssen, aber meine drei Gefährten waren zu knauserig, um sich darauf einzulassen. Dann entdeckte Henry auf der Straße eine Selterflasche aus Plastik. Er ließ sie sich von einem Tankwart mit Benzin füllen, und dann fuhren wir los, um den Skylark zu betanken. Henry, der neben mir auf der Rückbank saß, hielt die benzingefüllte Plastikflasche zwischen seinen Beinen. »Ich hoffe bloß, ich sprenge uns nicht alle in die Luft«, sagte er.

Lois fuhr uns zu Henrys Wagen zurück, und das Benzin aus der Selterflasche reichte aus, um den Wagen gestartet zu kriegen. Wir sagten den beiden Damen adieu, und als sie losfuhren, konnte ich meinen Blick kaum von Lois wenden, die mir zu alt und zu müde vorkam, um fahren zu können. Sie saß erhöht auf einem speziellen Polster, und ihre Perücke drückte praktisch an das Wagendach. Sie sah bemitleidenswert aus, aber dennoch war da etwas Kühnes an der Art, wie sie das Lenkrad umklammerte und starr noch vorne schaute. Bevor sie um die Ecke verschwanden, war mir noch ein letzter Blick auf das Haar der Lagerfeld vergönnt.

Wir fuhren los Richtung zu Hause, und ich sagte zu Henry: »Tut mir leid, daß es nicht funktioniert hat.«

»Nichts funktioniert mehr«, sagte Henry. »So war es noch nie. Früher wurden die Rechnungen bezahlt, ich hatte Autos, die mich heil und sicher nach Florida bringen konnten, und ich hatte Unterkünfte in Florida. Erst in den letzten zehn Jahren hab ich diese Probleme. Wo kann ich noch hin? Rußland. Rußland gibt es immer. Aber es gibt kein gesellschaftliches Leben in Rußland.«

»Heute abend hatten wir verdammt viel gesellschaftliches Leben«, sagte ich.

»Ja, und dann, wenn wir gerade am Einschlafen sind, wird uns der ganze Horror dessen, was wir durchgemacht haben, wieder wachrütteln. Es ist das reinste Tollhaus. Der ganze Abend ist von der Lagerfeld inszeniert worden, damit ich mich am Ende breitschlagen lasse, sie morgen zu einem billigen Kniedoktor nach Brooklyn zu fahren. Natürlich will sie nicht Lois fragen. Sie will nichts tun, womit sie das Zimmer aufs Spiel setzen könnte, wo sie jetzt schon mal ihre Hände drauf hat. Das ist alles sehr deprimierend.«

»Meinst du, daß du deine Freundschaft mit der Lagerfeld und Lois jetzt überhaupt noch aufrechterhalten kannst?«

»Freundschaft? Wir waren nie Freunde. Wir haben einander benutzt. Und ich bin mir sicher, wir werden einander auch wieder benutzen. Wenn sie mich brauchen, werden sie anrufen. *Ich* brauche *sie* eigentlich nicht. Ich brauch nur gelegentlich mal ein kleines Vergnügen – gutes Essen, ein gutes Orchester und guten Wein, es ist nichts Schlimmes dabei, wenn man diese drei Dinge haben möchte ... Das Hähnchen heute war gut. Darauf werde ich meine Gedanken konzentrieren müssen.«

Wir hielten vor unserem Haus, und Henry sagte mir, ich solle aussteigen. Ich sagte: »Ich komm mit, einen Parkplatz suchen.«

»Nein, das könnte ewig dauern. Sinnlos, daß wir beide hier draußen unsere Zeit vertun.«

»Ich möchte aber gerne, wirklich. Es ist nicht gut, allein auf der Straße zu sein.« Ich wußte, daß er oft in Spanish Harlem parkte.

Henry war plötzlich zornig – die Frustrationen des ganzen Abends entluden sich –, und er schrie mich an: »Meinst du, ich sei ein alter Mann? Raus mit dir!«

Er merkte nicht, daß ich mich nicht von ihm trennen wollte, daß ich das Gefühl hatte, sogar in diesen paar Minuten, die ich bis zu seiner Heimkehr warten müßte, würde ich ihn vermissen.

»Aber es ist wahrscheinlich sicherer, wenn wir zu zweit hier draußen rumlaufen«, sagte ich, fast bettelnd, denn ich wollte nicht, daß er böse auf mich war.

»Ich brauch dich nicht!« kreischte er. »Und jetzt raus mit dir!«

Kapitel VIII

Normalisch

Wir nahmen einander eine ganze Woche lang kaum noch zur Kenntnis, nachdem Henry mich angeschrieen hatte. Nur die allernötigste Kommunikation fand statt. In seinem »Ich brauch dich nicht« hatte eine gewisse Bösartigkeit gelegen, und ich fühlte mich zu beschämt, um in seiner Nähe sein zu mögen. Er brauchte mich nicht, aber ich war in gewisser Weise in ihn verliebt.

Ich mied das Apartment nach Möglichkeit. Ich ging ins Sally's und blieb lange da. Wenn ich nach Haus kam, schlief Henry schon oder sah fern, und ich ging direkt ins Bett. Es kam mir jetzt komisch vor, daß ich mit jemandem zusammenwohnte und ein winziges Zimmer bei jemandem gemietet hatte, den ich kaum kannte und dessen Ansichten über mich mir doch alles bedeuteten.

Im Sally's gab ich Miss Pepper oft Drinks aus. Sie fragte mich nie mehr, ob ich mit ihr ausgehen wolle. Wir führten eine platonische Freundschaft. Eines Abends fragte ich sie, ob sie Wendy kannte.

»Wie sieht sie aus?«

»Irgendwie so wie Sophia Loren. Superhohe Wangenknochen und eine Hakennase.«

»Ein Mädchen aus Puerto Rico?«

»Ja.«

»Sie hat lange lockige braune Haare und einen feinen Körper?«

»Ja.«

»Ich kenn sie.«

»Was ist los mit ihr? Ich hab sie schon länger nicht mehr gesehen.«

»Sie wurde festgenommen. Sie lebt ein Weilchen auf Staatskosten.«

»Was hat sie denn getan?«

»Sie und eine andere Transe haben versucht, einem Kunden den Wagen zu klauen. Diese Mädchen waren echt plemplem.«

Ich konnte es nicht glauben. Wendy hatte meinen Wagen gemocht. Ich fragte mich, ob sie den Parisienne auch hatte stehlen wollen. Aber ich glaubte das nicht; sie schien mich wirklich gemocht zu haben. Sie hatte Spaß daran gehabt, meine Freundin zu spielen. Wir hatten Händchen gehalten, während wir nach Queens fuhren. Sie tat mir leid. Wahrscheinlich hatte sie versucht, den Wagen zu stehlen, um an Geld für ihre Operation zu kommen. Ich fragte mich, ob sie im Gefängnis wohl ihre Hormone einnehmen konnte. Wenn nicht, würde sie dann ihr gutes Aussehen einbüßen? Das würde sie vernichten.

»Wie lange wird sie drin sein?« fragte ich Miss Pepper.

»Wahrscheinlich sechs Monate. Wenn man nicht gerade jemanden verletzt hat, behalten sie einen nicht allzu lange drin. Kostet zu viel.«

»Warst du jemals im Gefängnis?«

»Kindchen, ich hab so ein langes Strafregister wegen Stricherei.« Miss Pepper breitete ihre Arme aus wie ein Angler, der den Fisch beschreibt, der ihm vom Haken gegangen ist.

»Stricherei heißt Prostitution, oder?«

»Werd mir bloß nicht zum Blitzmerker, Kindchen.« Es enervierte sie, daß ich so langsam von Begriff war, aber dann fuhr sie fort. »Knast ab und zu gehört zum Lifestyle. Die Bullen haben eine Quote. Jede Nacht müssen sie eine bestimmte Zahl von regulären Huren, Tunten und Schwuchteln anschleppen. Manchmal zählen sie Tunten auch als Schwuchteln. Letzte Nacht wurde ich festgenommen, bloß weil ich hier vor dem Sally's die Straße runterging. Machten Razzia.«

»Stecken sie euch bei den Männern oder bei den Frauen rein?«

»Seh ich aus wie ein Mann?«

»Nein, tut mir leid...«

»Die stecken uns zu den Huren, ansonsten würden wir die ganze Nacht über vergewaltigt.«

Nachdem Miss Pepper mir von Wendy erzählt hatte, entwickelte ich insgeheim diese Phantasie, daß ich sie im Gefängnis besuchen würde. Ich würde ihr Sachen mitbringen, mich um sie kümmern. Wir würden uns ineinander verlieben. Es war eine romantische Phantasie, weil ich jemandem im Gefängnis lieben würde, was immer romantisch und edelmütig ist, und es wäre in diesem Fall doppelt edelmütig, weil ich mich gegen die ganze Gesellschaft stellte, indem ich sie liebte. Aber wie könnten sie mich verlachen, wenn sie sahen, daß sie aussah wie Sophia Loren?

Aber nur in Gedanken war ich mutig. Ich forschte nicht nach, in welchem Gefängnis sie einsaß. Ich wußte, daß ich eine solche Geschichte in der Realität nicht ausleben konnte. Ich hatte Angst, wenn ich ihr einen Brief schriebe, würde sie sich vielleicht gar nicht an mich erinnern.

In der Welt des Sally's war Miss Pepper sozusagen mein Henry: Sie erzählte mir gern was, wenn ich ihr zuhörte wie ein Schuljunge. Eines Abends erklärte sie mir, wo mein gesellschaftlicher Standort in der Bar war.

»Kindchen«, sagte sie, »es gibt drei Sorten Männer, die hier ins Sally's kommen: heimliche Tunten, Bisexuelle und Transenjäger. Die meisten Männer hier sind heimliche Tunten. Unser täglich Brot. Wir brauchen sie. Die wollen sich anziehen wie wir, sein wie wir, können's aber nicht, haben zuviel Schiß. Und sie wollen bloß einen blasen. Das ist alles, worauf die scharf sind. Das ist leicht, die zu bedienen. Eine Menge verheirateter Männer sind heimliche Tunten.

Dann gibt's die Bisexuellen. Die kommen ab und zu mal her, weil sie experimentieren wollen. Die wollen alles mal machen. Die kriegen was für ihr Geld. Aber normalerweise kommen die drauf, daß sie 'ne Frau wollen, wenn sie 'ne Frau wollen, und 'nen Mann, wenn's Zeit für 'nen Mann ist.

Dann sind da noch die Transenjäger. Ich glaub, so einer bist du. Wenn eine Tunte sich mit irgendjemandem zusammentut, ist das normalerweise ein Transenjäger. Wir hätten gern einen normalen Mann, aber alle sind scharf auf normale Männer – Schwule, Frauen, Tunten. Zuviel Konkurrenz. Und wenn ein Normaler rausfindet, daß eine Tunte eine Tunte ist, suchen die immer das Weite. Jedes der Mädchen hier kann dir von einem Normalen erzählen, der sich in sie verliebt hat und dann die Biege gemacht hat, sobald er rausfand, daß das Mädchen einen Pimmel hatte. Manchmal probieren sie's einmal aus, weil sie neugierig sind, aber dann hauen sie ab.

Am zweitbesten sind also die Transenjäger. Heut abend war ich auf Toilette, und ein Mädchen schnüffelte Koks und wurde ganz aufgeregt, und dann sagte sie: ›Hoffentlich sind da draußen ein paar Transenjäger.‹ Transenjäger wissen unsere Schönheit zu schätzen. Das ist der Grund, warum sie hoffte, hier draußen wären welche.«

»Wie ist ein Transenjäger so? Wie bin ich?«

Miss Pepper sah mich offen an. Ihr Gesicht war schön und dunkel, ihre Augen waren groß und vollkommen. Es waren Augen, die mich mochten.

»Also erst mal bist du richtig niedlich. Die meisten Mädchen würden sterben für deine blonden Wimpern. Und du ziehst dich nett an, wie ein Gentleman. Und du hast einen guten Charakter. Du behandelst Tunten mit Respekt. Du bist ein typischer Transenjäger. Du bist nicht richtig normal, aber du bist auch nicht richtig schwul. Du bist normalisch.«

Mein Analytiker, Gershon Gruen

An dem Abend, als Miss Pepper mir das alles erzählte, endete das Schweigen zwischen Henry und mir. Als ich nach Hause kam, war er noch wach und wartete auf mich. Er saß auf seinem Thronstuhl, und ausnahmsweise las er, statt fernzusehen. Es war ein Buch für seinen Unterricht, und er sah auf und sagte fröhlich, als hätte es nie Probleme zwischen uns gegeben: »Na, wie geht's?«

Ich war überrascht. »Gut«, sagte ich ruhig und auf reservierte, tonlose Weise.

»Ich hab nachgedacht«, sagte er. »Ich hätte einen Vorschlag zu machen, der dir Geld sparen würde. Ich könnte deine Autoversicherung bezahlen, und dann fahr ich mit dem Wagen für zwei Monate nach Florida. Und wenn ich wieder hier bin, können wir uns den Wagen teilen, bis ich einen neuen gefunden hab. Ich zahl den größten Teil der Versicherung, aber weil wir uns den Wagen ja teilen würden, müßtest du ein bißchen dazugeben. Das hieße, du sparst Geld, und mir wäre sehr damit geholfen. Ich muß unbedingt nach Florida.«

Ich konnte es nicht glauben. Wir sprechen eine Woche lang fast kein Wort miteinander, und dann schlägt er mir einen solchen Autodeal vor. Er wollte mich einfach nur ausnutzen. Er war ein Schmarotzer. Meine Großtante hatte recht. Aber ein Teil von mir wollte es auch – wollte ihm helfen, wollte Anerkennung von ihm. Aber wenn ich Henry meinen Wagen überließ, konnte ich mir sicher sein, er würde ihn auf den Hund bringen. Er ging mit allem nachlässig um, und mein Schmuckstück von einem Wagen, mein Parisienne, würde als Wrack enden. Und dabei war es der letzte Wagen meines Vaters gewesen, mein Erbstück.

»Ich glaube kaum, daß mir das eine große Hilfe wäre«, sagte ich. »Du würdest meinen Wagen wahrscheinlich bloß zu Schrott fahren.« Ich war absichtlich fies, weil es mich verletzte, daß er unser Schweigen nicht mit einer Entschuldigung durchbrochen hatte, sondern mit dem Versuch, mich auszunutzen.

»Nein, das würde ich nicht. Ich weiß, wie man einen Wagen pfleglich behandelt.«

»Warum sollte ich dir helfen? Warum hast du mich noch immer nicht Vivian Cudlips Enkelin vorgestellt?« fragte ich plötzlich und unterstellte damit, die Überlassung meines Wagens sei, selbst wenn er die Versicherung übernahm, ein ähnlich großer Gefallen wie die Herstellung des Kontakts zu einer jungen Erbin, was so nicht stimmte, aber es kam mir so vor, als würde es stimmen.

»Das wäre nicht richtig«, sagte Henry, und er wich meinem Blick aus.

»Du meinst, ich könnte dich blamieren?«

»Möglicherweise, und es könnte meine Position gefährden.«

»Du machst dir also bloß Sorgen, durch mich könntest du irgendwie eine kostenlose Mahlzeit verlieren?«

»Es könnte mehr sein als eine Mahlzeit. Es könnten viele sein«, sagte Henry.

Einen kurzen Moment lang war aller Hochmut aus Henrys Gesicht gewichen. Sein Eingeständnis war ihm ein bißchen peinlich, weil er in gewisser Hinsicht zugab, daß ihm ein kostenloses Essen mehr wert war als ich. Das freilich bedeutete nicht, daß ich auf seiner Werteskala so extrem weit unten rangierte, denn kostenlose Mahlzeiten standen darauf wahrscheinlich ganz oben.

Darum vergab ich ihm alles. Er war ehrlich, und das war es wohl, womit er mich rumkriegte. Und es war komisch. Ich liebte es, wie abgedreht das alles war. Mein Zorn verflog. Er hatte so viele Jahre damit zugebracht, seiner Gratismahlzeit hinterherzujagen, daß er nichts und niemandem erlauben konnte, seine gute Beziehung zu Vivian Cudlip, seiner besten Quelle, zu gefährden.

Und ich machte es ihm nicht zum Vorwurf, daß er Angst hatte, ich könne ihn blamieren. Ich hatte ihm eine skandalöse halbwahre Version meines Ausflugs nach Queens mit einer Transsexuellen und des Löwenangriffs gegeben; und er wußte, ich war Jude, und die Enkelin würde sich nicht wirklich für mich interessieren (sie stammte aus einer alteingesessenen Neuengland-Sippe aus Philadelphia), warum also sollte er mich ihr vorstellen? Als er die Möglichkeit angesprochen hatte, mich mit ihr bekanntzumachen, hatte er noch nicht gewußt, daß ich Jude war. Und was den Wagen betraf, so wußte ich ja, wie die ökonomische Seite von Henrys Leben funktionierte: Man versuchte immer, irgendwas von den Mitmenschen zu kriegen. So lief das nun einmal.

Aber ich wollte ihn nicht an meinen Parisienne ranlassen. Wenn er den zu Schrott fuhr, wäre das letzte, was ich noch von meinem Vater hatte, dahin. Ich war mir nicht sicher, ob Henry mir das jemals vergeben würde – womöglich war ich seine letzte Chance, nach Florida zu kommen –, aber ich sagte tonlos: »Tut mir leid, aber ich kann dir meinen Wagen nicht leihen. Er ist für mich von besonderem Wert. Mein Vater hat ihn mir hinterlassen. Ich kann nicht das Risiko eingehen, daß irgendwas damit passiert.«

»Ich verstehe«, sagte Henry, und dann gingen wir mit betonter Zuvorkommenheit daran, uns nacheinander über der Küchenspüle die Zähne zu putzen, bevor wir zu Bett gingen.

Ich dachte, jetzt würde es zwischen uns sehr kühl ablaufen, aber Henry war ganz wunderbar. Er zeigte keinerlei Groll gegen mich, wiewohl er auf die Fahrt nach Palm Beach so versessen und angewiesen war. Vielmehr schien unser Gespräch die Atmosphäre bereinigt zu haben. Es wirkte auf uns beide kathartisch. Er richtete sein Augenmerk auf den nächsten Vorfall, und wir machten einfach da weiter, wo wir aufgehört hatten – schauten uns wieder *Werden Sie schon bedient?* an und redeten von Bett zu Bett miteinander. Wie stets, lachte ich beim Einschlafen innerlich über die Dinge, die er gesagt hatte, und ich war irgendwie glücklich. Ich hörte auf, ins Sally's und in die Peep-Show zu gehen. Ich tat mein Bestes, um einfach nur noch der junge Gentleman zu sein, jeden Tag in Jackett und Krawatte zur Arbeit zu gehen, glattrasiert zu sein, meine Bücher zu lesen, rein zu sein.

Henry war am Sechzehnten mit dem Unterricht fertig, und er fing an, jeden Tag von morgens bis abends nach einem Auto zu suchen. Und oft überredete er Gershon, bei der Arbeit blauzumachen, um ihm beizustehen. Aber sie hatten keinen Erfolg, und ich schöpfte zusehends Hoffnung, Henry würde sein Vorhaben, nach Florida zu fahren, aufgeben.

Ein paar Tage vor Weihnachten kam ich von der Arbeit nach

Hause, und Henry war nicht da. Ich machte mir ein bißchen was zu essen und legte mich dann auf den orangenen Teppich und sah mir ein Weilchen das Spiel der Knicks an, und es war nicht gerade ein ausgeglichenes Spiel. Sie verloren, und ich konnte es nicht ertragen, darum sah ich mir hinterher einen Gewaltfilm an. Henry kam so gegen neun Uhr rein, sah mich dort liegen und sagte: »Wie spricht die Bibel? Leg dich nieder mit Flöhen, stehe auf mit Bissen?«

Ich stand vom Teppich auf und setzte mich auf die weiße Couch. Ein Teil des Plastiküberzugs war inzwischen heruntergerutscht, aber es gab immer noch einige geschützte Flächen. Henry bemerkte den Gewaltfilm und sagte: »Amerikaner und ihre Waffen. Austricksen können sie niemanden, darum erschießen sie sie.«

Ich stellte den Fernseher aus, und Henry fing an, in der Küche etwas zu essen vorzubereiten. »Hast du ein Auto gefunden?« fragte ich.

»Nein. Gershon und ich haben für heute mal einen Tag Pause gemacht. Ich bin kein sonderlich guter Puritaner, ich bin immer drauf und dran, die Brocken hinzuschmeißen. Noch einen Tag lang nichts als Gebrauchtwagen und Frustrationen, das konnte ich nicht ertragen. Darum sind wir ins Met gegangen, und hinterher noch ins Kino. Im Met war's interessant. Gershon ist einigen Kunststudenten aufgefallen. Sie wollten ihn als Bacchus porträtieren.«

»Was habt ihr euch im Met angesehen?«

»Wir waren in der Ausstellung der Griechen, aber die hängen wir immer viel zu hoch. Das ist alles reiner Fotorealismus, und immer bloß junge Männer und Athleten. Die ganzen Statuen mit ihren eingefrorenen Bewegungen. Ich bin mir sicher, daß ihr Haar nie so war ... Die Römer dann haben die Griechen einfach kopiert und eine vulgäre Darstellung von Macht und Pracht draus gemacht. Die größte Epoche in der Kunstgeschichte war der französische Impressionismus, und Tschaikowsky ... Gershwin ist der Höhepunkt der populären Musik ... Und Ibsen ist der größte Künstler aller Zeiten. Ja«, sagte Henry, und er kam mächtig in Fahrt, hielt mir eine Vorlesung über Kunstgeschichte, während er einen Topf mit Wasser füllte, eine Herdplatte anmachte und einen Eßteller erst mit heißem und dann mit kaltem Wasser abspülte. »Molière ist auf die nämliche Weise komisch, wie Abbott und Costello das sind. Racine ist absurd. Shakespeare wird überschätzt. Die Engländer halten ihn immer noch hoch, weil sie für ihn keine Tantiemen bezahlen brauchen. Bloß ein paar wenige von seinen Stücken taugen was, die übrigen waren kommerzielle Reißer, mit denen er das Publikum rumkriegen wollte. *König Lear* ist, wie Noël Coward richtig sagte, ›zu lang‹. Die guten sind: *Romeo und Julia ... Wie es euch gefällt ... Othello ... Hamlet ... Der Kaufmann von Venedig.*« Dann mußte Henry lachen, weil er zugeben mußte, daß das doch eine ganze Menge Stücke waren, aber er konterte, indem er sagte: »Na ja, *Coriolan* und *Das Wintermärchen* sind absolute Scheiße ... Das wär's. Damit hätten wir alles abgehandelt.« Henry lachte über seine Zusammenfassung der abendländischen Kultur. »Irgendwelche Fragen?«

»Was ist mit amerikanischer Literatur?«

»Gibt's gar nicht. Hemingway ist ein spastischer Reflex. Faulkner ist unlesbar. Fitzgerald hatte Talent, hat aber zuviel Coca-Cola getrunken. Ja. Nach Dickens hat's in der englischen Sprache niemanden mehr gegeben. Lies die Bibel, und lies Ibsen ... Willst du etwas Hähnchen abhaben? Ich will gerade eins in der Röhre brutzeln.«

»Nein danke«, sagte ich. Ich benutzte die Röhre nie, Henry hingegen häufig.

»Keine Angst, die ganzen Schaben- und Floheier werden von der Hitze abgetötet, steht jedenfalls zu hoffen.«

»Ich hab schon gegessen«, sagte ich. »Trotzdem danke ... Wie gefiel's Gershon im Museum?«

»Er fühlte sich veredelt, wie ein besserer Mensch. Es kam allerdings zu einer peinlichen Situation, das ist das übliche Risiko, wenn man sich mit ihm in die Öffentlichkeit begibt. Wir waren gerade im Café, ich hab ihm Milch und Kekse ausgegeben, und da sah ich Harold Harold, der im Public Theater eine große Nummer ist. Ich wollte nicht, daß er mich sieht, ich war wie jetzt gekleidet – in Poetenlumpen.« Henry trug seine übliche Kostümierung: ein sehr mitgenommenes Sportsakko, eine fleckige gelbbraune Cordsamthose, ein fleckiges Hemd und völlig ausgetretene Schuhe. »Aber er kam zu unserm Tisch rüber.«

»Ist das sein richtiger Name? Harold Harold?«

»Ja. Er ist ein Urning. Er kam direkt zu uns an den Tisch, und ich mußte die beiden einander vorstellen. Ich hab gesagt: ›Das hier ist mein Analytiker, Gershon Gruen.‹ Ich glaube, Harold Harold hat mir das abgenommen. Er hat Gershon mit sehr viel Achtung die Hand geschüttelt. Aber es war nicht gut, daß ich mich in Poetenlumpen hab sehen lassen. Jetzt wird er denken, meine Karriere sei vorbei und daß ich deswegen beim Analytiker sei.«

Ich spürte etwas unter meinem Hintern

Am 23. Dezember, am Vorabend von Heiligabend, gab Henrys Skylark schließlich endgültig den Geist auf. Er kam gegen neun Uhr nach Hause und erzählte mir von seinem Mißgeschick.

»Ich war in Queens und ging Hinweisen auf zum Verkauf stehende Wagen nach. Aber die Armen haben alle Autos, die viel zu teuer sind. Das ist das Problem in diesem Land: Die Armen haben zuviel Geld. Dann hatte der Buick die ersten Aussetzer. Soff wiederholt ab und berappelte sich dann wieder. Ich ruckelte mit letzter Kraft auf den Queensborough-Parkplatz. Ich hab gedacht, das Benzin sei alle. Ich bin zur Tankstelle gegangen und hab meine Selterflasche aufgefüllt. Ich schaffte es, ein bißchen Benzin in den Tank zu füllen, aber das meiste hab ich auf dem Parkplatz verschüttet, und es hat da eine Pfütze gebildet. Ich hatte Sorge, ein Student könne sie mit einem weggeworfenen Zigarettenstummel in Brand setzen. Darum hab ich den Wachmann davon überzeugt, daß es besser sei, wenn *ich* sie in Brand steck. Der Wachmann sagte: ›Das ist aber keine kleine Pfütze.‹ Ich hab ihm gesagt, doch, die sei klein. Aber *tief* war sie. Hat reichlich viel schwarzen Rauch gegeben. Ich versuchte dann, den Wagen anzulassen und da wegzukommen, aber er wollte nicht anspringen. Da bin ich von dannen geschlichen. Mir sind schon so viele Wachleute in die Quere gekommen. Ich kann's direkt hören, wie sie sagen: ›Schon wieder Dr. Harrison. Er hat noch eine dicke schwarze Markierung auf dem Parkplatz hinterlassen.‹«

Am nächsten Tag, Heiligabend, fuhren Henry und Gershon nach Queens raus, um einen Blick auf den Wagen zu werfen. Am frühen Nachmittag kehrten sie zurück. Der Wagen hatte jetzt ganz offiziell den Geist aufgegeben, Todesursache war ein Zusammenwirken diverser Defekte, und ich fühlte mich egoistischerweise bestärkt in meiner Entscheidung, Henry den Parisienne nicht zu leihen. Henry ein Auto zu leihen hieß, es zum Tode zu verurteilen.

Henry war angesichts seiner Situation resigniert – kein Auto, keine Möglichkeit, nach Florida zu kommen –, aber nicht verzweifelt. Er hatte zu packen. Er würde Heiligabend und den ersten Weihnachtstag in Vivian Cudlips Haus in Philadelphia verbringen. Sie wollte eine Limousine vorbeischicken, um ihn abzuholen, damit sie ihn rechtzeitig zum Essen in Philadelphia hatte. Während er am Packen war, sprachen wir davon, daß ich ihm helfen würde, einen Wagen aufzutreiben. Wir wollten damit anfangen, wenn er von Vivian zurückkam, denn ich hatte mehrere Tage arbeitsfrei. Ich war mit dieser Aussicht sehr zufrieden – das würde mir eine gute Gelegenheit bieten, mit ihm zusammenzusein, und gleichzeitig eine gewisse Wiedergutmachung dafür bedeuten, daß ich ihm den Parisienne nicht geliehen hatte, obwohl ich wußte, daß mit Henrys knappem Budget wenig Aussicht bestand, etwas zu finden, und ich ihm also nicht wirklich dabei helfen konnte, den Absprung zu schaffen.

Ich saß auf der weißen Couch, während wir uns unterhielten, er suchte nach sauberen Smokinghemden, und ich spürte etwas unter meinem Hintern. Zuerst ignorierte ich es, aber dann griff ich doch unter mich. Es war ein beiger Mascara-Applikator. Ich hielt ihn Henry hin. »Was ist denn das hier?« fragte ich, und dann in gutmütigem Scherz: »Hast wohl eine Frau hier mit raufgebracht?«

»Das sag ich nicht«, erwiderte Henry mit großem Ernst.

»Warum nicht?«

»Von derlei Dingen spricht man nicht.«

»Na, dann könnte ich glatt auf den Gedanken kommen, du hättest das selber benutzt.«

»Ja«, sagte Henry rasch und fröhlich, »ich hab mir Frauenkleider angezogen.«

»Du gibst bereitwillig zu, Frauenkleider anzuziehen, aber nicht, eine Frau mit nach Haus gebracht zu haben?«

»Ja.«

Er war mit Packen fertig, und er sah mich an. Ich hielt immer noch den Mascara-Applikator in der Hand. Sein Gesicht nahm einen resignierten Ausdruck an. Die Augenbrauen entspannten sich, die Wangen sanken ein bißchen nach unten. Er wollte nicht, daß mich das Mascara auf dumme Gedanken brachte oder daß ich seine Schutzbehauptung mit dem Cross-dressing glaubte.

»Ich benutze das Mascara für meine Haare. Ich fang an den Wurzeln an und bürste nach hinten darüber weg. Dadurch verändert sich der ganze Farbton. Das ist ein Trick, den ich beim Theater gelernt hab.«

Endlich war das Geheimnis um Henrys Haare gelüftet! Ich versuchte, nicht allzu breit zu lächeln, aber meine Freude war einfach zu groß. Langsam kam ich ihm auf die Schliche, Zug um Zug. Ich wußte, warum er vorzeitig die Toilettenspülung betätigte, ich wußte über sein Haar Bescheid ... Wenn ich ein bißchen Geduld hatte, würde ich allem auf den Grund kommen.

Und ich bewunderte ihn für den Trick mit dem Mascara. Er war genial. Er konnte den Applikator in seinen Taschen verbergen und wie verwandelt aus dem Bad kommen und mir damit ein Rätsel aufgeben. Keine Tönungsmittel, keine Zaubertrünke, die ein Schnüffler wie ich entdecken konnte. Und dann fiel mir der Mascara-Applikator wieder ein, den ich im Wagen gesehen hatte. An Indizien hatte es nicht gemangelt.

»Ich sollte dir nicht vorenthalten«, sagte ich, »daß da manchmal winzige Spuren auf deiner Stirn zu sehen sind ... wie zu Aschermittwoch.« Es war mir immer zu peinlich gewesen, das zu erwähnen, aber wo jetzt die Wahrheit ans Licht gekommen war, dachte ich, es sei nur recht und billig, ihm diese konstruktive Kritik angedeihen zu lassen. Ich hegte die Hoffnung, die Anspielung auf einen religiösen Feiertag würde den Schlag ein bißchen abfedern.

»Ja, weiß ich. Überall lauern Probleme. Wir haben zu viele Probleme. Aber am besten ist es, nicht daran zu denken. Es ist besser, einander zu beschenken, als über Probleme nachzugrübeln.«

Henry langte in seinen Kleiderschrank und holte eine durchsichtige Plastiktüte mit rund einem Dutzend Weihnachtskugeln heraus.

»Ich hab ganz vergessen, sie dir schon früher zu überreichen. Ich hab sie auf dem Flohmarkt gefunden, als Gershon und ich in New Jersey waren. Jetzt hast du deine eigene Sammlung.«

Henry ging in die Küche und legte die Weihnachtskugeln in eine Suppenschüssel und trug sie in mein Zimmer und stellte sie auf das Fensterbrett. Wir standen einen Moment lang da und bewunderten sie. Jetzt gab es sowohl in Henrys Zimmer als auch in meinem Zimmer eine Schale mit Weihnachtskugeln, als wär's eine Schale mit Juwelen. Mir gefiel die Gemeinsamkeit. Und die Weihnachtskugeln waren offenbar so etwas wie Henrys Anerkennung der Tatsache, daß ich einen gewissen Grad von Dauerhaftigkeit erreicht hatte, daß ich nicht irgendwohin verschwinden würde.

»Danke«, sagte ich, »aber jetzt hab ich ein ganz schlechtes Gewissen, weil ich gar kein Geschenk für dich besorgt hab.« Ich hatte Angst gehabt, wenn ich etwas kaufte, würde Henry das eh zurückweisen, und dann wäre er womöglich noch verärgert, daß ich Geld verschwendet hatte.

»Das ist schon in Ordnung, ich hab dir eigentlich auch nicht wirklich ein Geschenk besorgt«, sagte er zu meiner Beruhigung. »Ich wollte die Weihnachtskugeln ursprünglich für mich selbst haben. Ich konnte einfach nicht widerstehen. Aber meine Schale ist schon mehr als voll. Also mach dir keine Gedanken deswegen, und *außerdem* haben sie bloß fünfundzwanzig Cent gekostet ... Für Vivian hab ich mehr Geld ausgegeben. Auf der Canal Street hab ich einen unechten Seidenschal von Chanel für zehn Dollar erstanden.«

»Das ist sehr aufmerksam von dir«, sagte ich.

»Es ist das mindeste, was ich tun kann als Gegengabe für das, was sie mir alles schenkt. Und um sicherzustellen, daß sie das auch weiterhin macht.« Henry gackerte vor sich hin. Er sprach nur halb im Ernst, denn *gar* so raffgierig war er auch wieder nicht. »Aber selbst wenn sie aufhören würde, mich freizuhalten, würde ich ihr etwas schenken. Ich mag sie. Aber das ist nun einmal die Last des Reichtums – die Reichen wissen nie, ob sie um ihrer selbst willen geliebt werden oder ihres Geldes wegen.«

»Na, das ist mal was, worüber wir uns keine Sorgen zu machen brauchen«, sagte ich.

»Ja. Aber *du* wirst geliebt ... Deine Großtante liebt dich.« Er überlegte angestrengt, wen er sonst noch aufzählen konnte, der mich liebte, und dann sagte er: »Und ich ... ich bin ein Freund.«

Hast du ordentlichen SG?

Henry fuhr zu Weihnachten nach Philadelphia, und ich fuhr zum Rego Park. Meine Großtante und ich absolvierten die gleiche Routine wie zu Thanksgiving. Gefilte Fisch als Vorspeise. Hähnchen als Hauptgang. *Playboy.* Nickerchen. Drei Partien Hollywood Gin.

Beim Kartenspielen erzählte sie mir, sie würde eine Slim-Fast-Diät machen. Ich war mir nicht sicher, ob das für jemanden in ihrem Alter eine gute Idee war. Ich versuchte, ihr davon abzuraten.

»Du brauchst doch gar nicht abzunehmen«, sagte ich. »Du siehst wunderbar aus.«

»Sieh dir doch bloß diesen Bauch an«, sagte sie, und sie zog ihr baumwollenes Hauskleid hoch, um mir ihren Bauch zu zeigen; er war ziemlich aufgedunsen und stand seltsam von ihrem kleinen Körper hervor. »Ich sollte zum Arzt gehen«, fuhr sie fort. »Ich werd ihm sagen, ich sei schwanger. Dann schaut er mir in die Tuschi, und eine Motte kommt rausgeflogen.«

Bei der Vorstellung mußten wir beide lachen; in Gedanken sah ich meine Großtante auf einem Behandlungsstuhl sitzen, die Beine weit geöffnet, und ein weißer Falter flog dem Doktor um den Kopf. Dann sagte meine Großtante: »Ich muß da Mottenkugeln reinstecken. Kommt sonst keiner mehr rein.«

Jetzt wurde sie wirklich zu zotig, und ich wollte sie wieder auf das Diät-Thema zurückbringen. Ich wollte nicht, daß sie sich mit Slim-Fast die Gesundheit ruinierte.

»Statt dieses Pulverzeug zu dir zu nehmen«, sagte ich, »solltest du lieber viel frisches Obst und Gemüse essen und Wasser trinken.«

»Ich koch mir jeden Tag einen Krug voll ab«, sagte sie.

Ich fragte mich, ob das Abkochen die Qualität des New Yorker Wassers wohl verschlechterte, ob dadurch irgendwie Blei freigesetzt wurde. »Du kannst dir Mineralwasser kaufen«, sagte ich.

»Sei nicht albern. Ich geb doch kein Geld für Wasser aus.«

»Na, jedenfalls solltest du das mit dem Slim-Fast besser lassen. Du bist einfach ein bißchen aufgebläht. Hast du ordentlichen SG?« (Wir nannten das in meiner Familie immer SG.)

»Ich geh jeden Tag. Das ist wie ein Glaubensbekenntnis für mich. Ich geh nicht aus dem Haus, bevor ich gewesen bin. Ich rauch eine Zigarette; das bringt es normalerweise in Gang.«

Ich fragte mich, ob dieser Zusammenhang wohl wissenschaftlich erwiesen war oder ob es reine Psychologie war. Es schien insofern einigermaßen logisch, als das Nikotin vielleicht die Blutzirkulation antrieb und Blut in ihre Eingeweide gepumpt wurde und dadurch tatsächlich Abhilfe schaffte.

Sie gewann alle drei Partien und packte mir dann zwei Taschen mit Lebensmitteln ein, die ich mitnehmen sollte. Sie sagte mir, mein Liebesdiener, Henry, könne auch was abhaben. Außerdem schenkte sie mir einen Toaster, weil sie jetzt kein Brot mehr aß. Ich versuchte, ihn abzulehnen, aber sie bestand drauf. Auch mit meinem Ratschlag, das mit dem Slim-Fast zu lassen, hatte ich kein Glück.

Wir verabschiedeten uns am Fahrstuhl. »Danke für alles«, sagte ich. »Ich hab dich lieb.«

»Ich hab dich mehr lieb«, sagte sie.

Der gesetzte Mann

Henry blieb noch einen zusätzlichen Tag in Philadelphia und kam spät am Abend des Sechundzwanzigsten nach Haus, und ich schlief schon halb, aber wir sprachen noch kurz miteinander und machten ab, am Morgen gemeinsam nach Long Island zu fahren. Henry erinnerte sich, an einer Auffahrt in Southampton einen zum Verkauf stehenden Wagen gesehen zu haben, als er zu Vivians Wahltagsparty dagewesen war. Genau gesagt hatte er den Wagen nur ein paar Stunden, bevor er mit seinem Skylark den Baum erwischt hatte, gesehen, und Henry fragte sich, ob das womöglich ein Zeichen gewesen war. Ein Zeichen, daß dies der Wagen war, der ihn nach Florida bringen würde.

Ich wachte am Siebenundzwanzigsten früh auf, und ich duschte und zog mich an. Ich war aufgeregt, weil ich einen Ausflug mit Henry vorhatte. Ich setzte mich auf die Kante meines Bettes, und wie ein Kind auf einen bestimmten Erwachsenen wartet, wartete ich darauf, daß Henry wach wurde.

Darüber wurde mir ein wenig langweilig, deswegen las ich ein paar Somerset-Maugham-Kurzgeschichten, um mich in die richtige Stimmung für den Ausflug zu versetzen, und ich schrieb in meinem Tagebuch.

So gegen elf hörte ich Henry stöhnen, und ein paar Augenblicke danach kam er in mein Zimmer gestolpert, und sein Hemd war ihm anstelle der noch immer nicht wieder aufgetauchten Augenmaske um den Kopf gebunden. Er sah mich fertig angezogen auf dem Bett sitzen, und er hielt vor Entsetzen die Luft an und hob abwehrend die Arme. Er blieb nicht stehen und sagte auch nichts, sondern ging einfach weiter ins Bad und urinierte und betätigte wie üblich vorzeitig die Spülung, um ein bißchen einzusparen.

Er kam wieder raus, jetzt nicht mehr ganz so schockiert, wach zu sein.

»Willst du Kaffee haben?« fragte ich. »Ich könnte losgehen und welchen besorgen.«

»Ich kann noch keinerlei Entscheidungen treffen, es ist zu früh.«

Ich wartete geduldig drauf, daß er sich anzog. Alle paar Augenblicke stöhnte er melodramatisch, wohl wissend, daß ich zuhörte. Als er zu stöhnen aufhörte und fertig angezogen war, ging ich in die Küche, um ihm den Toaster und die diversen Lebensmittel zu zeigen, die meine Großtante mir für zu Hause mitgegeben hatte.

»Dieser Toaster ist sauber«, sagte ich. »Der ermöglicht uns einen Neuanfang, ohne uns um Küchenschaben oder Flöhe zu sorgen.«

»Deine Großtante und ich haben die perfekte Mann-Frau-Beziehung«, sagte Henry. »Sie schickt mir gute Gaben, und wir sehen uns nie.«

»Vielleicht könntest du sie irgendwann mal sehen? Mit ihr essen gehen vielleicht«, sagte ich voller Hoffnung.

»Nein. Das würde alles zerstören. Wir befinden uns in perfekter Harmonie. Sie vergöttert mich aus der Ferne. Es ist das beste, es dabei zu belassen. Ich möchte sie nicht enttäuschen.«

Ich bedrängte ihn nicht weiter mit meiner Großtante, und wir gingen runter ins Salz der Erde, um uns dort Mut für unsere Expedition nach Southampton abzuholen. Wir saßen an unseren gewohnten Tischen gleich nebeneinander, und ich fragte Henry: »Wie war Weihnachten bei Vivian?«

»Am ersten Feiertag gab sie im Ballsaal ein Dinner für hundert Leute«, sagte Henry. »Die sämtlichen Ritter waren versammelt. Barbarash, derjenige, der versucht, mich rauszudrängen. Spencer Mooney, ein prinzipienloses altes Früchtchen, das bösartige Gerüchte verbreitet. Aresh Farman, ein transusiger Exilperser. Neville Henry, ein verarmter Yachtbesitzer, der

Fruchtgummis liebt und Gicht hat. Er ist der einzige, den ich leiden kann. Er hat wenigstens ein bißchen Seele. Er ist auf die Gratismahlzeiten angewiesen. Die anderen beiden haben etwas Einkommen. Aber von all den Schnorrern bin ich der integerste.«

»Bist du dir da sicher?«

»Du solltest die andern mal sehen.«

»Kann ein Schnorrer überhaupt integer sein?«

»Natürlich! Ich schenke Vivian Glück als Gegenleistung für warme Mahlzeiten. Ich schenke ihr all meine Talente. Bißchen Professor. Bißchen Dramatiker. Bißchen Gehhelfer. Bißchen Psychopath. Bißchen Intellektueller. Bißchen Faschist. Bißchen Kommunist. Bißchen Royalist. Bißchen Gigolo. Bißchen Begleiter. Ja.«

»Bißchen Einspringer, bißchen Ersatzmann?«

»Nein«, sagte Henry, der ganz vergaß, daß er mir einmal erzählt hatte, er sei ein Einspringer und Ersatzmann. »Ich bin mehr als ein Ersatz. Ich bin gesetzt!«

Wir tranken unsern Kaffee aus und gingen dann ein paar Straßenzüge weiter, dorthin, wo ich meinen Parisienne abgestellt hatte. Es war ein kalter und sonnenloser Tag. Über uns hing eine schwere Decke aus grauen Wolken.

Wir stiegen in meinen Wagen ein, und Henry grunzte vor Behagen und lächelte breit. Er mochte die gepolsterten Veloursitze. Endlich saß er mal im Parisienne, und ich war stolz auf meinen schönen Wagen.

Als wir vor einer Ampel auf der First Avenue hielten, überquerte eine attraktive Frau in den Vierzigern, in teuren Pelz gehüllt, vor uns die Straße.

»*A quel destin inconnu se dirige-t-elle?*« fragte Henry.

»Was heißt das?« fragte ich.

»›Nach welchem unbekannten Ziel lenkt sie ihren Weg?‹« antwortete Henry. »Ich sag das immer, wenn ich eine schöne Frau seh. Was wird mit ihr geschehen? Wo geht sie hin? Wo kommt sie her?«

Wir nahmen den FDR Drive Richtung Norden. Zu unserer Rechten war der East River, der bald mit dem Harlem River verschmelzen würde. Das Wasser war dunkelgrau, und die Wellen gingen hoch und heftig. Es war, als führe man direkt am Meer dahin. Ich schaltete das Radio an, um ein bißchen Musik zu hören. Eingestellt war ein spanischsprachiger Sender, und Salsamusik dröhnte heraus.

»Könnten wir statt dessen irgend etwas hören, wovon die Kuh nicht sterben muß?« fragte Henry mit sofort aufflammendem Verdruß.

Ich stellte einen klassischen Sender ein, und er entspannte sich sichtlich.

»Hat das UKW und Mittelwelle?«

»Ja«, sagte ich.

»*Quelle luxe* ... was für ein Radio. Ihr Amerikaner mit euren Radios und Autos. Hört sich an, als würde der Pianist direkt auf dem Armaturenbrett sitzen. Ich bin's nicht gewohnt, in einem Wagen mit eigenem Orchester und zwei funktionierenden Türen zu sitzen ... Und ohne Geruch!«

Es gefiel mir, daß mein Wagen von Henry gelobt wurde. Ich faßte das persönlich auf. Und er krittelte kein bißchen an meinen Fahrkünsten herum, was nur gerecht war, denn ich war ein hervorragender Fahrer.

Er beschloß, wir sollten schnell noch das italienische Wohnviertel beim Fort Schuyler durchfahren und in den Auffahrten nach Wagen, die zum Verkauf standen, Ausschau halten, bevor wir nach Southampton weiterfuhren.

Der ganze Ausflug begann mir ein bißchen hirnrissig vorzukommen. Mittag war schon vorbei, wir fuhren einen Umweg, und wir würden allein zwei Stunden brauchen, um zu den Hamptons hinzukommen. Die Sonne würde um halb fünf untergehen, und so bleiben uns vielleicht ein, zwei Stunden im Hellen, um einen Wagen zu finden, den Henry vor zwei Monaten gesehen hatte – und er beichtete mir, er sei sich nicht sicher, wo genau der Wagen gestanden habe.

Ich kam mir vor wie Sancho Pansa, der Don Quijote hinterdreindackelt, als der zu irgendeinem absurden ritterlichen Abenteuer auszieht. Quijote trachtete nach Unsterblichkeit, Henry nach einem Auto, und beide vertrauten sie auf völlig praxisferne Methoden, um ihre Ziele zu erreichen. Sancho jammerte reichlich darüber, daß er seinem Ritter zu folgen hatte, aber so hirnrissig unser Ausflug auch sein mochte, ich war glücklich, Henrys Schildknappe sein zu dürfen.

Während wir uns Fort Schuyler näherten, betrachtete Henry die zahlreichen leerstehenden, ausgeschlachteten Häuser der Bronx und sagte: »Schau dir das an! Da gibt es nur eins, nämlich die Obdachlosen da reinstecken und ihnen einen Pinsel in die Hand drücken. Aber das funktioniert bloß in kommunistischen Ländern. Das einzige, was da funktioniert ... Warum beschäftige ich mich bloß mit derlei Sachen?«

»Weil es dich prima ablenkt und du dann nicht über deine eigenen Probleme nachdenken mußt?«

»Psychologische Probleme oder Automobilprobleme?«

»Psychologische.«

»Ja, ich habe nie was auf Selbsterkenntnis gegeben. Ich hab da eine gewisse Vorstellung, was in meinem Innern lauert, und es ist am besten, das zu ignorieren. Ich empfehle, daß du's genauso hältst. Was wir wirklich tun müssen, ist, aus Amerika zu verschwinden. Schau dir diese Häuser an. Dieses Land stirbt. Die Kultur stirbt ... Müssen sie halt sterben lassen. Rußland ist das einzige, was mir noch einfällt. Ich möchte gerne wieder nach Riga. Da kriegt man eine Flasche Champagner für drei Dollar und ein Zimmer für zwei Dollar.«

»Es muß dir da wirklich gefallen haben«, sagte ich.

»Die Menschen da haben Seele. Ihre Augen sind schön«, sagte Henry.

Er erwähnte Riga nicht zum ersten Mal. Es war sein Xanadu. Es verfügte über Vorzüge, die für Henry von höchster Wichtigkeit waren. Niedrige Preise, Champagner und Schönheit.

Wir fuhren beim Fort Schuyler in dem italienischen Wohngebiet herum, und die Häuser waren dicht aneinandergequetscht, und in jeder Auffahrt drängten sich zwei oder drei Automobile. Und trotzdem stand nirgendwo eins zum Verkauf. Ich dachte mit Freude an unseren Ausflug mit Gershon zum Fort zurück.

»Hier gibt's keine Autos«, sagte Henry. »Man könnte immer ein Auto auftreiben ... Ich werde Russisch lernen müssen.« Er spielte auf seinen schlußendlichen und unumgänglichen Weggang aus den Vereinigten Staaten an. »Ich werde eine Anzeige in der *Village Voice* aufgeben: ›Gesucht: Russischer Sprachunterricht durch Muttersprachler. Gegenleistung: Ehefrauen und -männer.‹«

»Und wo willst du diese Frauen und Männer herkriegen?«

»Na ja, da wären Gershon und du; und all die Frauen, die bei Vivian angestellt sind, sind alleinstehend. Das müßte hinreichen.«

»Ich fühle mich geschmeichelt, daß du auch mich offerieren würdest«, sagte ich.

»Das brauchst du nicht, sie heiraten dich nur der Einbürgerung wegen. Aber selbst wenn sie dich nicht liebt, wird sie dir eine sehr gute Freundin sein. So sind die Russen nun mal.«

Wir verließen die Bronx und kamen an einer Go-go-Bar vorbei, und Henry sagte: »Go-go-Bars machen am Muttertag am meisten Umsatz. Dann wollen sie alle Euter anschauen. Einmal hab ich in Trenton bei so einem Laden angehalten, und eine von den Stripperinnen war ein Transvestit, ein Urning. Die Stripperin streifte ihren Büstenhalter ab, und es war ein Mann. Und die Lastwagenfahrer saßen einfach da, ohne Regung, den Mund offen, am Hintern vorbei ging es ihnen keineswegs. Und der Ansager, der ebenfalls ein Transvestit war, wie sich herausstellte, schrie: ›Wir sind Typen wie ihr!‹ Aber für die Trucker machte das keinen Unterschied.«

Ständig brachte Henry das Thema auf Cross-dressing, Transvestiten und Urninge! Was ein Urning war, wußte ich von Krafft-Ebing. Das war ein Mann, der sich als eine Frau fühlte, die in einem Männerkörper gefangen war. Ich war also nicht der einzige, der sich mit derlei Themen beschäftigte.

»Was hast du empfunden, als du die Transvestiten gesehen hast?« fragte ich. Er saß in meinem Wagen in der Falle, und ich wollte, daß er sich jetzt ein für allemal öffnete, daß er mir preisgab, was es war, was da in seinem Innern lauerte.

»Was ich empfunden habe? Ich empfand nichts. Ich beobachtete.«

»Du fühltest dich nicht stimuliert? Erregt?«

»Es braucht mehr als einen Transvestiten, um einen großen Intellekt zu stimulieren ... Einer der Lastwagenfahrer sagte: ›Das wär was für mich.‹ Ich glaube immer noch nicht, daß ihm klar war, das war ein Mann.«

Er tat den Gedanken, von einem Transvestiten erregt zu werden, so entschieden ab, daß ich fürchterlich enttäuscht war. Er war kein bißchen wie ich, und ich kam mir ziemlich beschränkt vor, wie das genaue Gegenteil eines großen Intellekts, weil mich das Sally's so faszinierte. Ich ließ das Thema fallen, und indem ich Henrys Anweisungen folgte, gelangte ich auf den Long Island Expressway.

Wir hatten das Radio ausgeschaltet, um uns in der italienischen Wohngegend besser konzentrieren zu können, und fuhren jetzt ganz still dahin, abgesehen davon, daß Henry ein Lied vor sich hinsummte. Es klang französisch. Dann plötzlich kreiselte da eine Radkappe auf der Straße herum, und ich schlingerte zur Seite, um auszuweichen.

»*Scheiße!*« schrie ich aufgebracht.

»Du sagst das nicht mit dem richtigen Feeling. Du bist zu jung. Du hast keine Probleme«, machte Henry sein Besitzrecht geltend, denn ihm war durchaus bewußt, daß ich seinen deutschen Lieblingsfluch benutzt hatte.

»Ich habe sehr wohl Probleme«, sagte ich.

»Du schläfst zu wenig. Du ißt nicht die richtigen Sachen. Und du denkst nicht die richtigen Sachen. Darum hast du Probleme.«

»Was für Sachen sollte ich denn denken?«

»Ich folge der römischen Kirche. Die sagt mir, was ich zu denken habe. Aber es ist dasselbe, was dir ein Rabbi sagen würde: Wisse um Gott und liebe Gott in dieser Welt, und du wirst glücklich mit ihm in der nächsten ... Aber das ist nicht so einfach. Von wem stammt der Satz: ›Es gibt tausend Menschen, die Paris gefunden haben, auf einen einzigen, der Gott gefunden hat‹?«

»Baudelaire?«

»Dann hätte ich es dir auf französisch zitiert!« sagte Henry, den es wie immer verdroß, daß ich die Quellen seiner Zitate nicht kannte. »Der Mann aus Princeton hat das formuliert. Fitzgerald. Er hat es zumindest versucht. Er ging zu den Jesuiten auf die Highschool. Aber er wurde abtrünnig. Die Prohibition verstärkte den Reiz des Alkohols allzusehr. Er war zu schwach. Er war einer von den tausend ... Die Wahrheit braucht zwei Ingredienzien: gutes Essen und guten Wein. Wenn der Wein gut ist, dann schläft man ein und braucht keinen Sex. Man befindet sich in einem Zustand der Euphorie.«

»Aber was ist dann mit Fitzgerald?« fragte ich.

»Da war's Schnaps, nicht Wein.«

»Manchmal befördert Wein das Verlangen nach Sex«, sagte ich. Henry begriff Sex natürlich als das Hindernis auf dem Weg zur Wahrheit und zu Gott.

»Nein. Ein wirklich guter Wein ist so ekstatisch, daß nichts anderes mithalten kann. Aber allzu wenige Menschen können sich eine Flasche Wein für fünfundsechzig oder siebzig Dollar leisten ... Aber wie soll man sich die Reichen erklären?«

»Du meinst, sie finden nicht zur Wahrheit, obwohl sie doch gutes Essen und guten Wein haben?«

»Ja. Die Reichen haben viele sexuelle Probleme. Unablässig lassen sie sich scheiden. Vivians Tochter hat sich schon neunmal scheiden lassen. Aber manche finden zu Gott und manche nicht. Und die Armen – Armut ist keine Garantie für Tugendhaftigkeit. Die Russen, das ist wirklich interessant, halten nichts von Ehescheidung. Sie finden so etwas bourgeois ... Die Pioniere. Das war ein gutes Leben. Eine gute Methode. Häuser zu bauen, um den Geschlechtstrieb auszudörren, und außerdem lebten sie so weit voneinander entfernt, daß sie außer ihren Frauen niemanden hatten, mit dem sie hätten sündigen können. Wenn sie sich doch mal trafen, tanzten sie Square-Dance.« Henry unterbrach für einen Augenblick seine Überlegungen, welche Menschen – die Reichen, die Armen, die Russen, die Pioniere – wohl zu Gott finden könnten, und dann sagte er: »Was treiben wir hier eigentlich? Das ist gefährlich. Ich hatte nicht die Absicht, dir eine Predigt zu halten. Wir werden beide noch reisekrank.«

Henry fing wieder an, vor sich hin zu singen, und wir fuhren schweigend dahin. Wir überholten eine attraktive Frau in einem silbernen Mercedes.

»Ihr Haar sollte bei dieser Geschwindigkeit im Winde flattern«, sagte Henry.

»Du meinst die Frau da?«

»Ja. Sie sitzt drinnen. Nichts geschieht mit ihr ... Was ist das für ein Ring, den du da trägst?«

Henry hatte meinen Rutgers-Ring mit der Gravur des Honors Program bisher noch nie bemerkt. »Mein College-Ring«, sagte ich.

»Kannst du ihn in Wachs tauchen und Briefe damit versiegeln?«

»Ich glaube nicht.«

»Ist er aus Gold?«

»Ja.«

»Das ist eine gute Vorsichtsmaßnahme für den Fall einer Inflation. Du kannst immer noch den Ring versetzen und dir einen letzten Drink dafür leisten.«

Henry fing wieder an, das französische Lied zu singen. »Was singst du da?« fragte ich.

»Was?«

»Was singst du da?«

»Das ist aus einer französischen Operette. *Pas Sur La Bouche*. Handelt von einem Mann, der nicht gern auf den Mund geküßt wird. Das ist schon die ganze Handlung und das ganze Thema. Das großartige Lied geht so«, und Henry begann wieder zu singen: »*Un baiser, un baiser, pas sur la bouche, pas sur la bouche.*« Henry mußte lachen, und dann übersetzte er es mir. »›Ein Kuß. Ein Kuß. Nicht auf den Mund. Nicht auf den Mund‹ ... Ich stimme dem zu. Ich finde, Küsse auf den Mund sind abstoßend. Lauter Speichel, schlechte Zähne, schlechter Atem ... Was war noch gleich das andere Problem? ... Bakterien! Hätte ich fast vergessen. Die Menschen sollten sich nicht küssen. Das ist unzivilisiert. Nasenreiben ist in Ordnung. Oder sie sollten einander an den Brustwarzen lutschen, wenn sie sich treffen.«

»Was? Auch die Frauen? Ich kann's nicht glauben, daß ausgerechnet von *dir* so ein Vorschlag kommt«, sagte ich.

»Das ist sehr viel hygienischer, weißt du, und außerdem fühlt es sich viel besser an. Der Mund ist zum Essen da … Hättest du Lust, bald irgendwo ranzufahren? Ich brauch was zu essen. Ich muß sehen, daß ich schlank bleibe. Ich will in Palm Beach Tennis spielen, darum kann ich nicht essen, was ich will. Was macht schlank? Eine Hähnchenkeule.«

»Obst und Gemüse«, sagte ich. »Das besteht großteils aus Wasser. Das reinigt den Körper.«

»Man kann das Obst nicht mitreinigen, das ist das Problem. Und außerdem verkaufen sie bei 7-Eleven kein Obst … Ich könnte was trinken. Das ist überhaupt am besten. Etwas trinken. *Jawohl*«, sagte Henry und glitt kurz ins Deutsche hinüber, »eine Flasche Brandy. Wir versetzen deinen Ring dafür. Halt mal in Half Hollow Hills an, das kommt jetzt bald. Da gibt's einen guten 7-Eleven.«

Ungefähr zehn Minuten später fuhren wir raus, und Henry kaufte sich Kräcker mit orangefarbenem Käseimitat und ich mir eine kleine Tüte Popcorn. Wir aßen im geparkten Wagen, und Henry verschlang seine Kräcker gierig und zügellos. Er zog eine Schau für mich ab und krümelte gewaltig herum. »Ich bin schwach. Ich bin schwach. Sie machen mich fett, aber die Befriedigung ist einfach zu groß«, sagte Henry. »Und ich brauche Kraft und Kalorien, um einen Wagen zu finden.«

Während wir aßen, beobachteten wir einen Mann, der an der Exxon-Tankstelle gleich neben uns Benzin in seinen Pick-up tankte. Er beugte sich weit nach vorn, um den Tankstutzen einzuführen, und er war sehr fett, und seine Jeans hing ihm tief auf der Hüfte. Seine Daunenjacke rutschte den Rücken rauf, und wir konnten seine wundgeriebene rote Arschkerbe sehen.

»Sieh dir das an!« sagte Henry und lachte, glücklich über die Kräcker und das Schauspiel des Arsches, das sich ihm bot.

»O Gott«, sagte ich. »Das sieht ja abstoßend aus.«

»Laß das Altweibergetue. Das ist nicht abstoßend«, sagte Henry und verteidigte den Mann. »Wir sehen schließlich nicht das Arsch*loch* … Wußtest du schon, daß es in Florida inzwischen unter Strafe steht, die Arschritze sehen zu lassen? Ich frag mich bloß, warum gerade in Florida. Die Rednecks da unten,

Mechaniker und Bauarbeiter vor allem, behaupten, das sei diskriminierend. Ich finde, sie haben recht. Politisch korrekt bin ich bloß, wenn's darum geht, Rednecks zu verteidigen.«

Dann verließen wir den 7-Eleven, und Henry fing an, ein neues Lied zu singen, Gershwins »Lorelei«. Ich kannte das von einer Platte, zu der Henry kürzlich getanzt hatte, und während er sang, fiel mir die Zeile »I can only dream of love« auf.

Ich fragte ihn: »Warst du je verliebt?« Ich wollte das Gespräch wieder auf Sex, Brustwarzenlutschen und Urninge bringen.

»Verliebt? Was für eine absurde Frage«, sagte er verärgert. »Weißt du überhaupt, was Liebe ist? Wenn du mir das sagen kannst, geb ich dir auch eine Antwort.«

Ich schwieg. Ich hatte ihn beleidigt. Wir fuhren dahin. Er fing wieder an zu singen, und er schien nicht mehr so verärgert zu sein. Und dann sagte er, ohne daß ich ihn noch einmal bedrängt hätte: »Constance Seehusen, Lettie Linfield, Virginia Gunn, das waren die großen Romanzen, die über Jahre gingen. Und jetzt Marjorie Mallard, die damit droht, mich aus ihrem Testament zu streichen, wenn ich nach Florida fahre. Aber sie hat es schon so oft geändert, daß man ihr nicht trauen kann.«

Nun plötzlich sprach Henry doch mit mir über die Liebe, und darum fragte ich: »Wie warst du so, als du in meinem Alter warst? War das die Zeit, wo deine Romanzen anfingen?«

»Ich war zwölf, und die anderen Kinder waren draußen und spielten Baseball. Ich blieb drinnen und trank das Parfüm meiner Mutter und las die Biographie von Noël Coward. Das hat mein ganzes Leben geformt.«

»Mit zwölf?«

»Ich war ein ungewöhnliches Kind.«

»Warum hast du ihr Parfüm getrunken?«

»Wegen des Alkohols.«

»Hat das nicht fürchterlich geschmeckt, und ist dir nicht schlecht geworden davon?«

»Nein. Es war hervorragend. Ich würde das immer noch trinken. Neulich abends war ich drauf und dran, dein Eau de Cologne zu trinken. Es ist viel besser als alle Wässerchen, die ich hab.«

»Ich werd's verstecken müssen«, meinte ich lachend, aber dann stellte ich richtig: »Ich bin sechsundzwanzig und nicht zwölf. Wie warst du, als du sechsundzwanzig warst?«

»Ja richtig, stimmt ja, wir haben deinen Geburtstag gefeiert, und du hast einen Führerschein. Du fährst sogar gerade Auto, und nicht mal sonderlich schnell. Ich will nicht, daß die *Polizei* uns anhält«, sagte Henry, und dann ging er an die Beantwortung meiner Frage. »Ich bin durch Europa gereist, als ich in den Zwanzigern war. Ich wollte bloß herumziehen, mich treiben lassen. Ich war auf der Suche nach Schönheit. Das war alles, was ich wollte, immer in Bewegung bleiben, aber auch tugendhaft sein und so unbeteiligt wir möglich. Ursprünglich ging es darum, meine Seele auszubilden. Ich bilde meine Seele immer noch weiter, aber gelegentlich schätze ich auch eine Einladung, am besten zu einem Gratisessen mit Tanz.«

»Wie hast du dir die Reiserei finanziert?«

»Ich hatte ein bißchen was geerbt. Als ich sechsundzwanzig war, waren meine Verwandten schon alle tot. Es gab keinen Druck für mich, irgend etwas anzufangen. Niemand scherte sich drum, und ich scherte mich erst recht nicht drum.«

»Deine beiden Eltern sind etwa zur gleichen Zeit gestorben?«

»Nein. Mein Vater starb, als ich zwei war. Ich wurde von Frauen großgezogen. Von meiner Großmutter, meiner Tante und meiner Mutter. Hauptsächlich von meiner Tante.«

»Warum nicht von deiner Mutter?« fragte ich. Henry hatte mir noch nie soviel offenbart. Ich war ganz aufgeregt, fühlte mich privilegiert.

»Sie hatte Angst vor mir. Meine Tante verstand mich. Von ihr kriegte ich auch die Noël-Coward-Biographie. Sie unterrichtete Literatur an der John-Hopkins-Universität, war eine der ersten weiblichen Professoren dort. Sie war ihrer Zeit voraus. Sie war faszinierend. Ständig nahm sie den Dampfer nach Europa und hatte Affären. Sie hat mir einmal von einem Spanier in einem Zug erzählt, dessen Haare sich wunderschön lockten, weil es sehr heiß war. Das ist es, was mir aus den Gesprächen mit meiner Tante im Gedächtnis geblieben ist. Sie war ziemlich schön, hat aber nie geheiratet. Ihre große Liebe ist im Ersten Weltkrieg ums Leben gekommen. Sie selbst ist an Tbc gestorben. Damals starben alle interessanten Menschen an Tbc.«

»Ist das der Grund dafür, daß du nach Europa gereist bist, weil sie das gemacht hatte?«

»Ja.«

»Wie lange warst du drüben?«

»Zehn Jahre. Hab jeden letzten Cent ausgegeben.«

»War das nach dem Krieg?«

»Vielleicht«, sagte Henry ausweichend, weil er nicht wollte, daß ich Rückschlüsse auf sein Alter ziehen konnte.

»Was passierte, als dir das Geld ausgegangen war? Hast du da mit Unterrichten angefangen?«

»Ja. Es war schrecklich. Ich hatte kein Geld. Mußte eine Stelle annehmen. Arbeiten korrigieren. Ich hatte keine Ahnung vom Korrigieren. Das ist das, was das Unterrichten so demoralisierend macht: die Korrigiererei. Sobald ich mein Gehalt hatte, hab ich das deshalb für Vergnügungen ausgegeben. Ständig hab ich mir Geld geliehen.«

»Trotzdem hast du's geschafft, nach Europa zu gehen?«

»Ja, ich mußte einfach nach Europa. Das Leben wäre mir unerträglich gewesen, wenn ich nicht gefahren wäre.«

»Wann bist du mit deinen Stücken auf Tour gegangen? In den Siebzigern?« Ich versuchte, mir im Kopf aus den Bruchstücken dessen, was er mir erzählte, Henrys Lebenschronologie zusammenzubauen.

»Das muß wohl ungefähr hinkommen ... Das klingt sehr verdächtig, diese ganzen Fragen. Arbeitest du für diesen Klatschkolumnisten Winchell? Oder planst du, die Biographie eines unbekannten Dramatikers zu schreiben, dessen bedeutendstes Werk gestohlen wurde? ... Ich werde dich auf falsche Fährten locken müssen, so gut das nur geht«, sagte Henry, und dann hielt er einen Augenblick lang inne und erwog den Gedanken, ich könne sein Biograph sein. Ich glaube, er mochte die Vorstellung, die Aufmerksamkeit. Er sagte: »Du kannst über mich schreiben, wenn du willst, aber dir wird es nie gelingen, meine Seele richtig einzufangen.«

»Ich bin nur neugierig, was dich betrifft«, sagte ich.

»Das sei lieber nicht. Ich bin nicht neugierig, was dich betrifft«, sagte Henry.

Das verletzte mich ein wenig, aber ich versuchte, diese Bemerkung zu ignorieren. »Wann hast du damit angefangen, nach Florida zu reisen?« fragte ich.

»Das hab ich schon immer gemacht. Florida im Winter, Europa im Sommer. Ich fuhr immer nach Key West, bevor es zugebaut wurde. Tennessee Williams war da. Er schätzte die Nähe zu den Matrosen. Und ich fuhr nach Coral Gables. Palm Beach mach ich erst seit ungefähr ... Fünfundsiebzig? Sechsundsiebzig? ... Das hieße, seit knapp zwanzig Jahren ... Wir sind gleich beim Lake Ronkonkoma«, sagte Henry plötzlich, als er ein Schild neben dem Highway sah, und dann wiederholte er den Namen und betonte dabei jede Silbe: »Ron-konk-oma.«

»Ist das ein indianischer Name?« fragte ich.

»Ja. Der See stammt aus der Eiszeit. Er ist sehr, sehr tief. Man kann da untertauchen und in Darien, Connecticut, oder irgendwo da wieder hochkommen.«

»Verläuft er quer durch den Meeresarm?«

»Geht drunter durch und kommt dann wieder an die Oberfläche.«

Dann fing Henry wieder an, »Lorelei« zu singen. Er hatte mir viel über sich erzählt, darum behelligte ich ihn auf dem Rest unserer Strecke nicht mehr mit weiteren Fragen.

Wir kamen kurz nach drei in Southampton an, und uns blieben noch ungefähr anderthalb Stunden dürftigen Tageslichts. Wir konnten die Straße nicht finden, wo Henry den Wagen gesehen hatte, aber wir stolperten über einen Chrysler New Yorker, der bei einer Tankstelle zum Verkauf stand. Er war weinrot und in tadellosem Zustand. »Der ist schön elegant geformt«, sagte Henry. »Die anderen Autos alle sehen aus wie Hustentropfen.«

Aber der New Yorker sollte über zweitausend Dollar kosten, das war ziemlich hoffnungslos. Während wir weiterfuhren, sagte Henry: »Der war zu schmuck für meinesgleichen. Was immer man verwehren kann, blickt doch die Katz die Königin an.«

»Wo stammt das her?«

»Weiß ich nicht mehr genau. Aus irgendeinem Märchen über eine Katze, die für ihr Recht kämpft, sich die Königin während ihrer Prozession anzuschauen. Aber womöglich war's auch eine Maus. Blickt doch die Maus die Königin an.«

Wir fuhren an Villen vorbei, von denen ich nicht viel zu sehen bekam, weil sie von riesigen Hecken oder Steinmauern umgeben waren. Henry zeigte mir das Anwesen von Vivian Cudlip, aber hauptsächlich sah ich das verschlossene Tor.

Wir fuhren eine Straße hinunter, um einen Blick auf den Ozean zu werfen, und im Winter finde ich es immer einigermaßen überraschend, daß die Wellen immer noch einsam vor sich hindonnern, so als dürfte es sie bloß im Sommer geben, wenn die Menschen drin schwimmen können. Wir stiegen aus dem Wagen aus, um die Meeresluft zu riechen, aber es war zu kalt, um irgendwas zu riechen, der Wind war frostig, und so begaben wir uns wieder auf unsere Suche nach dem Gral.

Die Dunkelheit brach herein, und wir fuhren über eine Stunde lang herum, um die Straße ausfindig zu machen, wo der Wagen zum Verkauf gestanden hatte. Und das war nicht einfach, denn in Southampton gab es keine Straßenbeleuchtung.

Henry war ganz frustriert, und dann fiel ihm ein, daß er den Wagen in Easthampton gesehen hatte und nicht in Southampton. Er hatte eine lange Spazierfahrt gemacht, bevor er sich zu dem alkoholträchtigen Wahltagsdinner auf Vivians Anwesen begab. Dem Dinner, das zu seinem Unfall geführt hatte.

Also fuhren wir nach Easthampton, und ich war mir sicher, wir würden weder die Straße noch den Wagen finden, aber Henry erkannte die Straße sofort, und tatsächlich stand da der Gral in der Auffahrt eines bescheidenen holzgedeckten Hauses. Alle Reifen waren platt, eine der Türfüllungen war verrostet, aber der Wagen hatte einen gewissen Charme. Es war ein alter Oldsmobile Cutlass. Henry klopfte an die Tür des Hauses, obwohl die ganze Bude ziemlich tot aussah. Niemand erschien an der Tür.

»Laß uns mal einen Blick auf den Motor werfen«, sagte Henry. An der Ecke der Einfahrt brannte eine Lampe, wahrscheinlich ein Bewegungsmelder, und sie spendete uns ein bißchen Licht, aber mir war einigermaßen unwohl dabei, an dem Wagen herumzumurksen. Es schien eine gemischte Wohngegend zu sein, wo die Häuser teils ganzjährig und teils nur im Sommer bewohnt wurden – in manchen Fenstern brannte Licht –, und wenn uns jemand sehen oder ein Polizist vorbeikommen sollte, könnte es vielleicht komisch aussehen, daß wir da gerade eine fremde Motorhaube öffneten. Aber ich sagte nichts. Ich wollte nicht, daß Henry mir sagte, ich sei ein Hasenfuß.

Wir versuchten, die Motorhaube runterzudrücken, um an den kleinen Hebel zu kommen, aber sie gab kein bißchen nach. Henry ließ seine Frustration an mir aus. »Wozu taugst du eigentlich? Du hast keinerlei technisches Verständnis. Ich hätte mit Gershon herfahren sollen!«

»Gershon hat kein Auto, um dich hier rauszukutschieren«, hielt ich ihm entgegen. Es war frostig kalt draußen, und selbst ich konnte keine weiteren Schimpftiraden mehr ertragen.

»Da hast du allerdings recht«, sagte Henry in etwas versöhnlicherem Tonfall. »Du hast schon auch deine Vorzüge.«

Henry versuchte, in den Wagen reinzukommen, um die Motorhaube zu entriegeln, und im Wageninneren sahen wir etliche alte Koffer, und wir fragten uns beide, was das wohl zu bedeuten habe. Alle Knöpfe an den Türen waren unten, aber eine der hinteren Türen ging trotzdem auf. Das Schloß war kaputt. Henry kletterte hinein, aber er konnte den Entriegelungshebel nicht finden. Er ließ mich danach suchen, aber ich konnte das verdammte Ding ebenfalls nicht finden. Das war ein echtes Mysterium, und wir waren ein bißchen in Eile, weil selbst Henry befürchtete, die Polizei könne jeden Moment auftauchen.

Wir schlossen die Tür wieder und machten einen letzten Versuch, doch noch die Motorhaube aufzudrücken, aber ohne Erfolg. Henry hielt sich mit der Hand an der Kühlerfigur fest, die aussah wie eine in die Breite gegangene Stimmgabel, und stellte fest, daß sie sich umbiegen ließ.

»Das hier könnte ein geheimer Motorhaubenhebel sein«, sagte Henry und begann, sie ganz nach hinten zu drücken. Ich wußte es besser, ich hatte dieselbe Art von umklappbarer Kühlerfigur auf meinem Parisienne. Sie sind so angelegt, damit sie sich im Gegenwind oder unter den Bürsten der Waschstraße umbiegen können. Bevor ich »Nein, laß das!« sagen konnte, knickte Henry das Ding ganz nach hinten, und es brach ab.

»*SCHEISSE!*« schrie er und verfiel wieder einmal ins Deutsche. »Bloß weg hier! Die *Polizei!*«

Wir sprangen in den Parisienne, und Henry hatte das inkriminierende Figürchen immer noch in der Hand. »Merk dir die Telefonnummer auf dem ›Zu-verkaufen‹-Schild«, sagte er. »Wo ich diese Kühlerfigur jetzt einmal hab, werde ich den Rest des Wagens auch dazukaufen müssen.«

Ich merkte mir die Nummer und setzte dann ein bißchen ungestüm zurück. »Bloß keine Aufmerksamkeit erregen«, wies Henry mich an, und es gelang uns zu entwischen. Vandalen. Wir hielten bei einem griechischen Imbiß an, um unsere Nerven zu beruhigen und etwas zu essen. Wir waren beide schon am Verhungern, da wir seit dem 7-Eleven in den Half Hollow Hills nichts gegessen hatten.

Wir konsultierten die talmudartig eingeschweißten Speisekarten und bestellten, aber wir waren beide deprimiert – dieser Tag war besonders fruchtlos gewesen. Wir waren zwei Stunden nach Southampton und Easthampton gefahren, bloß um uns einen Chrysler New Yorker anzusehen, der Henrys Budget bei weitem überstieg, und von einem Oldsmobile Cutlass mit vier platten Reifen die Kühlerfigur zu klauen.

Henry war besonders demoralisiert, aber seine Hähnchenbrust schien seine Lebensgeister wieder zu wecken. Nachdem wir gegessen hatten, wollte er die Nummer ausprobieren, die ich auf einen Zettel gekritzelt hatte. Allerdings nicht, um sein verbrecherisches Tun zu beichten. Er war immer noch an dem Auto interessiert, und falls er ihn kaufte, konnte er die Kühlerfigur eigenhändig wieder ankleben.

»Sie werden mich nicht verdächtigen«, sagte er. »Wer sollte wohl so verrückt sein, erst ein Stück von der Motorhaube abzubrechen und dann anzurufen, um eventuell den dazugehörigen Wagen zu kaufen?«

»Aber du bist irgendwie so was wie ein Verbrecher, der an den Ort seiner Tat zurückkehrt«, sagte ich.

»Jetzt deprimier mich nicht noch mit deiner Krimilogik«, sagte er. Und dann betrat ein Polizist den Imbiß. Henry flüsterte: »Ich sag ihnen, du hast von alldem nichts gewußt ... Ich selbst könnte vielleicht auf Unzurechnungsfähigkeit plädieren. In den Wahnsinn getrieben durch eine Kultur, in der sich alles bloß noch um Automobile dreht.« Der Polizist bestellte einen Kaffee zum Mitnehmen und ging wieder.

Henry erledigte das Telefonat und erwischte einen Anrufbeantworter, der ihm eine Nummer in Manhattan nannte, unter der die Bewohner zu erreichen waren. Darauf war er nicht vorbereitet, darum mußte er noch ein zweites Mal anrufen. Er borgte sich von der Kellnerin einen Stift, den er im entscheidenden Moment fallen ließ, und verpaßte die Nummer erneut. »*SCHEISSE!*« schrie er wieder, und etliche Leute sahen sich nach ihm um.

Er war schon drauf und dran aufzugeben, aber ich erbot mich, den dritten Anruf zu übernehmen. »Dieser Wagen hat mich jetzt schon fünfzig Cent gekostet!« jammerte Henry.

Ich zahlte den dritten Anruf aus eigener Tasche, und es gelang mir, die Manhattaner Nummer zu notieren, die die Stimme auf dem Anrufbeantworter nannte. Ich wollte Henry helfen, damit er große Stücke auf mich hielt, aber andererseits wollte ich ihm auch nicht so sehr helfen, daß es ihm möglich wurde, New York zu verlassen. Aber die Nummer für Henry zu besorgen schien mir ungefährlich. Ich konnte mir nicht wirklich vorstellen, daß dieser Cutlass seine Rettung sein sollte.

Kapitel IX

Was ist bloß aus Danny Kaye geworden?

Wir kehrten nach New York zurück, und am nächsten Tag rief Henry die Besitzer des Cutlass an. Es war ein Ehepaar, die Fleischmans, offensichtlich Juden. Henry ließ die Namen einiger Leute fallen, die er in Easthampton und Southampton kannte, und das beeindruckte die Fleischmans sehr. Er machte ab, daß er sich am Nachmittag des Dreizehnten mit ihnen treffen wollte, um den möglichen Kauf des Wagens zu bereden. Henry war der Meinung, von Angesicht zu Angesicht könne er einen günstigeren Preis aushandeln als am Telefon.

Henry hatte ein gutes Gefühl, was den Cutlass betraf, und darum blies er alle anderen Aktionen in Sachen Auto ab. Er verbrachte den Großteil seiner Zeit mit Marjorie, seiner Exverlobten, da er sie an Silvester versetzen würde, um bei Vivian Cudlip zu sein.

Ich schlief viel und ging ein paarmal ins Kino. Es war entspannend, einmal nicht arbeiten zu müssen, und ich las zwei Romane von Graham Greene, beide nicht über Gentlemen, aber beide sehr englisch, darum boten sie die Gewähr für gute Lektüre.

Ich war ein paarmal versucht, wieder ins Sally's zu gehen, aber ich wollte mich disziplinieren und mich jeder Versuchung fernhalten. Ich wußte, wenn ich da noch viel mehr Zeit verbrachte, würde ich gewiß noch etwas anstellen, was ich hinterher bereuen könnte.

Für sein Treffen mit den Fleischmans warf sich Henry in sein Graue-Hose-blauer-Blazer-Outfit, und dann ging er zu ihrem Apartment an der Ecke Fifth Avenue und Zweiundsiebzigste Straße. Er war guter Hoffnung, daß dies das Ende seiner großen Autosuche sein würde, aber er kehrte von den Verhandlungen geschlagen und entmutigt zurück.

»All mein Trachten führt zu nichts«, lamentierte er, während er auf seinem Thronstuhl saß. »Die Saison in Palm Beach steht bevor, und ich bin nicht dabei.«

»Wollen die Fleischmans den Wagen nicht verkaufen?« fragte ich, insgeheim erfreut.

»Man müßte zuviel Arbeit reinstecken. Die Zündung ist tot, die Batterie ist leer, der Kühler ist verrostet. Die Kühlerfigur ist geklaut worden. Aber der Mann würde ihn verkaufen. Gershon würde ihn wahrscheinlich zum Laufen kriegen, aber die Frau will ihn als Ersatzschrank behalten. Darum haben sie all ihr Gepäck drin liegen. Als sie mal kurz aus dem Zimmer war, hat er angedeutet, daß sie nichts wegwerfen oder weggeben kann, wegen des Holocaust. Sie zählen zu den Überlebenden.«

»Waren sie im Lager?«

»Nein, sie sind vorher rausgekommen, sind aus Deutschland geflohen, aber sie waren ziemlich wohlhabend und haben alles verloren. Ihm hat eine Lederfabrik gehört. Die Nazis haben alles zerstört.«

»Wie sind sie hier wieder zu Reichtum gekommen?«

»Mit einer neuen Lederfabrik, aber sie haben keine Freunde, sagte sie. Sie möchten, daß ich sie gesellschaftlich voranbringe. Ich hab ihnen alles erzählt, was ich an Ratschlägen bieten kann: bloß mit Leuten verkehren, die einem helfen können, über alle andern hinwegschreiten und sich bei wohltätigen Sachen engagieren – da trifft man immer die richtigen Leute.«

»Das sind ja wunderbare Ratschläge«, sagte ich.

»So funktioniert das nun einmal. Die Frauen in New York keifen immer rum: ›Er hat mich jeden Tag angerufen. Ich hab ihn mit allen bekanntgemacht. Jetzt ruft er nie mehr an.‹ Na und? Man ist mit Leuten befreundet, bis sie einen mit attraktiveren Leuten bekanntmachen, dann läßt man jeden fallen, der einen angeschoben hat. Das ist die Natur der Gesellschaft.«

»Kommst du dir dann nicht komisch vor, weil du ein Mitglied der Gesellschaft bist?«

»Ich bin da nicht Mitglied. Ich krieg da nur meine kostenlosen Mahlzeiten. Nirgendwo sonst krieg ich kostenlose Mahlzeiten.«

Am nächsten Tag war Silvester, und es schneite. Henry würde den Abend mit Vivian verbringen, und da er etwas hatte, worauf er sich freuen konnte, und weil der Schnee uns davon abhielt, die Wagensuche fortzusetzen, tat Henry sein Bestes, nicht an seine automobilen Nöte zu denken. Wir blieben den ganzen Nachmittag zu Hause und sahen uns im Kinoklassiksender eine Reihe alter Danny-Kaye-Filme an: *Das Doppelleben des Walter Mitty*, *Der Hofnarr* und *Der Revisor.* Henry machte auf dem Herd ein bißchen Apfelsaft warm und gab einen Schuß Rum dazu, und wir saßen jeder auf einer Couch und betranken uns.

Ich sagte zu Henry: »Meinst du nicht, daß wir zuviel trinken?«

»Männer stellen sich der Realität, Frauen nicht. Das ist der Grund, warum Männer trinken müssen«, sagte er.

Das klang nach einer guten Maxime, also genoß ich meinen Drink und die Filme. Und es stellte sich heraus, daß wir beide ganz verrückt nach Danny Kaye waren. Das machte mich glücklich. Ich führte ein Konto all unserer Gemeinsamkeiten, als wär's Geld auf der Bank.

Nach dem zweiten Danny-Kaye-Film sagte Henry: »Was ist bloß aus Danny Kaye geworden? Ist doch seltsam. Er verschwand einfach, und dabei war das noch vor Aids.«

»Du meinst, Danny Kaye sei schwul gewesen?« fragte ich.

»Natürlich!« sagte Henry überdrüssig. »Er und Olivier waren Liebhaber.«

»Olivier auch?«

»Warum weißt du so was immer nicht?« fragte Henry, den meine Unwissenheit regelrecht in Rage brachte.

»Ich bin im Gegensatz zu dir kein Fachmann für die Sexualität der Berühmtheiten des zwanzigsten Jahrhunderts«, hielt ich dagegen.

»Da muß man kein Fachmann sein. Olivier war Brite, und die Briten sind alle homosexuell, wegen des Internatsschulsystems. Die sind nie richtig darüber weggekommen.«

»Ich weiß. Das hast du schon mal gesagt.«

»Nun, manche Dinge kann man nicht oft genug wiederholen.«

»Ich kann mir Danny Kaye und Laurence Olivier einfach nicht zusammen vorstellen«, sagte ich.

»O doch«, sagte Henry bestimmt. »Gegensätze.«

Ich versuchte, mir die beiden im Bett auszumalen. »Wer gab die Frau?« fragte ich und kleidete meine Erkundigung absichtlich in das Vokabular des neunzehnten Jahrhunderts, von dem ich glaubte, es würde Henry gefallen.

»Danny Kaye, denke ich. Er beherrschte eine Menge verschiedener Akzente. Auf die Weise konnte Olivier jede Nacht eine andere Frau haben ... Aber sie waren beide recht vielseitig begabt.«

Nach den Filmen wollte Henry noch ein Nickerchen machen, um für die nächtlichen Festivitäten gerüstet zu sein. Und ich war von der Rum-Apfelsaft-Mischung müde, darum legte ich mich auch hin.

Als ich aufwachte, war Henry in Smokinghose und -hemd, und als er sah, daß ich nicht mehr schlief, legte er seine Ethel-Merman-Platte mit Cole-Porter-Songs auf. Es war sein Lieblingsalbum, und sie sang »Anything Goes«.

»Tanz mit mir«, schrie er über die Musik hinweg.

Das war ein erstes Mal für mich, und obwohl ich schüchtern war, ging ich zu ihm auf den orangenen Teppich. Das war unser Tanzboden. Wir hielten uns nicht an den Händen, und wir sahen einander nicht an, zumindest sah Henry mich nicht an. Wir bewegten uns jeder für sich, allerdings dicht nebeneinander. Henry warf seine Arme in die Luft, verdrehte den Hals und vollführte Schleifschritte zur Seite, kreuzte dabei die Beine wie Fred Astaire. Dann drehte er sich. Er hüpfte. Er hob zum Rhythmus der Musik die Augenbrauen, um seine Stirnmuskulatur zu trainieren. Er sang atemlos flüsternd mit Ethel Merman mit. Meine Füße erprobten sich ein bißchen an Schleifschritten. Ich wog mich in den Hüften, sprang ein oder zwei Mal und war sehr glücklich.

»Ein bißchen lockerer!« kommandierte er. »Wir schreiben schon fast 1993.«

Ich machte energischere Schleifschritte. Wir hatten nicht viel Platz, bloß ungefähr zwei Meter Teppichlänge, darum bewegten wir uns mit den Rücken zueinander wie die Flamencotänzer. Mir verwirrte sich alles. Der nächste Song begann. Draußen vor dem Fenster war es dunkle Winternacht. Auf dem Gebäude gegenüber schimmerte Schnee im Mondlicht und in den Lichtern der Stadt wie weiße Farbe. Die Spiegel und die Weihnachtskugeln glitzerten. Cole Porter war ein Genie. Ethel Merman sang für uns, und wir sangen mit: »You're romance. You're the steppes of Russia. You're the pants of a Roxy usher. I'm a lazy lout who's just about to stop, but baby, if I'm the bottom, you're the top!«

Dann, genau am Ende des Lieds und der Platte, schrie Henry auf und sackte in die Knie, als wäre auf ihn geschossen worden. Er hat einen Herzanfall, dachte ich, er stirbt. Sein Kopf sank ihm auf den Boden, als sei er ein Moslem beim Beten.

»Mein Ischias!« brüllte er. »Wein!«

Ich ließ mich neben ihm auf die Knie nieder. »Alles in Ordnung mit dir?«

»Wein!«

Ich sauste in die Küche. Ich füllte Henrys Weinkelch mit dem billigen Rotwein, von dem immer etwas da war. Ich flitzte zu ihm zurück. Er befand sich immer noch in Gebetsstellung. Ich schuf auf dem Kaffeetisch etwas Platz für den Weinkelch.

»Kann ich dich auf dein Bett heben?«

»Nein.« Seine Augen waren vor Schmerz geschlossen.

»Was soll ich tun?«

»Gib mir den Wein.«

Er war auf allen vieren, aber er war imstande, seinen Kopf ein bißchen anzuheben. Er hob die rechte Hand vom Boden, und ich reichte ihm den Weinkelch. Er hielt den Kopf schräg und verschüttete den halben Wein auf dem Teppich, als würde er wieder Benzin auf dem Queensborough-Parkplatz verschütten, und den Rest schluckte er hinunter. Er gab mir den Kelch zurück und sagte: »Mehr.«

Ich schenkte nach; er verschüttete und trank. Dann ließ er sich vollständig zu Boden gleiten, stöhnte dabei in ungespielter Pein, bis er in fötaler Stellung zusammengerollt da lag. Ich nahm sein Kissen und schob es ihm unter den Kopf. Ich hob die Nadel von der sich immer noch drehenden, stummen Cole-Porter-Platte.

»Henry«, sagte ich, »sollte ich besser einen Krankenwagen rufen?«

Er schwieg. Seine Augen waren geschlossen. Sein Gesicht war schmerzverzerrt. Ich kniete dicht neben ihm. Ich wartete drauf, daß er mir sagte, was zu tun sei. Starb er mir weg? Seine Lippen waren fleckig vom Rotwein. Brauchte er Mund-zu-Mund-Beatmung? Ich hätte es getan. Er schlug die Augen auf und sagte: »Du hast ausgesehen wie Danny Kaye, als du getanzt hast.«

Es war nicht die Spur von Ironie in seiner Stimme. Das war absolut das Herzlichste und Löblichste, was er mir je gesagt hatte. Sogar besser als der Vergleich mit George Washington. Er schloß die Augen. »Ich muß schlafen«, sagte er. »Mein Rückgrat löst sich auf. Ruf in Doubles an und laß Vivian Cudlip etwas ausrichten. Sag: Dr. Harrison ist erkrankt und sieht sich mit tiefstem Bedauern außerstande zu kommen.«

Ich nahm Henrys Bettdecke von seiner Couch und breitete sie über ihn. Ich zog ihm die Schuhe aus. Er sagte nichts, um mich davon abzuhalten, ihm so nahezutreten. Ich rief in Doubles an und hatte den Maître am Apparat: »Würden Sie Mrs. Vivian Cudlip bitte eine sehr wichtige Nachricht ausrichten?« Ich wollte, daß Henry hörte, wie fachmännisch ich mich um seine Belange kümmerte.

»O ja, natürlich«, sagte der Mann mit echter Ehrerbietung.

»Bitte richten Sie ihr aus, daß Dr. Harrison – Dr. Henry Harrison – krank ist und sich mit tiefstem Bedauern außerstande sieht zu kommen. In diesem Wortlaut bitte.«

Als ich aufgelegt hatte, dankte Henry mir und sagte: »Wenn es dir möglich ist, schenk doch das Weinglas wieder voll und laß es hier an meiner Seite stehen, falls ich wieder was brauche ... Diese Ischiasplage überfällt mich alle paar Jahre, wie die Heuschrecken. Es kann sein, daß ich die nächsten paar Tage das Bett hüten muß, oder den Fußboden.«

Ich drehte in seinem Zimmer das Licht aus und sagte: »Ich bleib zu Hause, also wenn du mich brauchst: Ich bin da.«

Ich legte mich ins Bett und las. Es war Silvester 1992. Ein paar Stunden nach seinem Anfall, so gegen zehn Uhr, rief er nach mir.

»Louis?«

»Ja? Alles in Ordnung mit dir?«

»Bin noch am Leben.«

»Möchtest du, daß ich dir in dein Bett helfe?«

»Nein. Aber ich hab auf dem Tisch Aspirin und Kodein gefunden und mir runtergeangelt. Ich hab mehrere Tabletten geschluckt und den restlichen Wein ausgetrunken. Das könnte wichtig sein, wenn der Leichenbeschauer die Todesursache feststellen muß. Nachdem er den Körper untersucht hat, möchte ich in einem Baum beigesetzt werden wie ein Indianer. Aber sie lassen das nicht zu. Man muß Eigentümer des Grundstücks sein, und selbst dann lassen sie es nicht zu. Laß dir was einfallen.«

»Was ist mit der Messe in lateinischer Sprache?«

»Nein. Ich hab mir das anders überlegt. Ich wünsche ein Begräbnis nach Art der Native Americans.«

»Gershon und ich werden dir in New Jersey einen Baum suchen. Wir finden schon einen passenden Wald.«

»Am liebsten wäre mir ein Baum in Monte Carlo. Das wäre fein. Oder Irland. Die Lagerfeld würde die sterblichen Überreste nach Irland überführen, wenn man ihr die Unkosten zahlt, wiewohl sie mich wahrscheinlich ins Meer würde fallen lassen.«

»Was ist mit deinen Besitztümern?« fragte ich. Ich hoffte, er würde sagen, daß er mir alles hinterließe. Das wäre ein weiterer Ausdruck von Zuneigung gewesen, so wie die Bemerkung mit Danny Kaye.

»Es geht alles an katholische Wohltätigkeitsorganisationen. Den Wagen möchte ich Gershon vermachen, für all die Arbeit, die er damit hatte. Er könnte die Teile verkaufen. Und die Tantiemen aus meinen Stücken, die nach meinem Tode in die Höhe schießen werden, gehen ebenfalls an katholische Wohltätigkeitsorganisationen. Kannst du das alles aufschreiben?«

»Ja«, sagte ich und spielte sein Spiel mit, ein bißchen enttäuscht, daß mir nichts vermacht wurde.

»Nichts von alledem wäre geschehen, wenn ich in Florida wäre. Mein Rücken braucht Sonne. Früher hatten sie in Coney Island im Winter Solarien, aber das ist alles dahin ... Und im Sommer konnte man nach Atlantic City, wenn man von Coney Island genug hatte. Weißt du, früher hatten sie die Sittenpolizei in Atlantic City. Beamtinnen in blauen Röcken patrouillierten an den Stränden und verteilten Bußgeldbescheide, wenn man sich bei Umarmungen erwischen ließ. New Jersey ist schon immer sehr tugendhaft gewesen. In Saudi-Arabien haben sie eine Sittenpolizei, weißt du. Das ist eine vortreffliche Idee.« Henrys Stimme wurde ein bißchen undeutlich; Kodein und Wein taten ihre Wirkung. »Ich bin ganz und gar für die Sittenpolizei. Mein Idealland wäre kommunistisch mit einem König und einem Erzbischof, um die sittlich-moralische Ordnung zu gewährleisten. England ist so angelegt, aber die Queen hat keine Macht mehr, und die anglikanische Kirche kann sich zu gar nichts entscheiden. Der Iran hat gute Ansätze. Wenn ich Bischof wäre, würde ich den Leuten aber nicht in die Wohnung kommen, ich würde Freiräume dulden für private Orgien ...« Sein Redestrom versiegte, und er war still.

»Henry?« sagte ich, und es kam keine Antwort. Ich sprang aus dem Bett. Wieviel Kodein hatte er geschluckt? Könnte er eine Überdosis genommen haben? Es sah ihm gar nicht ähnlich, einfach so zu reden aufzuhören. Sollte »Orgien« sein letztes Wort gewesen sein?

Ich lief in sein Zimmer, und er atmete hörbar. Er schlief, und es sah aus, als liege er ganz bequem da auf dem Boden. Ich zog ihm seine Decke über der Schulter ein bißchen zurecht. Dann beschloß ich, daß ich besser auf seiner Couch schlief. Wenn sein

Atem aussetzen sollte, wäre ich zur Stelle, um ihn zu reanimieren. Ich hoffte einfach, ich würde instinktiv aufwachen wie eine Mutter, die ihr Kind schreien hört.

Ich holte mir Bettdecke und Kissen und auch mein Laken, das ich über sein Laken zog. Die Flöhe waren wahrscheinlich weg, aber Henry war nicht der Reinlichste, und ich wollte den bestärkenden Geruch meiner eigenen Bettwäsche dabeihaben. Seine kleine Couch war schmal, aber bequem. Ich hatte jetzt einen Eindruck, wie Henry sich jede Nacht fühlte. Ich mochte das. Meine Füße ragten über das Ende hinaus. Mein Kopf lag Richtung Osten. Im Westen konnte ich den Kühlschrank sehen. Wir hatten ihn immer noch nicht abgetaut.

Wir überstanden beide die Nacht, sein Atem setzte nicht aus, und ich wachte vor ihm auf, was gut war. So würde er nicht mitkriegen, daß ich auf seiner Couch geschlafen hatte. Es hätte ihm nicht gefallen, daß ich dermaßen Krankenschwester für ihn spielte.

An jenem Morgen, dem 1. Januar, hatte er reichlich Schmerzen. Er behielt Smokinghose und -hemd an, aber er schaffte es, vom Boden aufzustehen und sich auf seinen Stuhl neben dem Telefon zu setzen.

»Gibt es noch was, was ich für dich tun kann? Sollte ich dich vielleicht besser zu einem Arzt fahren?« fragte ich.

»Nein. Ärzte sind bei Ischias machtlos. Ich brauche Wohlbehagen ohne Ende und keinerlei Verpflichtungen, deswegen besteht keine Hoffnung. Jedesmal wenn ich etwas tun muß, zum Beispiel mich bewegen, wird mein Rücken schlimmer ... Fahr mit mir zu einem Reitturnier. Das würde mich von meinem Rücken ablenken. Dorothy Glade, die Serienschauspielerin, hat mich mal nach New Jersey eingeladen, ins Land der Pferde. Und sie hatte auch diese beiden warmen Brüder eingeladen. Die Sorte Homosexueller, die heute gar nicht mehr hergestellt wird. Waschechte Urninge. Sie hatten gefärbte blonde Haare, und sie saßen auf einem roten Feuerwehrauto und sahen sich das Essexer Jagd- und Hindernisrennen an und schauten absolut gelangweilt drein, während alle andern völlig aus dem Häuschen waren. Ich werd sie nie vergessen, wie sie da auf dem roten

Feuerwehrauto hockten. Diese Art von Dingen könnte mich ablenken. Diese Art von Dingen passiert in New Jersey.«

Ich war glücklich. Wenn Henry Komplimente an New Jersey verteilte, dann verteilte er sie auch an mich. Und dann fragte ich: »Wodurch haben diese Männer auf dem Feuerwehrauto dich denn so beeindruckt?«

»Dadurch, daß sie sich nicht im mindesten darum bekümmerten, was um sie herum los war. Es war ein großartiges Beispiel für völlige Gleichgültigkeit.«

Ich ging ins Salz der Erde, um uns Kaffee und Brötchen und Zeitungen zu besorgen, und als ich mit unserm Frühstück zu Henry zurückkehrte, beendete er gerade ein Telefonat mit Vivian Cudlip. Nachdem er aufgelegt hatte, sagte er: »Vivian hat mich gefragt, wie's mir geht. Ich sagte: ›Mein Rückgrat läßt nach.‹ Sie sagte: ›Das stimmt. Ich weiß, was du meinst.‹ Ich glaube, sie hört nicht mal die Hälfte von dem, was ich sage. Aber es ist auch nicht gut, ihr von Problemen zu erzählen. Das langweilt sie. Sie mag bloß Leute, die stoisch weiterpreschen, wie sie selbst. Normalerweise presch ich auch stoisch weiter. Aber jetzt steh ich am Rande eines totalen Zusammenbruchs. Ischias. Steuern. Autos. Flöhe womöglich. Das ist eine absurde Existenz.«

Ich wußte nicht, was ich sagen sollte, um ihn zu trösten. Wir tranken unseren Kaffee und lasen unsere Zeitungen. Trotz Henrys Zustand war das ein Moment der behaglichen Häuslichkeit, der ungefähr fünfzehn Minuten lang anhielt, bis er vom Telefon unterbrochen wurde. Henry nahm ab.

»Ach hallo, Gershon ... Ja. Gutes neues Jahr. Was mit mir ist? Immer noch kein Wagen, und mein Rückgrat verabschiedet sich.«

Ein paar Augenblicke später legte Henry auf und sagte: »Gershon kommt hoch. Er hat da seine Tricks, um meinen Rücken wieder hinzukriegen. Er hat schon öfter an mir rumgebastelt. Wenn er mir keinen Wagen reparieren kann, repariert er mir den Rücken. Er dilettiert ein wenig herum. Jetzt hat er's plötzlich mit Booten. Er will dem New York Yacht Club beitreten. Ich hab ihm erzählt, da müsse er sich erst seinen Bart abrasieren. Er verfügt über genug Geld, um da einzutreten, aber nicht über das passende Äußere.«

Gershon klopfte an die Tür, und ich ließ ihn rein. Ich hatte ihn einige Wochen lang nicht mehr gesehen. Unter dem Arm hatte er einen Schuhkarton und ein Buch. Er sah mich an, und er hatte das tastende, niedliche Lächeln schüchterner Menschen. Wir gaben einander die Hand. »Danke, daß du raufkommst, um zu helfen«, sagte ich leutselig. Ich hatte Henrys Attitüde der Überlegenheit gegenüber Gershon übernommen, obwohl er mehr Geld hatte als wir beide zusammen.

»Ich helf gern«, sagte er.

»Du wirst Bacchus jeden Tag ähnlicher«, sagte Henry. Er versuchte, sich von seinem Stuhl zu erheben, um Gershon zu begrüßen, aber statt dessen entfuhr ihm ein gepeinigtes Stöhnen à la König Lear, und er konnte sich nicht bewegen. Gershon stakste entschlossen in Henrys Zimmer und legte seine Sachen auf die weiße Couch.

»Warte, ich heb dich hoch ... und leg dich erst mal auf den Boden«, sagte Gershon auf seine übliche zögernde, fast stotternde Art.

»Was?«

»Ich hab mein Buch über ... Akupressur dabei ... Ich hab nachgelesen, wo ich draufdrücken muß.«

»Mich darf keiner anrühren! Höchstens ein königlich-britisch anerkannter Mediziner!«

»Stell dich nicht so an«, sagte Gershon flüsternd, aber mit einer Bestimmtheit, die gar nicht typisch für ihn war. »Vor zwei Jahren hab ich dich auch wieder hingekriegt.«

»Hast du nicht. Hast es nur noch schlimmer gemacht.«

»Du konntest wieder laufen.«

Und dann packte Gershon Henry mit seinen riesigen fleischigen Händen bei den Hüften und hob ihn hoch, bis er aufrecht stand.

Henrys Gesicht lief tiefrot an vor Zorn. »Bellman hat dich hochgeschickt, damit du mich umbringst.«

»Komm schon, ich knacks dir deinen Rücken wieder hin, genau wie vor zwei Jahren ... Dann leg ich dich hin und mach die Akupressur.« Ich hatte nicht erwartet, daß Gershon so gebieterisch sein konnte. Seine Verehrung für Henry war offensichtlich. Er wußte, die einzige Möglichkeit, ihm zu helfen, war, ihm zu trotzen.

»Sag Bellman, er kann *Henry und Mary kommen immer zu spät* behalten«, sagte Henry. »Und du kannst den Wagen haben. Steht schon so im Testament. Louis hat es gestern abend niedergeschrieben, als ich dachte, ich hätte eine Überdosis Kodein und Wein genommen.«

Gershon ignorierte Henrys Bestechungsversuche und legte seine Arme um Henry und drückte ihn sich an die gewaltige Brust, um ihm den Rücken wieder einzurenken. Henry verdrehte den Kopf angestrengt nach links, um Gershons Bart auszuweichen.

»Gershon, bitte, sei vorsichtig«, sagte ich.

Dann kniete Gershon sich hin, wobei er Henry noch immer an seinen Körper gedrückt hielt. Er war ein mächtiger Mann, stark genug, um Automotoren und ganze Bände des *Oxford English Dictionary* zu wuchten. Irgendwie kriegte er Henry auf den Boden manövriert. Henry, steif und benommen, lag mit dem Gesicht zu mir, die rechte Wange an den orangenen Teppich gepreßt. Dann kriegte er plötzlich große Augen.

»Unter dem Bett ... Ich seh meine Augenmaske!«

Ich holte die Augenmaske darunter hervor, und indem ich mich neben Henry hockte, gab ich sie ihm in die Hand. Er rieb die seidigen schwarzen Augenklappen gerührt zwischen seinen Fingern. Gershon blätterte in seinem Buch herum. Dann fand er, was er gesucht hatte: ein großes Diagramm des menschlichen Körpers mit schwarzen Punkten an diversen Stellen.

»Ich werde jetzt ... den Druck ansetzen ... über beiden Hinterbacken.«

»Was? Nicht mit bloßen Händen! Ansteckungsgefahr. Da ist ein Besenstiel hinter meinem Armoire. Nimm den.«

Ich holte Gershon den Besenstiel heraus. Er legte das Akupressurbuch neben Henry; die Seite mit dem Diagramm war als Vorlage aufgeschlagen. Dann stellte er sich breitbeinig über Henry und blinzelte in Richtung Buch. Er brauchte eine Brille.

Dann grub er den Besenstiel auf der linken Seite in Henrys untere Rückenpartie. Er erinnerte mich an einen Gondoliere. Henry schrie, aber der enge Winkel zwischen seinem Kopf und dem Teppich dämpfte seinen Schrei.

Ich muß zugeben, daß es mir auf seltsame Weise gefiel, zuzuschauen, wie Henry gequält wurde. Gershon hielt den Stiel in Henrys Rücken gedrückt, bis die Schreie aufhörten, dann grub er ihn zu weiteren Schreien von neuem hinein, bis er ihn schließlich löste. Er kniete sich neben das Buch, um die nächste Ansatzstelle zu finden.

Henry resignierte. Er sagte: »Ich geb auf. Wie Napoleon schon sagte: ›Wenn dir Notzucht droht, dann entspann dich und genieße sie.‹«

Gershon brachte den Stiel noch an zwei weiteren Stellen ins Ziel. Die ganze Behandlung hatte etwas Primitives an sich. Es war, als sähe ich zu, wie Henry zur Ader gelassen oder ihm von einem Exorzisten der Teufel ausgetrieben wurde. Erst brüllte er, dann grunzte er behaglich.

Dann hörte Gershon mit der Besenstielbehandlung auf, und er nahm aus der Schuhschachtel ein schimmerndes silbernes Instrument heraus. Es war geformt wie eine Haarschneidemaschine beim Friseur, aber mit einem großen silbernen Knauf am Ende. Es hing ein Kabel dran, und Gershon steckte den Stecker rein. Zu dem Gerät gehörte außerdem ein schwarzer Handgelenksriemen mit Klettverschluß, und Gershon band sich den um, wie ein Tischler das mit einer Schleifmaschine macht. Er schaltete das Gerät ein, und der Silberknauf drehte sich flink und schimmernd und machte ein surrendes Geräusch. Henry verdrehte den Kopf und sah das funkelnde Instrument, und Gershon kniete sich hin. Henry, dem die Akupressur mit dem Besenstiel die zweite Jugend geschenkt hatte, war in der Lage, sich auf den Rücken zu wälzen wie Gregor Samsa. Er hob abwehrend die Hände und sagte: »Ich habe genug gelitten. Dieses Ding da ist nur etwas für verdorbene Weibsbilder!«

»Das ist für Massage«, sagte Gershon.

»Nein!«

Gershons Schultern entspannten sich. Ich sah ihm an, er

wollte das Gerät gerne zum Einsatz bringen – er war ein Mann, der gern mit Werkzeugen hantierte –, aber er schien seinen Kampf mit Henry auch langsam satt zu haben, und so ließ er sich erweichen, auf diesen Teil der Behandlung zu verzichten.

»Mit diesem Handriemen ... kannst du dich auch selbst behandeln ... einfach mit dem Arm nach hinten. Ich laß dir das da, und das Buch auch.«

»Danke, Gershon. Du bist mir ein wahrer Freund. Wenn ihr beiden jetzt so gut sein könntet, mir auf mein Bett zu helfen.« Wir hoben ihn hoch – Gershon übernahm den größeren Teil der Arbeit –, und dann sagte Henry, nun wieder bequem und sicher auf seiner Couch: »Ich muß schlafen. Ich will meine Augenmaske ausprobieren. Ich hab sie so schrecklich vermißt.«

Die Männer haben da unten immer noch das Sagen

Am nächsten Tag, dem zweiten Januar, ging ich wieder zur Arbeit bei *Terra*. Ich rief meine Damen an, und sie erzählten mir von ihren Feiertagen. Aber es kam alles nur langsam wieder in die Gänge, viele von meinen Kontaktpersonen waren noch im Urlaub, darum rief ich meine Großtante an, um zu hören, wie es ihr so ging, und sie erzählte mir, ein Elektriker sei dagewesen und habe den Kühlschrank repariert.

»Er war glatzköpfig, in den Vierzigern, großer Bauch, blaue Augen, und er war so ein süßer Kerl«, berichtete sie. »Er mußte mal ins Bad, und er hat sogar den Sitz wieder runtergeklappt. Ein echter Gentleman. Es war wirklich eine Freude, ihn in der Wohnung zu haben. Mit Handwerkern hab ich immer Glück.«

Ich rief zur Kontrolle morgens einmal bei Henry an, und er fühlte sich gut, und dann rief ich noch einmal am späten Nachmittag an, aber da ging niemand ran. Ich war ein bißchen besorgt. Ich flitzte zu unserm Apartment zurück, sobald ich mit der Arbeit fertig war, und als ich zu Hause ankam, fing Henry gerade an, einen seiner großen Koffer zu packen.

»Was ist los?« fragte ich. »Wie fühlst du dich?«

»Viel besser. Ein bißchen steif noch, aber der stechende Schmerz ist weg. Gershon hat mich mit dem Besenstiel wieder hingekriegt.«

»Aber warum packst du denn?«

»Ich breche jetzt ohne weiteren Verzug nach Florida auf. Ich nehm den Bus. Einer geht heute abend um neun Uhr. In Jacksonville hab ich sechs Stunden Aufenthalt. Ich könnte morgen auch eine Direktverbindung nehmen, aber ich ertrag New York keinen Tag länger. Meine Gesundheit steht auf dem Spiel. Ich brauch mein Vergnügen.«

»Tut mir leid, daß dir hier nichts Vergnügen bereitet«, sagte ich.

»Heute hab ich schon ein bißchen Vergnügen gehabt. Die Jewish Guild for the Blind nimmt meinen Wagen. Sie haben sich sogar einverstanden erklärt, ihn vom Queensborough-Campus abzuschleppen. Ich kann ihn auch noch als Spende absetzen, falls ich je dazu komme, meine Steuer zu erledigen.«

»Was will denn die Jewish Guild mit deinem Wagen?«

»Die verkaufen alte Autos als Alteisen, und dann benutzen sie das Geld dazu, Bücher in Brailleschrift zu drucken.«

Ich war stolz, daß eine jüdische Organisation Henry geholfen hatte. Wie bei den besonderen Vorzügen, die er New Jersey zuschrieb, hoffte ich, daß Henry die guten Taten der Jewish Guild als Spiegel meines eigenen Charakters betrachten würde.

Aber ich wollte nicht, daß er abreiste, und so sagte ich in der vagen Hoffnung, ihm ein bißchen angst machen zu können: »Glaubst du wirklich, mit deinem Ischias überstehst du eine Busreise? Womöglich hast du einen weiteren Anfall, und dann steckst du in irgendeinem fürchterlichen Busbahnhof.«

»Allein das Wissen darum, daß ich in die Sonne fahre, sollte mir helfen, wenn der Schmerz wiederkehrt. Und ich habe massenweise Kodein dabei; ich bin losgewesen und habe ein altes Rezept ein zweites Mal eingelöst.«

»Was ist mit dem Wagen?«

»Ich werde da unten schon einen finden. Bis dahin miet ich mir ein Fahrrad. Ich mag Fahrräder.«

Ich zog mich in mein Zimmer zurück, damit Henry packen konnte, ohne von mir abgelenkt zu werden. Die Plötzlichkeit seines Entschlusses erfaßte mich wie ein Schock. Ich legte mich auf mein Bett, und ich fühlte mich irgendwie zitterig und ängstlich, weil er wegfuhr.

Während er packte, liefen im Fernseher die Nachrichten. Clintons Amtseinführung stand kurz bevor, und es gab eine Menge Wirbel um die Einstellung des neuen Präsidenten zum Thema Schwule und Militär. Ein Reporter der Nachrichtensendung war auf der Straße unterwegs und fragte die Menschen: »Glauben Sie, daß Homosexuelle in die Streitkräfte gehören?«

Henry sagte von seinem Zimmer aus: »Dieses Land verliert seine Scheinheiligkeit. An der müssen wir festhalten.«

»Du meinst, wir brauchen Scheinheiligkeit?«

»Ja. Die hält die Menschen davon ab, einander an die Gurgel zu springen. Clinton versteht das nicht. Er wird die Navy zerstören. So, wie die Dinge bisher standen, waren das alles glückliche Homos. Vor Jahren waren wir schon viel weiter als heute. Wenn man schwul war, ging man einfach zur Navy, und schon war man absolut glücklich. Und wenn man nicht zur Navy konnte, versuchte man, in den Knast zu kommen. Clinton will, daß alles offen und ehrlich vonstatten geht. Das wird nicht funktionieren. Es geht niemanden etwas an, wie man den Geschlechtstrieb handhabt ... Vielleicht ist Scheinheiligkeit nicht der richtige Ausdruck ... Diskretion. Ja. Diskretion in Sachen Sex und Postvergehen.«

Ich lag auf meinem Bett. Ich stimmte mit ihm überein, daß es niemanden etwas anging, aber in Henrys Fall wollte ich die große Ausnahme sein: Ich wollte wissen, wie er seinen Geschlechtstrieb handhabte. Aber ich behielt meine unreife Neugier für mich. »Warum Diskretion in Sachen Postvergehen?« fragte ich.

»Man muß da vorsichtig sein. Die Post hat ihre eigene Polizei, weißt du.« Dann schwieg er einen Moment lang, bevor er ausrief: »Hast zu zufällig meinen Gesellschaftsalmanach gesehen?«

»Nein, hab ich nicht«, sagte ich.

»Ich brauche ihn, um eine Damenbekanntschaft in Palm Beach anzurufen. Ich hab ihre Nummer nicht in meinem Adreßbuch stehen. Es ist ziemlich schwer, einen Gesellschaftsalmanach zu verlieren. Das ist ausgesprochen seltsam. Gershon hat ihn sich wahrscheinlich genommen, um verspätete Weihnachtskarten zu verschicken.«

Ich kam aus meinem Zimmer, um ihm bei der Suche nach dem Buch helfen. Es war dick und schwarz, und vorne auf dem Umschlag war in Orange das Jahr aufgedruckt, 1988. Henry besaß nur einen alten. Der Gesellschaftsalmanach wird alle zwei Jahre gedruckt, und mehr als eintausend der bedeutendsten Familien Amerikas sind darin verzeichnet. Adressen, Telefonnummern, Universitätsbesuche, Clubmitgliedschaften und andere einschlägige Informationen sind darin für jedermann nachlesbar. Ich hatte ein paarmal reingesehen, und ich hatte erfreut zur Kenntnis genommen, daß auch einige Leute namens Ives, wenngleich nicht mit mir verwandt, darin verzeichnet waren.

Wir fanden das Buch unter Henrys grünen Hosen. Henry überlegte, ob er die Hosen mit nach Palm Beach nehmen sollte.

»Das ist das Problem, wenn man so eine umfängliche Garderobe hat«, sagte er. »Schwierige Entscheidungen sind zu treffen. Die hier könnten bei Nacht ganz gut aussehen, aber im prallen Sonnenlicht werden die ganzen Flecken zu sehen sein. Da unten müssen alle Sachen sauber sein. Man sieht alles.«

Henry warf die Hosen auf die weiße Couch. Er schlug seine Damenbekanntschaft im Almanach nach und fand ihre Nummer. Er wollte sie fragen, ob sie ihn für die Saison bei sich unterbringen könne.

»Man kriegt sie nicht mehr viel zu sehen«, sagte er. »Möglich, daß sie nur auf die Gelegenheit gewartet hat, mich in die Finger zu kriegen. Junges Blut.«

Er nahm den Hörer ab und setzte sich auf seinen Thronstuhl und nahm eine Haltung der Zuversicht und Allbeliebtheit an.

»Betty, hier ist Henry. Henry Harrison ... Ja, der Dramatiker ... Ich bin noch in New York, aber in zwei Tagen werde ich in Palm Beach sein. Ich nehme den Bus, ich hatte alle möglichen Automobilprobleme ... Tut mir leid, das zu hören. Unsere Prüfungen kommen alle in verschiedenerlei Gestalt daher ... Ich würde dich gar zu gerne sehen ... Ja. Es wäre wunderbar, bei dir zu wohnen ...«

Er legte auf, und Henry mußte zugeben, sie war noch klug genug, um zu wissen, warum er angerufen hatte, aber es störte sie nicht. Er brauchte ein Zimmer, und sie brauchte Gesellschaft.

»Das Blatt wendet sich zu deinen Gunsten«, sagte ich.

»Ja. Meine Augenmaske. Die Jewish Guild. Und jetzt hab ich etwas, wo ich unterkommen kann. Sie sitzt im Rollstuhl – ein Emphysem vom Rauchen –, aber im Everglades Club, wo sie Mitglied ist, gibt's behindertengerechte Zugänge. Ich werde die meisten Abendmahlzeiten kostenlos bekommen. Es dürfte bestens werden. Das wichtigste ist die Sonne.«

Henry packte weiter, und ich konnte es nicht ertragen, ihm zuzusehen, darum ging ich aus, um was zu essen. Er lehnte mein Angebot ab, ihm was mitzubringen. Vor Aufregung hatte er gar keinen Appetit. Als ich zurückkam, fragte er mich, ob ich ihn um halb neun zum Hafenamt fahren würde.

»Natürlich«, sagte ich. »Ich hatte mich schon drauf eingestellt.«

»Ich geb dir fünf Dollar«, sagte er.

»Sei nicht albern«, sagte ich.

»Ich will keine Verpflichtungen!«

Ich wollte mich nicht an seinem letzten Abend mit ihm streiten, darum gab ich nach, und er drückte mir auf der Stelle die fünf Dollar in die Hand. Dann sagte er: »Ich möchte dir etwas zeigen. Ich hab in meinem Armoire mein altes Album gefunden. Da ist ein Bild von meiner Tante drin. Ich dachte, vielleicht willst du sie dir mal ansehen.«

Wir setzten uns auf sein Bett, und Henry blätterte rasch die nicht mehr sehr haltbar aussehenden Seiten seines dicken Albums durch, um das Bild zu finden, das er suchte. Er hielt das

Buch von mir weg, so daß ich nichts sehen konnte, aber ich spähte ihm über die Schulter und sah ganz kurz etwas, das wie ein altmodisches Schwarzweißfoto aus einem College-Jahrbuch aussah.

»Bist du das, Henry?«

»Nein.«

Er fand die Seiten, die er suchte, und klappte das Album auf, so daß ich reinschauen konnte. Zwei gegenüberliegende Seiten waren seiner Tante gewidmet. Eine Seite bestand nur aus einer großen schwarzweißen Porträtaufnahme. Sie trug einen hohen viktorianischen Spitzenkragen. Ihr Haar sah dicht und schön aus, wie das von Henry. Sie sah distinguiert und zauberhaft aus. Ihre Augen hatten einen unverstellten Ausdruck. Sie war keine zimperliche Frau.

»Sie hat deine Augen und deine Wangenknochen«, sagte ich zu Henry.

»Ich hab ihre.«

Auf der gegenüberliegenden Seite befanden sich zwei alte Zeitungsausschnitte aus den Gesellschaftsspalten Baltimores. Beide Artikel waren mit Fotografien von Henrys Tante illustriert. Eins der Fotos war eine Kopie des Porträts auf der anderen Seite, und das andere Bild zeigte Henrys Tante, wie sie in einem weißen Kleid in einer Gruppe von Leuten bei einer Hochzeit stand. Die Schlagzeile über dem Ausschnitt mit ihrem Porträt lautete: »Grace Rutherford reist heute nach Frankreich ab.«

»Damals waren Gesellschaftskolumnen noch wirklich Gesellschaftskolumnen. Jetzt geht's da bloß noch um Hollywood-Skandale«, sagte Henry, während er seine Tante betrachtete. Dann klappte er das Album wieder zu und legte es in den Schrank zurück.

»Da wären wir also«, sagte Henry. »Wo sind wir?«

»Sie war sehr schön«, sagte ich.

Henry schwieg; seine Aufregung über den bevorstehenden Aufbruch fiel von ihm ab. Ich glaube, er ergab sich einem seltenen Moment der Sentimentalität, weil er sich gerade das Bild seiner Tante angesehen hatte. Sie fehlte ihm. Aber dann fing er an, noch ein paar Sachen einzupacken, schmutzige Hemden vor allem, bis er mit neuer Energie sagte: »Der große Augenblick ist gekommen – der Koffer wird zugemacht!« Er setzte sich drauf, kriegte den Deckel aber nicht zu. »Ich brauch einen Kammerdiener ... Setz dich mal mit mir drauf«, sagte er.

Ich setzte mich zu ihm auf den großen Koffer – wir waren Rücken an Rücken –, und wir beide versuchten, ein bißchen auf und ab zu hüpfen, aber wir schafften es nicht, daß die Schnallen einschnappten. Dann nahm ich meine ganze Kraft zusammen, drückte mit aller Macht und bekam das Ding schließlich zu. Das beeindruckte Henry sehr. »Dich könnten sie gut in der Army gebrauchen«, sagte er. »Da haben sie immer Verwendung für gute Packer.«

Obwohl es ein ziemlich dämliches Kompliment war, kam ich mir prima vor, als Henry mich pries. Wir zogen unsere Wintermäntel über, und ich trug den Koffer in den Hausflur hinunter. Ich ließ Henry dort warten, während ich zum Wagen ging.

Als wir zum Hafenamt fuhren, sinnierte Henry über seine Reise. »Ich hab eine Flasche Wermut, um das Kodein damit runterzuspülen. Am Ende werde ich sie mir wahrscheinlich mit all den anderen Businsassen teilen müssen – Strafgefangene auf Bewährung und schwarzes Hauspersonal. So jemanden wie mich gibt es ansonsten in Amerika überhaupt nicht. Ich lebe wie die ganz Armen und die ganz Reichen ... Weißt du, Jacksonville ist sehr interessant wegen seiner Redneck-Kultur. Ich muß während meines Aufenthalts da mal in eine Bar gehen und ein bißchen Feldforschung betreiben. Die Frauen in Jacksonville haben keine Zähne. Nicht weil sie ihnen ausgefallen wären, sondern weil die Männer sie ihnen ausgeschlagen haben. Die Männer haben da unten immer noch das Sagen. Sie haben keine Ahnung, was sie tun, aber zumindest haben sie immer noch das Sagen.«

Wir kamen beim Hafenamt an, und auf der Eighth Avenue herrschte dichter Verkehr. Es war kurz vor neun – man konnte nirgendwo parken – darum hielt ich in zweiter Reihe neben der Taxischlange. Ich wollte den Wagen da stehenlassen und Henry seinen Koffer in den Busbahnhof tragen, aber er ließ das nicht zu.

»Du kriegst ein Strafmandat«, sagte er.

»Ist mir egal«, sagte ich. »Ich sorge mich um deinen Rükken.«

»Sorg dich lieber um den Fünfundachtzig-Dollar-Strafzettel. Nicht um meinen Rücken. Ich hab dreißig Kodein-Pillen dabei. Eine für jede Stunde. Hol mir einfach bloß den Koffer aus dem Wagen, und ich kann ihn auf den Rädern rüberziehen.«

Ich hob sein Gepäck aus dem Kofferraum, und wir standen neben den Taxis. Der Verkehr brandete auf der anderen Seite des Parisienne an uns vorbei. Henry probierte das Kofferheben schon einmal aus.

»In Jacksonville werde ich Hilfe in Anspruch nehmen müssen. Ich werde mich wie Blanche Dubois aufführen müssen«, sagte Henry, und dann wechselte er in einen schwülen Südstaaten-Frauendialekt und sagte: »Ich kann meinen Koffer nicht heben. Gibt's hier irgendwelche Negerkindchen, die ihn mir tragen können? Ich hatte immer Negerkindchen, die mir meine Taschen ins Tarantula Arms getragen haben.«

Als er mit seiner Blanche-Dubois-Ansprache fertig war, schubste und trat er den Koffer zwischen die beiden Taxis neben uns und schaffte es irgendwie, ihn über den Kantstein und auf den Bürgersteig zu hieven. Dann nahm er seine Schubs- und Trettechnik wieder auf. Ich rannte zum Kantstein, ließ meinen Parisienne so lange im Stich, und ich sagte: »Bye-bye, Henry.«

Er drehte sich nach mir um und sagte: »Marsch zurück zu deinem Auto. Die *Polizei*. Sei kein Blödmann.«

Ich zog mich zu meinem Parisienne zurück, und ich beobachtete Henry dabei, wie er die Strecke bis zu den Glastüren des Hafenamts hinter sich brachte. Er wechselte ein paar Worte mit einem schlanken, dunkelhaarigen, schwarzen Jungen, der da stand, sehr wahrscheinlich ein Gauner. Der Junge hob den Koffer mit Mühe an und trug ihn hinein. Henry schaute sich nicht um, um zu sehen, ob ich noch da war. Nachdem er durch die Türen war, konnte ich ihn nicht mehr sehen. Er hatte mir zum Abschied nicht einmal die Hand gegeben.

Ich stieg in meinen Wagen. Ich dachte dran, zum Sally's zu

fahren, das nur einen Block entfernt war, und mich zu betrinken. Es würde meinen Abschied von ihm irgendwie besudeln, was genau das war, was ich wollte. Auf diese Weise hätte ich's nicht mehr verdient, ihn zu vermissen oder mir vorzustellen, er denke im Bus an mich. Aber ich ging nicht ins Sally's. Ich fuhr an der Dreiundvierzigsten Straße geradewegs vorbei, zu meiner eigenen Überraschung. Ich drückte auf dem Heimweg die ganze Zeit aufs Gaspedal in der verrückten Hoffnung, irgendwie sei Henry da, wiewohl ich ihn gerade erst abgesetzt hatte.

Als ich das Apartment betrat, war ich abgestoßen von der Häßlichkeit. Das Durcheinander und der Dreck und der Geruch waren ungesund und ekelerregend. Wie konnte ich hier wohnen? Henrys Abreise hatte der Bude all die Größe und den Glanz entzogen, die sich zuvor wie ein Schleier über meine Augen gelegt hatten. Durch ihn hatte das Apartment wie die behelfsmäßige Bühnengarderobe eines Stars gewirkt.

Ich ging sofort an seinen Kleiderschrank. Bevor ich ihn öffnete, sah ich auf dem Fußboden ein Strafmandat liegen. Seine Packerei hatte alles andere an den Rand gedrängt. Es war eine Verwarnung wegen zu schnellen Fahrens aus New Jersey, datiert um die Zeit, als er und Gershon auf Autosuche unterwegs gewesen waren. Der Polizist hatte Henrys Führerscheinnummer, Adresse und Geburtsdatum aufgeschrieben. Es war der 23. März 1920. Henry wurde im nächsten Jahr dreiundsiebzig Jahre alt. Er verblüffte mich mehr denn je. Ich legte den Strafzettel auf seinen Kaffeetisch, so daß er ihn finden konnte, wenn er zurückkam. Ich legte ihn verkehrtherum hin, so daß er nicht glauben mußte, ich hätte sein Alter gesehen.

Ich öffnete den Kleiderschrank, und unter etlichen verknäulten Hemden fand ich das Album. Ich setzte mich auf die weiße Couch und fing an, mir die Bilder anzusehen. Es waren ungefähr ein Dutzend Schwarzweißbilder darin, die Henrys Collegejahre und seine Zwanziger zu umfassen schienen.

Das frappierendste Bild zeigte Henry, wie er auf einem Fahrrad saß. Er war vielleicht fünfundzwanzig Jahre alt, und er hatte kein Hemd an und trug kurze Hosen. Er befand sich auf einem Feldweg oben auf einer Klippe, und dahinter konnte man das Mittelmeer sehen sowie etwas, was aussah wie Monte Carlo. Sein Körper war geschmeidig und schön. Sein Bauch war flach; seine Arme waren perfekt geformt. Sein Gesicht war gutaussehend und rein. Er lächelte nicht. Er hatte eine Jungmännermiene aus Melancholie und Romantik aufgesetzt, als würde er immer schön bleiben.

Als nächstes kamen drei oder vier Farbfotos, die, wie ich glaube, Henry in seinen Dreißigern zeigten. Sie schienen alle am selben Tag aufgenommen worden zu sein. Auf dem ersten stand Henry vor einem französischen Château. Er trug einen blauen Blazer und einen Regenmantel, und keins von beiden hatte Flecken. Die nächsten beiden Bilder zeigten Henry auf einer Cocktailparty mit einer Gruppe attraktiver und schicker Leute. Er war immer noch gutaussehend, doch zeigte seine Miene bereits einen Anflug jener amüsierten und doch irgendwie überdrüssigen Distanziertheit, die sich inzwischen dauerhaft in seinem Gesicht eingegraben hatte.

Für ein komplettes Leben hatte Henry nur sehr wenige Bilder aufbewahrt. Das Album war zum größten Teil leer. Hinten drin, nicht eingeklebt, lag das alte schwarzweiße Porträt einer Schauspielerin. Sie war sehr schön, und ihr Name war Constance Seehusen, eine der Frauen, die Henry als seine Liebschaften erwähnt hatte. Ich fragte mich, ob das wirklich eine Romanze gewesen war oder ob er sie vielleicht nur für eines seiner Stücke hatte vorsprechen lassen und ihr Bild aufbewahrt hatte, weil sie so schön war, und es bloß eine Lüge war, eine Phantasie, daß sie je zusammengewesen waren. Eine Lüge allerdings, an die er selber zu glauben gelernt hatte. So wie ich einmal, als ich dreizehn war, die Initialen eines Mädchens in einen Baum geritzt hatte, um so zu tun, als sei ich verliebt, und dann viele Jahre später, als ich die Initialen sah, glücklich lächelte, weil ich einen Moment lang auf meinen eigenen Betrug hereinfiel. Ich hatte die Geschichte meines Lebens umgeschrieben, aber dann war es mir doch eingefallen. Machte Henry das mit dem Bild dieser Frau genauso, bloß daß ihm die Wahrheit nicht wieder einfiel? Ich wußte nicht, was ich von Henry und der Liebe halten sollte.

Ich blätterte zu dem Bild von ihm auf dem Fahrrad zurück. Er war so makellos. Dann fiel mein Blick auf sein schmales Bett gegenüber von mir mit den zerfetzten, schmutzigen Kleidungsstücken, die sich darauf türmten, und den leeren Flaschen darunter. Ich versuchte, diesem schönen jungen Mann in die Augen zu schauen. Wir waren uns altersmäßig sehr nah. Ich wollte ihn warnen, und ich fing ein bißchen zu weinen an. Ich weinte, weil dieser Junge keine Ahnung hatte, was einmal aus ihm werden würde, daß er fünfzig Jahre später auf einer schäbigen kleinen Couch in einem verdreckten Zimmer schlafen würde.

Ich weinte wegen dem, was mit dem jungen Mann geschehen war, und ich weinte, weil der alte Mann, zu dem er geworden war, mich zurückgelassen hatte.

Kapitel X

Sie wollte mich

Ich fing an zu glauben, alle Frauen wären Transsexuelle. Ich konnte keinen Unterschied mehr erkennen. Es war frustrierend. Ich war in der U-Bahn unterwegs zum Sally's – mir war nicht nach Fahren zumute –, und ich sah da dieses eine Latino-Mädchen bei ihrem Freund auf dem Schoß sitzen. Sie war hübsch, und es gefiel ihr sichtlich auf seinem Schoß. Also dachte ich sofort, sie müsse eine Transsexuelle sein, aber ich konnte es einfach nicht glauben, daß sie sich in der U-Bahn so offen benahm. Als Jude war ich dazu erzogen worden, mich unauffällig zu verhalten, keine Aufmerksamkeit und keinen Anstoß zu erregen, und diesen Hang hatte ich auch an Transsexuellen wahrgenommen. Außerhalb des Sally's stellten sie sich nicht im geringsten zur Schau, sondern sie verschmolzen mit der Masse.

Dieses Mädchen sah aus wie die Latino-Mädchen im Sally's: Jeans, Arbeitsstiefel, Daunenjacke, übertrieben rot angemalter Mund – aber vielleicht war's trotzdem ein echtes Mädchen. Das Problem war, daß ich schon lange kein echtes Mädchen mehr bei einem Mann auf dem Schoß gesehen hatte. Ich ging davon aus, bloß Transsexuelle verhielten sich Männern gegenüber sexy. Darum studierte ich das Pärchen genau. Der Junge war derjenige, der mich davon überzeugte, daß das Mädchen echt war. Er verhielt sich zu entspannt und natürlich. Er war ein echter Junge, und sie war ein echtes Mädchen. Ich zog den Schluß, in der Latino-Gemeinde galten die alten Rollenmuster wohl immer noch. Ich beneidete die beiden. Sie küßten sich. Ich wollte sie alle beide gleichzeitig sein. Ich wollte stark genug sein, um jemanden im Arm zu halten, und reizend genug, daß mich jemand im Arm hielt.

Ich benutzte das dunkle U-Bahn-Fenster als Spiegel. Ich war sechsundzwanzig Jahre alt und kriegte eine Glatze. Ich konnte es nicht ertragen, wie ich aussah. Mein Gesicht war zerquält, und meine Jung-Gentleman-Kostümierung, bestehend aus Kordsamthose, Tweedsportsakko und Mantel, täuschte Wohlanständigkeit vor.

Dieses glücklichen, vitalen Pärchens wegen traf ich voller Selbstmitleid im Sally's ein. Jetzt, wo Henry weg war, hielt ich mich mehrere Abende pro Woche in der Bar auf, und meistens versetzte mich der Laden in gute Stimmung. Die Mädchen waren schön, und ihre Schönheit bewirkte, daß ich mich lebendig fühlte. Aber an jenem Abend fühlte ich mich, als könne ich mein Selbstmitleid gar nicht wieder abschütteln. Ich setzte mich an die große ovale Bar und bestellte Cola-Rum. Ich sah mich nach Miss Pepper um, aber sie war nicht da. Der Raum war verräuchert und voll. Es waren Dutzende von Mädchen da und ungefähr halb so viele Männer. Die Mädchen sahen sexy aus, die Männer sahen verschämt aus.

Eine große Blondine kam auf mich zu. Sie steckte in einem engen roten Kleid, das ihre feinen Brüste und ihre prima Beine betonte. Ich hatte sie hier schon öfter gesehen, aber es war das erste Mal, daß wir miteinander sprachen.

»Na, wie geht's dir so heut abend?« fragte sie.

»Gut«, sagte ich. »Ein bißchen trübsinnig.« Manchmal versuchte ich, mich den Mädchen ein bißchen zu öffnen. Ich hoffte irgendwie, daß eine von ihnen mir helfen könnte.

Aber die Blondine schnauzte mich bloß an. Sie war schroff, vielleicht selbst schlecht gelaunt. Sie sagte: »Verschon mich bloß mit deinen Problemen.«

»Okay«, sagte ich. Aber mein Gesichtsausdruck muß ein bißchen verletzt gewirkt haben, und sie wollte sich die Chance auf mein Geld nicht entgehen lassen, darum sagte sie: »Also los, warum bist du betrübt?«

»Weil ich verrückt bin.«

»Warum bist du verrückt?«

»Weil ich hier bin.«

»Du bist nicht verrückt«, sagte sie. »Gott hat dich so geschaffen. Du magst Tunten. Ja und? Würde Gott jemals Fehler machen? Ich bin schön – hat er bei mir einen Fehler gemacht?«

»Nein.«

»Siehst du, Gott macht keine Fehler ... Also, möchtest du gern ein bißchen ausgehen? Ich weiß doch, daß du gern mal meinen großen Schwanz sehen möchtest.«

Sehr viele von den Mädchen hatten sich wie diese Blondine irgendeine Art von religiöser Philosophie zurechtgelegt. Das brauchten sie zum Überleben. Die ganze Welt war gegen sie. Aber die Blondine versuchte bloß, mich rumzukriegen, weil sie an mein Geld ran wollte. Das störte mich nicht, aber sie war zu grob für meinen Geschmack. Ich mochte es, wenn die Mädchen sich feminin aufführten und ihren Penis nicht erwähnten. Für mich ist es besser, das mit dem Penis erst mal völlig zu vergessen und dann überrascht und ein bißchen aufgeregt zu tun, wenn ich ihn zu sehen krieg. Ich sagte zu der Blondine: »Ich glaube, eher nicht. Nicht heute.«

»Dein Pech«, sagte sie, und sie gewährte mir ein süßes Lächeln, denn sie wollte sich ihre Chancen für einen späteren Zeitpunkt nicht verderben. Und dann griff sie mir in den Schritt, um kurz maßzunehmen. Alle Tunten machten das so, und dann ging sie weg.

Mir ging es besser. Ich war jetzt wieder auf dem richtigen Gleis meiner Sally's-Existenz. Ich trank mein Glas aus und bestellte mir noch einen Drink, und dann entdeckte ich ein junges Latino-Mädchen, das sehr sinnlich aussah. Sie trug ein Shirt, das sehr weit aufgeknöpft war, um ihre schönen, weich aussehenden Brüste zur Schau zu stellen. Ich fand die Brüste sehr echt. Ich fand das Mädchen sehr echt. Ihre Haut war makellos und oliv, und sie hatte dunkle Augen. Ihr braunes

Haar hatte Naturlocken und ging ihr bis auf die Schultern. Wegen meiner eigenen Tendenz zur Glatzenbildung machte ich mir immer Sorgen, den Mädchen könnten die Haare ausgehen. In Perücken sahen sie ganz gut aus, aber richtig sexy sahen sie erst aus, wenn es ihr eigenes Haar war. Ich fragte mich gelegentlich, ob die weiblichen Hormone sie wohl vor der Glatzenbildung bewahrten. Ich fragte mich, ob eine kleine Dosis vielleicht auch meinem Haar helfen könnte.

Das Latino-Mädchen war genauso hübsch wie dasjenige, das ich in der U-Bahn gesehen hatte, und als sie an der Bar entlanggeschlendert kam, setzte sie sich schließlich neben mich. Wir fingen an, übers Geschäft zu reden. Ich hatte ein bißchen den Verdacht, sie könnte eine reguläre Prostituierte sein. Mir wurde unbehaglich und ängstlich zumute. Ich konnte die Welt nicht mehr richtig wahrnehmen. Echte Mädchen waren Transsexuelle, Transsexuelle waren echte Mädchen.

Sie sagte, Ausgehen würde hundertfünfzig Dollar kosten, zuzüglich Hotelzimmer. Ich versuchte, sie runterzuhandeln, aber sie sagte, sie hätte ihre Festpreise. Sie war schroff und störrisch und arrogant.

Ich sagte zu ihr: »Du bist hier das hübscheste Mädchen.« Ich erzählte den Mädchen immer, daß sie sehr schön waren, selbst den häßlichen. Sie waren wild drauf, zu erfahren, daß sie von außen so aussahen, wie sie sich innerlich fühlten. Mein Kompliment machte sie ein bißchen umgänglicher. Sie lächelte mich ein Sekündchen lang an, und da wußte ich, sie war eine Transsexuelle. Sie schätzte und brauchte das Kompliment. Dann wurde sie wieder schroffer. Sie sagte: »Das weiß ich, daß ich das bin. Also willst du jetzt ausgehen oder nicht?« Sie spielte das Spielchen kein bißchen mit. Ich brauchte die Illusion süßer Sanftheit, darum sagte ich ihr, ich könne mir ihre Preise nicht leisten.

Sie ging weiter, und ich behielt sie im Blick, weil sie mich doch ziemlich anzog. Sie fing an, mit einem alten Knaben in meiner Nähe zu reden, der einen Smoking anhatte. Es war das erste Mal überhaupt, daß ich jemand in diesem Aufzug im Sally's zu sehen kriegte. Er war dünn und klein und hatte ein kleines Büschelchen weißer Haare. Er war einigermaßen angeheitert. Er hatte ein strahlendes Lächeln. Es war ihm nicht peinlich, hier zu sein, wie das bei den meisten von uns der Fall war. Ich fragte mich, ob er wohl irgendwo Oberkellner war oder ein verrückter reicher Mann. Er kriegte das Latino-Mädchen dazu, sich ihm auf den Schoß zu setzen, und ich hörte, wie er voller Enthusiasmus sagte: »Das will ich sehen.«

Sie gingen in die entfernteste, schummerigste Ecke der Bar hinüber, jenseits der Tanzfläche. Dort standen im Schatten ein paar Tische und Stühle, und er setzte sich hin, und sie stellte sich vor ihn. Ich ging ihnen ein Stückchen nach. Ich stellte mich neben die beiden teppichüberzogenen Stufen, die auf die Tanzfläche führten. Der alte Mann und das Mädchen waren ungefähr fünfzehn Meter von mir entfernt. Zwei Mädchen tanzten allein auf der Tanzfläche, ich konnte also so tun, als würde ich ihnen zusehen. Ich sah, wie der alte Mann dem Mädchen Geld zusteckte, und dann ließ sie ihre Jeans ein bißchen runter. Sie fuhr sich mit der Hand ins Höschen, und es schien, als müsse sie sich sehr mühen, um ihn rauszukriegen. Sie mußte ihn da wirklich eingeklemmt haben, oder womöglich irgendwie festgebunden. Aber dann holte sie ihn hervor, und der Alte griff mit seinen gierigen Altmännerhänden danach. Ich konnte ihren Penis nicht sehen, weil mein Blickwinkel schräg von hinten war und ich versuchte, diskret zu sein.

Ihm stand ein breites Lächeln im Gesicht, und ungefähr eine Minute lang hielt er ihren Penis einfach nur in der Hand und küßte ihn vielleicht noch ein, zwei Mal. Das war anscheinend schon alles, was sie ausgemacht hatten. Sie wich von ihm zurück und verpackte sich mühsam wieder. Sie ließ ihn da sitzen. Er sah immer noch glücklich aus, und furchtlos. Sie ging über die Tanzfläche zurück. Ich drückte mich etwas weiter an die Wand, und als sie an mir vorbeikam, sah ich, daß ihr Gesichtsausdruck jetzt nicht mehr so arrogant und nicht mehr so schroff war. Sie schien sich ihrer selbst vorübergehend unsicher geworden zu sein, und das überraschte mich. Irgend etwas an dem Zusammensein mit dem alten Mann hatte sie abgestoßen. Vielleicht fiel es ihr doch schwerer, ihren Körper zu verkaufen, als sie sich hatte anmerken lassen, oder vielleicht hatte dieses Schmalspurverlangen, »es zu sehen«, ein Weilchen lang ihrer eigenen Illusion, sie sei ein schönes Mädchen, den Wind aus den Segeln genommen.

Ich stand weiterhin an die Wand gelehnt, und ich beobachtete alles. Ich stand da vielleicht zehn Minuten lang und verfolgte das immergleiche Geschehen, und dann kam ein asiatisches Mädchen herüber und lehnte sich neben mir an die Wand. Ich hatte sie noch nie gesehen, und sie kam mir wie ein Mauerblümchen vor, scheu und verzagt angesichts des Konkurrenzkampfs um Männer. Sie hatte ein sehr hübsches Gesicht mit hohen und stark betonten Wangenknochen, und ihre Nase war zierlich. Sie trug ihr glänzend schwarzes Haar bis auf die Schultern. Ihre Arme waren dünn und weiß. Sie hatte einen Jeans-Minirock an, und wie bei den meisten asiatischen Mädchen schien es auch bei ihr nicht die leiseste Andeutung ihres ursprünglichen Geschlechts mehr zu geben.

Ich fing an, mich mit ihr zu unterhalten. Ihr Name war Sylvia, und sie sprach ein zögerliches, aber gutes Englisch.

»Wo bist du her?« fragte ich.

»Manhattan.«

»Ich meine vor Manhattan.«

»Korea.«

»Wie lange bist du schon in den Staaten?«

»Fünf Jahre.«

»Was machst du sonst so, außer hierherzukommen?«

»Ich geh aufs Fashion Institute of Technology.«

Viele von den asiatischen Mädchen, mit denen ich gesprochen hatte, studierten Modedesign. Sie kamen ins Sally's, um den Unterricht finanzieren zu können. Dann stellte Sylvia mir eine Frage. »Willst du mit mir ausgehen?«

»Wieviel?«

»Fünfundsiebzig Dollar.« Niemand sagte fünfundsiebzig Dollar. Sie war neu im Sally's. Ich wurde sehr erregt, und ich erklärte mich einverstanden mitzugehen. Der günstige Preis gab mir das Gefühl, ich täte gar nichts Unrechtes. Ich schaffte es beinahe, mich selbst zu überzeugen, daß sie mit mir zusammensein wollte.

Wir gingen zum Geldautomaten bei der Seventh Avenue. Dann hielt ich ein Taxi an, und auf dem Rücksitz hielten wir Händchen. Es schien ihr nichts auszumachen. Wir mußten nur neun Blocks weit fahren. Wir fuhren in ihr Apartment in der Vierunddreißigsten Straße, genau gegenüber vom Madison Square Garden. Mir fielen die Knicks ein. An den letzten paar Spieltagen hatten sie sich ganz gut geschlagen.

Wir stiegen vier Treppen mit schmuddeligen Holzstufen hinauf, und als wir in die Wohnung kamen, sah sie zuerst ins Badezimmer, um sicherzugehen, daß niemand darin war. Sie sagte, sie teile sich das Apartment mit einem anderen Mädchen. Es bestand einfach nur aus einem ziemlich großen Raum ohne Küche. Genau in der Mitte stand ein großes Bett, außerdem sah ich eine Frisierkommode und einen ganz netten Kleiderschrank mit einem Spiegel. Ich zahlte ihr das Geld im voraus, und sie versteckte es in der oberen Schublade der Kommode.

»Bewahrst du da auch deine Unterwäsche auf?« fragte ich.

»Nein«, sagte sie und lachte. Ich wollte gern einen Blick auf ihre Unterwäsche werfen, auf ihre Höschen und Büstenhalter, aber ich bat sie nicht drum, ich wollte ihr einigermaßen normal vorkommen. Ich setzte mich auf die Ecke ihres Bettes, und sie begann sich vor mir auszuziehen. Hier in ihrem Apartment schien sie sehr viel entspannter und selbstsicherer zu sein als im Sally's. Ihre Augen wirkten jetzt beinahe schalkisch. Die Kleider sanken zu Boden, und ihr Körper war leuchtend weiß und unbehaart. Wir hatten das Licht nicht angeschaltet; es war unnötig – der Schein von der guterleuchteten Vierunddreißigsten Straße tauchte das ganze Zimmer in ein silbriges Licht. Nur ihr Höschen hatte sie noch an. Sie war reizend und zierte sich ein bißchen. Sie hatte keine Brüste, die der Erwähnung wert gewesen wären, aber wie bei einem jungen Mann war da eine leichte Schwellung um die beiden Brustwarzen.

»Wie lange nimmst du schon Hormone?« fragte ich.

»Ein paar Monate«, sagte sie.

Es war, als wäre sie gerade erst in die Pubertät gekommen, und ich starrte ihre Brüste an, und ich dachte an Cindy, ein zwölfjähriges Mädchen, zu dem ich mich in meinem ersten Unterrichtsjahr in der Pretty Brook hingezogen gefühlt hatte. Sie hatte ein Pult in der ersten Reihe gehabt, und sie hatte gelbweißes, von der Sonne gebleichtes Haar. Ich ertappte mich immer wieder dabei, wie ich sie beobachtete, wenn die Klasse eine Stillbeschäftigung zu erledigen hatte und ihr schöner Kopf gesenkt war. Spuren von Gold schimmerten auf ihren Armen und kleine Streifen davon unter ihren Knien, die ich unter ihrem Pult sehen konnte, wenn sie während dieser ersten Schulwochen einen Rock anhatte. Und wenn sie den Kopf hob, waren ihre Lippen von jenem feuchten Rosa, wie man es auf der Innenseite von Muscheln findet, und ihre Augen waren blau. Aber es war dieser Haarflaum unter den Knien, dieser Ansatz von etwas Tierischem, der mich zu ihr hinzog.

Weil es eine Privatschule war, gingen wir am Wochenende oft mit den Kindern wandern. Anfang September fuhren wir mit dem Bus in den Worthington State Forest beim Delaware Water Gap. Wir wollten auf einen kleinen Berg steigen und uns den Appalachian Trail anschauen. Es war ein sehr heißer, klarer Tag, und bevor wir mit dem Aufstieg begannen, rannten die Kinder um eine Wiese am Fuß des Berges herum. Cindy war ungefähr zwanzig Meter von mir weg, und ich beobachtete sie, wie sie vor ein paar Jungs davonlief, die ihr auf den Fersen waren. Sie lief schnell, aber ihre Beine waren zu lang und dünn. Sie war halb erwachsen, füllenhaft. Sie schrie, und dann verschwand sie hinter ein paar Hütten, die Jungs immer hinterher, und der Gedanke an ihre jugendliche Blondheit erregte mich. Ich stellte sie mir nackt und rein vor. Und wie ich sie zärtlich küßte. Ich fühlte mich meiner Gedanken wegen schuldig, aber es war sicher genug, solange es bei Gedanken blieb. Und dann sprang mir jemand auf den Rücken. Ich war entsetzt. Ich sagte: »Wer ist das da auf mir drauf?«

Es war Cindy. Sie schlang mir ihre Beine um den Bauch. Die Jungen, die sie verfolgt hatten, umringten uns. Sie lachte und sagte: »Retten Sie mich, Mr. Ives!« Die Jungen sahen wie die Hunde aus, scharf und gierig. Ihre von der Pubertät vergrößerten Nasen waren wie Schnauzen. Mein einziger Vorteil ihnen gegenüber waren meine Größe und meine Autorität. Ich wollte Cindy ebenfalls hinterherjagen. Ich sagte den Jungen, sie sollten sie in Ruhe lassen. Genug sei genug. Sie zerstreuten sich, und ich berührte einen von Cindys Schenkeln, der sich an meine Rippen preßte, um sie zu stützen. Ich gestattete mir bei dieser Berührung einen Moment der illegitimen Freude, und dann sagte ich: »Du kannst jetzt runter, Cindy.« Ich versuchte, alle meine Sinne zu schärfen, während sie von mir hinunterglitt, so daß ich alles fühlen konnte. Sie sagte: »Danke, Mr. Ives«; und dann stürmte sie los und rannte den Jungen nach in der Hoffnung, sie würden sie noch ein bißchen weiterjagen. Ich stand völlig unbewegt da, wollte die Erinnerung an ihr Gewicht auf mir nicht verlieren.

Während der Wanderung teilten wir uns in Zehnergruppen auf, und Cindy war in meiner Gruppe. Ich hatte fünf Jungen und fünf Mädchen dabei, und während wir durch die Wälder marschierten, war es sehr heiß, und einer von den Jungs fragte mich, ob er sich das Hemd ausziehen dürfe. Ich erlaubte es ihm, und Cindy sagte: »Ich wünschte, ich könnte mir auch das Hemd ausziehen. Es ist ungerecht, daß Mädchen sich nicht das Hemd ausziehen dürfen.«

Ich fragte mich im stillen: Ist denn das die Möglichkeit? Werde ich einer Prüfung unterzogen? Ich sagte: »Nun ja, es ist ganz gut, wenn Mädchen so was wie ein Geheimnis haben.«

»Ich hab aber kein Geheimnis«, sagte sie. Ich blieb stehen und sie ebenfalls. Die anderen Kinder marschierten weiter; sie hatten nicht auf das geachtet, was ich gesagt hatte. Cindys Gesicht war gesenkt und traurig. Weil ich selbst erst so peinlich spät mit fünfzehneinhalb Jahren in die Pubertät gekommen war, wußte ich, sie sprach von ihren kleinen Brüsten, wo sich bis jetzt lediglich die Warzen ein bißchen vergrößert zu haben schienen, was ich schön fand, aber die meisten anderen Mädchen in der Klasse waren schon weiter entwickelt, und sie verglich sich ganz offensichtlich mit ihnen.

»Mach dir nichts draus«, sagte ich, »es dauert nicht mehr lange, dann hast du reichlich Geheimnis.«

Sie schaute zu mir auf und sagte: »Mr. Ives, Sie sind der Allerbeste!« Und sie umarmte mich zum zweitenmal an diesem Tag.

Ich genoß den Körperkontakt, und dann rannte sie den anderen Kindern hinterher. Ich war stolz, daß ich ihr geholfen hatte. Und ich war glücklich, als ihre Familie ein paar Monate später wegzog und sie nicht mehr in meiner Klasse war.

Sylvia gefiel es, wie ich ihre Brüste anstarrte, und sie legte mir liebevoll ihre Hand aufs Haar und sagte: »Zieh dich aus.« Am Fenster stand ein Stuhl, und ich legte meine Kleider ordentlich darauf und versteckte meine Brieftasche in meinen Schuhen. Ich ließ die Unterhose an und stieg mit ihr ins Bett. Ich lag nervös da, aber sie roch gut. Ich mochte billiges Parfüm. Sie sagte: »Was möchtest du?«

»Nichts, was nicht sicher ist«, sagte ich. »Es wäre fein, dich einfach nur im Arm zu halten.«

Also lagen wir Seite an Seite und umarmten einander. Ich wollte sie auf ihre Wange küssen, und sie drehte schnell das Gesicht weg. Sie dachte, ich hätte es auf ihren Mund abgesehen, aber das hatte ich nicht. Ich war froh, daß sie so war. Das war die Überschlagsrechnung alten Stils: Wenn sie bei mir so ist, dann ist sie vermutlich auch bei den anderen so, und folglich ist sie mit einiger Wahrscheinlichkeit relativ ansteckungsfrei.

Dann drehte sie sich weg und lag mit dem Rücken zu mir. Ich hielt ihr den Arm. Ich roch ihr Haar. Ich war glücklich. Sie sagte: »Warum gehst du ins Sally's?«

»Weil ich einsam bin.«

»Hast du keine Frau?«

Viele von den Männern, die ins Sally's kamen, waren verheiratet. »Ich hab keine Frau«, sagte ich. »Hast du einen Freund?«

»Nein. Es ist nicht so einfach, einen Freund zu finden.«

»Aber du bist sehr schön. Es muß doch eine ganze Menge Kerle geben, die mit dir zusammensein wollen.« Ich dachte dran zu sagen: Ich könnte dein Freund sein.

»Nein, es ist nicht einfach, wenn man ein Mädchen wie ich ist«, sagte sie. »Die schwulen Männer wollen Männer, und die normalen Männer, wenn die's merken, wollen die mich nicht.«

Dann blieb also nur noch eine Sorte Mann übrig, aber das

schien für sie als Möglichkeit nicht zu zählen. So kam ich mir denn ein wenig tot war, während ich da so lag, und ich bedauerte den Verlust meiner fünfundsiebzig Dollar. Aber dann langte sie hinter sich und griff sich meinen Penis und rieb ihn an ihrem Höschen, an ihrem Hintern. Ich schlang meine Arme um sie, und ich küßte ihr den Nacken. Wir waren beide erregt, und dann legte sie sich auf mich drauf. Ich war in meiner Unterhose erigiert, und sie setzte sich auf, als wäre ich ihr Sattel. Sie sah in diesem Licht wirklich schön aus. Ich streckte die Hände aus und hielt ihre kleinen Brüste darin. Ich berührte ihre angeschwollenen Brustwarzen. Sie zog sich ihr Höschen aus, und ich sah die kleine Bescherung, ihren Penis.

Sie nahm ihren Penis in die Hand, er war sehr schmächtig, nicht bedrohlich, und dann nahm sie eine von meinen Händen und legte sie darum. Der Penis füllte meine Hand nicht einmal annäherungsweise aus. Ich massierte ihn zwischen Daumen und Fingern, und ich wußte nicht recht, ob er so klein war, weil sie einfach einen kleinen hatte, oder ob die Hormone ihm zugesetzt hatten.

Dann stieg sie von mir herunter und zog mir die Unterhose aus. Sie nahm sich ein Kondom aus der Handtasche. Sie streifte es mir über und begann zu lutschen. Ich sah ihr zu. Ich hatte das Gefühl, ich würde zu schnell kommen, und ich wollte noch ein bißchen was von meinem Geld haben, darum fragte ich sie, ob wir uns noch ein bißchen weiter aneinander reiben könnten. Sie war einverstanden, und sie legte sich auf den Bauch. Ihr Höschen war ausgezogen, und ich legte mich ihr auf den Rücken und rieb mich an ihr. Sie sagte: »Nicht in mich reingehen.«

»Tu ich nicht«, sagte ich.

So rieben wir also weiter, und das angefeuchtete Kondom glitt ihr zwischen die Hinterbacken, und sie wurde echt erregt. Sie begann zu stöhnen und streckte dann ihren Arsch in die Höhe, schob mich in eine kniende Stellung zurück. Die weißen Halbkugeln ihrer Backen waren wunderschön. Ihr seidiges schwarzes Haar lag ihr über den Schultern. Ich wußte, sie wollte, daß ich ihn einführte, und ich war aufgeregt, daß sie das nun von mir wollte, nachdem sie mich vorher gewarnt hatte, ich solle es nicht tun, aber die Aufregung war einfach zu viel für mich. Es war beängstigend, ihren Arsch da vor mir in der Luft zu sehen, zu merken, daß ich sie wirklich erregt hatte, und ich schrumpelte in meinem Kondom zusammen, und es glitt ein bißchen herunter. Ich drosch so halbwegs auf ihre Ritze ein, und mit einem halb Steifen hatte ich einen seltsamen, aber doch angenehmen Orgasmus.

Ich legte mich neben sie. Sie nahm mir das Kondom ab und trug es ins Bad. Aus dem Badezimmer kam sie mit einem heißen Waschlappen zurück, der hoffentlich sauber war, und ganz behutsam wusch sie mich ab. Sie trocknete mich mit dem Laken ab, und dann zog ich mich an und schaute durchs Fenster auf den Madison Square Garden. Ich dachte wieder an die Knicks, die ich liebte. Ich dachte daran, wie stark sie waren. Ich verglich mich mit unfairem Ergebnis mit ihnen, stellte mir vor, sie würden mich auslachen, wenn sie sähen, wie ich die Liebe mit Transsexuellen praktizierte. Ich band mir die Schuhe zu. Sylvia zog einen Morgenmantel über, und an der Tür sagte ich: »Vielleicht seh ich dich im Sally's wieder.«

»Vielleicht«, sagte sie, und sie gab mir einen kleinen Abschiedskuß auf die Wange. Sie war wirklich sehr zärtlich.

Aber sowie ich die Treppe runter war, fing ich an zu überlegen, ob es da irgendwelche gefährlichen Momente gegeben hatte. Ich begann, mich selbst mit der fixen Idee zu terrorisieren, mein Penis sei ein bißchen ungeschützt gewesen, als das Kondom heruntterglitt. Ich könnte mir etwas von ihrer hinteren Region weggeholt haben. Und dann, während ich durch die Kälte zur U-Bahn ging, ließ ich in Gedanken die potentiell gefährlichen Momente mit Wendy Revue passieren, die offene Wunde an ihrer Brust. Ich bin todgeweiht, dachte ich.

Als ich nach Haus kam, zog ich alle meine Sachen aus und versteckte mein Sportsakko und meinen Mantel ganz unten im Schrank. Alles andere tat ich in den Wäschebeutel. Ich hatte immer dieses Gefühl, meine Kleider hätten mich hintergangen, wenn ich eine Affäre gehabt hatte, und ich konnte sie dann nicht mehr tragen, bis sie gewaschen oder ein paar Tage verstrichen waren. Nachdem die Kleider beseitigt waren, duschte ich lange und heiß. Ich wusch mir mehrmals den Penis. Nach der Dusche zog ich ein sauberes T-Shirt und eine saubere Unterhose an und fühlte mich wie neu. Ich stieg ins Bett, und in der Dunkelheit dachte ich an Sylvia. Sie wollte mich.

Menschen sterben, und es kommen neue

Ich hörte auf, in die Dreiundvierzigste Straße zu gehen. Ich hatte Schiß. Das mit Sylvia hatte mir zu sehr gefallen. Das mit Wendy hatte mir zu sehr gefallen. Wo war ich da im Sally's nur hineingeraten? Ich wollte Teil der normalen Welt sein. Ich wollte in der Lage sein, mit normalen Mädchen auszugehen. Ich wollte nicht dafür bezahlen müssen, jemandem die Hand zu halten. Ich wollte nicht wie die anderen Männer im Sally's enden. Ich hatte nur vorgehabt, da so etwas wie ein Tourist zu sein, mir einen ungewöhnlichen Ort anzuschauen, aber ich fühlte mich immer wieder auf hilflose Weise dorthin zurückgezogen.

Ich fing wie ein Wilder an, Pläne zu schmieden, wie ich den Mut aufbringen könnte, Mary zu fragen, ob sie nicht mit mir ausgehen wolle. Im Büro würde das ein bißchen peinlich sein, aber es mußte einfach passieren. Sie würde meine Rettung sein.

Ich überlegte, was wir zusammen tun konnten. Ich konnte sie in den zweiten Akt einer Broadway-Aufführung mitnehmen; sie würde beeindruckt sein von meinem Einfallsreichtum, von meinem Wissen darum, wie man in New York billig tolle Sachen machen konnte. Wir konnten sogar versuchen, uns in die Oper einzuschleichen. Ich würde ihr die Notwendigkeit des Billetts für den Wiedereintritt erklären.

Ich war mir ziemlich sicher, daß sie keinen Freund hatte. Ich hatte einen Monat zuvor zufällig mitgekriegt, wie sie der Empfangsdame was von einer Trennung erzählt hatte. Und ich hielt äußerst große Stücke auf Mary und ging deshalb davon aus, daß sie noch keine neue Romanze angefangen hatte.

Also versuchte ich ein paarmal, sie anzusprechen, wenn sie sich in der Nähe der Kaffeekanne in der kleinen Büroküche aufhielt. Ich ging einen Schritt auf sie zu, und dann zog ich mich schnell wieder in Richtung meiner Kabine zurück. Ich war von Mary so sehr angezogen, daß es mich abschreckte. Die Anziehung verwandelte sich immer sofort in eine Art Rückstoß. Ich war wie ein Magnet, der versucht, einen anderen Magneten zu berühren.

Aber ich war fest entschlossen, das zu überwinden. Ich würde sie fragen, ob sie mit mir ausgehen wolle, wiewohl ich wußte, wenn ich mit ihr sprach, dann löste sich immer meine gesamte Persönlichkeit in Luft auf, dann kamen mir immer nur die banalsten Sachen über die Lippen. Darum formulierte ich mir einen Einleitungssatz vor, irgendwas, was ein gutaussehender junger Gentleman aus einer Fitzgerald-Story vielleicht sagen würde.

Meinen entscheidenden Schritt tat ich eines Tages Anfang Februar. Ich stimmte meinen Aufbruch aus dem Büro so ab, daß er genau mit ihrem zusammenfiel. Als wir auf die Zweiundsechzigste Straße kamen, wich ich von meinem vorformulierten Text ab und sagte: »Es ist ganz schön kalt.«

»Frostig«, sagte sie.

An der Ecke der Lexington mußte ich Richtung Uptown zur U-Bahn abbiegen, und sie ging Richtung Downtown.

»Schönen Abend noch«, sagte sie und lächelte. Sie war immer freundlich zu mir. Das gab mir neuen Mut, und ich sprach den Satz aus, den ich einstudiert hatte.

»Hättest du nicht Lust auf einen Drink im Barbizon?« fragte ich. Es war ein Augenblick der Kühnheit, der Unerschrockenheit.

»Was?« Ich merkte, sie war aufrichtig schockiert, daß ich jenseits oberflächlichster Nettigkeiten mit ihr zu kommunizieren versuchte.

»Wir könnten an der Bar im Barbizon ein Glas Sherry trinken. Das ist ein passendes Getränk für sechs Uhr abends«, sagte ich fröhlich. Und in Gedanken versuchte ich, mich wie jemand zu geben, der Freunde im Yachtclub hatte, Freunde, mit denen ich mich zum Essen treffen konnte, nachdem ich mir mit dem Mädchen, das ich verehrte, einen Drink genehmigt hatte. Wenn ich die Yachtclub-Rolle hinkriegte, würde ich selbstsicher und ansprechend erscheinen.

»Ich muß in die Stadt, ich bin in einem Fotokurs in der New School«, sagte sie.

»Vielleicht mal einen andern Abend«, sagte ich.

»Ich mach ziemlich viele Kurse, und normalerweise bin ich nach der Arbeit echt müde«, sagte sie, und sie lächelte mich an, weil sie mich nicht verletzen wollte. Plötzlich kam sie mir unglaublich groß vor. Sie überragte mich förmlich. Die ganze Straße begann sich zu neigen, ich war ganz unten am Abhang, sie stand ganz oben. Ich rief ihr zu, als sei ich immer noch auf gleicher Höhe: »Natürlich ... Viel Spaß im Kurs.«

Wir winkten einander zum Abschied zu, und ich drehte mich um. Ich schlitterte den Hügel hinunter, die Lexington Avenue würde mir noch auf den Kopf fallen. Ich suchte in meinem Feinkostladen Zuflucht. Roberto, der Kassierer, arbeitete immer noch. Ich kaufte einen alten Muffin. Ich begann wieder an Höhe zu gewinnen. Ich war ungefähr auf Augenhöhe mit dem Tresen.

»Die Knicks spielen super«, sagte er. »Die haben vor niemandem Schiß.«

Ich warf einen Blick auf sein dunkles Haar. Ach, hätte ich doch bloß deine Haare, dachte ich. Ich kam mir so häßlich vor. »Die Knicks spielen super«, sagte ich, und dann log ich Roberto an. Ich mußte mich wieder aufbauen, aber es war eine saubere Lüge, denn sie hatte so was wie einen wahren Kern. Ich sagte: »Vor ein paar Tagen bin ich beim Garden gewesen.« Und er sah mich voller Ehrfurcht an, und ich ließ es zu, daß er mich so ansah.

An jenem Abend schaute ich *Werden Sie schon bedient?*, und das Telefon schreckte mich auf. Manchmal, wenn das Telefon klingelte, wurde ich von dieser verrückten, delirierenden Hoffnung gepackt, es sei Mary. Es war dieselbc Art von völlig unangebrachter Hoffnung, wie ich sie bezüglich der Post hegte; irgendwie erwartete ich jeden Tag, einen wundervollen Brief in meinem Postkasten zu finden, einen Liebesbrief, eine Einladung zu einer glamourösen Dinner-Party, aber nichts dergleichen traf je ein. Und Mary rief nie an, aber wenigstens wußte ich an diesem speziellen Abend definitiv, daß sie nicht anrufen würde, daß es keinen Anlaß gab, sich Phantastereien hinzugeben.

Ich nahm den Hörer ab. »Hallo«, sagte ich.

»Louis?«

»Henry!« schrie ich. Er war seit einem Monat weg, und dies war das erste Lebenszeichen von ihm. Und ich hatte keinerlei Möglichkeit gehabt, ihn zu kontaktieren, weil seine Abreise so plötzlich gekommen war, daß ich gar nicht nach der Telefonnummer seiner Damenbekanntschaft in Palm Beach gefragt hatte. Und ich kannte nur ihren Vornamen, Betty. Ich war den Gesellschaftsalmanach auf der Suche nach Elizabeths in Palm Beach durchgegangen, aber davon gab es zu viele. Ich war mir sicher, daß er mich schon vollständig vergessen hatte. »Ich freu mich ja so, von dir zu hören«, sagte ich. »Ich hab mir schon Sorgen gemacht.«

»Das ist überflüssig. Du hättest schon was gehört, wenn ich gestorben wäre.«

»Aus dem Jenseits?«

»Nein, nichts derlei Dramatisches. Ein R-Gespräch womöglich.«

»Ich seh gerade *Werden Sie schon bedient?*«, sagte ich. Ich wollte, daß Henry wußte, ich hielt unsere Gewohnheit ein.

»Wie geht's Mrs. Slocombe?«

»Heute trägt sie orangenes Haar, und sie versucht, Mr. Humphries zu verführen.«

»Ich würde Mrs. Slocombe gerne mal kennenlernen, die Schauspielerin, meine ich. Sie muß die größte lebende Komödiantin sein.«

»Wie sieht's da unten aus? Das gesellschaftliche Leben?«

»Menschen sterben. Und es kommen neue, lange nicht so interessante ... Hast du den Kühlschrank abgetaut?«

»Nein ...«

»Versuch das mal. Ich glaube, da liegt noch ein Steak drin. Wir könnten das essen, wenn ich zurückkomme. Fleisch kann man lange einfrieren ... Wie geht's den Flöhen?«

»Ich hab keine mehr gesehen.«

»Der Vorfall könnte sich erledigt haben. Ich hab mich im Ozean durchtränkt.«

»Wie steht's um deinen Ischias?«

»Alles kuriert durch die Sonne, die Wärme und kostenlose Mahlzeiten. Wie ist das Wetter bei dir?«

»Ziemlich kalt, aber das Apartment ist überheizt, glaub ich.«

»Natürlich ist es das. Die ganze Kultur ist überhitzt.«

»Kriegst du viele Einladungen?«

»Ja, viel mehr, als ich verdient hab, wenn man bedenkt, daß ich nie jemanden bewirte. Ich komme auf einen Schnitt von vier Dinners pro Woche, plus drei Cocktailpartys. Die Saison läuft gut für mich. Und es gibt immer soviel zu essen bei den Cocktailpartys, daß man sie fast als Dinners mitzählen kann.«

»Kommst du mit deiner Damenbekanntschaft klar?«

»O ja, sie leistet mir vorzüglich Gesellschaft. Sie sitzt in ihrem Rollstuhl, wir können uns richtig flott bewegen. Wir essen mittags immer im Everglades Club. Aber hinterher ist sie zu müde, um noch viel zu unternehmen, deshalb ist es ganz geruhsam. Einen Tag gab's mal ein bißchen Ärger. Eine der Kellnerinnen im Everglades ist noch neu und sagte zu jemandem: ›Guten Appetit!‹ Gab mächtig viel Aufruhr. Das Personal ist gehalten, derlei zu unterlassen.«

»Wurde die Frau gefeuert?«

»Ernsthaft verwarnt.«

»Hast du Lois oder die Lagerfeld gesehen?«

»Natürlich nicht. Die können für gar nichts Einladungen kriegen.«

»Ist Vivian Cudlip da?«

»Sie hat eine ganze Etage im Colony Club, und jetzt sitzt *sie* im Rollstuhl. Passierte erst vor ein paar Tagen, ist aber nicht auf Dauer. Sie hat eine Entzündung an ihrer künstlichen Hüfte. Ich hab sie im Au Bar auf der Tanzfläche herumgeschoben; das Rad des Rollstuhls hat einem arabischen Autorennfahrer den Fuß zerquetscht, aber er hat das ausgesprochen gut aufgenommen. Am nächsten Tag stand es in der Zeitung, nicht das mit dem Fuß des Arabers, sondern daß ich Vivian geschoben hab, und sofort trudelten bei mir die Einladungen anderer Damen im Rollstuhl ein.«

»Hast du ein Auto gefunden?«

»Nein, ich hab mir das von Betty geliehen, und zur Ertüchtigung fahr ich Fahrrad.«

Ich wollte ihm sagen, daß er als junger Mann wunderbar auf seinem Fahrrad ausgesehen habe, aber damit hätte ich zugegeben, mir sein Album angeschaut zu haben, was so ähnlich war wie jemandes Tagebuch zu lesen.

Statt dessen fragte ich Henry nach seiner Telefonnummer, und wir debattierten über ein paar Rechnungen von den Strom- und Kabelfernsehgesellschaften; beide Zahlungen waren überfällig, obwohl ich Henry meinen Anteil schon gegeben hatte. Er sagte mir, ich solle jeder Gesellschaft zehn Dollar schicken und das würde sie davon abhalten, uns abzuklemmen. Nachdem das Geschäftliche erledigt war, fragte er mich, wie es mir ging.

»Ich war heute mit einer jungen Dame auf einen Drink im Barbizon Hotel«, sagte ich. An diesem Tag lief ich über vor lauter Lügen.

»Hast du ein Kondom benutzt?«

»Wir hatten bloß einen Drink«, sagte ich, und ich fühlte mich Marys wegen beleidigt. »Sie ist ein sehr nettes Mädchen.«

»Das letzte Mal, als du mit einem Mädchen auf einen Drink irgendwo warst, war das ein Transvestit, der kein Kleingeld fürs Taxi hatte.«

»Na, sie ist jedenfalls ein echtes Mädchen und sehr hübsch dazu.«

»Das hier ist ein Ferngespräch ... Noch irgend etwas anzumelden?«

»Es ist hier ziemlich ruhig ohne dich ...«

»Du hättest eigentlich so antworten sollen, wie Wilde auf diese Frage geantwortet hat, als sie ihm vom amerikanischen Zoll gestellt wurde.«

»Ich hab keine Ahnung, was er geantwortet hat.« Ich resignierte. Für Henry würde ich ewig der Student bleiben, der seinen Tutor enttäuscht.

»Ich dachte, wenigstens deinen Wilde hättest du parat. Er kam vom Schiff, und sie sagten zu ihm: ›Haben Sie irgend etwas anzumelden?‹ Er sagte: ›Bloß mein Genie.‹ Seine ersten Worte in Amerika. Da wären wir also. Wo sind wir? Bis dann in einem Monat, in der ersten Märzwoche bin ich wieder da. Und rauch mir nicht im Bett.«

»Du weißt doch, daß ich nicht rauche«, sagte ich. Aber Henry hatte schon aufgelegt.

Otto Bellman holt seine Post ab

Am nächsten Abend, kurz nachdem ich von der Arbeit nach Hause gekommen war, klingelte wieder das Telefon. Mary? Tief im Herzen hoffte ich wieder auf ein Wunder. Ich hatte mich den ganzen Tag vor ihr versteckt. Vielleicht hatte sie es sich anders überlegt. Vielleicht wollte sie doch irgendwann mit mir auf einen Drink irgendwohin.

»Hallo«, sagte ich.

»Sind Sie Louis?«

»Ja.«

»Ich bin Otto Bellman. Ich hab bei Henry gewohnt. Ich bin unten bei Gershon. Henry ist weg, ja?«

»Ja.«

»Ist Post für mich gekommen?«

»Ja«, sagte ich.

»Ich würde gern hochkommen und sie gleich abholen.«

»Ist gut«, sagte ich. »Kommen Sie rauf.«

Henry hatte Ottos Post in das vordere Fach des Kühlschranks getan, gleich neben eine alte Tüte mit angegammelten braunen Mohrrüben. Die Aufbewahrung irgendwo anders im Apartment hätte unweigerlich zur Folge gehabt, daß die Post für immer verlorengegangen und verschluckt worden wäre. Henry hatte nicht bei seiner Freundin Virginia angerufen, um Bellman von seiner Post in Kenntnis zu setzen, weil er nicht mit ihm sprechen wollte, aber Henry hatte doch zu viel Gewissen, um die Post einfach wegzuwerfen.

Ich spürte mein Herz pochen, während ich den Stapel von Umschlägen herausholte, die teilweise an der Mohrrübentüte festgeklebt waren. Jetzt endlich würde ich den berühmt-berüchtigten Bellman kennenlernen. Er war Henrys Professor Moriarty, der Schatten auf seinem Leben, jemand, der für alles verantwortlich gemacht wurde: für verschwundene Augenmasken und Theaterstücke, für entfremdete Freunde, für bösartige Verführungen und für einen allgemeinen Niedergang der Kampfmoral.

Bellman klopfte an die Tür, und ich ließ ihn ein. Ich verspürte das plötzliche Verlangen, ihn zu schlagen (Louis: treu ergebener Kammerdiener, Verteidiger Henrys!). Wir gaben einander die Hand, und irgendwie gelang es nur meinen Fingern, in seine Handfläche zu schlüpfen; es war einer dieser Fälle, wo das Händeschütteln zu einer hochgradigen Peinlichkeit gerät, und er zerquetschte mir die Fingerglieder. Schweizer Jodler.

»Schön, Sie kennenzulernen. Henrys neuer Mieter«, sagte er. »Sie haben meine Post?«

Ich reichte ihm die Umschläge. Er nahm sie in Empfang und ging ins Wohnzimmer und setzte sich auf Henrys Thronstuhl in der Ecke. Ich fand das respektlos, und es war ein ganz ungewohnter Anblick, jemand anders da sitzen zu sehen.

Ich setzte mich auf die weiße Couch und nahm ihn in Augenschein, während er seine Korrespondenz durchsah. Er hatte sandig blondes Haar und angenehme Gesichtszüge mit einer nach oben gerichteten Nase und dunkelbraunen Augenbrauen. Weil er sich zur Sichtung seiner Post vornübergebeugt hatte, konnte ich den Umriß eines ganz leichten Buckels erkennen, Kaliber halbe Warzenmelone, der gleich hinter seiner rechten

Schulter vorsprang. Er war nicht wirklich ein Buckliger, wie Henry gesagt hatte, aber da war so eine Art Beule. Henry hatte auch gesagt, im Profil sähe er aus wie Brigitte Bardot, und ich erkannte tatsächlich eine gewisse Ähnlichkeit in den dunklen Augenbrauen.

Bellman sah von seinen Briefen auf, nachdem er einen davon in aller Eile aufgerissen und gelesen hatte, und sagte: »Die Bude hier vergeß ich nie. Es ist das schmutzigste Zuhause, das ich jemals hatte.«

»Na ja, die Miete ist billig, wie Sie wissen«, sagte ich zur Verteidigung.

»Was halten Sie von Henry?« fragte Bellman, und er hatte ein ironisches Lächeln im Gesicht und ein Schimmern in den Augen. Er lud mich ein, mit ihm zu konspirieren und ein bißchen zu lästern. Ich hätte ihn nach unauffindbaren Theaterstücken, die in Jugoslawien auf die Bühne gebracht wurden, fragen sollen.

»Ich kann ihn sehr gut leiden«, sagte ich.

Diese Antwort langweilte Bellman. »Er ist schon ein origineller Typ, meinen Sie nicht auch?« fragte er, ohne mir Zeit für eine Antwort zu lassen. »Schläft in seiner originellen Maske. Tanzt sehr originell. Er geht mit seiner Kollegin Lagerfeld auf Partys, und dabei sind sie gar nicht eingeladen. Sie ist auch so eine originelle Marke. Henry und ich, wir sind fünf- oder sechsmal in der Oper gewesen. Und immer haben wir uns heimlich reingeschlichen. Und wissen Sie, er nimmt nicht irgendwelche Eintrittskarten. Es müssen schon die allerbesten sein. Das ist wirklich originell.«

»Weiß ich«, sagte ich und wurde ein bißchen rot. »Wir sind in der Oper gewesen. Haben Pavarotti gesehen.« Henry hatte Bellman sechsmal im Laufe ihres sechsmonatigen Zusammenlebens mitgenommen. Und mit mir war er bloß einmal in vier Monaten hingewesen. Ich war eifersüchtig und etwas gekränkt.

»Meinen Sie, daß Henry homosexuell ist? Ich war mir nie sicher«, sagte Bellman.

Ich war überrascht über die Kühnheit dieser Frage. Ich fand

sie verführerisch. Plötzlich wollte ich mich Bellman anvertrauen. Um zu hören, was er über Henrys Sexualität dachte, um nun doch zu konspirieren und zu lästern. Es wäre eine echte Erleichterung, mit jemandem darüber sprechen zu können. Beinahe hätte ich mich hinreißen lassen, aber dann hielt ich mich doch im Zaum. Ich wollte nicht hinter Henrys Rücken über ihn reden. Ich entschied mich, Bellman gegenüber die Moral obsiegen zu lassen.

»Wenn es um Sex geht, glaube ich an Diskretion. Diskretion in Sachen Sex und Postvergehen.«

»Was ist Postvergehen?«

»Wenn man Briefe stiehlt oder per Post irgend etwas Illegales macht.«

»Ich dachte, Henry würde vielleicht meine Post stehlen.«

»So etwas würde er nie tun«, sagte ich.

»Warum ist meine Post so kalt?«

»Er hat sie im Kühlschrank sicher aufbewahrt.«

»Sehen Sie, wieder sehr originell.«

Bellmans Englisch war gut, aber er war auf das Wort originell fixiert. Ich wußte nicht, wie ich ihn bitten sollte zu gehen, darum setzte ich unser Gespräch fort. »Wie ich höre, wollen Sie heiraten«, sagte ich.

»Ja. Ich heirate Virginia im Mai. Henry findet das nicht in Ordnung, das weiß ich wohl. Er meint, ich schulde ihm siebenundzwanzig Dollar für eine Telefonrechnung. Tu ich nicht, aber ich hab ihm gesagt, ich geb sie ihm. Aber er will's nicht annehmen. Ich will immer noch, daß er mein Trauzeuge ist. Er hat uns miteinander bekanntgemacht, und er war der erste Mensch, den ich in diesem Lande kennengelernt hab.«

»Haben Sie Henry gefragt?«

»Nein. Ich werde ihn fragen, wenn er aus seinem Urlaub zurück ist.«

Das würde Henry umbringen, wenn er das erfuhr. Sagte er nein, könnte das als Affront gegenüber Virginia und ihren Eltern aufgefaßt werden. Er würde ganz fürchterlich in der Zwickmühle sitzen. »Warum fragen Sie nicht Gershon?« sagte ich. »Sind Sie mit dem nicht gut befreundet?«

»Nein, Henry ist besser als Trauzeuge. Virginia will nicht, daß Gershon zur Hochzeit kommt, wegen seines Äußeren. Aber ich werde für ihn kämpfen. Ich mag das, wie er aussieht. Er ist natürlich. Ich werde bei der Hochzeit einen Schlips tragen müssen, aber ich will das gar nicht. Wir heiraten in einem Club in Connecticut.«

»Nun ja, in der Gesellschaft muß man sich eben auf bestimmte Weise kleiden, vor allem auf Hochzeiten«, sagte ich.

»Die Gesellschaft schert mich nicht. Aber ich weiß, in Amerika schert man sich drum. Sie sind wie Henry. Einmal hat er meine Beine mit einem Lineal vermessen. Und dann ist er losgegangen und hat im Gebrauchtladen eine graue Flanellhose gekauft. Er wollte mich zu einer Party mitnehmen, aber nur, wenn ich die Hose anzog. Ich hab gesagt: ›Henry, ich gehe mit, aber diese Hose zieh ich nicht an.‹ Er hat mich nicht mitgenommen.«

Das Telefon klingelte. Es war Gershon, der Bellman sprechen wollte. Ich reichte ihm das Telefon. Sie sprachen kurz miteinander und legten dann auf. »Ich geh jetzt, Gershon macht Essen«, sagte er. »Ich freue mich, Sie kennenzulernen. Gershon hat gesagt, Sie sind ein netter Mensch.«

»Danke«, sagte ich. Gershon hatte mich nicht zum Essen eingeladen, aber ich freute mich trotzdem, daß er fand, ich sei ein netter Mensch.

Ich gab Otto zum Abschied an der Tür die Hand. Ich schaffte es, die seine kräftig zu drücken, zum Ausgleich für die verpatzte Begrüßung, und während wir einander noch bei den Händen hatten, sagte ich halb im Scherz: »Sie haben das Stück nicht mitgehen lassen, oder?«

Er ließ meine Hand los, und seine grünen Augen verdüsterten sich. »Er hat Sie von meiner Schuld überzeugt«, sagte er. »Hören Sie nicht auf ihn. Er baut ab. Er hat mir das Stück eines Abends vorgelesen, als ich versuchte zu schlafen. Ich wurde davon wach, es war richtig gut. Ich sagte: ›Henry, geh damit zu den Theatern, du kannst viel Geld damit machen.‹ Und dann hat er das Stück verloren und mir die Schuld gegeben. Ich denk, er könnte es mit den Zeitungen weggeschmissen haben. Ständig redet er von dem Stück und der Telefonrechnung.«

Ich sagte nichts, und er kniff konsterniert die Lippen zusammen; ich glaube, er hatte gehofft, wir könnten Freunde werden. Er ließ mich stehen und ging durch den Flur davon. Ich schloß die Tür. Ich glaubte ihm halbwegs, was *Henry und Mary kommen immer zu spät* anging, aber genau wie Henry zog ich es unwillkürlich vor zu glauben, Bellman habe das Stück gestohlen. Auf diese Weise gab es immer noch Hoffnung, daß es wiederzubeschaffen war.

Ich goß mir ein Glas Rotwein ein, und Bellman hatte mich auf eine Idee gebracht: Ich setzte mich auf Henrys Thronstuhl, was ich noch nie getan hatte. Das gefiel mir. Ich trank drei Gläser Wein. Ich wurde ein bißchen betrunken. Ich versuchte, ein Gesicht zu schneiden wie Henry. Abwesend. Arrogant. Ich schlug meine Beine so übereinander, wie er das machte. Ich nippte an meinem Wein wie ein König. Ich bewunderte meine Schale voller Juwelen. Ich tat so, als sei jemand wie ich in meinem Zimmer, und ich rief zu dieser Person hinüber: »Die Dinge scheinen in einem befremdlichen Mißverhältnis zu stehen, womöglich wegen der Erbsünde ... Da wären wir also. Wo sind wir?«

Dann legte ich die Ethel-Merman-Platte mit den Cole-Porter-Songs auf. Ich tanzte enthusiastisch. Ich flitzte quer über den orangenen Teppich. Ich streckte die Zehenspitzen und zog sie wieder an. Ich hüpfte. Ich warf mich zu Boden und sprang wieder auf. Ich wirbelte. Ich tanzte wie Astaire, wie Henry. Ich kreiselte mich schwindelig. Ich hörte auf.

Ich sah mich im Spiegel an, und mein Gesicht war gerötet, und ich fand, ich war gutaussehend.

Büstenhalter zum zweiten

Der Tanz bewirkte irgendwas in mir, und ich hatte drei gute Wochen. Ich hielt mich dem Sally's fern, ich besuchte meine Großtante, ich arbeitete schwer, und ich las das komplette zweite Buch von Don Quijote. Aber dann hatte ich weiteren BH-Ärger.

Mary hatte es nicht beabsichtigt, natürlich nicht, aber sie bewirkte bei mir die Initialzündung. Seit dem Barbizon-und-Sherry-Vorfall hatte ich sie entweder gemieden oder mich in ihrer Gegenwart gedemütigt gefühlt, aber ich war weitergeprescht und hatte überlebt. Dann eines Tages ging ich einen Brief an eine meiner Damen in einem Naturschutzzentrum in New Mexico fotokopieren, und es war ungefähr eine Stunde nach unserer Mittagspause. Mary saß auf ihrer Schreibtischkante und hielt einen Büstenhalter hoch, um ihn der anderen jungen Frau im Büro zu zeigen, Paula, die ich ebenfalls attraktiv fand, aber nicht auf diese schmerzhafte Schlag-in-die-Magengegend-Weise, wie das bei Mary der Fall war. Zu Marys Füßen stand eine Einkaufstasche mit dem Aufdruck The Limited, das war ein Frauenbekleidungsgeschäft an der Ecke Madison und Vierundsechzigste Straße, nur ein paar Blocks von unserem Büro entfernt. Sie mußte da in der Mittagspause hingegangen sein. Und sie hielt Paula diesen zarten, herrlichen, schwarzen BH hin, und Paula befingerte prüfend das Material.

»Der ist aber schön«, sagte Paula gerade in dem Moment, als ich mich näherte, und die beiden Frauen sahen mich an und lächelten auf ertappte, aber doch auch dominante Weise. Ich war ein kleiner Schildknappe, der eine Prinzessin und ihre Kammerzofe belästigt, während sie über Sex sprechen. Anschließend pöbelt die vulgäre Kammerzofe den Schildknappen an, da sie ja beide derselben Schicht angehören.

»Was hältst du davon, Louis?« fragte Paula im Scherz. Sie war eine kräftige vollbusige Brünette, die zu Mittag gern einen guten Hamburger verdrückte. Ihre Prinzessin, die auch meine Prinzessin war, Mary, trug schwarze Strümpfe, eine weiße Seidenbluse und einen schwarzen Wollrock. Sie lächelte mich an – sie hatte schöne Zähne –, aber sie war auch ein bißchen verlegen. Sie wußte, es war nicht ganz fair, mich einen BH sehen zu lassen, den sie tragen würde, nachdem sie mein Angebot ausgeschlagen hatte, mich auf ein Glas Sherry ins Barbizon Hotel zu begleiten.

»Ich hab ganz genau so einen«, gab ich Paula zur Antwort. Es war ein witziger Gedankenblitz, einer aufrichtigen Sehnsucht haarscharf benachbart, und die Mädchen lachten anerkennend über den entmannten Schildknappen.

Ich wandte meine Aufmerksamkeit dem Kopierer zu, um dort meinen Pflichten nachzukommen, und ich verspürte einen Ausbruch wilder sexueller Leidenschaft. Ich hätte die zwei, drei Schritte zu ihnen rüberspringen, sie mir beide unter den Arm klemmen und sie gleichzeitig nehmen können. Nicht so, daß sie mich dafür gehaßt hätten, sondern so, daß sie das als Hommage an alle maskulinen und femininen Dinge schlechthin hätten auffassen müssen. Unfähig natürlich, derlei wirklich zu tun, hielt ich mit alldem an mich und hieb mit aller Gewalt auf den Paarungsknopf, um meinen Brief zu kopieren.

Die Korrespondenz in den Pfoten, verzog ich mich wie ein Monster des Verlangens zurück in meine Kabine. Ich stellte mir Marys zarte, kleine Brüste vor, wie sie von jenem schwarzen Büstenhalter umfaßt wurden. Ich sah meine Hand sich danach ausstrecken; ich sah das Ebenmaß ihres Schlüsselbeins, ihren Hals, ihr Haar, der Geruch ihres Haars ...

Dieser Vorfall mit dem Büstenhalter war schlimmer als der Vorfall mit der Laufmasche in ihrer Strumpfhose. Schon allein das Wort Büstenhalter oder seine Abkürzung BH reichte aus, um mich zu stimulieren, und wenn ich in Gedanken »Marys BH« sagte, war das absolut tödlich. Einmal hatte ich das Wort Büstenhalter im Wörterbuch nachgeschlagen und war sofort erregt geworden: »Kleidungsstück für Frauen, das unter der Oberbekleidung angelegt wird, um den Brüsten Halt zu geben.« Ich schlug den Begriff sogar noch in einem anderen Wörterbuch nach, bloß um mich von der leicht abweichend formulierten Definition erregen zu lassen.

Nachdem ich also Marys BH gesehen hatte, drohte ich mir ernsthaft damit, ich würde schließlich ins Barbizon auf die Toilette gehen und masturbieren, aber ich tat es nicht. Statt dessen blieb ich an meinem Schreibtisch sitzen und wartete den restlichen Nachmittag darauf, daß sie das Büro um vier Uhr verließ, wie sie es fast täglich tat, um sich einen Cappuccino oder ein Joghurteis zu holen. Und entsprechend der Regel verließ sie – wenn auch erst zehn Minuten nach vier (zehn Minuten, während derer ich dachte, ich sei gerettet und gleichzeitig beraubt) – das *Terra*-Büro, um sich eine ihrer sahnigen Köstlichkeiten zu besorgen.

Ich ging mit einem Brief zum Kopierer hinüber, warf einen schnellen Blick in die Einkaufstasche, sah mich um, und mir fiel der Rabbi meiner Kindheit ein. Er hatte einmal gesagt, ein guter Mann sei ein Mann, der es nie nötig habe, sich umzuschauen. Ich verjagte den Rabbi aus meinen Gedanken, und ich sah, daß ich unbeobachtet war, und ich bückte mich und fuhr mit der Hand in die Tasche und durch die Verpackungsseide hindurch, nur um den BH zu berühren.

Es waren ein paar Schachteln mit Strumpfhosen im Weg, aber schließlich fand ich den BH, und ich berührte ihn. Er war einigermaßen kratzig, zu kratzig für Marys Haut, fand ich. Dann fing ich an, den BH zu einer Kugel zusammenzudrücken. Es war mir unmöglich, ihn loszulassen, wie bei Lennie in *Von Mäusen und Menschen*, der eine Maus zerquetscht und eine Frau zerquetscht, und ich war meinerseits von irgend etwas gepackt, ich wollte den BH haben, und also nahm ich ihn und schob ihn mir in die Tasche meines Sportsakkos. Ich huschte zu meinem Schreibtisch zurück. Die Ausbeulung in meiner Tasche war deutlich sichtbar, aber niemand sah sie, keine Unterstufenleiter wie Mrs. Marsh an der Pretty Brook tauchten plötzlich auf und erwischten mich.

An meinem Schreibtisch steckte ich meine Hand in die Tasche und befühlte Marys BH. Obwohl er ein bißchen rauh war, war er doch auch zart und sexy. Am Rand war er mit schwarzer Spitze besetzt. Wenn ich ihn berührte, war das, als berührte ich Mary.

Warum hatte sie sich so einen sexy BH gekauft? Ich mochte mir nicht vorstellen, daß sie ihn für einen Mann trug, einen Mann damit aufreizte. Ich wollte mir lieber vorstellen, daß sie zu vollkommen war für irgendwelche Männer und keinen einzigen von uns brauchte, daß sie glücklich war, allein zu sein.

Ich zog meinen gefütterten Regenmantel an und setzte meine Wollkappe auf, und ich ging zu George, der über mich das Sagen hatte. Bei *Terra* lief alles ziemlich locker, ich erledigte meine Arbeit bestens, und darum machte ich mich schon aufbruchbereit, bevor ich zu meinem wohlbehaarten neuenglischen Vorgesetzten ging, der gewissenhaft in seine Kopie eines Artikels über die mißlichen Existenzbedingungen des nordamerikanischen Wolfs vertieft war. Ich sagte ihm, ich fühle mich nicht wohl und wolle etwas früher nach Hause. Er nickte abwesend und gab seine Einwilligung.

Ich sagte mir im stillen: »Geh rüber zum Kopierer und wirf das Ding in die Tasche zurück, tu es nicht«, und obwohl ich gerade die Erlaubnis bekommen hatte zu gehen, machte ich mich auf den Weg zu Marys Schreibtisch, aber Paula war da und kopierte etwas. Ich begriff das als Zeichen dafür, daß ich den Büstenhalter wirklich hatte stehlen sollen, aber innerlich schrie ich mich an: »Warte doch, sie ist gleich fertig«, aber dann kehrte Mary zurück, ihren nachmittäglichen Cappuccino in Händen. Jetzt gab es keinerlei Möglichkeit mehr, den BH zurückzutun.

Ich ging an Mary vorbei, um das Büro zu verlassen, und ich war mir sicher, daß sie mit Röntgenaugen meine beiden Mantelschichten durchdringen und ihren neugekauften Büstenhalter sehen könne. Ich eilte zur U-Bahn.

Ich wartete an der Achtundsechzigsten Straße auf meine Bahn der Linie 6, und meine Gedanken gerieten in Panik. Ich war mir sicher, man würde mich beschuldigen. Paula hatte definitiv eine größere BH-Größe, darum würde Mary nicht glauben, sie könne ihn genommen haben, und hatte noch jemand den BH gesehen außer mir? Wahrscheinlich nicht. Und ich hatte Mary damals auf den Drink eingeladen. Sie würde glauben, ich hätte den BH aus verquerer Rache gestohlen. Aber das war nicht der Fall. Ich hätte ihn auch gestohlen, wenn ich sie nie zu etwas eingeladen hätte.

Mir fiel nur eine einzige Möglichkeit ein, wie ich damit durchkommen könnte: Wenn nämlich Mary den Verlust des BHs nicht bemerkte, bis sie zu Hause war, denn dann würde sie vielleicht glauben, er sei ihr in der U-Bahn aus ihrer Einkaufstasche gestohlen worden.

Als ich im Apartment war, rieb ich den Büstenhalter überall über mein Gesicht, fühlte das dünne, fast durchsichtige Gewebe der Körbchen und warf mich dann aufs Bett und drückte mir den BH an die Brust. Mary hatte ihn wahrscheinlich in der Umkleidekabine anprobiert, und ich roch dran, um eine Spur von ihr zu erschnüffeln, aber es hing kein Geruch drin. Ich dachte, es würde wohl wenigstens so etwas wie den Geruch eines neuen BHs geben, so wie es einen Geruch nach neuem Auto gab, aber er roch nach gar nichts, nach Leere.

Dieses Fehlen allen Geruchs war enttäuschend, aber ich hatte den BH nun einmal, also mußte ich auch soviel an verquerem Vergnügen herausquetschen, wie ich nur konnte. Ich wollte ihn mir überstreifen, aber da ich verrückt genug gewesen war, ihn zu stehlen, entschied ich, jetzt wollte ich mich auch komplett umwandeln lassen. In meinem Stapel Zeitungen, die zur Wiederverwertung sollten, fand ich eine *New York Press*. Ich entdeckte Ms. Harts Rezessionsversohlerin-Anzeige, und ich mußte lächeln, als ich an sie dachte, meine Kollegin in Sachen Dachschaden, aber ich überging ihre Nummer, und ich rief den Cross-Dressing-Service in Bay Ridge, Brooklyn, an.

Ich sprach mit der Frau, mit der ich schon vor Monaten gesprochen hatte, und sie sagte, um sieben Uhr an diesem Abend habe sie noch etwas frei, in zwei Stunden.

»Ich hab einen eigenen Büstenhalter, den ich gerne anziehen würde«, sagte ich. »Ist das in Ordnung?«

»Viele von meinen Kunden bringen sich eigene Kleider mit. Haben Sie sonst noch etwas? Höschen, ein Kleid?«

»Nein.«

»Welche Schuhgröße haben Sie?«

»Elf.«

»Welche Damenschuhgröße?«

»Weiß nicht.«

»Wirklich nicht? Solche Sachen sollten Sie wissen … Sie haben große Füße. Elf. Ich habe hier zwei Paare, die Ihnen wahrscheinlich passen werden.«

Sie beschrieb mir den Weg nach Bay Ridge und sagte mir, ihr Name sei Sandra, und ich sagte ihr, ich hieße David. Der Preis betrug immer noch fünfundachtzig Dollar, und am Ende unseres Gesprächs sagte sie: »Ihnen ist klar, daß wir keinen Sex bieten, ja? Anderswo wird man Ihnen Erleichterung zu verschaffen wissen. Aber bei uns nicht. Sie werden es aufschieben müssen, bis Sie wieder zu Hause sind. Ich biete lediglich Crossdressing. Keine Erleichterung.«

»Ich verstehe«, sagte ich.

Im tiefsten Bay Ridge

Während ich nach Bay Ridge fuhr, schwankte ich zwischen alberner Glückseligkeit und Selbstanklagen. Meine Glückseligkeit war eine Kamikaze-Glückseligkeit. Ich war absolut zu weit gegangen, und nun konnte ich es, wie Napoleon schon sagte, auch ebensogut genießen. Aber in den Augenblicken, wo ich mich dem nicht überlassen konnte, kam es mir vor, als bewege ich mich in Richtung Geisteskrankheit und würde nicht mehr in der Lage sein, jemals zurückzukehren. Ich hatte gewaltige Probleme, Zwangsvorstellungen, die ich nicht unter Kontrolle hatte, und ich fuhr nach Bay Ridge, um mich wie eine Frau anziehen zu lassen, und das konnte mich nur noch weiter von der Welt isolieren, mich in noch mehr Geheimnistuerei und Erniedrigung hüllen. Und trotzdem wollte ich es. Es gab nichts, wofür ich meinen Wagen gewendet hätte. Und ich konnte meinen Wagen auch nicht wenden. Ich war dazu verdammt, das jetzt zu Ende zu bringen.

Ich fuhr auf dem FDR Drive zur Brooklyn Bridge, von da zum Brooklyn-Queens Expressway, von da zum Gowanus Expressway, von da zur Sechsundachtzigsten Straße in Bay Ridge. Ich hatte es weit gebracht seit meinen ersten Tagen in New York. Ich konnte hinfahren, wo immer ich wollte. Ich war nicht mehr so ein Hasenfuß.

Bay Ridge war eine kleine Stadt für sich. Die Menschen mußten sie für nichts verlassen. Jede nur vorstellbare Art von

Geschäft war vorhanden. Es war Teil der Großstadt New York, aber ich hatte eine Stunde gebraucht, um von der Upper East Side von Manhattan herzufahren.

Sandra wohnte auf der 101sten Straße, einer Querstraße der Fourth Avenue. Die Straßen sahen sauber aus und wurden von Häusern oder Backsteinbauten mit Apartments gesäumt, und über die Dächer hinweg sah ich – so riesig war sie – die bogenförmigen, erleuchteten Spitzen der Verrazano Narrows Bridge. Sie dominierte den abendlichen Horizont wie ein Berg.

Ich parkte am Ende der Fourth Avenue, das gleichzeitig das Ende von Brooklyn zu sein schien. Vor mir war noch ein Highway – auf dem Schild stand Belt Parkway – und dann gleich der Atlantik.

Es war kalt so dicht am Wasser, es wehte ein eisiger Wind, und ich ging die 101ste Straße raschen Schrittes auf der linken Seite runter und überprüfte die Hausnummern auf der Suche nach Sandras Gebäude. Ich sah, daß am Ende der Straße ein Checkpoint Charlie war mit einem Schild, auf dem Fort Hamilton stand. Im Wachhäuschen war ein Soldat. Es war eine noch in Funktion befindliche Militärbasis. Und auf der Straßenseite gegenüber war ein kleiner grasbewachsener Park mit einer riesigen bronzenen Kanone, die auf den Ozean gerichtet war. Sie mußte zur alten, ursprünglichen Basis gehört haben.

Die Verteidigungsstrategie New Yorks wurde mir jetzt klar. Fort Schuyler sicherte den Norden ab, und Fort Hamilton sicherte den Süden. Auf meinen Streifzügen durch die Bezirke wurde ich regelrecht zum Militärexperten.

Obwohl es kalt und dunkel war, beschloß ich, in den Park zu gehen und mir einmal wirklich anzusehen, wie der Ausblick vom letzten Zipfel Brooklyns war, und auf diese Weise Nutzen daraus zu ziehen, daß ich so weit herausgefahren war. Ich ging an der riesigen Kanone vorbei, und an der gegenüberliegenden Kante der Rasenfläche stand ich auf einer Art Klippe. Unter mir war der Highway und dahinter der Ozean, der im Mondlicht glitzerte. Zu meiner Rechten spannte sich die Brücke hoch über dem Wasser und verband Brooklyn mit Staten Island. Die Brücke war ein pompöses Schauspiel für sich; sie sah aus, als sei sie mindestens eine Meile lang, und schien auf immer unzerstörbar zu sein.

Es war alles sehr schön, und Staten Island auf der anderen Seite des Wassers war wie ein riesiger schwarzer Schatten. Die Insel sah urweltlich und unberührt aus. Und weiter im Süden befand sich ein weiterer langer Schatten mit einigen blinkenden Lichtern, die Küste von Jersey. Und im Osten war nichts als Meer und ein schwarzer Horizont, der sich im Mond- und Sternenlicht abzeichnete, und ich dachte an altmodische Dampferpassagen nach Frankreich.

Ich fror, aber der Ausblick schlug mich in seinen Bann. Ich hatte der Welt den Rücken zugekehrt, und ich stand über der Küste Brooklyns. Dann frischte die Brise vom Wasser her noch kälter und grausamer auf, und ich steckte die Hände in die Taschen, um mich zu wärmen, und ich fühlte Marys BH. Ich wurde aus meinen touristischen Anwandlungen rausgerissen. Fast hatte ich schon vergessen, warum ich Bay Ridge einen Besuch abstattete: Ich wollte einen geklauten BH anhaben und mir schön vorkommen. Was für ein seltsames, armseliges Verlangen war das doch angesichts dieser ganzen Natur hier und des allerletzten Landzipfels und der Armeestützpunkte und Kanonen und Brücken.

Aber trotzdem wollte ich es. Ich sah auf die Uhr, und es war kurz nach sieben. Ich ging rasch durch den Park zurück und fand Sandras Haus. Es war ein Backsteingebäude ohne Aufzug, und sie drückte auf den Türsummer, und ich stieg fünf Treppen hoch. Meine Beine waren gut in Form, aber die Oberschenkelmuskeln wurden mir weich vor Nervosität. Ich wünschte mir, ich hätte vor dem Aufbruch noch eine Banane gegessen, um Energie zu tanken. Ich klopfte an ihre Tür, wobei ich mir der anderen Türen auf ihrem Flur, ihrer Nachbarn, sehr bewußt war. Wußten diese Nachbarn, zu welchem Zweck hier Männer auftauchten? Wahrscheinlich dachten sie, sie sei Prostituierte. Würde die Wahrheit besser sein?

Die Tür wurde ein Stück weit geöffnet; die Kette war noch vorgelegt. Zwei grüne Augen sahen mich an. Sie waren mit schwarzem Eyeliner umrahmt. Es war, als schaute ich einen

Waschbären an. Tatsächlich war auch eine sommersprossige Nase darunter.

»David?«

»Ja«, sagte ich. Es war immer irgendwie befremdend, auf meinen falschen Name zu reagieren, aber das half mir, zu der ganzen Situation ein bißchen auf Distanz zu gehen. Ließ mich mehr zum Schauspieler werden, weniger verantwortlich. Sandras Augen überflogen mich mit prüfendem Blick, und da sie mit meinem adretten, gentlemanhaften Äußeren zufrieden schien, entriegelte sie die Kette und ließ mich ein.

Sofort schlug mir der ekelerregende Gestank von Katzenurin entgegen. Er legte sich mir aufs Gesicht wie ein fauliges Tuch.

»Ich hoffe, du hast nichts gegen Katzen«, sagte sie.

»Nein, gar nichts.«

Wir standen in einer Küche, und sie führte mich in ihr Wohnzimmer. Es war ein häßlicher, schroffer Raum mit zerschlagenen Möbeln. Es war kein gutes Zimmer für Cross-dressing. Mehrere Katzen lagen wie Haremsdamen auf einer abgenutzten, durchgesessenen Couch. »Wie viele hast du davon?« fragte ich. Ich fragte mich, ob es nicht gefährlich für sie war, ständig so viel Katzenurin einzuatmen.

»Acht«, sagte sie. »Ich kann einfach nicht nein sagen, wenn ich eine herrenlos rumlaufen sehe.«

»Das ist ein sehr freundlicher Zug von dir«, sagte ich.

»Das fällt mir leicht«, sagte sie. »Ich bin ein Katzenmensch.«

Wir lächelten einander schüchtern an. Sie war eine Professionelle, und ich war außer Kontrolle geraten und zum Crossdressing hergekommen, aber wir waren beide ein bißchen verschämt, was wir mit dem Katzengerede zu überspielen suchten, als wären wir ganz normale Leute.

Sie führte mich durch das Wohnzimmer zu zwei Glastüren mit Spitzenvorhängen. Aha, das Boudoir der Femininität, dachte ich hoffnungsvoll.

Sie machte die Glastüren auf, und das Umkleidezimmer war nicht im mindesten feminin. Es war ein kahler Raum mit einer langen Spiegelwand, einer Wand mit einem großen Bücherregal und einer Wand mit Heavy-Metal-Postern. Sie schloß die Glastüren und scheuchte eine Katze weg.

»Hier laß ich sie nicht rein«, sagte sie. Und der Gestank war im Umkleidezimmer weniger faulig, aber ich atmete trotzdem durch den Mund.

»Du kannst deinen Mantel da hinhängen«, sagte sie und zeigte auf einen Garderobenständer in der Ecke. Gleich daneben war ein großer Glaskasten mit einer blaßgrünen Echse darin. Sie war ungefähr sechzig Zentimeter lang und hatte einen Ast, auf den sie klettern konnte. Ich hängte meinen Mantel auf und warf einen Blick auf das Echsenheim. Es standen unberührte Schalen mit Apfelstücken und rohem Hamburgerfleisch darin. Die Echse war erstaunlich starr, tat so, als tarne sie sich irgendwo mitten in der Wüste, falls ich sie jagen wollte. Ich fragte Sandra: »Was für eine Art von Echse ist das?«

»Ein Iguana.«

»Müssen die wirklich Obst und Fleisch zu fressen kriegen?« fragte ich. Es war ziemlich unverschämt von mir zu unterstellen, sie würde vielleicht nicht wissen, was sie tat, aber ich konnte mir einfach nicht vorstellen, daß ein Wüstentier sich so ernährte.

Aber sie fühlte sich nicht gekränkt durch meine Frage. »O ja, auf so was sind die ganz scharf. Ich hab noch einen zweiten im Schlafzimmer. Ich hätte gern noch einen, aber um diese Jahreszeit ist es zu kalt. Sie sterben, wenn man mit ihnen aus der Zoohandlung geht ... Setz dich – ich möchte dein Äußeres in Augenschein nehmen.«

Mitten im Raum stand ein schlichter Holzstuhl. Ich setzte mich hin, und sie taxierte mich einen Moment lang wie ein Porträtmaler, und dann sagte sie: »Ich vergeß das immer, wir sollten das Finanzielle schon mal regeln.« Ich holte meine Brieftasche raus und bezahlte sie. Dann nahm sie mich in Augenschein, und ich nahm sie in Augenschein. Sie war klein, ungefähr einsfünfundfünfzig. Sie trug schwarze Armeestiefel, einen orangenen Minirock und einen schwarzen Rolli. Ihre Kleider waren mit Katzenhaaren übersät. Aber unter den Kleidern und Katzenhaaren hatte sie eine attraktive, kompakte Figur. Kleine

Brüste, kräftige Beine. Sie schien Mitte dreißig zu sein; ihre Haut war sonnenverbrannt und sommersprossig. Ihr Haar war blondgetönt, und die Wurzeln waren dunkel. Ich fand sie ganz süß.

»Ist es das erste Mal, daß du dich umziehst?«

»Ich hab's als Teenager schon mal probiert, aber ich sah häßlich aus«, sagte ich.

»Heute wirst du nicht häßlich aussehen. Du bist schlank, das erleichtert die Sache. Einige von meinen Kunden sind ziemlich kräftig gebaut, und bei denen ist es schwer, es realistisch aussehen zu lassen, aber die sind alle ganz glücklich mit dem, was dabei rauskommt. Also bloß keine Bange, du wirst gut aussehen.«

Sie ging um mich herum, das Geld noch in den Händen, und sie studierte mein Äußeres aus allen Blickwinkeln.

Vor mir befand sich der Spiegel, und darin spiegelte sich das Bücherregal. Auf dem oberen Brett waren ungefähr zwanzig Frauenköpfe aus Styropor mit Perücken in allen Farben. Sie sahen aus wie zwanzig Enthauptete.

Sie schob das Geld zwischen zwei Bücher im Regal und sagte: »Laß uns erst mal eine Perücke aussuchen. Wahrscheinlich willst du blond sein. Das will jeder. Aber wenn ich mir deine Haut so ansehe, finde ich, rotes Haar würde dir gut stehen.«

»Blond wäre gut«, sagte ich. Mary war blond. Ich könnte zu Mary werden und mit mir selbst ausgehen.

»Ich finde, rotes Haar wäre besser«, sagte sie.

»Mir gefällt die Vorstellung, blond zu sein«, sagte ich. Ich wollte meine Rechte als zahlender Kunde klarstellen.

»Okay«, sagte sie ohne viel Begeisterung, und sie zeigte auf zwei der blonden Perücken, zwischen denen ich wählen sollte. Ich suchte mir eine lockige Dyan-Cannon-Perücke aus, und ich langte ihr den Styroporkopf herunter, weil Sandra zu klein war, um ranzukommen.

Mir fiel auf, daß auf den Regalbrettern vor den ganzen Büchern, die sämtlich Science-Fiction-Bände waren, daß da Dutzende und Aberdutzende von *Star-Wars*-Figürchen aufgereiht standen. Sandra begeisterte sich für all das, wofür die männlichen Teenager in den Vorstädten schwärmten: Heavy-Metal-Bands, Echsen, Science Fiction und *Star Wars*. Und diese ganzen pickelgesichtigen Schwärmereien stärkten nicht gerade mein Vertrauen, daß sie besonders gut darin wäre, mich in einen femininen Typ zu verwandeln und als Frau anzuziehen.

Ich gab ihr die Dyan-Cannon-Perücke, und ich setzte mich wieder hin. Sie setzte sie mir auf den Kopf, und es sah furchtbar aus. Mit dem falschen blonden Haar sah ich total verhärmt aus.

»Ich glaub wirklich, rot wär besser«, sagte sie. Vielleicht verstand sie sich doch auf ihr Geschäft.

Wir setzten eine rote Perücke auf, und sie kämmte sie aus. Es war besser. Sie erklärte mir, die Perücke sei der erste Schritt und anhand der Perücke könne sie dann auch Kleidung und Make-up bestimmen. Sie sagte mir, ich solle mich ausziehen, und ich legte alles außer der Unterhose ab.

Sie durchwühlte die Schubladen ihrer billig furnierten Frisierkommode auf der Suche nach einem Höschen für mich. Sie überließ mir die Auswahl zwischen einem schwarzen Bikinislip und einem Teil mit breiterer Basis. Ich nahm den Bikinislip. Ich drehte Sandra den Rücken zu, aber ich warf einen raschen Blick über die Schulter, und ich war mir sicher, daß ich sie nach mir schielen sah.

Das Höschen fühlte sich an, als sei es hundertmal gewaschen worden, und ich war ein bißchen enttäuscht. Sowohl sie als auch Miss Hart hatten nur abgenutzte Höschen, und ich wollte erstklassiges Material haben, aber trotzdem verschaffte mir das Bikiniteil eine Erektion. Sandra tat, als würde sie das gar nicht bemerken. Sie war wahrscheinlich schon abgestumpft gegen Männer, die in Damenhöschen eine Erektion bekamen.

»Du sagtest, du bringst selber einen BH mit. Hast du ihn dabei?« fragte sie.

Ich holte Marys BH aus meiner Manteltasche, und Sandra sagte: »Ich glaube nicht, daß der dir passen wird.«

»Er muß passen«, sagte ich. Ich steckte die Arme durch die Träger, und Sandra stellte sich hinter mich, aber wir kriegten ihn nicht zu. Er war Größe vierunddreißig, und Sandra sagte mir, ich brauche Größe achtunddreißig. Ich hatte meine Stelle für einen BH aufs Spiel gesetzt, der mir zwei Nummern zu klein war! Meine Dummheit, meine Dämlichkeit war einfach unglaublich. Ich spürte, wie mir unter der Perücke heiß wurde. Ich war ein Dummkopf. Mein einziger Trost war, daß ich genau das bekam, was ich verdiente.

»Du solltest deine Größe wissen, bevor du losgehst und dir was kaufst«, sagte Sandra. »Das hier ist ein teurer BH.«

Meine Schuldgefühle gegenüber Mary flammten wieder auf. Ich fragte mich, wieviel er wohl gekostet hatte. Ich hatte keine Ahnung von BH-Preisen. Ich hätte Sandra gern gefragt, was sie mit teuer meinte, aber dann hätte ich zugeben müssen, daß ich den BH gestohlen hatte.

»Wenn du magst«, sagte Sandra, »kann ich mal mit dir einkaufen gehen. Das ist ein Service, den ich meinen Kunden biete. Du kannst als Frau mitkommen. Nach dem Einkaufsbummel können wir dann noch ins Kino oder in eine Bar. Dann erlebst du wirklich voll und ganz, wie das als Frau so ist. Toll ist das.«

Ich hatte gedacht, dies würde meine einzige Erfahrung mit Cross-dressing bleiben. Ich würde die Frau, die in mir steckte, ein für alle Mal zu sehen kriegen, und dann würde ich sie wieder in mich reinstecken und keine Probleme mehr haben. Darum gefiel es mir nicht, daß Sandra andeutete, ich würde dem Cross-dressing nur noch mehr verfallen, aber wie hätte ich ihr widersprechen sollen? Ich war schließlich eigens den ganzen weiten Weg hier rausgefahren, oder etwa nicht?

Sie legte Marys BH auf die Frisierkommode und wühlte in den Schubladen herum, um einen anderen zu finden. Sie wählte einen großen schwarzen, der zu meinem schwarzen Höschen paßte. Ich setzte mich wieder hin, und sie zog ihn mir an. Es fühlte sich gut an. BHs mag ich immer. Dann steckte sie mir zwei tropfenförmige Brustprothesen aus Gummi in die Körbchen. Sie waren hautfarben und sehr schwer und von der gleichen Art wie die Prothese, die meine Großtante anstelle ihrer fehlenden Brust trug. Dann mußte ich an sie denken, wie sie da allein in Queens saß, und neue Schuldgefühle durchfuhren mich. Es würde sie krankmachen, wenn sie erführe, wofür ich fünfundachtzig Dollar ausgab.

Nach den Brustprothesen gab Sandra mir eine enge schwarze Strumpfhose. Sie zeigte mir, wie man die anzog – ich mußte jedes Strumpfbein ein bißchen einrollen und dann meine Zehen hineinstecken und den Stoff langsam entrollen. Die Strumpfbeine waren wie Kondome. Dann zog ich das ganze Ding über mein Bikinihöschen hoch, und sie fragte mich, ob ich ein Korsett haben wolle.

»Nein, ich glaube nicht«, sagte ich.

»Ich frage bloß, weil viele Kunden das wollen. Sie wollen sich eingezwängt fühlen. Aber du brauchst auch kein Korsett, du hast eine prima Figur.«

Nachdem die Frage der Unterwäsche jetzt erledigt war, öffnete sie einen Kleiderschrank und zeigte mir eine Reihe häßlicher Kleider, und jedesmal, wenn ich eins aussuchte, war sie dagegen. Sie empfahl mir einen schwarzen, von Katzenhaaren strotzenden Minirock und ein am Hals ziemlich hochgeschlossenes orangenes Top, um mein Brusthaar zu bedecken, das an der kleinen Mulde ganz unten an meinem Hals hervorlugte. Als ich schließlich vollständig angekleidet war, wurde mir klar, daß sie mich bewußt oder unbewußt nach ihrem eigenen Bild geformt hatte, nur daß dieses Bild auf dem Kopf stand. Sie trug einen orangefarbenen Minirock und ein schwarzes Top. Wir waren beide in Halloweenfarben gekleidet.

Sie hatte ein Paar Schuhe, das mir paßte, und sie ließ mich im Zimmer herumgehen, damit ich ein Gefühl dafür kriegte. Sie dachte, es würde mir gefallen. Ich stolperte unbeholfen herum und fand es staksig statt sexy.

»Wie sitzen sie?« fragte Sandra.

»An den Zehen ziemlich eng.«

»Das ist bei Frauen immer so«, sagte Sandra schnippisch, und ich setzte mich wieder hin. Ihr wollte mein Gejammer nicht schmecken; sie merkte zusehends, daß mir die ganze Prozedur nicht gefiel. Ich fühlte mich schuldig.

»Wenn du nicht richtig in Schwung kommst«, sagte sie, »dann ist es auch für mich schwer, in Schwung zu kommen.

Dann hab ich nämlich auch meinen Spaß dabei: wenn ich dafür sorgen kann, daß sich jemand gut fühlt.«

»Ich fühl mich gut«, log ich. »Du machst deine Arbeit prima.«

»Ich fang jetzt mit dem Schminken an. Du kannst keinen richtigen Eindruck davon haben, wie du aussiehst, bevor das Make-up drauf ist. Das ist das Wichtigste überhaupt.«

Sie dachte, ich wäre unglücklich, weil ich noch nicht gut aussah, aber das war nicht der Grund. Ich war unglücklich, weil mein Benehmen krankhaft war und das Umkleiden so mühselig.

Sie bugsierte einen riesigen Angelkoffer aus dem Kleiderschrank und öffnete ihn. Innen hatte er mehrere Lagen von Fächern, und darin waren keine Angelköder, sondern Kosmetika. Mitten in dem Angelkoffer lag eine Ken-Puppe, die als Frau angezogen war. Ken hatte eine brünette Perücke auf, und er trug einen gelben Rock und eine weiße Bluse mit Brustpolstern. Er hatte Barbie einen Teil ihrer Garderobe gestohlen. Aus irgendeinem Grund empfand ich das als beleidigend. Ken sah einfach lächerlich aus.

Sie nahm mir die Perücke ab, und ich mußte mir die hochgeschlossene Bluse ausziehen. Ich saß in Minirock, Strümpfen, Stöckelschuhen und dem schwarzen BH mit den beiden Gummigewichten da. Büstenhalter und Höschen fühlten sich gut an, aber das war's auch schon.

Sandra fuhr mit dem Finger in ein Döschen hautfarbener Schminke und fing an, sie mir auf Gesicht und Hals zu verschmieren. Ich war besorgt, weil die Dose schon angebrochen war. Ich dachte, das sei unhygienisch und ich könne von der Haut der anderen Männer Pickel oder Ausschlag oder einen Pilz kriegen.

Ich wußte, daß ich besser nichts sagen sollte, ich wollte ein guter Kunde sein, aber ich konnte mich nicht beherrschen. »Ist das okay, bei allen die gleiche Schminke zu benutzen?« fragte ich, überzeugt davon, daß es nicht okay war.

»Außer meinen Fingern kommt nichts an dich dran«, sagte sie, und ich merkte ihr an, daß sie genervt war. Sie war seltsame, aber schlichte Männer gewohnt, denen meine Art von Neurosen fremd war. Sie selber war genaugenommen auch eine seltsame, aber schlichte Frau.

Ich wollte ihr verzweifelt erklären, daß ihre Logik, was das Make-up betraf, einen Denkfehler hatte: Ihre Finger kamen mit den Kunden in Berührung, nahmen Krankheitskeime auf und wanderten dann mit diesen Keimen wieder ins Döschen zurück. Aber ich bat Sandra nicht, eine neue Dose mit Schminke aufzumachen; ich ließ es zu, daß sie mir die Keime geradewegs aufs Gesicht auftrug. Ich bin die Art Mensch, die es nicht leiden kann, wenn jemand ihre Gabel mitbenutzt oder von ihrem Dessert probiert, aber ich laß es immer zu, weil ich nicht pingelig erscheinen möchte.

Während das Make-up aufgetragen wurde, klingelte das Telefon. Sie nahm ab, und jemand sagte etwas zu ihr, und dann nannte sie ihre Adresse und ihren Tarif und bat den Anrufer, sich in zwei Stunden noch einmal zu melden. Sie kehrte zu mir zurück, und da klingelte das Telefon erneut. Ich fragte mich, ob das während unserer kompletten Sitzung so weitergehen würde.

Sie nahm ab, hörte ein Weilchen zu, und dann schien ihr kleiner Körper vor Zorn groß und größer zu werden, und ihr Gesicht wurde rot, und sie kreischte in den Hörer: »ICH HAB GERADE EINEN KUNDEN DA. RUF MICH VERDAMMT NOCH MAL NICHT AN, DU ARSCHLOCH!«

Sie knallte den Hörer auf und kehrte zu mir zurück und fing wieder an, mir dick Make-up aufzulegen. Ich war ganz verstört. Ich stellte mir vor, irgendein verquerer Kunde stellte ihr nach und rief ständig an, und womöglich war derjenige draußen vor dem Haus und würde mich vor rasender Eifersucht mit einem Messer angreifen, wenn ich rauskam. Blutüberströmt würde ich hilfesuchend zu dem Soldaten am Checkpoint Charlie kriechen müssen.

Ich war drauf und dran, Sandra zu fragen, ob sie oft solche Anrufe erhielt, aber bevor ich fragen konnte, sagte sie: »Tut mir leid, daß du das mit anhören mußtest. Aber meine Eltern leben auf Rente in Long Island und rufen mich andauernd an. Sie wollen ständig quatschen. Sie langweilen sich. Das eben war mein Vater.«

»Dein Vater?«

»Jau, er hat vorhin schon angerufen, genau bevor du kamst. Die lassen mich nicht in Frieden.«

»Wissen deine Eltern, was du machst?«

»Natürlich. Ich schäm mich doch nicht dafür.«

Sie fuhr fort, die hautfarbene Schminke aufzutragen – sie rieb es richtig ein und legte mehrere Schichten auf –, und dann klingelte das Telefon schon wieder. Wir wappneten uns beide. Sie stiefelte zum Apparat. »Hallo«, sagte sie professionell, für den Fall, daß es ein Kunde sein sollte, aber dann kreischte sie giftig: »ICH HAB DAD GERADE GESAGT, IHR SOLLT MICH NICHT ANRUFEN. WOLLT IHR WICHSER MICH WOHL MEINE ARBEIT MACHEN LASSEN. RUFT MICH HEUTE NICHT MEHR AN. ICH HAB VON EUCH VERDAMMT NOCH MAL DIE SCHNAUZE VOLL, VON EUCH BEIDEN!«

Sie knallte den Hörer auf. Ich konnte es nicht glauben. Es kam mir vor, als ob ich wirklich ein bemerkenswertes Leben führte. Mir passierten die erstaunlichsten Dinge. Die Frau, die mich als Geschlechtsgenossin herausputzt, hat Streit mit ihren Eltern und beschimpft sie in übelster Weise. Aber wenigstens waren es verständige Eltern, dachte ich; es störte sie nicht, womit sie ihren Lebensunterhalt verdiente.

Sie kochte innerlich, und ich schwieg höflich. Sie walkte mir noch mehr Schminke ins Gesicht. Dann fing sie an, an meiner Nase zu arbeiten, sie zu richten, wie Miss Pepper das einmal vorgeschlagen hatte, und die Konzentration, die ihre Kunst ihr abverlangte, beruhigte Sandra wieder etwas.

Ich fragte sie, wie sie zu diesem Gewerbe gekommen sei, und sie erzählte mir, sie sei professionelle Maskenbildnerin und habe beim Fernsehen und im Theater gearbeitet. Und mit dem Cross-dressing habe sie angefangen, als ein Schauspieler sich ihr anvertraut und sie gebeten habe, ihm zu helfen. Er hatte sie dann wiederum mit einigen seiner Freunde bekanntgemacht, und so war daraus ein Erwerbszweig geworden. Sie ging ihm in Teilzeit nach.

»Und machst du das gern?« fragte ich.

»Du meinst, ob mich das antörnt?«

Sie hatte eine schnelle Auffassungsgabe. »Ja«, sagte ich.

»Ich hab dir schon gesagt, es gefällt mir, wenn ich dazu beitragen kann, daß jemand sich gut fühlt, aber in sexueller Hinsicht bedeutet mir das nichts. Das ist das, wofür ich ausgebildet wurde. Ich seh mir gern das Endprodukt an.«

»Hast du auch mal Ärger mit deiner Kundschaft?« Obwohl es ihr Vater gewesen war, der angerufen hatte, mußte ich immer noch an rachsüchtige Verrückte denken.

»Am Anfang hatte ich ein paar Spinner, aber man lernt, die rauszufischen.«

Dann fing sie an, an meinen Augen zu arbeiten. Ich hab es noch nie gemocht, wenn etwas meinen Augen zu nahe kam, und ich hatte ziemliche Schwierigkeiten, während sie mir Eyeliner und Mascara und Lidschatten auftrug.

»Halt still«, wies sie mich immer wieder zurecht. Und es war während ihrer Arbeit an meinen Augen, daß ich trotz meiner Ängstlichkeit echt erregt wurde. Mein Steifer vom Höschen war lange vorher verschwunden, aber jetzt kehrte er zurück: Ihr Schenkel preßte sich an meinen, und sie sah mir so intensiv in die Augen, daß es wie der Blick einer Geliebten war. Dann stellte sie sich mir zwischen die Beine, um noch dichter an die Augen ranzukommen, und ihr Gesicht war meinem ganz nahe, und ich konnte ihren Atem schmecken. Er war wie Zucker. Ich wollte sie küssen. Und das kam mir ganz folgerichtig vor. So wie sie schaute einem nur jemand in die Augen, wenn er einen mochte.

Ich war drauf und dran, es zu tun, ich sammelte Mut, um mich einfach vorzubeugen und sie zu küssen, sie zu überraschen, sie glücklich zu machen, aber da wurde sie mit dem Mascara fertig und wich zurück. Ich wollte sie wieder dicht vor mir haben, ich wollte ihr Bein an meinem Bein spüren, aber ich hatte Angst, sie darum zu bitten. Kein Sex, hatte sie am Telefon gesagt.

Das Auftragen der ganzen Schminke nahm etwa vierzig Minuten in Anspruch, und der krönende Abschluß war eine ordentliche Dosis roter Lippenstift, den ich nach ihren Anweisungen selbst auftragen durfte. Dann half sie mir vorsichtig in meine orangene Bluse, und dann setzte sie mir meine Perücke wieder auf, bürstete noch ein bißchen drüber, um sie richtig hinzukriegen. Ich hatte es so gut es ging vermieden, mich selbst zu betrachten, aber jetzt forderte sie mich auf, aufzustehen und ihr Werk im Spiegel zu bewundern.

Ich schielte vorsichtig hinein, und fast sah ich aus wie eine große, sexy, rothaarige Frau. Meine Beine waren lang und an den Schenkeln wohlgeformt. Von der Seite sahen meine Brüste groß aus, was mich ein wenig erregte. Und das Make-up auf meinem Gesicht ließ mich sehr viel gesünder aussehen, als meine eigene Spätfebruar-Blässe. Und meine scharlachroten Lippen und meine vampmäßigen Waschbäraugen waren sehr verführerisch. Sie hatte mir die Augen so wie ihre gemacht.

Aber als ich mich genauer in Augenschein nahm und nicht mehr bloß hinschielte, sah ich aus wie ein Mann, der unbedingt Frauenkleider anhaben wollte, obwohl er ganz scheußlich darin aussah. Meine Schultern waren zu kräftig, meine Hüften zu schmal, mein Hintern zu klein und flach, mein Gesicht zu wächsern, meine Brustprothesen zu klumpig. Ich sah aus wie die Amateure, die ins Sally's kamen und ganz still und allein an der Bar saßen und denen keinerlei Aufmerksamkeit von den Männern zuteil wurde. Anfangs fielen einem diese Crossdresser noch auf, und dann wurden sie unsichtbar.

»Wie fühlst du dich?« fragte Sandra lächelnd. Sie war stolz auf ihre Arbeit; sie war eine echte Kunsthandwerkerin.

Ich wollte sie nicht enttäuschen, aber ich fühlte mich wie ein Idiot. Meine Schuhe taten mir weh. Ich versuchte, zu gehen und mir sexy vorzukommen. Irgendeinen Kick draus zu ziehen. Ich sagte zu ihr: »Du hast prima Arbeit geleistet.«

Ich sah mich wieder an. Das hochschließende obere Stück der Bluse sah wirklich nicht sehr schmeichelhaft aus. Es hing mir als abscheuliche orangerote Dachrinne um den Hals; es sah aus wie eine dieser Plastikkrausen, die man Hunden umlegt, damit sie sich nicht selbst beißen. Es sah aus wie Lovies Halskrause. Und die Katzenhaare auf meinem Minirock unterstrichen meine Häßlichkeit noch: Ich war angezogen wie eine Frau in schmutzigen Kleidern.

Ich war in keinerlei Weise verwandelt worden. Ich war nicht mal eine Sekunde lang ein hübsches Mädchen, ganz zu schweigen von meinem alten Bedürfnis nach zehn Minuten. So war mein großer Wunschtraum seit mindestens zweiundzwanzig Jahren, der mit jenem Schweinchen-Dick-Comic angefangen hatte, schließlich an sein Ende gekommen. Und genau so, wie Schweinchen Dick am Boden aufgeknallt war, nachdem er eben noch als Mädchen in der Luft geschwebt hatte, hatte ich in Bay Ridge eine Bruchlandung hingelegt. Er war sich wenigstens während seines Falls schön vorgekommen, aber ich würde auf diese Weise nie erfahren, was Schönheit war.

Aber ich begriff, daß es auf andere Weise ein Gewinn für mich war. Während ich da in Perücke und Stöckelschuhen und Lippenstift vor jenem Spiegel stand, fühlte ich mich als Mann. Vielleicht mehr denn je zuvor in meinem Leben. Ich wußte, daß keine Frau in mir steckte, die rauswollte. Ich zog Frauen, die außerhalb meines Körpers waren, vor. Ich wollte, daß eine von ihnen mich liebte. Ich wollte, daß Sandra mir wieder in die Augen schaute.

Ich fragte mich, ob ich versuchen sollte, sie zu küssen. Wer weiß, vielleicht fühlte sie sich zu mir hingezogen. Sie hatte heimlich nach mir geschielt, da war ich mir sicher, als ich mir die Unterhose auszog. Und sie war eine kleine Frau, es würde köstlich sein, sie zu umarmen. Aber ich hatte Angst, wenn ich etwas versuchte, würde sie mich sofort zurückweisen. Sie hatte am Telefon mit solchem Nachdruck darauf hingewiesen, die Erleichterung müsse zu Hause geschehen.

Ihr Service war reinster Fassadenbau. Sobald man endlich komplett angezogen war, fing man an, sich wieder auszuziehen. Weiter gab es nichts zu tun, aber sie bot an, mich für zehn Dollar zu fotografieren, was ich ablehnte, und dann sagte sie, sie würde es für den Preis des Films machen, für fünf Dollar. Verlockt vom Sonderangebot, ließ ich mich darauf ein, überlegte mir, daß ich die ganze Geschichte nun auch komplett durchziehen könnte, und außerdem blieb mir so noch mehr Zeit mit ihr; vielleicht *wäre* ja noch etwas möglich.

Vor unserer kleinen Fotosession zeigte sie mir ein Album mit ihren Kunden und den diversen Posen, in denen sie sich präsentierten, so daß ich einen Eindruck davon bekam, wie ich mich in Positur bringen konnte. Es waren mehr als zweihundert Männer. Viele der Fotos zeigten dieselben Männer in unterschiedlichem Outfit – das waren die Stammkunden. Und die abgebildeten Männer gehörten allen erdenklichen Rassen und Altersgruppen und Körpertypen an – schlanke Männer, die beinahe wie Frauen aussahen, und große kräftige Männer, die den Körper von Arbeitern hatten – aber sie alle hatten denselben seltsamen Traum, und sie kamen zu Sandra nach Bay Ridge heraus und nahmen den Katzengestank und die Katzenhaare in Kauf, nur um sich von ihr helfen zu lassen, ihren Traum zu verwirklichen.

Sandra war in meinen Augen eine durchgeknallte Krankenschwester für durchgeknallte Männer. All die Frauen, die ich auf dem Kampfgebiet des Sex kennengelernt hatte (Miss Hart, die LIVE-Frauen), waren in meinen Augen Krankenschwestern. Peep-Shows waren Notaufnahmen. Sex-Annoncen im hinteren Teil von Anzeigenblättern waren Listen praktizierender Pflegeschwestern, die von der Krankenkasse anerkannt waren. Ich ging zu diesen Frauen, um mir helfen zu lassen, und ich bezahlte sie dafür, und sie taten ihr Bestes.

Sandra gab mir Anweisungen wie eine Modefotografin und machte Schnappschüsse von mir in den unterschiedlichsten Stellungen: sitzend mit gekreuzten Beinen; auf dem Bauch liegend mit in die Luft gestrecktem Fuß; auf der Seite am Boden liegend, die Hand verführerisch an der Hüfte; im Stehen und über die Schulter nach hinten schauend wie eine Frau, die einen gutaussehenden Mann, der sich an ihre Fersen geheftet hat, zur Kenntnis nimmt. Alles, bloß keine Frontalaufnahme, auf der man, wie sie sagte, oft nicht so gut herauskam. Dann überreichte sie mir den Film in seiner kleinen schwarzen Dose. Sie erzählte mir, ihre Kunden würden die Bilder für Cross-dressing-Mitteilungsblätter verwenden. Sie schlug mir vor, ich solle eines abonnieren. Ich war mir nicht sicher, ob ich den Film je entwickeln lassen würde.

Ich zog mich aus, und sie führte mich ins Badezimmer, wo ich mir das Make-up abwusch. Das war Schwerstarbeit. Sie half mir und bearbeitete meine Wimpern. Ein rosiger Schein überzog mein Gesicht, als hätte ich Rouge aufgelegt. Sie sagte, das würde ein paar Stunden so bleiben, und ich sollte nicht versuchen, es wegzureiben, das würde es nur noch schlimmer machen. Sie warnte mich außerdem vor, möglicherweise würde ich kleine Mascarakrümel in meinen Tränensäcken entdecken, solle mich dann aber nicht weiter beunruhigen, sondern sie einfach ausspülen.

Ich warf mich wieder in meine Jung-Gentleman-Kostümierung, und das war, als ob man nach dem Schlittschuhlaufen wieder Straßenschuhe anzieht. Ich war wieder ich selbst. Sie begleitete mich an die Tür, und sie sagte: »Es hat dir nicht sonderlich gefallen, oder?«

»Ich glaube, vor ein paar Jahren hätte es mir besser gefallen«, sagte ich. »Um ehrlich zu sein, verspürte ich mehr Interesse an dir als an dem Cross-dressing.«

Ich sagte das ganz geradeheraus, nicht weil ich dachte, ich hätte irgendwelche Chancen bei ihr, sondern weil sie wissen sollte, daß ich sie mochte.

»Danke. Das ist wirklich reizend von dir«, sagte sie, und ich wollte ihr erzählen, das Allerbeste am ganzen Abend sei der Druck ihres Beins gegen meines gewesen und wie sie mir in die Augen gesehen hatte, aber ich hatte nicht den Mut, das zu sagen.

»Falls du es jemals wieder ausprobieren willst, ruf mich an«, sagte sie. »Als Frau auszugehen würde dir die Erfahrung am besten vermitteln. Wie ich schon sagte, wir könnten einkaufen gehen, oder ins Kino. Viele von meinen Kunden tun das.«

»Prima«, sagte ich, und sie war überzeugt, daß ich dazu bestimmt sei, mein ganzes Leben lang Cross-dresser zu sein. Ich wußte, ich würde es nie wieder tun, aber ich hatte nicht den Eindruck, sie würde mir das glauben.

Ich reichte ihr die Hand, obwohl Henry mir gesagt hatte, ich solle nie einer Frau die Hand hinstrecken, sondern ich müsse immer warten, bis sie das tat, und erst dann dürfte ich einschlagen. Aber ich wollte Sandra unbedingt zum Abschied berühren. Wir hielten einander bei der Hand, und sie sah mich an. Ihre Hand war klein, und sie ließ sie eine ganze Weile in meiner. Was mochte sie von mir denken?

Wir verabschiedeten uns, und sie schloß die Tür. Ich ging den schwach beleuchteten Flur entlang, und ich fragte mich, ob ich sie hätte umarmen können. Ich merkte plötzlich, daß sie mich *wirklich* irgendwie gemocht hatte, daß sie auf ungespielt geschmeichelte Weise gelächelt hatte, als ich sagte, sie hätte mich am meisten interessiert, und ihre Hand war ein paar Sekunden länger in meiner geblieben, als das für ein Händeschütteln zum Abschied nötig ist. Aber ich war zu sehr Gentleman gewesen, um ihr irgend etwas vorzuschlagen. Wenn ich jetzt zurückging und an ihre Tür klopfte, würde sie glauben, ich sei einfach nur ein weiterer verzweifelter Perverser.

Als ich beim Wagen ankam, fiel mir ein, daß ich Marys BH in dem Apartment vergessen hatte. Ich überlegte, ob ich das als Ausrede benutzen sollte, um noch einmal hochzugehen, aber dann hatte ich Angst, daß ich mich über Sandras Gefühle täuschen könnte – ich zweifelte schon wieder an mir selbst –, und darum ließ ich den Büstenhalter da, als milde Gabe an irgendeinen dünneren Mann, dem Größe vierunddreißig paßte.

All die Tunten waren tot

Ich wollte nicht nach Hause und über den ganzen Ärger nachdenken, den ich am Hals hatte. Wie konnte ich bloß morgen wieder zur Arbeit erscheinen? Mary würde George erzählen, daß ich ihr den BH gestohlen hatte. Ich war mir sicher, man würde mich feuern.

Darum fuhr ich von Bay Ridge ins Sally's. Ich hoffte, Miss Pepper wäre da. Sie war der einzige Mensch, mit dem ich über das, was ich gerade getan hatte, reden konnte.

Ich war glücklich, als ich sie an der Bar entdeckte. Es war gegen zehn Uhr, und ich nahm mir den Hocker neben ihrem, und sie zeigte einer anderen Tunte ein kleines Taschenfotoalbum. Ich mischte mich nicht ein. Ich bestellte einen Drink und sah mich um. Ich war mehr denn je von den Mädchen beeindruckt. Ich selbst war in Frauenkleidern so häßlich gewesen, daß ich nun wirklich zu schätzen wußte, wie schön sie waren, wieviel Arbeit sie da reingesteckt hatten. Nur Männer konnten die Zielstrebigkeit aufbringen, die nötig war, um sich in Frauen zu verwandeln.

Als Miss Pepper das Gespräch mit ihrer Freundin beendet hatte, sagte sie hallo zu mir und bat mich, ihr einen Drink auszugeben. Sie nahm wie üblich Cola-Rum, und ich wollte nicht sofort mit meiner Geschichte herausplatzen. Ich fragte sie, ob ich mir mal ihr Album ansehen dürfe. Sie öffnete es für mich, und es war an diesem Abend schon mein zweites Album, ein seltsamer Zufall.

Sämtliche Bilder zeigten schöne, glamouröse Tunten, die Miss Pepper gekannt hatte. Viele waren Freundinnen aus ihrer Zeit in Los Angeles, wo sie Mitte der Achtziger gelebt hatte. Und während sie auf jede einzelne deutete, sagte sie immer: »Diese Tunte da ist tot. Und die Tunte da ist tot.« Fast alle waren sie tot.

Das letzte Bild zeigte Miss Pepper mit ihrer Mutter und ihrer Schwester. Sie waren alle dunkelhäutig und schimmerten und lächelten. Ihre Mutter war alt, aber immer noch eine gutaussehende Frau, und ihre Schwester war hübsch, aber Miss Pepper war schöner.

»Deine Mutter lächelt wirklich sehr auf dem Bild«, sagte ich.

»Sie liebt es, wenn wir alle zusammen sind.«

»Ich will ja nicht grob erscheinen«, sagte ich, »aber sie scheint dir gegenüber sehr tolerant zu sein, oder?«

»Sie liebt mich so, wie ich bin. Sie kann mit Männern nichts anfangen. Mein Vater hat uns schon vor langer Zeit verlassen; es gefällt ihr, einen Haushalt mit lauter Frauen zu haben. Wenn ich krank werde, fahr ich heim nach North Carolina, um bei ihr zu sein. Sie hat gesagt, sie würde sich um mich kümmern.«

Ich sagte nichts. Im Sally's sprach nie jemand über Aids. Sie spielten nur vage darauf an, wenn sie jemanden ansprachen und sagten, sie seien sicher. Ich wußte nicht, ob Miss Pepper HIV hatte oder ob sie einfach nur annahm, sie würde den Virus früher oder später kriegen.

»Aber ich hab schon so lange gelebt«, sagte sie, »da laß ich's mir am besten auch weiterhin gutgehen.« Sie nahm einen Schluck von ihrem Cola-Rum.

»Danke, daß du mir deine Bilder gezeigt hast«, sagte ich. Es bestand keinerlei Notwendigkeit, ihr zu erzählen, was ich an diesem Abend gemacht hatte.

»Gern geschehen, Kindchen«, sagte sie. »Ich mochte dich schon beim ersten Mal, als ich dich sah. Liegt an diesen blonden Wimpern.« Sie erhob sich und nahm ihren Drink mit und sagte: »Ich will mal sehen, ob ich ein bißchen was verdienen kann.« Sie ging weg und schlenderte um die Bar herum auf der Suche nach einem Mann.

Ich trank zwei Bier, und Sylvia tauchte mit jemandem zum Ausgehen auf, einem Geschäftsmann im geschniegelten Anzug. Sie kamen durch die Türen herein, die ins Carter führten. Er war bereits betrunken, und er bestellte weitere Drinks. Er spielte den großen Zampano. Er war glatzköpfig, und er achtete drauf, daß sie immer dicht bei ihm war. Sie und ich hatten kurz Blickkontakt, und sie schien mich anzulächeln. Aber sie war bei der Arbeit. Und ich hatte keinerlei Ansprüche.

Der Geschäftsmann war häßlich. Er küßte Sylvia. Ihr Gesicht war immer noch süß und unschuldig, aber ich hatte das Gefühl, ich könne sehen, wie es sich verdüsterte. Sie ertrug das Unerträgliche. Sie wurde zur Prostituierten. Ich war kein bißchen besser als der Geschäftsmann.

Ich verließ die Bar. Ich dachte an die Bilder von Miss Pepper. Ihre Freundinnen waren alle so schön gewesen. Ich wünschte mir, ich hätte jemanden, mit dem ich über alles sprechen konnte. Ich stieg in meinen Wagen und fuhr heim.

Ich war auf der Third Avenue unterwegs, und ich erwischte eine grüne Welle; das war etwas, was mir normalerweise sehr gefiel, die Freiheit, durch die Stadt zu fliegen, aber diesmal war es nur wie unter Hypnose, und ich ließ mich einfach nur vom Parisienne dahintragen. Ich stellte mir vor, wieder mit Sylvia im

Bett zu liegen. Ich sah meine Hände auf ihren Hüften, ihren schönen Hintern, die Linie ihres weißen Rückens, ihr schwarzes Haar, so fein und so glänzend wie die Rillen einer Schallplatte.

Und dann bemerkte ich, daß ich eine rote Ampel überfuhr. Die grüne Welle war zu Ende. Genau vor mir war ein riesiges weißes Müllauto. Ich wich aus und fuhr auf den Bürgersteig zu. Eine ältere Schwarze sah mir direkt in die Augen. Sie trug einen Mantel mit Gürtel und hatte eine Handtasche dabei. Ich würde sie umbringen. Es war nur eine Sekunde, aber sie sah mich voller Angst und Zorn an. Was tust du da? kreischten ihre Augen. Tut mir leid, tut mir leid, bettelte ich sie mit meinen Augen an.

Aber dann wurde uns beiden klar, daß ich nicht sie, sondern den Lichtmast erwischen würde, und ich war dankbar. Es war ein silberner, kräftiger Mast, und ich dachte: »Mein armes kleines Leben.« Ich hatte keinen richtigen Flashback oder so was, bloß diese vier Worte kamen.

Und dann knallte ich so heftig gegen den Fuß des Mastes wie ein Hammer, der auf einen Zahn geschlagen wird. Die Schwarze und ich sahen einander noch einmal eine Sekunde in die Augen – jetzt war sie neugierig und hatte Angst um mich –, und dann war ich weggetreten.

Ich wachte wieder auf und stieg aus dem Wagen. Ich lehnte mich an die Tür.

»Alles in Ordnung?« fragte die Frau. Ein paar andere Leute hatten sich versammelt und gafften.

»Mir ist nichts passiert«, sagte ich.

Die Polizei traf ein. Ein kräftig gebauter Gewichthebertyp stieg aus dem blauweißen Wagen mit seinen hübsch aufblitzenden roten Lichtern.

»Tut mir leid, Officer«, sagte ich, und ich fing an zu weinen. Ich hatte solchen Schiß. Ich steckte in Schwierigkeiten. »Tut mir wirklich leid«, sagte ich. »Das war keine Absicht.«

»Was ist denn passiert?«

»Alle Ampeln standen auf Grün, und ich war am Tagträumen und hab die rote Ampel nicht gesehen.«

»Haben Sie getrunken?«

»Ich hatte ein Bier«, sagte ich. Ich heulte, und ich log, wenn auch nur um ein Bier.

Er testete meine Fahrtauglichkeit. Ich hörte auf zu weinen. Ich mußte auf einer geraden Linie gehen, mit dem Finger die Nasenspitze berühren. Ich war ein guter Junge, ein gelehriger Schüler. Ich bestand die Prüfung.

»Alles in Ordnung mit Ihnen?« fragte er. Sein Atem dampfte. Mir war plötzlich sehr kalt.

»Bin schon okay«, sagte ich. »Ich war angeschnallt.«

Ich ging mit ihm zur Vorderseite meines Wagens. Der andere Officer sprach mit der alten Frau. Ich hörte sie sagen: »Er fuhr einfach über die rote Ampel. Ich dachte schon, er erwischt mich.«

Der kräftige Polizist und ich sahen uns den Wagen von vorne an. Beide Reifen waren platt, und die Motorhaube war aufgesprungen. Der Kühlergrill war abgefallen. Grüne Flüssigkeit quoll aus dem Motor wie Blut. Heißer Dampf vom Motor, der auf die kalte Luft traf, wurde zu Nebel. Der ganze Wagen war vorne weggesackt wie ein Bulle, der in die Knie geht.

Der Polizist kniete sich hin und schaute unter den Wagen. »Sie haben die Vorderachse zerlegt«, sagte er. Er erhob sich. »Das ist ein ganz schön alter Wagen«, sagte er. Er versuchte, mich zu trösten. Der Wagen war Schrott.

»Mein Vater bringt mich um«, sagte ich. »Es ist sein Wagen.« Ich glaubte, mein Vater sei noch am Leben. Ich mußte eine Art Schock haben, oder ich hatte mir den Kopf an der Windschutzscheibe gestoßen. Ich fing an zu schluchzen und hielt mir die Hand vors Gesicht, es war mir peinlich. Der Polizist war freundlich. »Beruhigen Sie sich, Kumpel«, sagte er. »So schlimm wird's schon nicht werden.«

Es gefiel mir, wie er mit mir umging. Ich dachte mir, er hatte wohl schon vieles zu sehen gekriegt und haßte mich nicht dafür, daß ich über eine rote Ampel gefahren war. Und dann fiel mir mit fast so etwas wie Freude wieder ein, daß mein Vater tot war. Ich würde keinen Ärger kriegen; er würde mich nicht umbringen.

Dem Polizisten erzählte ich nichts davon. Ich heulte immer

noch, und es waren echte Tränen, aber ich hatte auch den Eindruck, meine Hysterie wurde zu meinen Gunsten ausgelegt. Er hatte Mitleid mit mir. Er gab mir keinen Strafzettel, aber ich würde ein Bußgeld zahlen müssen, weil ich den Lichtmast beschädigt hatte, und außerdem eine Gebühr fürs Abschleppen.

Der Abschleppwagen traf ein und fuhr mit meinem Auto davon. Ich sah es die Straße hinunter verschwinden, auf den Haken genommen wie etwas Totes. Ich verspürte eine fürchterliche Schuld, ein Gefühl der Zerstörung. Ich hatte ein Verbrechen begangen. Ich ging durch die Kälte nach Hause.

Dann überkam mich der Jammer, weil mein Vater nicht mehr am Leben war; ein paar Sekunden lang war er's gewesen. Meine Angst vor ihm war so real gewesen.

Auf welch seltsame Weise hatte ich mich an der Nase herumgeführt. Ich wünschte mir verzweifelt, daß er in unserem alten Haus sei und ich ihn anrufen könnte. Ich wollte meinen Dad haben. Ich wollte, daß er am Leben war, und sogar, daß er mich anschrie, daß er mich umbrachte, weil ich seinen Wagen zu Schrott gefahren hatte.

Kapitel XI

Ich war wie Don Quijote und Sancho Pansa

Am Morgen nach dem Unfall wachte ich krank auf. Ich konnte gar nicht wieder zu husten aufhören. Es war wahrscheinlich eine Bronchitis. Der Schock und der Spaziergang nach Hause waren wohl die Ursache.

Ich rief nicht bei der Arbeit an. Ich hatte nicht den Mut dazu. Ich wartete, daß sie mich anriefen und mich feuerten.

Ich stellte mir vor, daß George vielleicht mehr erfahren wollte als nur das, was Mary ihm sagte, und vielleicht die Pretty Brook kontaktierte, um zu hören, ob ich mich in der Vergangenheit bereits auffällig verhalten hätte. Mrs. Marsh würde ans Telefon gehen und sagen: »Ich hab ihn im Lehrerzimmer überrascht, als er den BH einer Kollegin über seinem Sportsakko trug.«

George rief mich gegen elf an.

»Louis, alles in Ordnung mit dir?«

Ich konnte aus seiner Stimme überhaupt nichts herauslesen. »Ich bin krank«, sagte ich. Ich dachte mir, damit sei praktisch alles abgedeckt.

»Du hörst dich ja fürchterlich an«, sagte er. »Aber du solltest wenigstens anrufen, wenn du nicht kommen kannst.«

»Tut mir leid. Ich bin wieder eingeschlafen. Ich glaube, ich hab eine Bronchitis.«

»Hast du einen Hausarzt?«

Ich hatte keinen, und er gab mir den Namen seines Arztes.

George war völlig arglos. Mary hatte ihm nichts gesagt. Er rief aus echter Besorgnis an.

»Ich hatte außerdem einen Autounfall«, sagte ich.

»Wann?«

»Letzte Nacht.«

»Was ist passiert?«

»Ich hätte beinahe ein Müllfahrzeug erwischt und knallte dann an einen Laternenmast.«

»Mit dir alles in Ordnung?«

»Ja, bin bloß ein bißchen fertig, und dann wachte ich mit diesem Husten auf, Bronchitis.«

Er sagte mir, ich solle zu Hause bleiben, solange es nötig sei, und nicht zur Arbeit kommen, bis ich mich nicht hundertprozentig wieder fühlte. Er war sehr freundlich.

Ich blieb eine Woche zu Hause. Ich hustete unentwegt, und mein Körper war ziemlich zerschlagen. Ich hatte das gleich nach dem Unfall nicht gemerkt, aber ich hatte überall blaue Flecken. Ich mußte mit der Schulter aufs Lenkrad geknallt sein, der Sicherheitsgurt hatte meine Rippen irgendwie in Mitleidenschaft gezogen, und mein Baseballschläger, den ich auf dem Fußboden des Wagens liegen hatte, mußte mir an den rechten Knöchel gedonnert sein, denn ich hatte da unten einen dicken blaugrünen Striemen. Ich war wie Don Quijote und Sancho Pansa nach einer ihrer vielen Klopffechtereien.

Ich kontaktierte die Jewish Guild for the Blind, und sie nahmen den Wagen als Spende an, so daß sie ihn zum Schrottwert weiterverkaufen konnten. Aber bevor sie sich den Parisienne abholen konnten, war es nötig, daß ich mich aus dem Bett hochraffte und ein Taxi zu dem Abstellplatz auf der West Side nahm, um die Zulassungsschilder zu entfernen und meine paar persönlichen Habseligkeiten an mich zu nehmen.

Ich humpelte zwischen den abgewrackten Autos herum und mußte dran denken, daß das alles einmal Neuwagen gewesen waren und daß Menschen glücklich gewesen waren, sie zu besitzen und Ausflüge mit ihnen zu unternehmen. Ich fand meinen armseligen Wagen und schraubte die Nummernschilder ab, nahm die Papiere aus dem Handschuhfach, und aus dem Kofferraum holte ich mir meinen feinen baumwollenen Sommerhut, den ich mir in Princeton im English Shoppe gekauft hatte, um damit als junger Gentleman herumzuschlendern.

Ich gab der zerknautschten Motorhaube einen freundschaftlichen Klaps und sagte zu meinem Wagen: »Tut mir leid, tut mir wirklich leid.« Dann setzte ich mich ein letztes Mal auf den Fahrersitz, und ich weinte ein bißchen. Ich hielt mich am Lenkrad fest. Ich schloß die Augen, und ich dachte an meine Eltern, wie sie in dem Wagen saßen. Mein Vater am Steuer, meine Mutter neben ihm, und ich saß hinten drin. Ich konnte es alles ganz deutlich erkennen.

Das ist alles, was ich über Amerika zu sagen habe

Ich ließ zwischen den beiden Vordersitzen die kleine Filmdose mit den Schnappschüssen zurück, die Sandra von mir geschossen hatte. Als ich es bemerkte, war ich schon wieder in der Dreiundneunzigsten Straße und hatte einen Moment lang große Befürchtungen, jemand mit scharfen Augen von der Jewish Guild würde den Film entwickeln lassen. Sie würden mich in all meinen nachgeäfften Verführerposen zu sehen kriegen. Sie hatten meinen Namen und meine Nummer. Vielleicht weigerten sie sich, den Wagen anzunehmen, weil er einem Perversen gehört hatte.

Ich spielte tatsächlich mit dem Gedanken, wieder zur West Side zu fahren, um den Film zu holen, aber dann setzte sich das rationale Denken durch, und ich dachte mir, niemand würde ihn finden. Und ich fand es ganz passend, daß meine Häßlichkeit in irgendeiner Schrottpresse zerquetscht werden sollte wie ein Feind der Mafia.

Der Unfall geschah an einem Mittwoch, und am Donnerstag der darauffolgenden Woche war ich soweit, daß ich wieder zur Arbeit konnte. Die ganze Woche über hatte ich damit gerechnet, George würde wieder anrufen und mich feuern, aber er tat es nicht.

In der Nacht, bevor ich wieder zu *Terra* wollte, wachte ich gegen zwei von einem Hustenanfall auf; ich war noch nicht komplett wieder auf dem Damm. Ich stieg aus dem Bett, zog mir meinen Bademantel über und fing an, mir im Teekessel Wasser heiß zu machen. Ich hatte herausgefunden, wenn ich mich über den Kessel beugte und den Dampf einatmete, war dies das einzige, womit ich meinen Husten zum Stillstand bringen konnte.

Ich dampfte mich gerade ein paar Minuten ein, überlegte, daß das wohl auch gut für meine Haut sein müsse – meine Großtante hielt ihre Haut immer in Dampf –, als ich draußen an der Tür ein vertrautes Schlüsselklimpern hörte. Henry konnte nie den richtigen Schlüssel finden. Er war wieder zu Hause! Ein Teil von mir wollte vor Freude aufkreischen, und ein anderer Teil wollte sich im Badezimmer verstecken wie ein Kind, das allzu aufgeregt ist.

Ich hatte gewußt, daß er bald zurückkommen mußte: Es war schon Anfang März, und er sollte im Frühjahrssemester wieder in Queensborough unterrichten, aber ich hatte erwartet, er werde zumindest vorher anrufen und mich vorwarnen, daß er kam. Ich drehte das Gas ab und öffnete ihm mutig die Tür.

»Geh wieder zu Bett. Es war nicht so gedacht, daß ich dich wecken wollte«, sagte er scheltend. Er war braungebrannt und sah besser aus denn je. Er verbreitete ein Flair von Abenteuer. Sein großer Koffer stand neben seinen Füßen. Ich erwog einen Moment lang die Möglichkeit, ihn zu umarmen, besann mich dann aber eines besseren. Ich war bloß in Bademantel und Unterhose.

»Ist schon gut, du hast mich nicht geweckt«, sagte ich. »Ich war gerade auf. Laß mich deinen Koffer nehmen.«

»Wo du schon mal auf bist«, sagte er, und dann schritt er an mir vorbei, durch die Küche und in sein Zimmer, und ich folgte ihm und schleppte das aufgeblähte Gepäckstück.

Er knipste zwei Lampen an und stand mit einem verblüfften Ausdruck im Gesicht mitten auf dem orangenen Teppich.

»Dies ist eines der reizendsten Plätzchen, an denen ich je

gewesen bin. Sehr viel netter als alles, was ich in Palm Beach gesehen habe«, sagte er.

»Wirklich?« fragte ich.

»O ja. Hier herrscht so ein schönes Ambiente. Und dann diese ganzen Besitztümer. Ich wußte gar nicht, daß ich so viele Sachen habe. Das ist wie eine überraschende Erbschaft. Mit Weihnachtskugeln sogar!« Er besah sich seine schimmernde Schale. Ich setzte mich auf die weiße Couch. Das Apartment schien plötzlich viel heller. Ich verspürte eine Art stiller, ekstatischer Glückseligkeit, von der ich bisher nur in Romanen des neunzehnten Jahrhunderts gelesen hatte. Verzückung.

»Ich hab einen neuen Wagen«, sagte er. »Er ist ziemlich schön. Ein gelber 1976er Cadillac. Er hat ein richtiges Instrumentenbrett. Hat einem Flugingenieur gehört, der am Armaturenbrett zusätzliche Anzeigen angebracht hat, damit es ihn mehr an ein Cockpit erinnerte. So kann ich immer Kabinendruck, Höhe, Reifentemperatur ablesen, überhaupt alles. Das ist sehr aufregend.«

»Ich kann's gar nicht abwarten, ihn zu sehen. Endlich hast du einen neuen Wagen gefunden.«

»Ich werde ihn aber nicht lange haben. Ich bin finanziell ruiniert. Sowie ich den Wagen auf meinen Namen angemeldet hatte, hat der Computer Hunderte von Dollar unbeglichener Strafmandate wegen Falschparkens entdeckt. Und nicht bloß für meinen letzten Wagen, sondern auch noch für den davor, einen Regal. Ich sollte beim ersten Licht des Morgengrauens aufstehen und den Wagen aus diesem Staat entfernen, aber ich werde es dulden, daß der Marshal ihn sich holt. Er schafft ohnehin bloß acht Meilen pro Gallone, und ich verspüre schon suizidale Tendenzen. Nun zum nächsten Problem. Wo ist die Kakaobutter?«

Henry zog sich den Regenmantel aus, öffnete seinen Koffer, stöhnte und schaffte es, sich auf dem Teppich niederzulassen wie jemand am Lagerfeuer. Er fing an, seinen Koffer zu durchstöbern, indem er das wüste Knäuel seiner dreckigen Hemden und Hosen zur Seite pflügte.

»Was sagst du da von wegen Marshal?« fragte ich.

»Ich erhielt ein Schreiben vom Marshal von Manhattan mit der Ankündigung, man werde den Wagen von der Straße holen, es sei denn, ich würde auf der Stelle achthundert Dollar zahlen. Und natürlich verfüge ich nicht über derlei Barmittel.«

»Wo hast du denn den Brief gekriegt?«

»Ein alter Gehhelfer aus Palm Beach läßt mich seine Adresse benutzen, so daß ich den Wagen in Florida versichern kann. Aber der Marshal weiß, daß ich sehr viel Zeit in New York verbringe, weil da die ganzen Strafzettel ausgestellt wurden. Wahrscheinlich läßt er ihn gerade in diesem Augenblick abschleppen.«

Henry war wieder da, und mitgebracht hatte er neue Desaster, Probleme und Katastrophen. Ich dachte daran, ihm von meinem eigenen Autoproblem zu erzählen, aber ich hatte Angst, daß er mich ausschelten und irgendwas Herabwürdigendes sagen würde. Außerdem war da noch die Neuigkeit betreffs Bellmans Hochzeit, daß sie für Mai geplant war und daß Henry erste Wahl für den Trauzeugen war, aber ich wollte ihm das nicht erzählen und damit seine Heimkehr verderben. Ich fing wieder an zu husten.

»Was ist denn los mit dir? Tbc?« fragte Henry.

»Ich bring gerade eine Bronchitis hinter mich.«

»Nun, du siehst jetzt, wo du im Sterben liegst, sehr viel besser aus. Du siehst aus wie Hamlet.« Ich hatte mir einen rötlichblonden Bart stehen lassen, da ich die ganze letzte Woche zu krank und depressiv gewesen war, um mich zu rasieren.

»Danke«, sagte ich.

»Ich hab dir ein Geschenk gekauft. Ein Stück Bioseife, hergestellt von Fabergé. Ich hab sie bei Eckerd's gekriegt. Da machten sie gerade Ausverkauf. Wenn ich doch bloß die Kakaobutter finde, dann finde ich auch die Seife.«

Henry grub einen Kulturbeutel aus und zog den Reißverschluß auf. »Was hätten wir denn hier?« Er fing an, den Inhalt zu entleeren. »Zwei Krawatten. Eine Flasche Wermut. Shampoo. Schlafmaske: unverzichtbar. Keine Kakaobutter. Keine Bioseife.« Er begann, weiter unten im Koffer herumzuwühlen, und dann fragte er mich: »Wußtest du, daß Mary Martin, Jean Arthur und Janet Gaynor lesbisch waren?«

»Wo hast du das denn gehört?« fragte ich, ohne wirklich in der Lage zu sein, die Namen dieser Schauspielerinnen mit den dazugehörigen Gesichtern in Verbindung zu bringen.

»Ich hab's gelesen.«

»Wo?«

»Das tut nichts zur Sache. Wenn es gedruckt geschrieben steht, ist es auch wahr ... Ich hab die Kakaobutter gefunden, aber nicht die Fabergé-Seife.«

Er quetschte sich die Butter in die Hand und schmierte sie sich über sein gebräuntes Gesicht. »Das will ich schon seit achtundvierzig Stunden tun«, sagte er. »Aber ich war zu faul. Ich hab den Fehler begangen, den Koffer am ersten Abend unterwegs zu öffnen. Dann war ich kaum noch imstande, ihn wieder zu schließen. Das wollte ich kein zweites Mal auf mich nehmen.«

»Wie lange hast du gebraucht, um hier raufzukommen?«

»Drei Tage, wie üblich.«

»Hast du gezeltet?«

»Nein. Im Zeichen der Clinton-Depression werden die Motels billiger. Das ist tatsächlich ganz hervorragend, das einzig Gute, was er bewirkt hat. Aber ich hätte beinahe das Zelt benutzen müssen, weil mir das Benzin ausging. Das war ein ziemliches Abenteuer. Die Geschiche könnte dir gefallen. Sie dreht sich um die menschliche Natur ... Ich befand mich im Bayou von Georgia auf irgendeiner Nebenstraße – die Highways mag ich nicht, zu häßlich –, und ich fuhr meilenweit, einem Schild folgend, das Benzin und Lebensmittel und was nicht noch verheißen hatte, aber im Zeichen der Depression ist natürlich alles geschlossen.

Schließlich ging mir das Benzin aus, und zwar genau am Fuße eines Episkopalenstifts, wo sie alte Menschen, die wahrscheinlich noch ein Jahr zu leben haben, in Ökologie unterweisen. Ein Mann war gerade zugegen, als ich rechts ranfuhr, fast hätte ich ihn überfahren. Er machte einen Spaziergang und ging mit sich zu Rate. Er gehörte zum Personal, und ich sagte ihm, mir sei das Benzin ausgegangen, und als erstes wollte er wissen, ob ich ihm Geld gebe, wenn er mir hilft. Ich sagte, das würde ich, und so führte er mich zu dem Stift, eine schmutzige Auffahrt hinauf, fast eine Meile lang.

Während wir so gingen, fing er an, von Kindesmißhandlung und Kindesmißbrauch zu reden. Alles in dieser Kultur ist immer bloß Mißbrauch, Mißbrauch, Mißbrauch, sogar in den Wäldern von Georgia. Man sollte meinen, daß sie zumindest dort von solchen Dingen unbehelligt bleiben. Ich sagte ihm, manchmal sei es Kindesmißhandlung, wenn man ein Kind nicht mißhandle, und das japanische Prinzip, ihnen auf den Kopf zu schlagen, wenn sie einen grammatischen Fehler machen, sei ein gutes Prinzip.«

Henry hielt einen Moment inne, und er legte Blazer und Hemd ab und fing an, auch seine Arme energisch mit Kakaobutter einzureiben; er war den ganzen Tag lang gefahren, aber er war wie elektrisiert. Er fuhr mit seiner Geschichte fort: »Der Mann sagte: ›Nein! Nein! Niemals darf man ein Kind anrühren!‹ Und ich sagte ihm in Abwandlung von Noël Cowards Bemerkung über Frauen, manche Kinder brauchten Schläge so regelmäßig wie ein Gong. Ich sagte ihm, die Eltern sollten wieder zum Rohrstock greifen. Er war ganz entsetzt. Er sagte, die Sadisten auf der Welt seien alle als Kind mißhandelt worden. Ich sagte ihm, wenn man zum Sadisten wird, liegt einem das im Blut, ganz gleich, ob man nun von den Eltern geprügelt wurde oder nicht.

Dann fing er an, sich über Jesus auszulassen, daß Jesus bloß ein Mensch gewesen sei, nicht Teil der Dreifaltigkeit, daß er aber Jesus mochte, weil Jesus lehrte, man solle jedermann lieben, und ich sagte, ich fände, das sei sehr naiv. Und er sagte: ›Wollen Sie mich ignorant nennen? Ich glaube, Sie sind ignorant.‹ Unterdessen waren wir endlich bei dem Stift angekommen, und eine weitere dieser liebenden christlichen Seelen, eine Frau, kam dazu. Er fragte sie, ob wir uns ihr Auto ausborgen könnten, um mit mir zur Tankstelle zu fahren, aber sie sagte nein. Sie war in der Tat etwas rationaler veranlagt; sie spürte etwas und dachte, ich könne ihn vielleicht ermorden, was auch gut hätte sein können. Aber ihm war das ganz gleich, er war versessen auf das Geld, das ich ihm in Aussicht gestellt hatte.

Er versuchte, mit einem Plastikschlauch Benzin aus ihrem Wagen abzuzapfen, wobei er es mit dem Mund ansaugte, und von den Dämpfen fiel er beinahe in Ohnmacht.

Dann kam ein Chinese daher, und er nahm uns mit zur Tankstelle, er wollte dafür keinerlei Bezahlung annehmen, und der andere bestand darauf mitzukommen, weil er immer noch auf eine Provision hoffte, welche ich ihm allerdings nicht zu zahlen beabsichtigte. Dann fingen wir wieder an, von Kindesmißhandlung zu reden, er wollte die Ansichten des Chinesen dazu hören. Ich erzählte dem Chinesen von den Japanern und der Grammatik, und er war dafür sehr viel empfänglicher, wegen der mongolischen Blutsverwandtschaft, und so kam ich schließlich an mein Benzin und verließ das Stift, heilfroh, daß ich entkommen war ... Das ist alles, was ich über Amerika zu sagen habe.«

»Das ist vielleicht eine Geschichte«, sagte ich.

»Ja, eine Gutenachtgeschichte. Jetzt müssen wir schlafen.« Henry stand auf und ging ins Bad. Ich kroch ins Bett, hustete noch leicht und lauschte auf Henry, wie er urinierte und vorzeitig spülte. Das war wie Musik: Er war wieder da. Glücklich zog ich mir die Decke bis unter das Kinn. Er kam aus dem Badezimmer, sah mich an und sagte: »Weck mich, wenn du aufstehst. Das ist nicht lange nach dem ersten Licht des Morgengrauens. Ich spüre, daß meine suizidalen Tendenzen abnehmen. Ich werde den Wagen nach New Jersey schaffen. Da werden die Marshals nicht danach suchen.«

»Ich wach aber ziemlich früh auf«, sagte ich.

»Ich schlaf dann in New Jersey«, sagte er, und er spazierte aus meinem Zimmer. Dann kam er noch mal rein und sagte: »Ich hab in Palm Beach den Eigentümer eines Smaragds von 963 Karat kennengelernt, und diese Person muß ihn verkaufen. Wenn du mir hilfst, einen Käufer zu finden, bin ich bereit, die Provision mit dir zu teilen. Sie könnte mich vor den Marshals bewahren.«

»Wem gehört der Smaragd denn?«

»Einer russischen Gräfin. Sie kommt in Palm Beach ganz gut über die Runden, weil sie einen Adelstitel hat, aber sie braucht das Geld ... Denk drüber nach«, sagte Henry wie ein Geschäftsmann zum andern, und dann verließ er mein Zimmer.

Ich hörte ihn stöhnen, als er sich in sein Bett niederließ, und dann rief er herüber: »Es kommt mir gar nicht so vor, als ob ich hier wohne. Es kommt mir vor, als würde ich dich besuchen. Danke, daß ich hier sein darf.«

»Ich freue mich, daß du hier bist«, sagte ich.

Das Leben eines Flüchtlings

Ich weckte Henry um sieben, und ich war sehr überrascht, aber er protestierte gar nicht groß, obwohl er bloß ein paar Stunden geschlafen hatte. Als ich aus der Dusche kam, legte er gerade Musik zum Tanzen auf.

»Gott sei Dank, ich bin wieder in New York und kann meine Ertüchtigungsübungen wieder aufnehmen«, sagte er, als ich in die Küche kam.

»Hast du in Florida keine Übungen gemacht?« fragte ich.

»Da hatte ich keine Zeit. Es war immer irgendwas los. Sehr viel Konkurrenz. Trump hat versucht, wieder hineinzukommen. Er gab eine Riesenparty im Mar-a-Lago, genau am Abend des Rotkreuzballs. Sagte, es würden schöne Models kommen. Aber es waren bloß Prostituierte, und am Ende der Party dann taten sie das Unausweichliche – sprangen in den Pool. Er ist also wieder für ein Jahr erledigt. Zu vulgär.«

»Bist du nachmittags nicht spazierengegangen?«

»Ich wollte nicht in der Sonne sein. Wollte meine Ertüchtigungsübungen erst nach fünf Uhr absolvieren. Ich wurde eingeladen, Tennis zu spielen, aber nach fünf wollte niemand mehr spielen.«

»Wie bist du so braun geworden?«

»Ich war ein paarmal im Meer, um die Flöhe abzutöten, aber das war's auch schon. Ich trug weiße Handschuhe, um meine Hände vor der Sonneneinstrahlung zu schützen, aber dann verlor ich den rechten. Mußte meine Hand ständig in der Tasche lassen, was nicht sehr attraktiv aussieht.«

Henry fing an zu tanzen, und ich mußte wieder husten, darum setzte ich den Kessel auf, um mich unter Dampf zu setzen, bevor ich zur Arbeit ging. Während das Wasser heiß wurde, zog ich mich in mein Zimmer zurück, um Henrys Privatsphäre nicht zu stören. Als ich den Kessel pfeifen hörte, kam ich wieder raus. Henry tanzte zu einer Platte von Ethel Merman.

Ich hielt mein Gesicht in den Dampf, und ich hängte mir ein Handtuch über den Kopf, damit es richtig wirkte.

»Was ist das? Ein Kruppkessel?« fragte Henry.

»Ja.«

»Du bist wie eine Figur aus einem Jane-Austen-Roman, und dabei hast du Jane Austen nie gelesen ... Mußt du das jetzt machen? Ich kann es nicht ertragen, wenn mich jemand beim Tanzen sieht.«

»Ich hab Jane Austen sehr wohl gelesen«, sagte ich. »Und ich hab dich auch schon tanzen gesehen. Wir haben sogar schon zusammen getanzt.«

»Aber jetzt sind wir einander wieder fremd.«

»Durch den Dampf kann ich dich sowieso nicht sehen.«

»Na gut. Da du im Sterben liegst. Das ist übrigens gar nicht so schlecht, es ist, als wohnte ich mit Keats zusammen.«

So tanzte Henry also weiter, und ich setzte mich weiter unter Dampf. Ich schielte unter meinem Handtuch hervor und beobachtete ihn. Und wo ich nun wieder mit ihm zusammen war, ging mir auf, wie schwierig und einsam es ist, das Leben allein zu überstehen; mir ging auf, wie schwer die letzten beiden Monate für mich gewesen waren und wie einfach mir jetzt, wo Henry wieder in der Wohnung war, alles vorkam.

Nach der Ertüchtigung ruhte Henry sich auf seinem Thronstuhl aus. Ich beendete meine Behandlung und setzte mich auf die weiße Couch.

»Ich glaube, durch die Musik geht's mir jetzt wirklich besser«, sagte ich.

»O ja«, sagte Henry, »Ethel Merman kann alles kurieren.«

»Wohin willst du denn in New Jersey?«

»Zu Martha.«

»Da hast du doch die Flöhe her.«

»Entweder Flöhe oder der Marshal.«

»Du wirst also den Wagen da abstellen und mit dem Bus zurückkommen?«

»Nein, ich bleib mit dem Wagen da und komm am Montag zurück, wenn ich wieder unterrichten muß. Dann hetze ich zurück zu Martha. In Sicherheit. Ich kann nicht mal in meiner eigenen Stadt leben. Ich führe das Leben eines Flüchtlings!«

»Mußt du wirklich nach New Jersey? Wie groß ist die Wahrscheinlichkeit, daß sie deinen Wagen hier tatsächlich finden? Die Stadt ist so riesig«, sagte ich im Bemühen, Henry zum Bleiben zu überreden; ich wollte ihn nicht schon wieder verlieren, wo ich ihn gerade erst zurückhatte.

»Sie können an den Strafmandaten die Gegenden ablesen, in denen ich die meisten meiner Verbrechen begangen habe ... Einen Menschen gibt es allerdings, den ich um Hilfe bitten könnte – meinen Freund bei der Mafia. Er könnte Rat wissen ... Dieses Land ist krank, treibt mich den Kriminellen in die Arme. Nun, er ist nicht wirklich bei der Mafia, er besitzt eine Hot-Dog-Bude in der Nähe des College. Aber er benimmt sich, als sei er in der Mafia, und er weiß, wie man Gesetze umgeht. Er kriegt ständig Strafbefehle wegen seiner Würstchenbude, und er bezahlt sie nie.«

Henry versuchte, den Hot-Dog-Mann anzurufen, aber obwohl es noch früh am Tag war, war er nicht zu Haus. Also packte Henry eine kleine Tasche für New Jersey, und ich konnte nichts machen, um ihn aufzuhalten. Wenigstens war es New Jersey und nicht Florida.

»Bevor du gehst«, sagte ich, »gibt's noch zwei Sachen, die ich dir erzählen muß.«

»Du willst heiraten? Gut. Das ist genau das, was du brauchst. Ist sie weißhäutig?«

»Ich will nicht heiraten. Aber Bellman.«

»Was?«

»Bellman heiratet Virginia im Mai, in Greenwich. Definitiv. Er war wegen seiner Post hier und hat's mir erzählt.«

»Das ist alles meine Schuld. Ich hab ihn da für eine Nacht hingeschickt, er ist sechs Monate geblieben, und jetzt heiratet er sie. Ich hätte ihn nie als Mieter aussuchen sollen. Ich hatte die falsche Anzeige in die Zeitung gesetzt. Es war die Anzeige mit dem Schauspiellehrer. Davon fühlen sich all die Psychotiker angezogen.«

»In der Anzeige, auf die ich mich gemeldet hab, hast du dich als Schriftsteller bezeichnet.«

»Ja, auf die Anzeige mit dem Schriftsteller kommt ein sehr viel besserer Menschenschlag, aber es gibt mehr Schauspieler als Schriftsteller, und wenn ich auf der Stelle jemanden brauche, dann nehm ich die mit dem Schauspiellehrer.«

Ich fühlte mich ein bißchen ausgetrickst, daß Henrys erster Köder für mich damals so sorgsam ausgelegt worden war, aber ich war auch stolz, daß ich mich auf die Anzeige mit dem Schriftsteller gemeldet hatte, weil das in Henrys Augen einen besseren Menschenschlag anzog.

»Bellman hat mir auch erzählt, er wolle dich zum Trauzeugen haben«, sagte ich.

»Er ist nicht recht bei Sinnen. Das mach ich nicht. Er ist vollkommen ödipal. Er will mich umbringen. Ich werde mir eine gute Ausrede einfallen lassen müssen, um abzulehnen. Ich werde auf dem Weg nach New Jersey darüber nachdenken.«

Henry nahm seine Tasche hoch und ging Richtung Tür.

»Ich wollte dir noch was erzählen«, sagte ich. »Du stehst mit deinen Autoproblemen nicht allein da. Ich hatte einen Unfall.«

»Wie schlimm?«

»Totalschaden.«

»Das ist gut. Da mußt du kein Geld mehr für Reparaturen ausgeben. Warst du betrunken?«

»Nein. Vielleicht ein bißchen angesäuselt.«

»War es deine Schuld? Vielleicht steht dir ein Prozeß bevor.«

»Es war ganz allein meine Schuld. Ich fuhr über eine rote Ampel und erwischte beinahe ein Müllfahrzeug, und dann erwischte ich beinahe eine Frau auf dem Bürgersteig, aber statt dessen knallte ich an einen Lichtmast.«

»Du wohnst hier schon zu lange. Das ist der Fluch, der auf dem Hause der Harrisons lastet – schlimmes Pech mit Automobilen. Hast du die Jewish Guild for the Blind angerufen? Bei meinem Wagen waren sie sehr hilfreich.«

»Ja, ich hab da angerufen.«

»Nun, die entscheidenden Dinge lernst du gut – die Wagen, die man zu Schrott fährt, immer der Jewish Guild stiften. Also mach dir keine Sorgen deswegen. Es ist das beste, was dir hat passieren können. Ein Auto in der Stadt ist ganz und gar extravagant. Ich brauch natürlich eins, meiner Freiheit wegen, aber du brauchst Freiheit nicht so sehr wie ich.«

Er war großmütig und verständnisvoll. Er nahm sogar einen Teil der Schuld an meinem Unfall auf sich, indem er ihn meiner Verbindung mit seinem Haus zuschrieb. Ich hatte erwartet, wenn ich ihm davon erzählte, würde er mich anschreien, wie mein Vater mich angeschrien hätte. In gewisser Weise hatte ich das sogar gewollt, so daß ich für das bestraft wurde, was ich getan hatte. Aber er demütigte mich nicht. Er verließ mich, um sich in New Jersey zu verstecken.

Ich war wie Lady Macbeth

Ich kehrte im Feinkostladen ein, sagte Roberto hallo und ging dann zu *Terra*. Ich stahl mich hinein und ging geradewegs zu meiner Kabine. Keine Mary. Ich setzte mich an meinen Schreibtisch und sah die aufgelaufenen Nachrichten von meinen Kontakten überall im Lande durch. Meine Damen hatten mich vermißt.

Ich rief George übers Telefon an, statt die fünf Meter zu seinem Büro rüberzugehen, und er war nicht da, darum hinterließ ich eine Nachricht auf seinem Anrufbeantworter. Ich fing an, die nötigen Rückrufe zu erledigen: Das Geschäft lief gut, immer mehr Museen orderten Sammelabonnements von *Terra* und boten ihren Mitgliedern die Zeitschrift kostenlos an. Ich steigerte unsere Verkaufsauflage beträchtlich. Aber während ich mit meinen telefonischen Damenbekanntschaften sprach, wartete ich ständig darauf, zu George ins Büro gerufen und mit der Frage des verschwundenen BHs konfrontiert zu werden. Ich vermutete, er hatte mich nicht zu Hause angerufen, weil er das von Angesicht zu Angesicht mit mir klären wollte.

Dann war es soweit: George blieb neben meiner Kabine stehen und bat mich, in sein Büro zu kommen. Als ich den kurzen Flur entlang hinter ihm herging, konnte ich mich selber riechen. Ich roch nach Angst und irgendwie verbrannt, so wie die Brezeln eines Straßenverkäufers. Ich preßte die Ellbogen an meine Rippen, um den Geruch nicht austreten zu lassen.

Wir setzten uns, und George fragte: »Wie fühlst du dich? Wir haben uns alle Sorgen gemacht.«

»Ich glaub, ich bin zu neunzig Prozent wieder auf dem Damm, bloß noch ein bißchen Husten«, sagte ich.

»Wie ist der Unfall denn genau passiert?« Er strich sich über seine knochige, dünne Nase. Er hob die Augenbrauen mit der Besorgnis eines Patriarchen. Er war erst Mitte dreißig, er besaß noch seinen vollen Haarschopf, aber er hatte das Gehabe eines älteren Herrn an sich.

»Um ehrlich zu sein«, sagte ich, »ich hab ganz blöde vor mich hingeträumt, und ich hab einfach eine rote Ampel überfahren. Es war ganz allein meine Schuld.«

»Ich bin genauso«, sagte George. »Ich nutze Autofahren als Gelegenheit zum Sinnieren. Ich kann mich freuen, daß ich noch lebe ... Hör mal, wir haben alle diese Gute-Besserung-Karte für dich unterschrieben, und dann ging die auf meinem Schreibtisch irgendwie unter. Ich dachte, ich hätte sie in die Post gegeben.« George überreichte mir einen Umschlag in Stammhalterblau. Ich fragte mich, ob sich die nicht abgestempelte Briefmarke wohl noch verwenden ließe. Ich hielt den Umschlag in der Hand, ohne ihn aufzureißen.

»Danke vielmals«, sagte ich.

»Ich möchte noch über etwas anderes mit dir reden«, sagte er, und er hielt einen Moment inne und senkte den Blick.

Im Bruchteil einer Sekunde entwarf ich in Gedanken meine komplette Rede: Ich hab ein sexuelles Problem. Ich wollte mir Marys BH nur einmal ansehen, aber ich konnte dann nicht mehr davon lassen. Ich werde ihn ihr ersetzen, plus Zinsen, und ich werde zu einer Therapie gehen.

George fuhr mit einem Lächeln fort. Er sagte: »Ich möchte, daß du ein bißchen Redakteursarbeiten übernimmst und Manuskripte liest, die unbestellt reinkommen. In letzter Zeit werden wir damit geradezu überschwemmt, und ich glaube, daß du das gut erledigen könntest. Für dich wäre das eine interessantere Aufgabe als immer nur Telefonvertrieb.« Er lächelte mich an. Er kam sich wie ein wohltätiger Vorgesetzter vor, der mit einem vielversprechenden Untergebenen sprach. Er wußte nicht, daß er einen Perversen vom Haken ließ, und ich dankte ihm ergeben für die Aussicht, redaktionelle Aufgaben zu übernehmen.

Ich ging zu meinem Schreibtisch zurück, und ich dachte mir, Mary hatte ganz offensichtlich nichts gesagt. Und selbst wenn sie mich in Verdacht gehabt hätte, hatte sie sich höchstwahrscheinlich selbst davon überzeugt, daß es paranoid war zu glauben, ihr stiller, gutgekleideter Arbeitskollege könne so verrückt sein, einen Büstenhalter zu stehlen.

Als ich mich wieder an meinen Schreibtisch setzte, verspürte ich daher einige Zuversicht, daß ich mit meinem Verbrechen aus verquerer Leidenschaft ungeschoren davonkommen würde. Aber ich fühlte mich doch schuldig wegen des Geldes, das Mary für den BH ausgegeben hatte. Ich rief von meiner Kabine aus ihr Damenbekleidungsgeschäft an.

»The Limited«, meldete sich die Stimme einer jungen Frau.

»Ich hätte da mal eine Frage«, flüsterte ich. »Ich will was für den Geburtstag meiner Freundin kaufen, und meine finanziellen Möglichkeiten sind etwas begrenzt, und da hätte ich gerne mal gewußt, in welcher Preisspanne sich Ihre etwas besseren Büstenhalter bewegen.«

Es erregte mich ein bißchen, mit einer Frau am Telefon über Miederwaren zu sprechen, aber ich wies mich zurecht. Wieviel Ärger wollte ich mir noch einhandeln?

Sie erzählte mir, die teuersten BHs kosteten fünfundvierzig Dollar. Ich dachte daran, Mary eine anonyme Postanweisung über diesen Betrag zu schicken, aber dann würde sie daraus schließen, daß der BH von jemandem gestohlen worden war, den sie kannte, und ich war sicher, der Hauptverdächtige zu sein.

Ich dachte dran, den gleichen BH zu kaufen und einen Abend lange im Büro zu bleiben und ihn ihr unter den Schreibtisch zu werfen. Aber ich wußte nicht, welche Körbchengröße sie hatte. Ich könnte Sandra anrufen und sie nach der Größe fragen oder sie auch einfach bitten, mir den BH zu schicken, aber ich schreckte davor zurück, sie anzurufen; sie würde glauben, ich wolle einen neuen Termin zum Cross-dressing mit ihr abmachen. Und ich hatte Angst, ich würde tatsächlich einen abmachen, nur um sie zu sehen, und müßte mich wieder entstellen lassen. Und wenn sie ihn mir schickte, wären schon fast zwei Wochen vergangen, und dann würde der BH plötzlich unter Marys Schreibtisch auftauchen. Wieder würden alle Finger in meine Richtung weisen.

Mir wurde klar, daß ich Sandra hätte anrufen sollen, während ich mich noch von meiner Bronchitis erholte, um ihn mir von ihr schicken zu lassen, aber in der ganzen Woche hatte ich nicht geradeaus denken können, und überhaupt war ich davon ausgegangen, ich würde gefeuert werden. Darum konnte ich jetzt nichts mehr tun. Ich beschloß, in Zukunft einfach nichts mehr von Marys Kleidung zu stehlen; das war das einzige, was ich an Wiedergutmachung tun konnte.

Dann öffnete ich den blauen Umschlag, den George mir gegeben hatte, und schnitt die Briefmarke aus; ich wollte nicht verschwenderisch sein. Auf der Karte war ein Bild von einem rundum einbandagierten, dreckverschmierten kleinen Jungen im Fußballdreß. Innen stand eingedruckt: »Gute Besserung. Das Team braucht dich.«

Es war eine Grußkarte für einen kleinen Jungen aus einem Fußballteam. Ich wußte nicht, wie ich das deuten sollte. Hielten sie mich alle für einen Sportsmann? Für unreif? Sollte das witzig sein? Verwirrte sie meine Persönlichkeit so sehr, daß keine andere Karte für mich passend schien?

Dann fing ich an, mir ihre banalen Kritzeleien durchzulesen, und erbleichte und spürte, wie eine riesige Welle kalter Angst über mich hinwegwogte, als ich Marys Boschaft las: »KOMM

BH WIEDER.« Es war eine heimliche, versteckte, mich verdammende Anklage. Ich dachte dran, aus dem Büro zu stürmen.

Und dann merkte ich, daß das Wort nicht BH hieß, sondern »BALD«; ihre Handschrift war sehr unleserlich, selbst bei Großbuchstaben. Ich war wie Lady Macbeth, die Blut sieht, wo gar kein Blut ist.

Es ist ein sehr guter Käse, den sie da frißt

Henry ging den Marshals länger als eine Woche aus dem Weg, wiewohl er sagte, Martha schätzte es nicht, einen Flüchtling zu beherbergen, denn schließlich war er kein richtiger Besuch.

Als Queensborough ihm zwei Gehaltsschecks vorschoß, konnte er sein Versteckspiel in New Jersey aufgeben. Er kaufte sich bei den Marshals frei, sein Name wurde von der Liste der meistgesuchten Zahlungsverweigerer gestrichen, und sein Cadillac bewegte sich nun ungefährdet auf den Straßen. Aber gleich nachdem die Schulden bei den Marshals bezahlt waren, verstärkte das Finanzamt seine Bemühungen, Henry zur Zahlung seiner aufgelaufenen Steuern aus den letzten acht Jahren zu bewegen. Nicht nur als Falschparker, sondern auch als Steuersünder stellte er sich stur. Er hielt sich wirklich an sein Motto »Durch Schlammassel hindurch und in neuen Schlamassel hinein«.

Die Finanzbehörden schickten ihm zahlreiche Briefe, und außerdem riefen sie einmal pro Woche an, weshalb Henry gar nicht mehr ans Telefon ging. Ich nahme alle Anrufe entgegen, und mir war aufgetragen worden, zu sagen, Dr. Harrison sei außer Haus.

»Ich werde von Steuereintreibern verfolgt. Von Zöllnern!« brüllte er eines Abends, als er einen Blick auf all die Finanzamtsumschläge warf.

Ich wollte ihn auf andere Gedanken bringen, darum fragte ich ihn: »Was unterrichtest du dieses Semester?«

»Dasselbe wie immer: ›Aufsatz und Ausdruck.‹ Aber ich überleg, ob ich nicht einmal etwas anderes vorschlagen sollte. Einen Kurs über Ideale statt über den Essay. Sie müßten das 1. und das 2. Buch Mose und das Matthäusevangelium lesen; außerdem *Das Kapital* und *Mein Kampf.* Aber das werden sie mir niemals durchgehen lassen. Nicht eine City University. Das würde ein Gezeter geben. Es würde heißen: Er ist Nazi und Kommunist. Sie würden gar nicht nach dem literarischen Gehalt des Kurses fragen. Aber sie wären besser beraten, nicht zu protestieren. Die Studenten müssen doch erfahren, was was ist. Natürlich würde ich versuchen zu zeigen, daß die Bibel gut ist und die andern beiden Sachen schlecht sind. Aber sie werden es nie zulassen, daß ich das unterrichte. Mein Leben wird unbedeutend bleiben. Es wird sich in Steuern und Strafmandaten erschöpfen ... Welcher Kritiker war das noch? Wilson? Du weißt das natürlich nicht. Ihn haben Steuerprobleme zerstört. Wie es auch mir ergehen wird.«

Henry versuchte, ein bißchen was dazuzuverdienen, als es Ende März einen gewaltigen Schneesturm gab. Er rekrutierte Gershon, und zusammen wollten sie in der Stadt herumfahren und den Leuten anbieten, sie für zwanzig Dollar auszugraben. Aber nachdem sie erst einmal den Cadillac ausgegraben hatten, schlitterten sie einen Block weiter in eine Schneewehe, kamen nicht wieder raus und sahen sich gezwungen, das Unterfangen abzublasen.

Dann kam der Frühling ins Land, und Henry rief von seinem Bett herüber: »Müssen wir die Uhren vor- oder zurückstellen?«

»Im Frühjahr vor, im Herbst zurück«, sagte ich.

»Wo hast du so etwas Scharfsinniges gelernt?«

»In New Jersey.«

»Natürlich, alles Gute kommt aus New Jersey.«

Und als das Frühjahr wirklich hereinbrach, blieben auch die Anrufe und Briefe der Finanzbehörden aus. Es war so, als seien die düsteren Schatten der Regierung und des Winters über unser Apartment hinweggezogen. Henry war bei sehr viel besserer

Laune, und das heiterte auch meine Stimmung auf. Wenn Henry verzweifelte, verzweifelte auch ich. Wenn er sich glücklich an *Werden Sie schon bedient?* ergötzte, war auch ich glücklich.

In meinem Leben neben Henry handelte ich mir keinerlei Ärger mehr ein. Henrys Rückkehr und mein Autounfall schienen mich kastriert zu haben. Ich war nicht mehr an Sex interessiert. Mary hatte keine Macht über mich, und ich ging nie ins Sally's.

Ich machte mir durchaus einige Sorgen über diese völlige Interesse- und Gefühllosigkeit – ich fragte mich, ob der Sicherheitsgurt beim Unfall vielleicht irgendeinen Nerv verletzt hatte –, aber hauptsächlich fand ich sie friedvoll.

Henry ging nicht mehr soviel aus – die meisten seiner Damenbekanntschaften waren noch in Palm Beach –, und ich ging praktisch nirgendwohin, wiewohl ich nach Queens fuhr, um Pessach mit meiner Großtante zu verbringen. Sie gab mir auf den Heimweg Matze mit, und Henry aß sie gern mit Käse.

Wir hörten von Bellman nichts wegen der Hochzeit, und als Henry Gershon fragte, ob er etwas wisse, tat Gershon ahnungslos. Und Henry rief nicht bei Virginia oder ihren Eltern an; er hoffte, daß das Problem sich einfach in Luft auflöste, daß die Hochzeit abgeblasen worden war.

Eines Samstagnachmittags aber sah er Bellman und Gershon auf unserer Straße. Und er rannte ins Haus, um ihnen auszuweichen, genauer gesagt, um Otto auszuweichen. Er kam ganz außer Atem ins Apartment und schilderte mir, wie er um Haaresbreite entkommen war.

»Gershon saß auf seinem Fahrrad«, sagte Henry. »Sein Leib hing über dem Sattel, sein Fleisch ist wie strömende Lava. Und Bellman joggte neben ihm her. Er sah aus wie ein buckliger Schulmeister. Er hätte eine Schar Schulbuben hinter sich herziehen sollen. Er winkte mir zu, und ich ignorierte ihn. Es ist von Vorteil, daß ich mich ihm gegenüber grob verhalten habe. Es muß offensichtlich sein, daß ich nicht sein idealer Trauzeuge bin.«

Das warme Frühlingswetter brachte uns einen Gast ins Apartment. Eines Abends sahen Henry und ich *Werden Sie schon bedient?*, und mitten während der Sendung kam eine braune Maus unter der weißen Couch hervor, auf der ich saß, und rannte über den orangenen Teppich und verschwand unter dem Bett, auf dem Henry saß. Wir sahen beide die Maus an, und ich sagte einen Moment lang gar nichts, und dann sagte ich: »O mein Gott«; und Henry sagte: »O nein, sie ist unter meinem Bett. Sie wird mir in die Schuhe defäkieren. Ich kann's nicht glauben, wie das Leben spielt. Wir werden uns Fallen kaufen müssen.«

»Können wir sie nicht einfach von unseren Krümeln leben lassen?«

»Nein!«

»Wie wär's mit einer dieser Fallen, wo sie bloß gefangen wird und wir sie draußen wieder freilassen können?«

»Nein! Sie kommt bloß wieder rein. Sie weiß, daß hier oben viel Dreck und manch gutes Versteck und altes Essen zu finden ist.«

Henry kaufte Fallen, und in den nächsten Wochen schaffte es die Maus irgendwie immer, den Käse zu fressen, ohne die Guillotine auszulösen. »Was für ein Hausgast!« sagte Henry. »Nicht einmal ein kurzes Dankschreiben. Ich bezahl zwar meine Steuern nicht, aber ich schreib immer für alles Dankschreiben. Es ist ein sehr guter Käse, den sie da frißt.«

Also setzte er seine Versuche fort, der Maus den Garaus zu machen, zumal er sie jetzt auch noch als undankbar entlarvt hatte. Aber dann aß Henry in einem Hungeranfall den Rest des Käses selber auf.

Die Maus rannte herum und machte Geräusche, aber wir taten nichts mehr dagegen. Die leeren Fallen lagen einfach herum, und ich hatte Angst, sie wegzupacken, weil ich mir sicher war, ich würde dabei ein Fingerglied einbüßen.

Dann merkte Henry, daß es ihm Spaß machte, die Maus zu füttern. Er betrachtete sie als Mitläuferin in Sachen Jagd nach kostenlosen Mahlzeiten. Also ging er einkaufen und besorgte noch mehr Käse, um ihn der Maus zum Fressen in die Fallen zu tun, und wenn die Maus dabei zufällig zu Tode käme, dann war das eben Schicksal. Jeden Tag überprüfte er die Fallen, um zu sehen, ob sie schließlich doch hineingegangen war, aber es handelte sich um einen kleinen Meisterdieb, und ich war innerlich dankbar, daß die Maus dem Tod auch weiterhin von der Schippe sprang, und Henry war es auch.

Die Lagerfeld ist wieder im Spiel

Gegen Ende April kam Henrys gesellschaftliches Leben wieder auf Touren. Zwei Damen waren aus dem Krankenhaus gekommen; Vivian Cudlip und ein paar andere waren aus Palm Beach zurück; und Marjorie Mallard, seine Exverlobte, rief ihn auch wieder an – sie hatte es ihm vergeben, daß er nach Florida gefahren war, und behauptete, sie habe ihn wieder in ihr Testament aufgenommen. Außerdem rief die Lagerfeld an. »Die Lagerfeld ist wieder im Spiel«, erzählte er mir, und er erklärte mir, sie habe sich mit Lois über eine Essensrechnung zerstritten. Darum war sie bei Lois aus dem Spiel und bei Henry wieder drin.

Für das erste Maiwochenende lud die Lagerfeld Henry zu einer Vernissage im National Arts Club ein. Er bat mich, ihn zu begleiten. Ich war sehr glücklich. Henry und ich hatten schon eine ganze Weile nichts mehr zusammen unternommen.

Auf dem Weg in die Dusche, wo er sich aufs Ausgehen vorbereiten wollte, blieb Henry an jenem Samstagabend wie üblich am Fußende meines Bettes stehen, von einem grünen Handtuch umschlungen, um mir etwas zu sagen, während ich lesend dalag. »Ich frag mich, was die Lagerfeld wohl im Schilde führt«, sagte er. »Letztes Mal, als ich sie sah, trug sie ihre Barbara-Bush-Perlen und sah richtig schlank aus. Sie sagte: ›Ich bin auf dem besten Weg.‹ Wohin der Weg führen soll, weiß ich nicht. Sie trug einen Button, auf dem stand: ›Tu es.‹ Tu was, was meinst du?«

»Sex?« fragte ich.

»Nein. An Sex ist sie nicht interessiert. Sie erzählt wohl mal einen unanständigen Witz, wenn sie versucht, einem homosexuellen Kritiker eine Freikarte abzuschwatzen, aber darin erschöpft sich ihr Sexleben auch schon«, sagte er, und dann ging er unter die Dusche.

Als er wieder herauskam, sah er nachdenklich aus. Er hatte sich Mascara ins Haar gepinselt, das grüne Handtuch war jetzt naß und klebte an ihm, und es war ein Augenblick, den wir schon so oft erlebt hatten – ich, wie ich auf dem Bett lag und las (diesmal die *New York Times Book Review*), und Henry, wie er aus dem Badezimmer kam und im Begriff war, zum nächsten Vorfall weiterzupreschen –, daß es ihn einen Moment innehalten ließ.

»Das hier ist wie ein Schauspiel«, sagte er feierlich. »Wir sind einfach zwei Menschen, mit denen es auf und ab geht, auf und ab ... Ein Handlungsstrang könnte der Kampf der Habenden mit den Habenichtsen sein. Bloß daß ich gar nicht mit den Habenden kämpfe, sondern mit meiner eigenen Habenichtsheit. Ich ergreife keinen von den notwendigen Schritten, um etwas zu ändern.«

Er sah außergewöhnlich resigniert aus, als er sich wieder in Marsch setzte und in die Küche ging. Genau in dem Moment hörten wir beide die Maus umherhuschen.

»Wir müssen die Maus fangen«, sagte er von jenseits meines Türrahmens. »Das kann eines der Leitmotive sein. In *Drei Schwestern* versuchen sie ständig, nach Moskau zu kommen, fahren aber nie. Wir versuchen ständig, diese Maus zu fangen, schaffen es aber nie ... Ich rede von Rußland, fahre aber nie hin. Wir tun überhaupt nichts. Genauso, was das Abtauen des Kühlschranks anbetrifft ...«

»Oder die Suche nach *Henry und Mary kommen immer zu spät*«, sagte ich.

»Ach, das ist hoffnungslos«, sagte Henry, aber dann gab mein Vorschlag ihm eine neue Idee ein; wir entwarfen das Stück *gemeinsam*. Er fuhr fort: »Das könnte die Klimax sein, wenn wir es finden.«

»Wer weiß, wenn wir den Kühlschrank abtauen, kommt es vielleicht aus einem Eisblock rausgeschwommen. Das wäre ein schönes Ende für das Stück – daß ein anderes Stück darin entdeckt wird.«

Ich konnte ihn nicht sehen, ich lag immer noch, aber er stand jetzt in seinem Zimmer vor seinem Kleiderschrank (ich kannte jeden Laut in dem Apartment), und er lachte über meinen Vorschlag für das Ende des Stücks über uns, und da ging es mir gut. Es passierte selten, daß ich Henry zum Lachen bringen konnte. Und diesmal war es ganz besonders schön, ihn lachen zu hören, denn seine Habenichtsheit und unser Zustand des perspektivlosen Auf und Ab schienen ihn aufrichtig zu bekümmern.

Aber unser Gespräch über das Stück gab ihm neue Energie. Er fing an, sich durch seinen Kleiderschrank zu wühlen, und rief herüber: »Und nun das ewige Problem – ein sauberes Hemd. Aber es ist bloß die Lagerfeld, es braucht nicht gar zu sauber zu sein.«

Ich las weiter in der *Book Review*, obwohl ich dringend selber unter die Dusche mußte, aber in der *Review* waren Auszüge aus den Tagebüchern abgedruckt, die Edmund Wilson gegen Ende seines Lebens geführt hatte, und die waren hochinteressant.

Obwohl Henry ein paar Wochen zuvor gesagt hatte, ich wüßte gewiß nicht, wer Wilson sei, kannte ich ihn sehr wohl, und ich wollte Henry meine Kultiviertheit beweisen, indem ich ihm eine kurze Passage aus den Tagebüchern vorlas, über die ich gerade gestolpert war. Darin wurde Tschechow erwähnt, und Henry hatte gerade eben erst die Rede auf *Drei Schwestern* gebracht. Es war eine zu schöne Koinzidenz, um sie ungenutzt vorübergehen zu lassen. Ich rief: »Ich möchte dir etwas vorlesen.«

»Warum machst du dich noch nicht fertig?«

»Kleinen Moment noch, dann hüpf ich unter die Dusche.«

»Wie meinst du das, hüpfen? Wo schnappst du bloß immer diese Ausdrücke auf? Das klingt ja lächerlich.«

Ich ignorierte das und sagte: »Es ist ein Ausschnitt aus Edmund Wilsons Tagebuch von 1961. Ist ziemlich gut. Er schreibt da: ›Ebenso wie eine Figur in einem von Tschechows Stücken sagt, sie sei ein Mann der achtziger Jahre, stelle ich fest, daß ich ein Mann der zwanziger bin. Ich erwarte immer noch aufregende Dinge: Drinks, lebhafte Konversationen, Lustbarkeiten: einen ungehemmten Austausch von Ideen. Scott Fitzgeralds Idee, irgendwo gäbe es Dinge, die *schimmern*. Es gelingt mir inzwischen, mich so weit zu disziplinieren, daß ich nicht mehr derart einfältig bin.‹«

Ich hörte auf zu lesen, und ich sagte: »Mir gefällt die Stelle mit Fitzgeralds Schimmern.«

»Schimmern«, sinnierte Henry. »Mir gefällt besser, was Kerouac gesagt hat. Er suchte ES.«

»Du hast Kerouac gelesen?« fragte ich. Ich hatte Kerouac im College gelesen, aber das hatte mich von meiner Vorliebe für englische Schriftsteller, die sich mit englischen Gentlemen befaßten, nicht abbringen können, wiewohl ich in *Unterwegs* so etwas wie die amerikanische Romanze erkannt hatte.

»O ja«, sagte Henry. »Kerouac und ich gehören derselben Generation an. Er war ein großer Experimentator. Tippte das alles auf eine einzige Rolle Toilettenpapier. Er war wie Rimbaud. Er hatte einen großartigen Freund, Cassady ... Die Lagerfeld und ich sind wie Kerouac und Cassady. Wir sausen gerne mit Höchstgeschwindigkeit dahin und suchen Es! Es! Es!«

Die Lagerfeld war tatsächlich wieder im Spiel, wenn er so von ihr sprach, und so hüpfte ich unter die Dusche, denn wir sollten sie schon bald abholen.

Geduscht und blau beblazert verließen wir das Apartment, und während wir die Treppe runterstiegen, klappte Henrys Blazer hinten für einen Moment hoch, und ich sah, daß er die Hose mit der geplatzten Naht anhatte und sein nacktes weißes Hinterteil zu sehen war.

»Henry, deine Hose ist aufgeplatzt! Und du trägst keine Unterwäsche.«

»Ja. Unterwäsche macht dick. So seh ich viel schlanker aus.«

»Aber wenn dein Jackett hinten hochschlägt, kann ich deinen Hintern sehen.«

Wir blieben in Gershons Flur stehen. Henry knöpfte seinen Blazer zu, und dadurch konnte das Jackett nicht mehr hochschlagen. Henry fand das ausreichend, denn er wollte die Treppe nicht noch einmal hochsteigen und die Hose wechseln.

»Solange keine Urinflecken auf der Hose sind, ist sie in Ordnung«, sagte er. »Und wenn der Arsch zu sehen ist, dann wissen die sowieso nicht, was sie da zu sehen kriegen. Es wird bloß ein Haufen alter Damen sein. Die werden denken, das sei ein neumodisches Muster.«

»Na, wenn's sichtbar werden sollte, geb ich dir jedenfalls ein Zeichen«, sagte ich.

»Es ist nur gut, daß ich nicht in Florida bin. Man würde mich festnehmen. Da ist es jetzt verboten, die Arschfalte sehen zu lassen. Darum nennt man die da auch Südstaaten-Arschgesichter. Aber jetzt versucht man, alle Arschgesichter und Rednecks aus dem Süden zu vertreiben. Das ist Diskriminierung.«

»Ich weiß, hast du mir erzählt«, sagte ich.

»Warum behältst du alles, was ich sage, aber erkennst keine einzige Gedichtzeile?«

Ich sagte nichts. Ich war ein Hund. Henry trat nach mir und trat nach mir, aber ich lief ihm immer noch nach, und wenn er mir ein kleines Leckerli gab, ein kleines Kompliment, dann kannte meine Liebe für ihn keine Grenzen, und alle Wunden waren vergessen.

Wir verließen das Haus und stiegen in Henrys Wagen. Ich hatte ihn schon an der Straße stehen sehen, aber dies war meine erste Fahrt in dem Cadillac. Es war ein kanariengelber Eldorado, und er war sogar noch größer als mein Parisienne. Keine der Anzeigen am Armaturenbrett funktionierte, und auf dem Fußboden lagen Zeitungen und Kaffeetassen herum, der Wagen hatte also schon das Flair von Henrys Skylark.

»Der muß schwer zu parken sein«, sagte ich. »Bei den Abmessungen.«

»Das ist nicht das Problem. Er schafft bloß vier Meilen pro Gallone. Er ist mein finanzieller Ruin.«

Um die Lagerfeld abzuholen, fuhren wir durch die Upper West Side, und an der Ecke Sechsundneunzigste und West End

Avenue zeigte Henry auf ein Gebäude und sagte: »Ich hatte mal einen Freund, der da wohnte. Als er in sein Apartment einzog, lagen da Peitschen vom letzten Besitzer herum, außerdem Dankesbriefe von John Gielgud mit Lobeshymnen auf das Essen.«

»Das ist ja seltsam«, sagte ich.

»Ja.«

Das Haus der Lagerfeld war in der Hundertsten Straße, zwischen West End und Broadway, und sie wartete in der Lobby auf uns. Sie kam zum Wagen rausgehinkt – ihr Knie sei geschwollen, sagte sie –, und ich hielt ihr die Tür auf, und sie setzte sich auf den Beifahrersitz.

Sie hatte ihren Handstock dabei, und sie trug ihre dicke Brille und ein umfängliches schwarzes Kleid mit weißem Kragen. Sie mochte wohl ein wenig abgenommen haben, aber sie war noch immer von sehr kräftiger Statur, wohl an die zweihundert Pfund oder mehr. Ich saß auf dem Rücksitz und starrte die beiden famosen Haarschöpfe an: Henrys mascaragefärbten zurückgekämmten Filmstarhelm und die strohblonden Brunhildelocken der Lagerfeld. Ich stellte sie mir als eine Art Kerouac und Cassady der letzten Tage auf der Suche nach kostenlosen Mahlzeiten und Drinks und Lustbarkeiten vor.

Wir karriolten in Henrys Eldorado den Broadway runter, immer der breiten gelben Motorhaube nach. Die Lagerfeld erwähnte eine Wohltätigkeitsparty zugunsten der Kathedrale St. John the Divine, und das nahm Henry zum Anlaß, über den neuen Priester in seiner Kirche zu jammern.

»Er ist Engländer«, sagte Henry. »Er sieht richtiggehend zerquält aus. Zum Abschluß seiner letzten Predigt sagte er: ›Warum verabschieden Sie sich nicht mit einem Lächeln? Die Baptisten lächeln. Und was haben die Baptisten schon zu bieten, was uns fehlt? Also lächeln Sie!‹ Ich fand das sehr geschmacklos. Früher akzeptierte die Kirche einen, wenn man sich schuldig und sündig vorkam. Heute versuchen sie, alles auf Hochglanz zu polieren. Der zentrale Punkt ist doch aber der Seelenschmerz und die Ekstase, nicht diese Eitel-Sonnenschein- und Dauerlächel-Scheiße. Wir sind nicht errettet, nur weil wir zur Kirche gehen. Wir müssen an unserer Seele arbeiten.«

Die Lagerfeld schätzte es nicht, wenn Henry predigte, darum stichelte sie. »Wann wird Bellman Virginia heiraten?«

Sie wußte offensichtlich, daß dies bei Henry ein wunder Punkt war. »Mir ist nichts zu Ohren gekommen«, sagte er. »Vielleicht ist sie ihm auf die Schliche gekommen. Man sollte ihn aus dem Land werfen.«

»Ich habe eine neue deutsche Mitbewohnerin«, sagte die Lagerfeld. »Sie promoviert an der Columbia. Sie ist sehr nett.«

»Das sind die meisten deutschsprachigen Menschen«, sagte Henry. »Wenn sie nicht gerade Kriege anfangen oder in mein freies Schlafzimmer einziehen.«

Wie ein Kind mischte ich mich vom Rücksitz aus in die Erwachsenenunterhaltung ein. Ich gab mein Zusammentreffen mit Bellman wieder, als er wegen der Post gekommen war. Ich versuchte, ihn nachzuahmen. In meinem besten Deutschschweizer Akzent sagte ich: »Henry ist sehr originell. Und die Lagerfeld ist originell. Sie ist seine Kollegin. Die beiden schleichen sich auf Partys ein, wo sie gar nicht eingeladen sind. Sehr originell.«

Das verursachte bei Henry ein Kichern und bei der Lagerfeld ein herzhaftes Lachen.

»Er ist richtig gut«, sagte die Lagerfeld. »Er klingt genau wie dieser verschlagene Schweizer.«

»Henry schleicht sich in die Oper ein, und er will nicht irgendwelche Plätze, er will die teuersten«, fuhr ich in meinem besten Bellman fort. Es machte mir Spaß, die Erwachsenen zu unterhalten.

»Sie haben ein Ohr dafür«, sagte die Lagerfeld, die immer noch lachte.

»Ja, er versteht sich hervorragend auf Nachahmung *und* auf das Erinnern dessen, was andere Leute sagen«, sagte Henry. Diesmal meinte er es als Lob, und ich schlürfte es in mich hinein. Wir waren eine lachende, glückliche Familie, wie die Familie der Lagerfeld vor langer Zeit.

Wir parkten nicht weit vom National Arts Club, der sich im Gramercy Park South befand. Der Club war in einem eleganten alten Backsteinbau untergebracht, und unsere Vernissage fand im Erdgeschoß statt, in einer Galerie mit zwei Räumen. Es war eine Ausstellung von Tintenzeichnungen. Dargestellt waren Landschaften und außerdem obskure Straßenszenen, die italienisch aussahen. Sie wiesen eine scharfe Linienführung auf und verbreiteten eine düstere Stimmung.

Wir bewaffneten uns mit Getränken, aber es gab keinen Käse, was Henry verdroß, und dann hinkte die Lagerfeld umher und hielt nach Kontakten und künftigen Einladungen Ausschau. Binnen zwanzig Minuten tranken Henry und ich je drei Weißwein, und wir sahen uns gemeinsam die Zeichnungen an, was mir sehr gefiel, und er ließ seinen Blazer zugeknöpft, so daß sein Hintern nicht zu sehen war. Es war ein älteres Publikum, wie er es vorausgesagt hatte; sogar der Künstler war ein älterer Mann in den Siebzigern, der lange fleischige Ohren hatte.

Neben ihm stand, als ich gerade mein drittes Glas leerte, eine Frau, die um einiges jünger aussah als die meisten im Raum. Sie war vielleicht Ende fünfzig, und sie trug einen schlaff herabhängenden, fliegenklatschenartigen Hut mit kleinen Stoffblümchen an der Krempe. Ihr Haar, eine Mischung aus braun und grau, war zu einer dicken Kordel geflochten und hing ihr hinten unter dem Hut herunter wie ein Schwanz. Sie schien mich anzuschauen. Und dann sprach sie mich an.

»Ihre Nase gefällt mir«, sagte sie. »Das ist die beste Nase, die ich seit Paris vor zehn Jahren zu sehen gekriegt habe.«

»Danke«, sagte ich. Sie versuchte, etwas Witziges zu sagen, doch sie hatte traurige grüne Augen. Aber trotz ihrer Augen fühlte ich mich sexuell geschmeichelt.

»Ihr Hut gefällt mir«, sagte Henry zu der Frau. Er hatte ihre Bemerkung mitbekommen, und er drängte sich dazwischen.

»Warum?« fragte sie.

»Mir gefällt die Form«, sagte Henry. »Es gehört einiger Mut dazu, Hüte zu tragen. Die Menschen sollten wieder Hüte tragen.«

»Das ist alles, was mir geblieben ist.«

»Ihr Hut?« fragte Henry.

»Nein. Mut.«

»Warum das? Haben Sie alles andere verloren?«

»Ja.«

»Warum?«

»Ich mache nur Spaß.«

»Ach.«

»Ich bin Schauspielerin«, sagte die Frau. »Ich habe geschauspielert.«

»Ach«, sagte Henry abschätzig.

»Sind Sie Schriftsteller?« fragte sie ihn. »Sie sehen aus, als wären Sie Schriftsteller.«

»Nein. Ich bin Denker.«

»Ich heiße Louis Ives«, sagte ich, denn ich wollte nicht, daß man mich ganz überging. »Das hier ist Henry –«

»Nenn nie meinen Namen«, herrschte er mich an. »Man könnte mich erkennen und wegen irgendwas beschuldigen.«

»Wollen Sie mich auf den Arm nehmen?« fragte die Frau Henry.

»Ich würde Sie nie auf den Arm nehmen wollen«, sagte er stolz, und seiner Bemerkung haftete ein starker Unterton von Doppeldeutigkeit an. Die Frau war ein bißchen exzentrisch und traurig, aber auch schnell von Begriff, und sie verstand Henrys Anspielung. Sie errötete leicht und ging davon.

Mir tat die Frau leid. Sie war nett zu mir gewesen, sie mochte meine Nase, aber Henry hatte sie vertrieben.

»Richtig unverschämt von ihr, dich so an den Haken nehmen zu wollen«, sagte er, und er ließ mich stehen und ging zum Tisch mit dem Wein.

Ich ging herum, um nach der Frau mit dem Fliegenklatschenhut zu suchen. Ich wollte mich für Henrys Betragen entschuldigen und mir bei ihr ein neues Kompliment für meine Nase abholen. Aber sie war auch nicht in dem zweiten Raum der Galerie, und darum ging ich in der Lobby nach ihr suchen.

Ich war ein bißchen angetrunken, und ich legte mir schnell eine Phantasie zurecht, wie wir beide uns ineinander verliebten. Ihre Augen waren schön, und sie war schlank. Im Dunkeln wäre es schön, sie zu umarmen und ihr das Gefühl zu geben, sie sei jung. Ich stellte mir vor, wie sie mir ihren Kopf auf die Brust legte. Ich würde ihr über das dichte Haar streichen. Und wie dekadent es wäre, sie sich an mir erfreuen zu lassen. Sie würde wahrscheinlich meinen Penis in der Hand halten und sich lächelnd alten Erinnerungen hingeben.

Sie könnte mich bemuttern, bis ich – vielleicht so nach fünf Jahren – genug Selbstvertrauen gewonnen hatte, um Frauen in meinem Alter nachzusteigen. In der Zwischenzeit konnten wir zusammen reisen. Ich hoffte, daß sie Geld zum Reisen hatte. Ich dachte, es wäre vielleicht nett, nach Italien zu fahren, wegen der Zeichnungen.

Aber sie war nicht in der Lobby. Sie war geflohen. Henrys Bemerkung war zu grob gewesen. Ihre Augen waren schon traurig gewesen, bevor wir ins Gespräch kamen.

Ich wußte, daß sie den Club verlassen hatte, aber ich ging von der Lobby aus noch eine teppichüberzogene Treppe hinauf, um ein bißchen weiter nach ihr Ausschau zu halten, nur so für alle Fälle, und im ersten Stock, in einem großen, eleganten, holzgetäfelten Salon, fand noch eine zweite Party statt. Hier waren viele Leute, und dazu ein riesiger Tisch mit einem Büffet. Die Dame mit dem Hut sah ich nicht.

Ich ging in die Galerie zurück und ließ mir noch ein Glas Wein geben. Ich fand die Lagerfeld ganz für sich und stellte mich zu ihr.

»Amüsieren Sie sich gut?« fragte sie.

»Einigermaßen«, sagte ich, und dann fügte ich hinzu: »Ich hab ein bißchen ein schlechtes Gewissen. Henry war grob zu dieser einen Frau, mit der ich mich unterhielt.« Ich redete hinter seinem Rücken über ihn; ich litt an *in vino veritas*.

»Er ist zu allen Frauen schrecklich«, sagte sie.

»Und warum?«

»Ihm wurde vor vielen Jahren das Herz gebrochen, als er jung und gutaussehend war und noch Geld hatte. Er ist nie darüber hinweggekommen und zahlt es nun allen Frauen heim. Man muß wissen, wie man ihn zu nehmen hat, dann kann man viel Spaß mit ihm haben.«

»Wie kam das, daß ihm das Herz gebrochen wurde?«

»Er war in ein katholisches Mädchen verliebt. Aber ihre Familie wollte ihr nicht erlauben, ihn zu heirateten. Am Ende hat sie einen reichen Bankier geheiratet. Seitdem tut er immer so, als sei er katholisch, aber ursprünglich war er Presbyterianer. Jetzt schätzt er die römische Kirche, weil sie es ihm ermöglicht, ein religiöser Snob zu sein.«

»Das hab ich alles gar nicht gewußt.«

»Er behält seine Geheimnisse gern für sich. Niemand kann sich richtig einen Reim auf ihn machen. Er ist zu verrückt. Selbst ich kann ihn nicht wirklich verstehen.«

»Otto Bellman glaubt, er sei homosexuell.«

»Das sagen sie alle. Schließlich war er beim Theater, und Schauspieler müssen homosexuell oder bisexuell sein, damit sie ihren Text mit Gefühl aufsagen können. Aber Henry ist das genaue Gegenteil. Er hat gar keine Gefühle.«

Da näherte er sich uns, und wir lächelten ihm beide falsch zu. Ich fühlte mich schuldig, weil ich so bereitwillig über ihn getratscht hatte. Henry sagte, er sei abmarschbereit, und die Lagerfeld war einverstanden.

»Ich bin hungrig«, sagte Henry, als wir die Galerie verließen.

»Ich hab im ersten Stock noch eine zweite Party bemerkt«, sagte ich. Das war die Gelegenheit, mich von meiner Sünde wieder loszukaufen. Ich hatte schlecht über Henry geredet, aber jetzt konnte ich ihn gut füttern. »Da gab's einen Riesentisch mit Essen. Vielleicht können wir uns da einschleichen.«

Da wurden meine beiden Gefährten ganz aufgeregt, und die Lagerfeld mußte sich sehr mühen, um die Treppe zu erklimmen, aber der Gedanke an eine weitere Party gab ihr Kraft. Wir schafften es, ungehindert direkt zum Büffettisch vorzudringen und uns dort unters Volk zu mischen. Man hatte sich hier anläßlich einer Anitiquitätenauktion für die Brown University versammelt.

Das Essen war vorzüglich, Pasteten und verschiedenerlei Fleisch und Garnelen und Käse. Und es schmeckte besonders köstlich, weil es umsonst war, und wir drei aßen eine ganze Menge und tranken weiteren Wein.

Wir bewegten uns nicht weit vom Büffet fort, und Henry öffnete seinen Blazer, so daß er bequemer atmen konnte, und aus dem Augenwinkel sah ich es weiß aufblitzen. Der hintere Rockschoß hatte sich geöffnet, und sein Arsch befand sich genau neben einem Wagenrad Camembert.

Bevor ich noch etwas sagen konnte, entdeckte es die Lagerfeld. Sie lächelte, und dann trafen sich unsere Blicke, und sie grinste mich wissend an. Es sah fast so aus, als wolle sie Henry mit ihrem Handstock den Arsch versohlen. Ich flüsterte Henry zu: »Man sieht es.«

»Man sieht was?«

»Deinen Hintern.«

»Das ist lästig. Ich möchte mir das Jackett nicht zuknöpfen. Die Menschen sollten sich privilegiert vorkommen ... Aber ich bin dicht am Essen. Da kann ich Einwände nachvollziehen«, sagte er, und er knöpfte seinen Blazer zu.

Wir gingen kurz darauf und fuhren die Lagerfeld nach Hause. Wir hielten in zweiter Reihe bei ihr vor der Tür. Das Gebäude war einmal ein Prachtbau gewesen, aber jetzt machte es einen vernachlässigten Eindruck. Bevor sie aus dem Wagen stieg, sagte sie zu mir: »Das war hervorragend, daß Sie diese Party für uns aufgespürt haben.« Und dann sagte sie zu Henry: »Er hat schon eine Menge von dir gelernt.«

»Nur die falschen Dinge«, sagte Henry.

Ich stieg aus dem Wagen und bot der Lagerfeld meine Dienste an. Sie schob ihren Arm unter meinen, und ich geleitete sie zu den Doppelglastüren ihres Hauses. Der Türsteher am anderen Ende der unpersönlichen, schmuddeligen, neonbeleuchteten Lobby entriegelte die Tür. Ich beobachtete, wie sie mit ihrem Handstock quer durch die Lobby ging und ihrem Türsteher einen Gruß zuwinkte. Ich merkte ihr an, daß sie die Rolle der Dame von Welt spielen wollte, die spätabends nach Hause zurückkam. Aber der Türsteher schaute kaum von seiner Zeitung auf, und die Lagerfeld verschwand im Aufzug.

Ein baumelnder Schlips

Henry und ich fuhren nach Haus und tranken noch mehr Wein und sahen fern. Um elf Uhr kam *Werden Sie schon bedient?* Die Folge drehte sich um einen Eisenbahnerstreik in London. All die Angestellten des Kaufhauses konnten nicht nach Hause, darum verbrachten sie die Nacht entweder in der Camping- oder in der Möbelabteilung.

Mrs. Slocombe, die bei den Möbeln untergekommen war, machte sich ein nettes kleines Schlafzimmer zurecht und versuchte, Mr. Humphries zu verführen, einen dünnen Blonden mit fürchterlichen britischen Zähnen und geschürztem Mund. Genau wie Mrs. Slocombes Muschi Anlaß für jede Menge Gelächter aus der Konserve war, bot Mr. Humphries' unmännliche Persönlichkeit hinreichend Futter für unzählige Witze. Aber er versuchte, Mrs. Slocombes Avancen nicht auf allzu rüde Weise abzuwehren. Er sorgte sich um sie und wollte ihre Gefühle nicht verletzen.

»Sie ist die einzige, die nicht mitbekommt, daß er ein Urning ist«, sagte Henry.

»Ja«, sagte ich.

»Es sind alles großartige Schauspieler, aber inzwischen sind sie alle hoffnungslos auf eine Rolle festgelegt. Mr. Humphries wird immer und ewig Mr. Humphries bleiben.«

Statt Mrs. Slocombe zurückzuweisen und ihr den Lebensmut zu zerstören, schloß Mr. Humphries die Augen und fing an, sie wild zu küssen, aber er wurde durch das Erscheinen des mürrischen Captain Peacock gerettet, den es sehr verwirrte, die beiden im Bett vorzufinden. Captain Peacock hatte immer gedacht, Mr. Humphries zu kennen.

Ich war durch den stetigen Weinkonsum des Abends reichlich benebelt, und mitten in der Sendung legte ich mich auf den orangenen Teppich. Ich nahm mir ein Kissen von der weißen Couch, um meinen Kopf drauf zu stützen, so daß ich weiter fernsehen konnte. Mein Hemd rutschte hoch, und mein Bauch war teilweise frei. Als die Sendung vorbei war, stand Henry hinter mir bei seinem Kleiderschrank und begann sich auszuziehen, und dann senkte sich vor meinem Gesicht gemächlich sein Schlips herab. Es war ein roter mit blauem Paisley-Muster. Ich dachte, er wolle ihn mir schenken und ließe ihn zu meiner Prüfung da herunterbaumeln. Aber die Krawatte senkte sich noch weiter, immer Richtung Süden, und piekste mir mit der Spitze in den Bauchnabel, der von einem kleinen Büschel dunkelblonden Haars umgeben war.

»Worauf hast du es da abgesehen?« fragte Henry betreffs meines entblößten Nabels, und es lag so etwas wie kokette Bezichtigung in seiner Stimme.

Die Spitze blieb in meinem Nabel liegen. Wir waren wie durch eine Nabelschnur verbunden, und das brachte mich in tiefe Verlegenheit. In all den Monaten, die wir nun schon zusammenwohnten, hatten wir einander nie berührt. Wir hatten sehr darauf achtgegeben, nicht einmal mit den Schultern aneinanderzustoßen, und unser Apartment war klein und vollgestellt. Was um alles in der Welt hatte nun diesen Schlips dazu inspiriert, in meinen Bauchnabel zu baumeln? War er eifersüchtig auf die Frau, die mir ein Kompliment wegen meiner Nase gemacht hatte? Machte ihr Interesse an mir mich begehrenswerter? Oder war ich in seinem Ansehen gestiegen, weil ich mich als dritter Partner neben ihm und der Lagerfeld bewährt und uns allen eine kostenlose Mahlzeit beschert hatte?

Ich sah an dem Schlips entlang zu ihm auf, und in seinem Gesicht fand ich ein seltsames, widersprüchliches Lächeln, das ich dort noch nie gesehen hatte. Er versuchte, verführerisch zu sein, neckisch, aber gleichzeitig wollte er das auch nicht.

Ich tat, als habe ich seine Frage gar nicht richtig verstanden, und ich sagte wirr: »Auf gar nichts weiter«; und ich zog mein Hemd wieder runter und boxte das Schlipsende dabei weg. Er rollte die Krawatte ein, und ich stand auf und ging in mein Zimmer.

Wir lagen in unseren Betten, und ich dachte daran, daß Claudia Chauchat und Hans Castorp im *Zauberberg* Jahre gebraucht hatten, bis sie sich zum ersten Mal küßten. Henry und ich lebten am Fuße eines kleinen Hügels auf der Upper East Side, darum hatten wir bloß ein paar Monate gebraucht, obwohl es nicht direkt ein Kuß war, ein Schlips im Nabel, aber es hatte den Effekt eines Kusses.

Aber ich war mir immer noch unsicher. Nichts war jemals eindeutig. Hatte er versucht, mich zu berühren? Hatte sich Henry mir schließlich offenbart? Wenn er das hatte, dann wollte ich es nicht sehen. Ich wollte nicht, daß er irgend etwas brauchte, irgendwen. Ich wollte nicht, daß er schwach war wie ich.

Kapitel XII

Es sind die Altersgenossen, die einen schlechtmachen

Nach der Nacht mit dem Schlips wurde mir klar, ich wollte nicht, daß Henry so verzweifelt war, wie ich es war, aber ich wollte sehr wohl, und zwar mehr als alles andere, daß er mich mochte. Hatte sein Schlips in meinem Nabel bedeutet, daß er mich mochte?

Wenn er das bedeutete, dann hoffte ich unwillkürlich, er würde versuchen, mich noch einmal zu berühren. Ich wollte keinen Sex mit ihm haben; ich wollte einfach nur seine Anerkennung. Eines Abends legte ich mich auf den Teppich, und ich legte wieder meinen Bauchnabel frei, aber es passierte nichts. Ich kam mir dämlich vor und versuchte derlei Tricks nicht wieder.

So blieb unsere Beziehung die alte. Wir beide preschten weiter. Wir beide durchlebten unser übliches Auf und Ab. Ich lebte ganz für seine Anerkennung und war mir nie sicher, ob ich sie auch hatte.

Am Mittwoch der dritten Maiwoche war ich bei der Arbeit, und im Lauf des Vormittags rief mich meine Großtante an. Sie mußte zu einem Hörtest in der Hals-Nasen-Ohren-Klinik, die ganz in der Nähe meines Büros war, und sie wollte wissen, ob ich mit ihr essen ginge. Ich sagte bereitwillig zu, und wir machten ab, uns um zwölf in der Lobby meines Bürogebäudes zu treffen.

Um halb zwölf rief Henry mich an. Er hatte sich aus dem Apartment ausgesperrt und wollte zu *Terra* kommen, um sich meine Schlüssel zu holen. Er rief aus dem Salz der Erde an. Ich sagte ihm, er solle mich in einer halben Stunde in der Lobby treffen. Ich sagte ihm nichts von meiner Großtante; das war die Gelegenheit für sie, sich kennenzulernen, und ich wollte ihn mit zum Essen einladen, aber wenn er im voraus davon wüßte, würde er versuchen, sich davor zu drücken, denn meine Großtante hatte ihm nichts zu bieten.

Henry traf als erster ein. Außer uns beiden war nur noch der Türsteher in der engen Lobby. Ich gab Henry die Schlüssel, nur nicht den Briefkastenschlüssel, und wir machten ab, daß er mein Schlüsselbund in den Briefkasten werfen solle, so daß ich hineinkäme. Dann sagte ich: »Meine Großtante muß jeden Moment kommen. Sie ist wegen eines Arzttermins hier in Manhattan. Wir wollen essen gehen. Es wäre prima, wenn du mitkommen würdest.«

»Ich bin nicht in der Verfassung, etwas zu essen. Ich hab einen Zahn, der mich noch umbringt.«

»Kannst du dann wenigstens noch einen Moment hierbleiben, daß du sie kennenlernst?«

»Du bist drauf und dran, eine perfekte Beziehung zu zerstören. Wir sehen uns nie, und sie schickt mir gute Gaben.«

»Sie würde dich gern mal kennenlernen«, sagte ich; und dann fragte ich, um ihn hinzuhalten: »Wie ist das passiert, daß du dich ausgesperrt hast?«

»Mein Freund Howard, das ist der, der den Gurus nachläuft, tauchte aus heiterem Himmel auf. Versucht immer noch, mich anzuwerben. Ich hab ihn ins Apartment gelassen, und das war ein Fehler. Er sagte, ich sähe alt aus. Ich sagte ihm, so was dürfe man einem Schauspieler nie sagen. Nachdem er weg war, war ich so wütend, daß ich ohne die Schlüssel in den Park ging und mich auf eine Bank setzte, und eine junge Frau, die *Life* las, versuchte, mit mir ins Gespräch zu kommen, und ich hab sie angeblafft.«

Henry trug seine alten Treter, die hinten ganz ausgelatscht waren, seine braungelbe Stretchhose und einen blauen Anorak, und ich sagte zu ihm: »Ich finde, du siehst ziemlich jung aus. Vom Park hast du eine gute Farbe bekommen, und in deinem Anorak siehst du aus wie ein Yachtbesitzer.«

Henry ließ sich durch mein Kompliment einigermaßen besänftigen. Er sagte: »Mein Zorn muß bewirkt haben, daß mir das Blut wieder durch den Körper pumpte und mir neue Jugend brachte ... Dieses Mädel da im Park hat mich angelächelt, ich kann nicht allzu alt ausgesehen haben.« Dann dachte er noch ein bißchen weiter über mein Kompliment nach, erwog seine Gültigkeit und fügte hinzu: »Junge Leute finden immer, alte Leute sähen jung aus. Es sind die Altersgenossen, die einen schlechtmachen.«

Dann traf meine Großtante ein. Der Türsteher öffnete ihr die Tür, und sie strahlte mich mit breitem Lächeln an, so sehr freute sie sich, mich zu sehen. Außerhalb ihres Apartments sah sie ganz zierlich und gebrechlich aus. Sie trug einen karierten Rock und einen Blazer aus dünnem Wollstoff. Ihr rotes Haar trug sie nach Topfschnitt-Mode.

»Tante Sadye«, sagte ich, »das ist Henry Harrison, mein Mitbewohner.« Ich hoffte, es würde Henry nicht stören, daß ich ihn so bezeichnete. Aber ich wollte sichergehen, daß sie wußte, um wen es sich handelte. Sie nannte ihn immer bloß Liebesdiener.

Sie war überrascht, aber sie blähte sich auf – ihren kleinen, gut einsfünfzig messenden Körper –, und sie versuchte, ihrem Gesicht einen kultivierten Ausdruck zu verleihen, der einer förmlichen Vorstellung angemessen war: Sie schürzte die Lippen. Ich sah wohl, sie wollte, daß er sie attraktiv fand und daß ihm klar wurde, sie war eine Frau von Format. Sie hielt ihm artig ihre kleine sommersprossige Hand entgegen. Henry ergriff sie, benahm sich ordentlich, und sie sagte mit einem süßen Lächeln: »Es ist mir ein Vergnügen, Sie kennenzulernen.«

»Ja, ich freue mich auch, Sie kennenzulernen«, sagte er. »Vielen Dank für das viele Essen, die Matze, den Toaster ... Aber ich bin auf dem Sprung. Ich hatte mich ausgesperrt, ich befinde mich am Rande eines Nervenzusammenbruchs, und jetzt eitert auch noch ein Zahn.«

Es ärgerte mich, daß Henry so kurzangebunden war, und ich sah meine Großtante ein bißchen aus dem Tritt kommen, aber sie hielt weiter seine Hand, so daß er nicht weglaufen konnte, und sie fragte ihn: »Passen Sie ein bißchen auf meinen Neffen auf?«

»Nein. Absolut nicht. Jeder muß selbst über die Runden kommen. Ich krieg mein eigenes Leben kaum geregelt. Aber ich muß jetzt wirklich los. Es war schön, Sie kennenzulernen«, sagte er, und sie ließ seine Hand los. Er verbeugte sich leicht und sagte zu mir: »Danke für die Schlüssel. Ich will versuchen, sie auf dem Weg zur Dreiundneunzigsten Straße nicht zu verlieren.« Dann öffnete der Türsteher die Tür, und Henry war auf und davon.

Meine Großtante holte tief Luft, und sie sank in sich zusammen. Sie gab ihre Einen-Mann-treffen-Pose, für die sie ohnehin nur noch selten Verwendung fand, wieder auf. Ich sah, daß sie enttäuscht war, weil er ihr nicht mehr Aufmerksamkeit geschenkt hatte, und ich war untröstlich ihretwegen. Sie brauchte solche Niederlagen wirklich nicht mehr. Und ich fühlte mich in meiner eigenen Eitelkeit gekränkt – das hier war meine Großtante, er hätte sie mögen sollen, sie zumindest mit mehr Respekt behandeln.

Aber sie war stark, sie setzte schon zur Gegenwehr an. Sie sagte herablassend: »Ich hätte ihn eine Meile gegen den Wind erkannt. Er sieht nicht gerade sauber aus, aber er hält sich nicht schlecht für sein Alter.«

Wir aßen in dem griechischen Imbiß auf der anderen Straßenseite zu Mittag. Am Tresen saß ein verzweifelter alter Mann und vergrub den Kopf in die Handfläche. Meine Großtante wühlte in ihrer Handtasche herum, um ihren Lippenstift zu finden, und sagte: »Man braucht schon einen Geigerzähler, um in dieser Tasche was zu finden.«

Sie fand den Lippenstift, zog sich die Lippen nach und erzählte mir dann davon, wie sie in den dreißiger Jahren während der Rennsaison in einem Salon in Saratoga Springs gearbeitet und eine wohlhabende Lesbierin ihr im Grand Union Hotel Avancen gemacht hatte.

»Ich ging um Mitternacht zu ihr aufs Zimmer, ich war angetrunken, aber sie sagte, sie wolle eine Maniküre haben. Ganz urplötzlich hatte ich keine Kleider mehr an. Ich weiß gar nicht, wie das passiert ist.« Ihre Erbsensuppe kam. Sie probierte davon und fand sie kalt, darum rief sie den Kellner, einen großen stämmigen Griechen mit einem Kinn, das schon vom neuen Bart des Tages geschwärzt war. »Die ist kalt«, sagte sie zu ihm. Verständnisvoll nahm er die Terrine wieder mit, ohne ein Wort zu sagen; er kannte die Bedürfnisse alter Damen, die sich ihre Suppe aufwärmen lassen mußten, selbst wenn sie heiß war. Sie lächelte stolz, weil man sie gut bediente, weil man sie mit Respekt behandelte, und setzte ihre Saratoga-Geschichte fort. »Und dann plötzlich küßt sie mich, rat mal wo. Direkt auf die Tuschi. Das hat mich wieder nüchtern gemacht, besser als eine Tasse Kaffee, und ich bin da raus. Aber ich hab meine Schuhe vergessen. Mußte barfuß laufen. Ich war psychologisch angegriffen. Ich saß stundenlang in der Badewanne, aber noch nach Wochen kam ich mir schmutzig vor. Kannst du dir das vorstellen?«

»Hat es sich gut angefühlt?«

»Was?«

»Mit einer Frau zusammenzusein?«

»Eine Sekunde lang«, sagte sie, und sie lächelte mich schelmisch an. »Darum war ich ja psychologisch angegriffen.«

Daphne will Hustensaft trinken und Zigaretten rauchen

Als ich von der Arbeit nach Hause kam, war es im Apartment pechduster. Normalerweise waren Henrys fleckige Vorhänge auf und ließen die letzten Sonnenstrahlen des Tages ein, aber sie waren zugezogen.

Ich schaltete das Licht in der Küche an und ging dann durch Henrys dunkles Zimmer, um die Vorhänge aufzuziehen, und merkte, daß Henry im Schummerlicht zusammengekauert auf seinem Bett lag. Er hätte eigentlich in Queensborough beim

Unterricht sein müssen. Ich war ein bißchen geschockt und einen Moment lang richtig entsetzt. »Entschuldigung«, sagte ich. Ich konnte erkennen, daß er die Augen geöffnet hatte. »Ich hatte nicht bemerkt, daß du zu Hause bist. Müßtest du nicht beim Unterricht sein?«

»Will nicht«, sagte Henry in einem geflüsterten, mädchenhaften Tonfall.

»Was ist denn das für eine Stimme?« fragte ich.

»Ich spreche durch ein Medium, eine Kinderstimme.«

Ich setzte mich im Dunkeln auf die weiße Couch. Es gefiel mir, daß Henry durch ein Medium sprach. Ich fragte: »Wie heißt dieses Kind?«

»Daphne«, flüsterte das kleine Mädchen.

»Stimmt etwas nicht mit dir, Daphne, daß du nicht zur Schule willst?«

»Ich hab Zahnschmerzen.«

Ich hatte gedacht, der Zahnschmerz sei bloß eine Ausrede, um nicht mit meiner Großtante essen gehen zu müssen. Ich fragte Daphne: »Kann ich irgend etwas für dich tun? Möchtest du irgendwas?«

»Hustensaft.«

Daphne war unartig. Ich versuchte, mir eine neue Frage für das Kind auszudenken. Es war irgendwie aufregend, daß Henry ein kleines Mädchen spielte. Ich sprach mit ihr in einer tröstenden Erwachsenenstimme. »Was möchte Daphne denn gerne machen?«

»Zigaretten rauchen«, lispelte sie kokett aus dem Schatten ihres Bettes heraus.

»Wie fühlt sich Daphne denn, wenn sie Zigaretten raucht?«

»Gut.«

»Fühlt Daphne sich nicht schuldig, wenn sie raucht?«

»Doch.«

»Was passiert, wenn Daphne sich erwischen läßt?«

»Daddy –«

Das Telefon klingelte und beendete unser Spiel, dabei wollte ich so gern wissen, was Daddy mit Daphne machte. Ich nahm den Hörer ab. Es war Vivian Cudlips Sekretärin. Sie sagte: »Mrs. Cudlip wünscht mit Dr. Harrison zu sprechen.«

Ich reichte Henry das Telefon, und ich setzte mich wieder auf die weiße Couch. Henry blieb einen Moment lang stumm und sagte dann mit seiner normalen Stimme, die sich nach der Daphne-Stimme ganz komisch anhörte: »Vivian, bleib im Bett. Sag alles ab ... Überanstreng dich nicht beim Telefonieren. Du hast ein Loch im Herzen. Sogar das Adressieren von Karten ist zu anstrengend ... Ist gut, dann bestätigen wir das morgen.«

Er legte auf. »O mein Gott.«

»Was ist denn jetzt los?«

»Sie will, daß ich morgen abend mit ihr zu *Will Rogers* gehe. Und morgen geh ich mit diesem Zahn zum Zahnarzt.«

»Stört es dich nicht, schon wieder *Will Rogers* zu sehen?«

»Ich geh ja nicht wegen des Stücks hin. Ich geh wegen des Essens hin, das hinterher stattfindet. Aber die haben einen neuen Will Rogers. Das ist immer interessant. Der, den wir gesehen haben, sah aus wie ein Sexsüchtiger.«

Sex erinnerte mich an Daphne, darum sagte ich wiederum mit meiner tröstenden Stimme: »Was macht Daphnes Daddy, wenn sie Zigaretten raucht?«

»Sie ist nicht mehr da. Ich kann sie nicht mehr zurückholen.«

Enttäuscht schaltete ich zu unserem Erwachsenengespräch zurück und sagte: »Was hat Vivian?«

»Ihre Anämie. Aber sie schert sich nicht drum. Ich hab versucht, sie zu überreden, im Bett zu bleiben, damit ich morgen nicht mit ihr ausgehen muß. Kann sein, daß sie mir den Zahn ziehen.«

»Vivian wird Verständnis dafür haben, wenn dir der Zahn wehtut.«

»Das wird sie nicht. Sie hat ein Loch im Herzen, aber das hindert sie nicht daran weiterzupreschen. Wenn man einmal absagt, könnte alles aus sein. Neuerdings ist sie ohnehin in Bannlaune.«

»Ich dachte, du hättest gesagt, es sei gut, nicht zu verfügbar zu sein.«

»Es ist gut, nicht zu verfügbar zu scheinen, aber nicht, es nicht zu sein.«

Das Telefon klingelte wieder, und Henry nahm ab.

»Ja, ich hab schon immer versucht anzurufen«, sagte er in den Hörer, und dann geflüstert zu mir: »das Finanzamt«; und dann redete er wieder in den Hörer. »Ich drang bloß zu hektischen Tonsignalen und Bandansagen durch. Bandansagen, die mich mit Bandansagen weiterverbanden ... Und man braucht dafür ein Tastentelefon, aber das ist zu teuer, ich hab noch eine Wählscheibe ... Ich benötige das Formular, auf dem ich mich zu monatlichen Zahlungen verpflichte. Das hab ich verloren ... Wenn wieder Geld reinkommt, bezahl ich jemanden dafür, daß er meine Steuer erledigt, so daß ich meine Steuern nicht zahlen muß ... Ja, schicken Sie mir das her ... Ja, das hab ich auch verloren. Persönlich vorbeibringen? Auf welchem Amt? ... Ich kann mich nicht über die Sechsundneunzigste Straße hinausbewegen, zu gefährlich, Demarkationslinie ... Church Street ... Ja, Wiederhören.«

Henry legte den Hörer auf und sagte zu mir: »Sie sagen ›einen schönen Abend noch‹, nachdem sie einem mit ihren Steuern das Leben zerstört haben. Sie sind mir auf den Fersen. Dieses Land ist krank, sie attackieren die Armen mit Steuern, um die noch Ärmeren dafür zu bezahlen, daß sie Babys kriegen oder die Babys abtreiben. Das ist alles Clintons Schuld ... Ich brauch einen findigen Steuerberater. Ständig treibt man mich Verbrechern in die Arme ... Obwohl es noch Hoffnung gibt – der Finanzbeamte hat gesagt, wenn ich weiter durchhalte, werden meine Steuern womöglich für nicht einzutreiben erklärt.«

»Und was passiert dann?«

»Womöglich werde ich ausgezeichnet. Ehrenmedaille ... Dieser Zahn bringt mich noch um. Es gibt keinerlei Zuflucht außer der totalen Vergessenheit. Trink was mit mir.«

Morgen war Arbeitstag, aber ich mochte Henrys Angebot nicht ausschlagen. Wir gingen daran, uns eine Flasche Wein zu teilen. Er sagte: »Was für ein Leben. Und wer hat die Schuld? Ich oder die Welt?«

»Ich weiß nur, daß ich selbst die Ursache aller meiner Probleme bin. Bei den meisten Leuten ist das so.«

»Aber die Welt hat mich zu dem gemacht, was ich bin, und hat auch meine Probleme gemacht. Früher war das nie so. Ich hatte keinerlei Probleme ... Ich geb nicht dem Menschen die Schuld. Er ist so unvollkommen, und sein System ist so unvollkommen, daß man wirklich nichts machen kann ... Wo kann ich noch hin? In Riga kennt man diese Probleme nicht ... Es ist nicht so, daß ich Geld hätte. Normalerweise rühren alle Probleme nur daher. Wiewohl alle Probleme, die ich hab, auf Geld zurückzuführen sind. Nun, es ist gut, nur ein einziges Problem zu haben. Das ist besser als eine spirituelle Krise, wiewohl mein Geldproblem natürlich das Resultat eines spirituellen, eines psychischen Problems ist: Ich mochte nie arbeiten.«

»Du hast doch an deinen Stücken gearbeitet. Wenn wir *Henry und Mary* finden würden, könntest du es verkaufen.«

»Samuel French war einmal dran interessiert. Aber man müßte einen Pappdeckel drum tun.«

»Einen Pappdeckel kannst du dir doch kaufen.«

»Nein! Hier muß irgendwo ein Aktendeckel rumliegen. Geld gebe ich nur für Vergnügungen und für Strafmandate der Polizei aus.«

Wir leerten die Flasche, und Henry schickte mich los, eine zweite holen. Ich spazierte die Second Avenue entlang, voller Überschwang, kam mir vor wie ein Flaneur. Ich kaufte zwei Flaschen. Ich liebte es, mit Henry zusammen zu trinken, betrunken und glücklich mit ihm zu sein, seine ganze Aufmerksamkeit zu haben.

Als ich wieder ins Apartment raufkam, tanzte er. Er rief über die Musik hinweg: »Ich tanze, damit ich keinen Altweiberbuckel und keinen Otto-Bellman-Buckel kriege. Weißt du, wahrscheinlich könnte er sogar geplättet werden, wenn wir ihn unter eine Dampfwalze legen oder mit der Lagerfeld ins Bett stecken.«

Dann hörte er auf zu tanzen, und wir öffneten die zweite Flasche. Wir hörten uns eine Eddie-Cantor-Platte an. Henry sang mit. Ich gab mein bestes, um mir den Text zu merken und ebenfalls mitzusingen.

Als die Platte zu Ende war, schlug Henry vor, wir sollten patriotische Lieder und Spirituals singen. Das Singen und der Wein lenkten seine Gedanken von Zahnschmerzen und Steuern ab. Wir schmetterten ein Potpourri aus »Dixie«, »Star-Spangled Banner«, »John Henry«, »America the Beautiful«, »Green Mountain Boys« und »Ol' Man River«.

Dann irgendwann während der dritten Flasche hörte Henry auf zu singen und wurde melancholisch. Er sagte: »Mein Freund hat sich zu Tode gesoffen. Er wollte ein Stück schreiben, schaffte es aber nicht, und er wollte nicht das Familiengeschäft übernehmen. Er war homosexuell, aber ich glaube, das hat ihn gar nicht weiter gestört. Ich werde seine Mutter anrufen.«

Ich wußte nicht, von wem er redete. Ich fragte: »Wann ist dieser Freund denn gestorben?«

»Neunzehnhundertachtundfünfzig, glaub ich«, sagte er und nahm den Hörer ab. Bevor er wählte, sagte er: »Wenn du Selbstmord begehen willst, dann betrink dich und ruf jeden an, den du auf der weiten Welt kennst, und wenn du damit fertig bist, denk an die Telefonrechnung, und dann bring dich um.«

Er wählte die Nummer. »Hab ich dich geweckt? ... Hier spricht Henry ... Henry Harrison ... Ich hab dich geweckt, aber jetzt bist du schon mal wach ... Wie geht's dir? ... Mir? Mein Leben steht gefährlich auf der Kippe, aber das bin ich schon gewohnt, darum ist es nicht so schlimm ...«

Ich ging ins Bad, und als ich zurückkam, war Henry nicht mehr am Telefon.

»Ich glaube nicht, daß sie wußte, wer ich bin«, sagte er. »Aber sie ist alt. Älter als Vivian. Mindestens fünfundneunzig.«

»Wann hast du das letzte Mal mit ihr gesprochen?«

»Vor zwanzig Jahren.«

»Das ist ja erstaunlich, daß sie immer noch dieselbe Nummer hat.«

»Ach, manche Leute behalten jahrelang dieselbe Nummer. Wenn man mal eine gute hat, dann bleibt man dabei ... Aber ich kann nicht einmal Selbstmord begehen. Niemand lebt mehr, der mich mag, damit ich da anrufen und eine Riesentelefonrechnung ansammeln könnte.«

»Du könntest mich anrufen«, sagte ich.

»Du magst mich nicht«, sagte Henry.

»Doch, das tu ich. Ich mag dich sehr.«

»Du machst dir selber was vor, daß du glaubst, du magst mich. Ansonsten wäre es dir unerträglich, hier zu wohnen.«

»Ich mag dich aber.«

Henry trank aus seinem Glas und sah mich nicht an. »Ich brauch keine Möge«, sagte Henry. »Ich brauch Liebe.«

»Du brauchst Liebe?«

»Ja. Ich habe finanzielle Probleme, das beeinträchtigt mein Denkvermögen.«

»Was wäre, wenn du keine finanziellen Probleme hättest?«

»Dann würde ich keine Liebe brauchen ... Das größte Zeichen der Liebe ist es, wenn dir jemand Geld schenkt, denn dann hilft er dir wirklich. Nur wenige Menschen machen sich das klar.«

»Brauchst du irgendwas von *mir*?«

»Ich brauche es, mit dir zu reden. Du bist der einzige Mensch, den ich kenne, der bei gesundem Verstand ist.«

Ich gab ihm etwas, was ihm sonst niemand gab. Ich war ein *einziger Mensch* für ihn. Ich war stolz. »Danke, daß du glaubst, ich sei bei gesundem Verstand«, sagte ich.

»Gern geschehen.«

Ich hatte mich Henry noch nie so nahe gefühlt. Ich wünschte mir, ich hätte Geld, das ich ihm hätte schenken können, um ihm meine Liebe zu zeigen. Wir nippten schweigend an unserm Wein. Ich hatte eine Idee.

»Warum bittest du Vivian Cudlip nicht um ein Darlehen?« sagte ich. »Oder vielleicht würde sie dir das Geld sogar schenken, wenn sie von deinen Steuerproblemen wüßte.«

»Nein, so macht man das nicht. Man bittet nie um Geld. Ich könnte sie bitten, mich zu heiraten. Ich schlafe lange, nachmittags ist sie bei Ärzten, der Tag wäre fast schon vorüber und für mich trefflich gesorgt ... Aber sie kriegt von allen ständig Anträge. So weit bin ich noch nicht gesunken.«

»Könntest du nicht einfach ehrlich zu ihr sein und sie um ein Darlehen bitten? Das ist doch nicht ehrenrührig.«

»Jeder Mann, der zu einer Frau ehrlich ist, ist ein Dummkopf.«

»Wie sieht das bei einem Mann aus, der ehrlich zu einem Mann ist?«

»Jeder Mann, der zu einem Mann ehrlich ist, ist ein Dummkopf.«

»Und du denkst immer noch, ich sei der einzige Mensch, den du kennst, der bei Verstand ist?«

»Ja, du bist bei Verstand. Ein bißchen altmodisch, aber bei klarem Verstand.«

Danke, mein lieber Junge

Am darauffolgenden Nachmittag rief Henry mich bei der Arbeit an. Er klang, als sei er in schlechter Verfassung. Er war in der Zahnklinik der New York University gewesen.

»Und was haben sie gemacht?« fragte ich.

»Einen Zahn gezogen. Nur mit örtlicher Betäubung. Mein ganzes Gesicht ist angeschwollen. Aber für dich ist das die Gelegenheit. Ich möchte, daß du heute abend mit Vivian zu *Will Rogers* gehst. Anschließend geht sie dann wahrscheinlich noch mit dir in den Russian Tea Room.«

Mein Herz raste. Ich kriegte die Chance, ganz alleine als Begleiter aufzutreten. »Stört es Vivian nicht, daß sie mich gar nicht kennt?« fragte ich.

»Sie weiß noch nichts davon. Wir werden bis zum letztmöglichen Augenblick warten. Du wirst sie um sieben abholen, wir werden sie um sechs oder halb sieben anrufen. Auf diese Weise kann sie nicht noch einen ihrer anderen Ritter anrufen.«

Ich sollte gleich nach der Arbeit heimkommen, und dann würde Henry mich vollständig instruieren und sich davon überzeugen, daß ich angemessen gekleidet war.

Als ich bei *Terra* rauskam, hatten wir einen schönen Frühlingsabend, und ich ging rasch zur U-Bahn, ganz aufgeregt, daß meine Mission bevorstand.

Auf der Treppe zu unserm Apartment lief mir Gershon über den Weg. Sein Haar war schön gekämmt, sein Bart war in eine gewisse Form gebracht worden, und er trug eine Khakihose und ein Oxfordhemd. Ich hatte ihn noch nie so fein angezogen gesehen. Normalerweise lief er in Trainingshosen herum.

»Hallo, Gershon«, sagte ich.

»Hi, Louis«, sagte er, und die Mundwinkel hoben sich zaghaft zu einem Lächeln.

»Wo willst du denn hin?«

»Zu einem Vortrag bei der Freud-Gesellschaft.«

»Bist du da Mitglied?«

»Nein. Da gibt's auch öffentliche Vorträge ... Einer von Henrys Freunden dachte, ich wär Analytiker ... Da dacht ich, ich könnt mich mal informieren.«

Ich nickte und ging eine Stufe höher und sagte dann noch: »Henry ist nicht gut beieinander. Ihm ist ein Zahn gezogen worden.«

»Menschen sind wie Autos«, sagte er. »Je älter sie werden, desto mehr müssen sie gewartet werden.«

»Ja«, sagte ich und stieg weiter die Treppe hinauf zu Henry, und Gershon ging zu seinem Freud-Vortrag.

Henry hatte sein Gespräch mit Vivian gerade beendet, als ich das Apartment betrat. Er hatte sie angelogen. Er hatte ihr gesagt, er hätte im College einen Vortrag zu halten, den er sich in seinem Kalender nicht richtig notiert habe. Sie war ihm nicht böse gewesen; es machte ihr nichts aus, wenn jemand arbeiten mußte, und außerdem war sie entzückt über die Aussicht, einen jungen Menschen kennenzulernen, mich.

Ich duschte und rasierte mich – schon zum zweiten Mal an diesem Tag – und zog mich an. Ich trug mein bestes weißes englisches Baumwollhemd, eine blaue Seidenkrawatte, eine graue Wollhose und einen Blazer. Ich kämmte mir das Haar penibel mit Vitaminöl, und ich putzte mir die Zähne. Henry sagte: »Absolut vorzeigbar.«

Meine Instruktionen lauteten, sie die ganze Zeit wie ein Falke im Auge zu behalten, auf gar keinen Fall über unsere Lebensumstände zu sprechen, und es mir nicht anmerken zu lassen, daß ich den zweiten Akt von *Will Rogers* schon kannte; sie würde das Gefühl haben wollen, daß sie mir etwas bot. An der Tür sagte ich zu Henry: »Danke für diese Gelegenheit. Ich bin ziemlich aufgeregt.«

»Ja, so ist das beim ersten Mal«, sagte er.

Ich nahm ein Taxi zu ihrem Haus, das sich in der Achtundvierzigsten Straße zwischen der Third und der Second Avenue befand. Henry erzählte mir, alle Häuser auf der Achtundvierzigsten und der Neunundvierzigsten hätten hinten auf ihrem Grundstück einen über den ganzen Straßenzug gehenden Privatgarten namens Turtle Bay. Zu den Leuten, die sich diesen Garten mit Vivian teilten, gehörten Katharine Hepburn und Stephen Sondheim. Die Nachbarschaft gehörte zu den exklusivsten in ganz New York City.

Ich wollte gerade bei ihr läuten, als mir noch einfiel, Blumen wären vielleicht eine nette Einstandsgeste. Henry hatte mir früher mal erzählt, Rosenritter seien Ritter, die Rosen brächten. Ich war ein paar Minuten zu früh dran, also rannte ich die Straße runter zur Second Avenue. An der Ecke der Neunundvierzigsten gab es einen Feinkostladen, aber die Rosen waren alle ziemlich teuer. Ich war ein knauseriger Ritter. Aber ich kaufte immerhin einige hübsche purpurne Schwertlilien für vier Dollar, und ich rannte zurück und läutete bei Mrs. Cudlip.

Ich wurde von einem uniformierten Hausmädchen eingelassen, und Mrs. Cudlip wartete auf mich in der Eingangshalle, wo sie wie ein kleines Kind auf einem Stuhl saß. Sie hatte den Blick auf ihre Füße gesenkt, die Hände lagen in ihrem Schoß. Sie trug eine strohblonde Perücke, ein rotes Kleid, Strümpfe und weiße Pumps.

Das Hausmädchen half ihr hoch, und Mrs. Cudlip hielt den Blick immer noch auf ihre Füße gesenkt. Ich sah, daß sie dort, wo ihr Nacken anfing, einen fürchterlich angeschwollenen Buckel hatte. Es war eine groteske Spitzenleistung der Verkalkung. Der Buckel zwang sie, unablässig ihre Schuhspitzen anzustarren. Sie stand vornübergebeugt wie eine Garnele. Sie war ungefähr einsvierzig groß. Das Hausmädchen nahm sie bei der Hand und führte sie zu mir. Sie machte winzig kleine Schritte, und ich konnte ihr Gesicht nicht sehen. Ihre Perücke kam auf mich zu.

Sie neigte ganz leicht den Kopf und blinzelte zu mir hoch. Ich sah ein spitzes Kinn. Henry hatte mir erzählt, sie habe einen Großteil ihres Kinns wegen Krebs verloren. »Sie sind Louis? Henrys junger Freund?« fragte sie.

»Ja«, sagte ich. »Ich freue mich sehr, Sie kennenzulernen. Ich habe schon so viel von Ihnen gehört.« Ich war nervös, hatte mich aber unter Kontrolle.

»Wenn es aus Henrys Mund kam, glauben Sie kein Wort davon. Er steckt voller Geschichten«, sagte sie, und weil sie geradewegs nach unten schaute, konnte ich sie kaum hören, und ihre Stimme war wegen ihres schlimmen Kinns ein bißchen krächzend. Aber für eine Frau von über neunzig schien sie noch sehr helle.

»Ich habe Ihnen ein paar Blumen mitgebracht«, sagte ich, und ich hielt sie zwischen uns in einer Höhe, die ich für ihre Augenhöhe hielt. Sie streckte eine knotige, juwelenbesetzte Hand aus und nahm die Blumen und roch daran.

»Das ist sehr aufmerksam von Ihnen«, sagte sie, und sie reichte dem Hausmädchen die Blumen. »Der Wagen wartet draußen. Auf geht's.«

Sie ergriff meinen Arm, und ich führte sie langsam die Treppenstufen vor dem Eingang hinab und in eine schwarze Limousine hinein. Das war so, als führte ich eine Blinde, weil sie nicht nach vorn schauen konnte.

Während der Autofahrt sprachen wir vom Wetter: Es war ganz wunderbar. Und davon, warum sie Musicals liebte: Sie stimmten sie fröhlich.

Der Fahrer parkte vor dem Theater, und ich geleitete sie in die Aufführung, und ich hatte ständig Angst, sie könnte umfallen und sich etwas brechen. Aber wir gelangten wohlbehalten zu unseren Plätzen, und ich war wirklich so was wie eine Gehhilfe in Menschengestalt.

Wir saßen direkt nebem dem Orchester, und ich tat auf raffinierte Weise so, als sei ich zum erstenmal in *Will Rogers*.

»Das ist ein sehr schönes Bühnenbild«, sagte ich.

Sie reckte den Hals, aber ich wußte nicht, wieviel sie sehen konnte. Ich wußte nicht, ob ihr Blickfeld über den Bühnenrand hinausreichte. Aber dann setzte die Musik ein, und ich konnte sie unter ihrer Perücke lächeln sehen. Als der erste Akt halb vorbei war, stützte ich meinen Arm auf die Lehne, und sie legte ihre Hand auf meine. Es war eine knochige, knorrige Hand mit riesigen Smaragden und Diamanten an jedem Finger, aber es war trotzdem eine zärtliche und reizende Geste, wie sie sie auf meine Hand legte.

In der Pause sorgte ich mich ein bißchen, sie könne vielleicht auf die Toilette wollen, aber sie sagte nichts.

»Wie gefällt Ihnen die Vorstellung?« wollte sie von mir wissen. »Ich finde sie zum Schreien komisch.«

»Sie ist wunderbar. Danke, daß ich Sie begleiten durfte.«

»Danken Sie mir noch nicht, es ist noch nicht vorbei.«

Als schließlich der Vorhang fiel, schaffte ich sie erfolgreich wieder zur Limousine zurück, und der Fahrer kam rausgehüpft und öffnete uns die Tür. Es gefiel mir, in der Limousine zu fahren. Ich fühlte mich sehr reich. Er chauffierte uns zum Russian Tea Room, und auf dem Weg dorthin dankte ich Mrs. Cudlip, daß ich sie zu *Will Rogers* hatte begleiten dürfen, und dann fügte ich hinzu: »Ich bin ja so froh, daß Henry mich darum gebeten hat, seinen Platz einzunehmen. Er machte sich schwere Vorwürfe, daß er diesen Vortragstermin vergessen hatte.«

»Henry ist ein großartiger Freund«, sagte sie. »Aber er möchte mehr sein als nur ein Freund. Letzte Woche hat er mich gefragt, ob ich ihn heiraten will.«

»Tatsächlich?« sagte ich. »Das wußte ich gar nicht.«

»Was er genau sagte, war: ›Es wird Zeit, daß ich heirate.‹ Aber ich hab so getan, als hörte ich ihn nicht. Ich heirate überhaupt niemanden. Ich liebe zu viele Männer ... Mein Freund Aresh trifft sich zum Essen mit uns. Vor Jahren war er im diplomatischen Dienst des Irans. Jetzt ist er im Exil. Er ist ein reizender Gentleman. Ich gehe gern mit Männern essen. Sie sind so viel interessanter als Frauen.«

Im Russian Tea Room begrüßte uns der dunkelhaarige Maître persönlich: »Mrs. Cudlip, es ist mir wie immer eine große Freude. Ihr Tisch steht schon bereit.« Er führte uns durch das Restaurant, das voller Leute und mit Samowaren und Tischlampen und rosaroten Tischtüchern sehr hübsch eingerichtet war.

Das Personal blieb stehen und beobachtete respektvoll unser langsames Vorrücken. Mrs. Cudlip schlurfte wacker und glücklich voran, wobei sie sich an meinen Arm krallte und ihre strohblonde Perücke wie der Bug eines Schiffes den Kurs bestimmte. Viele der Gäste an den anderen Tischen sahen von ihrem Essen auf: Sie war eine mächtige Person, wie die ihr von allen Seiten bezeugte Ehrerbietung unmißverständlich zeigte, aber die Leute starrten sie auch an, weil ihr Körper so entstellt war.

Aresh wartete in der Nische, wo unser Tisch stand. Er war ein kleiner, glatzköpfiger Mann mit einer feinen, grauen Borte um den eiförmigen Kopf. Seine Augen hatten schwere Lider und waren schön. Er war in einen tadellosen schwarzen Anzug gekleidet, und seine Finger waren klein und manikürt.

»Vivian«, sagte er, und er sprang auf und nahm mir ihren Arm ab und geleitete sie zur Tafel, und der Maître zog mit Unterstützung eines Kellners den Tisch aus.

»Ich möchte etwas trinken«, sagte sie, »Champagner.«

»Sehr wohl, Mrs. Cudlip«, sagte der Maître, und er nickte gebieterisch dem Kellner zu, der davonsauste.

»Falls Sie noch irgend etwas wünschen, Mrs. Cudlip, so sagen Sie es nur«, sagte er, und er deutete eine Verbeugung an und verließ unseren Tisch.

Bald hatten wir unsere Getränke, und Aresh überschüttete Mrs. Cudlip mit Komplimenten. »Es ist so schön, mit dir zusammen zu sein. Du bist die schönste ... die intellektuellste ... die kultivierteste ... die prominenteste ... die angesehenste Frau von ganz New York.«

Es war wirklich ein bißchen arg viel; er schien zu glauben,

daß er sich ehrlich anhörte. Aber ich glaube nicht, daß Mrs. Cudlip tatsächlich zuhörte, denn sie trank ihren Champagner mit dem Strohhalm, und das machte ziemliche Geräusche. Wegen ihres Krebs am Mund mußte sie einen Strohhalm benutzen.

Wir begannen mit Belugakaviar zu fünfundachtzig Dollar die Unze, und ich beobachtete Aresh, wie er den Kaviar auf dem Toast mit den zerstoßenen Eier- und Zwiebelstückchen verstrich. Er bereitete auch kleine Häppchen für Mrs. Cudlip vor. Aber irgendwas schien ihm gegen den Strich zu gehen, und dann verkündete er, er sei mit den Kellnern nicht zufrieden. Er sagte: »Heute abend bedienen sie uns nicht so, wie sich das gehört.«

Er versuchte, seine Kultiviertheit und Weltläufigkeit herauszustreichen, aber Mrs. Cudlip sagte: »Es ist alles bestens. Ich liebe den Russian Tea Room. Was meinen Sie, Louis?«

»Der Kaviar ist vorzüglich«, sagte ich diplomatisch und umging damit die Frage der Bedienung. Ich war also mal wieder der Langweiler, der ich bin, aber ich war auch ehrlich – der Kaviar *war* köstlich, wie kleine seidige Salzkügelchen.

Nach dem Kaviar bestellten wir unsere Hauptgerichte und gingen von Champagner zu Weißwein über. Ich nahm kalten Borschtsch und Rindfleisch à la Stroganoff, und dann wollte Mrs. Cudlip noch mehr Kaviar, also bestellten wir Kaviarplinsen. Aber sie hatte Schwierigkeiten mit dem Essen; sie besaß nur noch ein paar schiefe Zähne, die ich unter ihrer Lippe sehen konnte, und wenn sie sich ihr rotes Kleid vorn bekleckerte, wischte Aresh ihr das mit den rosaroten Servietten des Restaurants ab.

Mitten beim Essen erschien der Maître mit einem kleinen Umschlag für Mrs. Cudlip.

Darin sei eine telefonische Nachricht von Barry Barbarash, sagte Mrs. Cudlip. Ich kannte den Namen; er war einer der Männer in Mrs. Cudlips Hofstaat und eine Rivale von Henry. Sie las uns die Nachricht vor: »Ich weiß, daß du mit Liebhabern ausgegangen bist. Geh sofort nach Hause.«

Aresh war außer sich deswegen. Er fand, das sei unglaublich

pöbelhaft. Er mutmaßte, entweder verfügte Barbarash über Informanten im Russian Tea Room, oder er hatte bei ihr zu Hause angerufen und jemandem von ihrem Personal die Information abgeluchst.

»Du solltest nicht auf diesen Barbarash hereinfallen«, sagte Aresh. »Er mag ja reizend sei und wunderbar lange Beine haben, aber er spioniert dir in Palm Beach hinterher, weißt du. Er hat ein Fernglas und beobachtet dich dabei, wie du dich in deinem Zimmer im Colony entkleidest.«

»Hör sofort damit auf«, schalt sie ihn. »Er ist ein sehr guter Freund von mir.«

Aresh brütete vor sich hin, und als es Zeit fürs Dessert war, fragte Mrs. Cudlip ihn, was er haben wolle. »Bloß Barry Barbarashs Kopf auf einem Teller«, sagte er.

»Du bist ja eifersüchtig«, sagte sie.

»Wie könnte ich eifersüchtig sein? Er ist so gutaussehend. So charismatisch. Diese langen Beine. Ich bin gar kein Vergleich zu ihm, wie könnte ich da eifersüchtig sein?«

»Was meinen Sie, Louis?« fragte sie.

»Nun, seinen Kopf auf einem Teller mit entflammtem Cognac zu fordern scheint mir durchaus ein Zeichen von Eifersucht«, sagte ich. Ich fügte das Detail mit dem Cognac aus eigenen Stücken hinzu, weil ich ein bißchen angesäuselt war. Aresh sah mich haßerfüllt an, aber Mrs. Cudlip wußte meine Offenheit zu schätzen und sagte: »Ich mag Sie«; und da wurde mir ganz wohl.

Und dann betrat eine sechsköpfige Gesellschaft das Restaurant, drei Paare von Anfang vierzig. Mrs. Cudlip kannte sie und winkte sie herüber und bestand darauf, daß sie sich zu uns gesellten. Zusätzliche Stühle wurden in unsere Nische gebracht, außerdem zusätzliche Flaschen Champagner und zusätzlicher Kaviar. Aresh fühlte sich durch das alles geringschätzig behandelt – dadurch, daß es sie nach anderer Gesellschaft verlangte. Er hatte mich nicht als ernsthaften Konkurrenten aufgefaßt, aber ich hatte im Verlauf des Essens durchaus mitbekommen, wie seine Fassade langsam bröckelte und er all sein Selbstvertrauen verlor. Als die Paare anfingen, ihren Champanger zu trinken und sich am Kaviar gütlich zu tun, sagte er, er fühle sich nicht recht. Darum erhob er sich und verabschiedete sich von Vivian in der offensichtlichen Absicht, sie durch seinen plötzlichen Aufbruch zu verletzen, aber sie schien es kaum zu bemerken. Die Demütigung stand ihm in den Augen, und er stiefelte davon.

Ich hatte ein etwas schlechtes Gewissen wegen meiner Cognac-Bemerkung, und so begleitete ich ihn noch nach draußen. Nach dem reichhaltigen Essen und Trinken hatte ich selber etwas frische Luft nötig.

»Fühlen Sie sich in der Lage, ohne Schwierigkeiten nach Hause zu kommen?« fragte ich ihn, als wir auf dem Bürgersteig der Siebenundfünfzigsten Straße standen.

»Sie weiß gar nicht, wie sehr sie mich verletzt«, sagte er. »Ich habe mein Land eingebüßt. Meine Karriere. Meine Identität. Alles. Sie könnte mir so einfach helfen, aber sie denkt nicht einmal dran. Mit ihr bin ich fertig.«

Er ließ mich stehen, ohne sich zu verabschieden, ein kleiner zerstörter Mann in einem perfekten Anzug.

Ich kehrte zu Mrs. Cudlip zurück, und unsere Gesellschaft war laut und ungestüm, und wo Aresh nun weg war, übernahm ich den Part, ihr mit den rosaroten Servietten den Kaviar von der Brust zu wischen. Es machte mir Spaß, mich wie eine Krankenschwester um sie zu kümmern. Ich fühlte mich gleichzeitig wohltätig und wichtig.

Sie trank und aß eine ganze Menge, aber nicht ein einziges Mal bat sie mich, sie zur Toilette zu führen. Ich hatte den starken Verdacht, sie trug eine Windel.

Wir verließen das Restaurant als letzte, und jeder dankte ihr für ihre Großzügigkeit, aber sie war zu betrunken, um die Rechnung abzuzeichnen. Sie hatte im Tea Room ihr eigenes Konto, und der Maître bat mich diskret, mit ihrem Namen zu unterschreiben; er tat das auf eine Art, aus der ich schließen konnte, daß es schon von vielen Begleitern vor mir ebenso gemacht worden war. Die Rechnung belief sich auf mehr als zwölfhundert Dollar. Ich sorgte mich, ich könnte irgend etwas falsch machen, darum fragte ich den Maître: »Ist das Trinkgeld schon enthalten?«

Das war es, und so setzte ich mit einem großen Schnörkel ihren Namen darunter. Dann trug ich Mrs. Cudlip praktisch aus dem Restaurant. Ich hatte meinen Arm um ihren knorrigen, gebeugten Körper gelegt, aber das machte mir nichts aus, ich fühlte mich nicht abgestoßen. Ich mochte Mrs. Cudlip.

Der Maître hielt mir die Tür auf, und auf dem Bürgersteig der Siebenundfünfzigsten Straße schwankte Mrs. Cudlip glücklich, und ich machte mir große Sorgen, ich könnte sie womöglich fallenlassen. Ich winkte dem Chauffeur, der etliche Meter entfernt parkte, aber er schien hinter dem Steuer eingeschlafen zu sein. Ich dachte daran, daß ich nun ganz allein gegen das große New York stand. Ich würde für Mrs. Cudlip kämpfen müssen. Jeder X-Beliebige könnte daherkommen und versuchen, uns niederzuschlagen und ihr die Ringe von den Fingern zu stehlen. Sie war schrecklich ungeschützt, und ich trug sie schnell zu der Limousine, und während ich sie umschlungen hielt, klopfte ich mit der anderen Hand ans Fenster. Der Fahrer wachte auf und entschuldigte sich vielmals und half mir, sie im Wagen zu verstauen.

Auf dem Rücksitz hielt sie meine Hand und lehnte ihren Kopf an meine Schulter, und dann schlief sie ein. Wie einfach ich ihr einen Ring vom Finger ziehen könnte, dachte ich.

Das Hausmädchen erschien auf unser Läuten, und der Fahrer und ich trugen sie eine Treppe hinauf und in ihr Schlafzimmer. Ihr Haus lag im Dunkeln, aber ich konnte erkennen, daß das Wohnzimmer sehr elegant war, mit erlesenen Möbeln, einem Kronleuchter und einem Flügel. Am oberen Ende der Treppe gingen wir linksherum, und das Hausmädchen flüsterte: »Nach rechts.«

Mrs. Cudlip wachte auf, als wir sie umdrehten – ihre Füße berührten kaum den Boden – aber sie vollführte einen kleinen Tanzschritt, der sich unserem Richtungswechsel anpaßte. Sie hatte feurige Lebensgeister.

Wir trugen sie in ihr Schlafzimmer und setzten sie auf ihr Bett, und beim Absetzen ging ich in die Knie. Zum erstenmal am ganzen Abend war ich in der Lage, ihr in die kleinen Augen zu schauen. Sie schlang ihre Arme um mich und drückte mich an ihr rotes Kleid, das ganz fleckig war vom Essen und vom Champagner, und sie sagte: »Danke, mein lieber Junge.«

Das Leben rauscht vorüber

Der Chauffeur fuhr mich zu Hause vorbei. Er sagte: »Ich glaube, sie hat gar kein Blut mehr. Alles bloß Alkohol.«

Henry wachte auf, als ich hereinkam. Er hatte absichtlich die Ohrpropfen weggelassen, damit ich ihn wecken würde und ihm erzählen konnte, wie es gewesen war. Und nachdem ich mir die Zähne geputzt hatte, legte ich mich ins Bett und erstattete ihm lückenlos Bericht, wiewohl ich nicht erwähnte, daß ich von seinem Heiratsantrag gehört hatte.

Ich erzählte ihm alles über Aresh und wie traurig und bemitleidenswert er ausgesehen hatte, als er die Siebenundfünfzigste Straße hinabspazierte, und Henry sagte: »Er ist verzweifelt dahinter her, sie zu heiraten oder wenigstens ein bißchen Geld zu kriegen. Er heult jedesmal, wenn sie zusammen sind, aber sie erduldet ihn immer noch. Womöglich ist er gefoltert worden, als sie dem Schah den Laufpaß gaben.«

Ich erzählte ihm, wie Vivian mich am Ende des Abends umklammert hatte.

»So gut hättest du dich gar nicht schlagen sollen«, sagte er. »Ich hab dich hingeschickt, damit du meine Rivalen in Schach hältst, und nicht, damit du selber einer wirst.«

»Sie ist richtig süß«, sagte ich. »Es ist nicht schwer, nett zu ihr zu sein. Sie tut mir leid. Sie ist so ein kleines verkrüppeltes Frauchen, und alle wollen an ihr Geld ran und starren ihr auf die Fingerringe.«

»Sie sollte dir nicht leid tun. Sie ist nicht süß. Sie ist ein Monster. Sie behandelt ihr Personal wie Peter der Große. Na ja, meinetwegen ist sie ein süßes Monster ... Erzähl vom Essen.«

Ich gab ihm einen erschöpfenden Überblick über den ganzen Kaviar und Borschtsch und Champagner, und er sagte: »Hör auf damit. Ich hätte gar nicht fragen sollen. Ich sterbe Hungers, dieses Zahns wegen.«

»Wie geht's ihm denn?« fragte ich.

»Die Schwellung ist schon ziemlich zurückgegangen, aber wahrscheinlich hab ich mich an den Zahnarztinstrumenten mit Aids infiziert. Aber was will man für fünfundzwanzig Dollar schon verlangen? Früher, wenn man da in eine Klinik ging, saß man im Wartezimmer mit den ganzen armen Iren zusammen. Heutzutage sind's bloß noch Drogenabhängige und Obdachlose. Ich weiß nicht, was die Lösung ist. Die Konservativen kümmern sich um niemanden. Und die Liberalen kümmern sich viel zu sehr um die Mehrheit – die Armen. Wir brauchen einen visionären Führer. Wir brauchen große Persönlichkeiten in der Regierung, wie mich zum Beispiel. Aber sie haben es unmöglich gemacht. Darum bleibt das Reservoir dieser großen Persönlichkeit unangezapft.«

»Ich würde dir meine Stimme geben«, sagte ich.

»Das will ich hoffen. Dank meiner hast du den ganzen Abend lang Kaviar gegessen. Aber ich glaube, ich kann nicht alle Wähler mit Kaviar füttern ... Und sie wollen auch keinen Kaviar. Sie wollen Hamburger. Da wären wir also. Wo sind wir? Ich steck mir jetzt die Pfropfen rein.«

Am Morgen, als ich mich zur Arbeit anzog, hatte ich einen Kater, aber der vorangegangene Abend war es wert gewesen. Dann klingelte das Telefon. Es war die Sekretärin von Mrs. Cudlip. Am Mittag waren Henry und ich zum Essen im Mortimer's eingeladen. Henry schlief noch, und ich ging das Risiko ein und nahm in unser beider Namen an. Ich konnte mir nicht vorstellen, daß er gleich zwei kostenlose Mahlzeiten nacheinander ausschlagen würde. Nachdem ich aufgelegt hatte, stupste ich ihn, bis er wach war, und überbrachte ihm die Nachricht. Er befühlte sich das Gesicht, und die Schwellung war weg. Ich würde ihn um eins im Restaurant sehen.

Bei *Terra* bekam ich von George die Erlaubnis, anderthalb Stunden Mittagspause zu machen. Mary sah mich, als ich aus dem Büro ging, und sie sagte: »Feines Jackett.«

Ich trug das Seersucker-Jackett aus meinen Spaziergangszeiten in Princeton, und ich warf einen verschämten Blick auf ihre perfekten weißen Knie und sagte »Danke«, und dann verließ ich schnell das Büro. In ihrer Nähe benahm ich mich immer noch wie Raskolnikow, aber ihr Kompliment war ein ziemliches Geschenk für mich. Ich kam mir sehr gutaussehend vor.

Ich ging zu Fuß zum Mortimer's – es waren bloß dreizehn Blocks die Lexington hoch –, und als ich im Restaurant ankam, war von Vivian nichts zu sehen, aber Henry saß an der Bar und ebenso Aresh. Ich gab dem exilierten Diplomaten die Hand, aber er warf mir nur einen kurzen Schafsblick zu. Eine neue Mahlzeit, und er war wieder da.

Henry und ich gaben uns spaßeshalber ebenfalls die Hand, aber dann musterte er mich kritisch und sagte: »Das ist völlig verkehrt. Blonde Leute können kein Seersucker tragen. Du siehst ganz ausgewaschen aus. Dein Gesicht ist gar nicht mehr da. Du brauchst was Kräftigeres.«

Diese Bemerkung radierte Marys Kompliment wieder aus. Ich schaute Henry an, um möglichst auch irgend etwas zu finden, womit ich ausnahmsweise mal seine Selbstsicherheit erschüttern konnte. Er trug sein knallgrünes Sportsakko. »Dein Jackett ist *zu* kräftig«, sagte ich.

»Ja«, sagte er und lachte über sich selbst; er war unverwundbar für mich. »Ich seh aus wie ein puertoricanischer Bestattungsunternehmer aus der South Bronx.«

Ich bestellte ein Sodawasser und sah mich im Restaurant um. Das Mortimer's war schlicht, fast schon häßlich, aber das gehörte offensichtlich zu seinem besonderen Reiz bei seiner Kundschaft, den Gutbetuchten der Upper East Side. Sie konnten so tun, als würden sie ein zwangloses kleines Mittagessen einnehmen, wiewohl Henry mir erzählt hatte, dieser häßliche kleine Laden sei berühmt für seine Exklusivität. Man mußte schon den Besitzer kennen, um einen Tisch zu bekommen, und genau darin bestand offenbar die Hauptanziehungskraft.

Dann traf Vivian ein, begleitet von einem großen schlanken Mann mit pechschwarzen Haaren, gelber Haut und einem wilden Blick in den Augen. Die versammelten Upper-East-Side-Ladys verstummten, und der Maître und Henry und Aresh und ich sausten alle zu Mrs. Cudlip und wieselten um sie herum, bis wir an unseren Tisch geführt wurden und uns niederließen.

Ich wurde neben Mrs. Cudlip plaziert, und im Verlauf der Mahlzeit wechselten der Gentleman mit dem dunklen Haar, ein Antiquitätenhändler aus Philadelphia namens Philip, und ich uns darin ab, ihr das Kleid mit einer Serviette abzuwischen.

Die Konversation, die vornehmlich von Philip und Henry bestritten wurde, schleppte sich seicht dahin, und irgendwie kamen wir auf *Bonnie und Clyde*. Philip trank heftig – dies war die Ursache seiner wüsten Augen und seiner gelben Haut –, und er sagte, Bonnie sei in Wahrheit zwergwüchsig gewesen und erst vom Film zu einer Schönheit verklärt worden.

»Manche Zwerge sind schön«, sagte Henry.

Und dann schwenkte das Gespräch auf Zwerge um, und Philip sagte, Alexander Pope sei zwergwüchsig gewesen, und Aresh, der die meiste Zeit geschwiegen hatte, führte Toulouse-Lautrec als weiteres Beispiel an, und ich sagte: »Lautrec war nicht eigentlich zwergwüchsig; er hatte ein Knochenleiden, das ihn schrumpfen ließ.«

»Tatsächlich?« fragte Philip.

»O ja. Er haßte sich deswegen. Und man konnte es seinen Gemälden ansehen; die Dinge, die er malte, waren sämtlich grotesk. Er war vom Thema des Grotesken fasziniert«, sagte ich. Ich hatte einiges über Lautrec gelesen, und ich hielt mich für ausgesprochen kenntnisreich, aber Henry zog wütend die Augenbrauen hoch. Sofort begriff ich, daß ich besser nicht über das Groteske reden sollte, wenn Vivian genau neben mir saß, aber ich dachte schon gar nicht mehr in solchen Kategorien von ihr.

»Das ist sehr interessant, was Sie da über Lautrec sagen«, sagte Philip.

Aber bevor ich mich noch weiter reinreiten konnte, sagte Henry: »Das ist alles pari bei dem Kurs.«

»Was ist pari bei dem Kurs?« fragte Philip.

»Ich sag das immer, wenn das Tischgespräch dahindümpelt, oder ich zitiere diese eine Zeile aus *Die roten Schuhe*: ›Das Leben rauscht vorüber, die Zeit rauscht vorüber, aber die roten Schuhe werden ewig weitertanzen.‹«

»Es dümpelt gar nicht dahin«, sagte Philip.

»Ich habe rote Schuhe an«, sagte Vivian.

»Natürlich hast du das«, sagte Henry, und das Zwergenthema war vergessen. Philip fing an, von Raumfahrt zu sprechen, und davon, daß Astronauten Verstrahlungen in ihren Testikeln erlitten und keine Kinder mehr haben könnten, und Henry sagte, Henry James habe sich seine Testikel verschmort, und Vivian fand das alles hochamüsant, und Aresh zog eine Schnute, und ich hielt während des restlichen Essens meinen Mund.

Als wir fertig waren, dankte ich Vivian für das Essen, und sie sagte zu mir, ich müsse unbedingt einmal nach Philadelphia kommen und ihre Enkelin kennenlernen. Darüber freute ich mich sehr. Ich mauserte mich wirklich als junger Gentleman.

Wir alle verabschiedeten uns auf dem Bürgersteig voneinander, Philip und Vivian fuhren in ihrer Limousine davon, Aresh stieg in ein Taxi, und sobald Henry und ich unter uns waren, sagte er: »Ich kann's nicht glauben, was für ein Vollidiot du bist.«

»Wieso denn?«

»So rücksichtslos über die Faszination des Grotesken zu schwafeln.«

»Ich glaube nicht, daß sie brüskiert war.«

»Du hast keinen Takt, kein Feingefühl. Du hast dich richtig angeberisch aufgeführt.«

Da passierte etwas ziemlich Unangenehmes. Der Frust über die monatelangen Kritteleien entlud sich schließlich, und ich wurde richtig hysterisch. »Warum mußt du mich ständig runterputzen?« kreischte ich ihn in aller Öffentlichkeit an, direkt vor dem Mortimer's. »Warum mußt du mir ständig das Gefühl geben, ich sei ein Blödmann?«

Und dann fing ich an zu heulen, und ich konnte Henrys Gegenwart nicht mehr ertragen und rannte davon.

Ich sah mir an jenem Abend zwei Filme im Kino an und kam spatnächts nach Haus. Henry lag im Bett, und ich schlich auf Zehenspitzen in mein Zimmer.

»Hör mal«, rief er herüber. »Es tut mir leid, daß ich dich kritisiert hab. Aber du solltest nicht so empfindlich sein. Aber ich möchte mich entschuldigen. Also laß es uns einfach unter den Teppich kehren. Darunter liegt schon haufenweise Dreck und Kleingeld und wahrscheinlich eine alte Augenmaske, aber es ist noch genug Platz da für anderes.«

»Ist schon drunter«, sagte ich, und ich fing an, mich auszuziehen. Ich war sehr erleichtert, daß Henry nicht wütend auf mich war, weil ich ihn angeschrieen und dann auch noch geheult hatte.

Du siehst praktisch nach Mittelklasse aus

In der darauffolgenden Woche rief Otto Bellman (mit Virginia als Verstärkung) an und bat Henry, sein Trauzeuge zu werden. Ich war in der Küche und machte mir was zu essen, als es passierte.

Die Hochzeit sollte am nächsten Wochenende stattfinden. Sie hatten bis zum letzten Augenblick gewartet, damit er nicht nein sagen konnte. Aber Henry stellte gewisse Bedingungen. Er wollte, daß sie die King-James-Version der Bibel nahmen, was sie eigentlich nicht vorhatten. Virginia wollte die revidierte amerikanische Version nehmen, aber in der Frage des Bibeltextes gab sie nach. Und der Bräutigam, darauf bestand Henry, müsse angemessen gekleidet sein, und Otto druckste ziemlich herum, als er das hörte, aber Virginia versicherte Henry, sie würden einen Anzug kaufen.

»Ich muß es machen«, sagte Henry zu mir. »Ich konnte nicht nein sagen, weil sie mit am Telefon war. Aber bei der Bibel gaben sie nach, und das ist am allerwichtigsten. Sie hatten Angst, ansonsten würde ich nicht erscheinen.« Dann verfiel Henry in einen W.-C.-Fields-Akzent und tönte: »Sie haben Angst, am Ende sehen sie keinen Penny von meinem Erbe.« Dann dachte er kurz darüber nach, über seine tatsächliche Finanzkraft, und er sagte: »Ich möchte irgendjemandem meine

Schulden hinterlassen. Ich möchte Bellman meine Schulden hinterlassen. Als Hochzeitsgeschenk werde ich seinen Namen beim Finanzamt einreichen.«

»Was meinst du, warum war ihm das so wichtig, daß du sein Trauzeuge bist?«

»Kennst du die Oper *Das Rheingold*?«

»Nein«, sagte ich, aber Henry maßregelte mich gar nicht dafür.

»Es ist die Geschichte von Alberich, der einen Zwerg hat, den er einsperrt. Dann eines Tages entkommt der Zwerg, und als er zurückkehrt, sagt er zu Alberich: ›Du hast mir gar nicht erzählt, daß es Frauen gibt!‹ Und Alberich war wütend; er wollte den Zwerg ganz für sich haben. Bellman ist wie Alberich, und ich bin der Zwerg – er will mich ganz für sich haben. Er war sehr eifersüchtig, als er hier wohnte, wollte nicht, daß ich ausging, mußte mir ständig nachlaufen. Ich habe ihn in Bann geschlagen ... Weißt du, Zauberer haben die Macht, jemanden in Bann zu schlagen. Ich scheine diese Macht auch zu haben. Ich habe mir was darauf eingebildet. Natürlich hat man am Ende gar nichts davon. Es wirft kein Geld ab, Zauberer zu sein, aber es hat andere Vorteile ... Nun werde ich mich hinlegen und darüber nachdenken, wie hoffnungslos und schwierig das Leben ist, und Kräfte sammeln, damit ich mir ein paar Spaghetti machen kann.«

Die ganze Woche lang gab es Anrufe wegen der Hochzeit, und ich fragte Henry, ob ich mitgehen könne, aber sie sollte in sehr kleinem Rahmen stattfinden. Nur die Familie und ein paar Freunde von Braut und Bräutigam waren eingeladen. Sogar Henry sollte eigentlich niemanden mitbringen, aber er drohte damit, nicht zu erscheinen, und darum gestattete man ihm, die Lagerfeld mitzubringen.

»Die Lagerfeld weiß gar nichts davon, daß sie nicht eingeladen war«, erzählte Henry mir. »Sie wäre sehr beleidigt. Sie kennt Virginia. Ich möchte nicht, daß man sie verletzt.«

»Du bist gut zu der Lagerfeld«, sagte ich. »Sie ist tatsächlich deine engste Freundin.«

»Ja, sie ist diejenige, die am wenigsten versucht, mich auszunutzen.«

Gershon war eingeladen, und da es Henry zugestanden wurde, eine Damenbekanntschaft mitzubringen, kam Gershon mit einer Frau, die er bei der Freud-Gesellschaft kennengelernt hatte. Henry vermutete, es sei eine Analytikerin, die es darauf abgesehen hatte, Gershon zu studieren, aber ich glaubte, daß er wirklich jemanden kennengelernt hatte.

Gershon benötigte etwas zum Anziehen für die Hochzeit, und so fuhr Henry mit ihm zum Einkaufen zu Second-Hand-Läden. Gershon erklärte sich außerdem bereit, zum Friseur zu gehen und sich Haupt- und Barthaar schneiden zu lassen, aber Henry durfte nicht mit. Die Augenweide des neuen Gershon stand uns also noch bevor.

Samstag war der große Tag. Die Zeremonie war auf vier Uhr festgesetzt worden, anschließend sollte im Club der Eltern in Greenwich gespeist werden. Dann würden sie alle die Nacht in einem Bed & Breakfast verbringen, wofür Virginias Eltern aufkamen. Am Sonntag würde es als Nachfeier noch einen gemeinsamen Brunch geben, und dann stand die Rückkehr in die Stadt an. Ich war sehr eifersüchtig, daß mir diese ganzen Festivitäten versagt blieben.

Gegen Mittag am Samstag kam Gershon zu uns ins Apartment hoch. Ich ließ ihn ein, und Henry und ich kriegten ihn im gleichen Moment zu sehen. Manchmal, wenn ein Mann sich frisch und sauber rasiert hat und die Haut das problemlos mitmacht, verströmt er so etwas wie Licht und Wohlbefinden. Genau das war bei Gershon der Fall.

»Mein Gott!« sagte Henry. »Du siehst praktisch nach Mittelklasse aus.«

Gershon steckte in einer Art Uniform: schwarze Schnürschuhe, graue Hose, ein weißes Hemd, roter Schlips und ein blauer Blazer. Im Blazer sah er auf stattliche Weise faßbrüstig aus, und ohne seinen Bart zeigte sich, daß er ein schönes Lächeln hatte und außerdem einen männlich breiten Unterkiefer. Sein Haar war kurzgeschnitten, und nur die Stirn und die Brauenpartie sahen noch gershonesk aus – sie traten immer noch hervor und warfen einen Schatten über seine freundlichen blaugrauen Augen. Er war ein echtes Prachtexemplar.

»Du siehst klasse aus«, sagte ich, und ich gab ihm als Zeichen meiner Gratulation die Hand.

»Danke«, sagte er.

»Ja«, sagte Henry. »Jetzt kannst du auch dem New York Yacht Club beitreten. Du hast das passende Äußere.«

Dann suchte Henry nach seinen Schlüsseln und fand sie in seiner Hosentasche, und so machten er und Gershon sich auf nach Connecticut, zu Otto Bellmans Hochzeit.

Ein Mädchen, wie ich mir Mädchen ursprünglich vorgestellt haben muß

Allein in New York zurückgelassen, ging ich zum ersten Mal seit dem Unfall wieder ins Sally's. Ich traf spät dort ein, erst nach elf; ich hatte mich gegen den Drang zu gehen gewehrt, aber schließlich hatte ich nachgegeben.

Ich bestellte einen Drink, und trotz meiner Probleme war ich glücklich, wieder dazusein. Ich liebte die sich mischenden Gerüche von Zigaretten und Parfüm. Ich liebte es, mir die Tunten anzuschauen. Ich bestaunte ihre Schönheit.

Es war sehr voll, aber Miss Pepper war nicht da. Ich vermutete, sie hatte wohl jemanden zum Ausgehen gefunden und würde wahrscheinlich bald zurückkehren. Das Ausgehen dauerte nicht lange; nur selten zog es sich die volle Stunde hin, die versprochen war. Sylvia war ebenfalls nicht da. Und Wendy, nahm ich an, steckte immer noch im Gefängnis.

Ich fragte die schöne Barkeeperin, ob Miss Pepper diesen Abend schon dagewesen sei.

»Nein«, sagte sie.

»Meinst du, sie kommt noch?«

»Sie ist umgezogen, Schätzchen.«

»Wohin denn?«

»Ich gebe keine persönlichen Informationen preis.«

»Bitte, ich bin ihr Freund«, sagte ich. »Du hast mich oft

mit ihr was trinken sehen. Ist sie wieder nach Los Angeles zurück?«

Aus Prinzip war die Barkeeperin schroff zu mir gewesen, aber sie erkannte, daß meine Motive nicht dubios oder böswillig waren. »Sie ist nach North Carolina runter«, sagte sie.

»Zurück zu ihrer Mutter?«

»Jupp, hat sie gesagt. Wir haben Abschied mit ihr gefeiert.«

Ich schwieg. Wenn Miss Pepper nach Hause zurückgekehrt war, dann war sie zum Sterben zurückgekehrt. »Hast du ihre Adresse?« fragte ich.

Sie lachte mich aus. »Ich schreib keine Briefe, Schätzchen.«

Ich nahm meinen Drink und ging zu einem der Tische neben der Tanzfläche. Ich fühlte mich in Schultern und Beinen weich wie Pudding.

Eine junge Tunte kam auf mich zu. Sie hatte schimmernde schwarze Haare bis auf die Schultern, und mitten auf der Stirn hing eine Locke wie der Buchstabe *j*. Sie war mittelgroß, gut einssiebzig in ihren weißen Plateauschuhen. Sie trug ein gelbliches Sommerkleid mit Blumenmuster. Ihre Beine waren glatt und sahen herrlich aus. Und ihr Mund war ein wunderschönes rotes Etwas.

»Was treibst du so heut nacht?« fragte sie, und sie hatte einen leichten spanischen Akzent. Sie stand vor mir, und ich erhob mich nicht von meinem Stuhl.

»Ich würde gerne mit dir ausgehen«, sagte ich.

»Bist du ein Bulle?«

»Nein.«

»Bist du sicher?«

»Ja. Wie alt bist du?«

»Einundzwanzig.«

»Und wie alt wirklich?«

»Du bist kein Bulle?«

»Ich bin kein Bulle.«

»Sechzehn.«

»Wie heißt du?«

»Maria.«

»Dann los.«

»Kostet hundertfünfzig.«

»Ist gut.«

Sie lächelte mich an, und sie ließ auf wunderbar träge Weise die Hüften kreisen. Sie fuhr mit der Vorderseite ihres süßen Sommerkleidchens an meinem Bein entlang. Sie zog sich die Träger ihres Kleides runter und enthüllte zwei kleine knospende Brüste mit geschwollenen braunen Warzen. Sie senkte sie zu meinem Mund. Ich war schüchtern, aber ich leckte drüber. Sie schmeckten nach Parfüm. Andere Männer sahen uns zu. Sie wußte, daß sie zusahen.

Sie zog sich das Kleid wieder hoch. »Okay«, sagte sie. »Auf geht's.«

Wir gingen zum Geldautomaten an der Seventh Avenue. Sie hielt mich bei der Hand. Sie war glücklich. Es war eine Frühlingsnacht. Sie war ein schönes Mädchen.

Ich nahm das Geld raus; es war mir absolut egal, wieviel es kostete, ich fühlte mich halbtot. Aber dann wurde ich ein bißchen knauserig. Ich wollte kein Hotelzimmer zahlen. »Laß uns zu meinem Apartment gehen«, sagte ich, und sie war einverstanden.

Wir nahmen ein Taxi. Wie hielten auf dem Rücksitz Händchen. Ich bewunderte ihr Profil, die *j*-förmige Haarlocke auf ihrer Stirn. Dann drehte sie sich zu mir und lächelte und sagte: »Wie heißt du?«

»Louis.«

Der Fahrer sah uns im Spiegel an. Ich bin sicher, er hielt Maria für ein echtes Mädchen, aber die Röte ihrer Lippen, das kurze Kleid und ihr vieles Parfüm verrieten ihm, daß sie eine Prostituierte war. Aber mir war das egal. Es gefiel mir, ihr Händchen zu halten.

Er setzte uns an der Second Avenue ab, und ich kaufte uns vier Piccolos. Dann stiegen wir zum Apartment rauf, und niemand sah uns auf der Treppe; es war nach Mitternacht. Ich machte das Licht nicht an. Ich wollte nicht, daß sie viel vom Apartment zu sehen kriegte. Ich knipste bloß das Licht im Badezimmer an, so daß wir in meinem Zimmer etwas Schummerbeleuchtung hatten, und sie sagte: »Das wär gar keine schlechte Bude, wenn es nicht so dreckig wär.«

»Ich hab hier nur ein Zimmer von einem alten Mann gemietet«, sagte ich. »Wenn das meine Bude wäre, wär es auch sauberer.«

»Wo ist er?«

»Nicht da.«

»Schläfst du mit ihm?«

»Nein«, sagte ich und lachte.

»Wo schläft er?«

»Da in dem andern Zimmer ist eine Couch.«

Sie sah mich skeptisch an. Sie dachte mit Sicherheit, wenn ich mit einem alten Mann zusammenlebte, mußte ich wohl mit Sex für die Miete zahlen. Sie bat mich um das Geld, und sie steckte es sich in ihre kleine Handtasche.

Wir saßen zusammen auf der Kante meines Bettes, und wir stießen mit den Piccolos an. Ich wollte nicht, daß wir aus Gläsern tranken; Henry und ich hatten jeder unser persönliches Glas, das wir sauber hielten, und das war's schon. Ich legte ihr meine Hand aufs Knie. Ich küßte sie auf den Hals. Sie stellte den Piccolo auf den Boden und ließ sich auf mein Kissen fallen und lächelte zu mir hoch. Ich legte mich neben sie. Sie war ein schönes Teenagermädchen. Sie war erst sechzehn, ihre Pubertät als Junge hatte wahrscheinlich kaum angefangen, aber sie schluckte bereits weibliche Hormone. Sie war androgyn, ein Wechselbalg. Ich legte meinen Arm um sie und verbarg mein Gesicht an ihrem Hals. Ich roch ihr Parfüm.

Sie schien mich zu mögen. Sie versuchte nicht, sich mir zu entziehen, zu fliehen.

»Warum bist du so schlecht drauf?« fragte sie. »Du sagst zu wenig.«

»Kennst du Miss Pepper?«

»Irgendwie alt, ganz dunkel, aber hübsch?«

»Ja«, sagte ich. »Weißt du, was mit ihr passiert ist?«

»Nein, ich hab sie in letzter Zeit nicht gesehen.«

»Ich hab gehört, sie ist nach Hause gefahren. Ich glaub, sie hat Aids. Darum bin ich schlecht drauf.«

»O ja, viele von den alten Tunten sind krank. Mir passiert das nicht. Ich lieb mich selbst zu sehr, um mir Aids einzufangen.«

Dann küßte sie mich, und es war mir gleichgültig, wo ihr Mund gewesen war. Sie sah so jung und sauber aus. Und überhaupt, wen hatte ich denn sonst zum Küssen? Für wen sollte ich meine Gesundheit aufbewahren? Ich berührte durch den dünnen Baumwollstoff ihres Kleides ihre Brüste.

»Magste meine Titten?« fragte sie.

»Ja«, sagte ich. »Du bist bewunderungswürdig.« Sie lächelte ein echtes Lächeln. Sie zog sich die Träger herunter, und ich küßte ihre kleinen, geschwollenen Brustwarzen.

Dann erhob sie sich und zog sich die Schuhe aus. Sie stand vor mir, und ich saß auf der Bettkante, und ich drückte ihr mein Gesicht an den Bauch, an ihr weiches Kleid. Sie fuhr mir mit den Händen durchs Haar. Dann stieg sie aus ihrem roten Höschen und hob nur ein ganz klein bißchen ihr Kleid, und ihr unbeschnittener Penis baumelte vor mir herum. Ich schaute auf zu ihrem klaren, freundlichen Gesicht, zu ihren vollen roten Lippen. Die Träger ihres Kleides hingen ihr seitlich über den Armen, ihre Brüste mit den dunklen Spitzen waren freigelegt, und jetzt auch noch ihr baumelnder weicher Penis, keineswegs häßlich. Was für eine seltsame Schönheit sie besaß. Sie war ein Mädchen, wie ich mir Mädchen ursprünglich vorgestellt haben muß.

»Küß ihn«, sagte sie.

Ich nahm ihn sachte in die Hand und küßte ihn von der Seite, und sie lachte und warf sich aufs Bett. Ich hatte etwas Unglaubliches, etwas Perverses gemacht, ihn zu küssen war, als küßte man Elektrizität.

»Zieh dich aus«, sagte sie. Ich tat es, und dann trank ich einen großen Schluck Sekt, und dann ließ ich mich zu ihr runter, und nackt lagen wir auf meinem Bett. Wir küßten uns und rieben uns aneinander. Sie war vollkommen und so schön. Ich hätte sie tausend Mal küssen können. Mir war, als wäre ich in sie verliebt.

Sie ergriff meinen Penis und streichelte ihn und führte dann meine Hand an ihren. Der Hormone wegen war er nicht richtig steif, und dann fühlte ich etwas an der Wurzel ihres Penis. Im schwachen Licht meines Zimmers konnte ich eine verschorfte Wunde sehen. Sie befand sich dicht neben ihrer Schamgegend.

»Was ist da passiert?« fragte ich. Es verschreckte mich, machte mir Angst.

»Vor zwei Wochen hat mich einer, mit dem ich aus war, gebissen«, sagte sie. Ihre Stimme klang wütend. Sie sah es sich stirnrunzelnd an. »Ich war zum Arzt. Er sagte, das kommt wieder in Ordnung.«

»Warum hat er dich gebissen?«

»Keine Ahnung. Er hat Crack geraucht. Er war durchgeknallt. Es hat geblutet wie verrückt.«

»Was hast du dem Arzt erzählt?«

»Daß ich so aufgewacht bin.«

»Und der Arzt hat dir geglaubt?«

»Ja.« Dann fing sie an, an der Wunde zu pulen.

»Nicht dran pulen«, sagte ich, als wäre ich ihre Mutter. Sie war verletzt. Sie kam mir so jung und verwundbar vor. Unsere Stimmung war verdüstert. Es gab kein Geküsse mehr. Ein Kunde hatte sie gebissen. Ich war auch ein Kunde.

Sie hatte Durst und wollte etwas Wasser haben. Sie nahm sich mein Glas, das neben dem Bett stand, und ging in die Küche. Ich lauschte auf das Wasser, wie es aus dem Hahn kam, und in dieses Geräusch mischte sich das Klimpern von Henrys Schlüsseln draußen an der Tür. Henry kommt nach Hause, dachte ich, und ich verspürte meine üblichen sofortigen Glücksgefühle. Aber nur einen Moment lang. Ich war sechsundzwanzig Jahre alt, und ich glaube nicht, daß ich einen Herzanfall erlitten haben kann, aber jedenfalls setzte mein Herz aus. Und einen Augenblick lang herrschte in mir das blanke Entsetzen, so wie in dem Augenblick, bevor ich auf der Third Avenue an den Lichtmast knallte.

Ich rannte in die Küche, um sie da rauszuzerren, um sie in meinem Kleiderschrank zu verstecken. Ich baute drauf, daß Henry nicht gleich den richtigen Schlüssel finden würde. Ich schnappte mir gewaltsam ihren Arm, sagte aber nichts, ich wollte nicht, daß er etwas hörte. Sie sah mich wütend an – wir hatten gerade über den Kunden gesprochen, der sie gebissen hatte. Das leise Klirren der Schlüssel vor der Tür war ihr nicht weiter aufgefallen. Ich hörte alles. Sie riß sich von mir los. Die Tür ging auf. Ich sprang zurück. Ich bedeckte mich mit den Händen. Henry sah sie, nicht mich, und schrie auf. Es war ein Kreischen in höchster Tonlage und ganz ungewohnt. Ein Geräusch, das ich nie von ihm erwartet hätte, aber er war zutiefst erschrocken. Er hatte ein kleines Necessaire dabei, und er warf das Täschchen reflexartig wie zur Abwehr nach ihr. Er hielt sie für eine Art Eindringling. Die Tasche verfehlte sie.

»Fick dich«, sagte Maria. Sie war unerschrocken, ließ sich nicht einschüchtern. Er stand im Licht der offenen Tür; die blinde Angst fiel von ihm ab. Ihm ging auf, daß sie nackt war, gar nicht so bedrohlich. Er kam ganz herein und sah mich. Sein Blick glitt über meinen nackten Körper, über die albernen Hände, die meinen Penis schützten.

»Henry … tut mir leid«, brachte ich mit einem heiseren Flüstern hervor.

Er sah sie an, sah ihre Brüste und ihren Penis, und sie ging in mein Zimmer.

»Raus hier«, sagte er, er konnte kaum sprechen, und ungeschickt knallte er die Tür zu. Ich lief in mein Zimmer. Sie zog sich bereits an. Ich stieg ebenfalls in meine Kleider. Ich fühlte mich schwach, und dennoch hatte ich das kalte Gefühl, daß alles perfekt sei. Daß es so sein sollte, daß ich alles zerstörte.

»Du bist ein kranker Wichser!« schrie Henry aus seinem Zimmer. Das Wort *Wichser* hatte ich ihn noch nie benutzen hören. Dann warf er mit etwas, und ich hörte Glas zerbrechen.

»Du siehst besser zu, daß du hier rauskommst. Du ziehst hier aus!« schrie er giftig, aber in seine Stimme schlich sich schon so etwas wie Schwäche, ein gewisser Abscheu, ein Zittern.

»Er ist ein Arschloch!« sagte sie. Ich wollte sie schlagen. Aber mir war auch klar, daß sie das alles nicht verstand. Wir gingen zur Tür. Ich traute mich, einen kurzen Blick in sein Zimmer zu werfen, das Licht brannte. Er hatte mir den Rücken zugekehrt. Er hatte eine Weinflasche an seinem Kleiderschrank zertrümmert, und grüne Glassplitter lagen auf dem orangenen Teppich herum.

Maria wollte von mir weg, und ich konnte es ihr nicht verdenken, aber ich konnte es nicht ertragen, allein zu sein, darum bot ich ihr an, ihr was zu essen auszugeben. Sie nahm das Angebot an – sie muß sehr hungrig gewesen sein.

Wir gingen zu dem griechischen Imbiß an der Ecke Sechsundachtzigste und Second Avenue. Die Kellner starrten sie allesamt an. Für mich sah sie wie ein Mädchen aus, und für sie wahrscheinlich auch, aber irgendwas stimmte nicht, und das spürten sie. Und sie war zwar noch eine junge Tunte, aber sie besaß schon genug Selbstsicherheit, sich nicht drum zu scheren, wenn die Leute sie anglotzten. Wir setzten uns in eine Nische ganz hinten. Ein paar andere Leute saßen in anderen Nischen. Es war so gegen ein Uhr nachts.

»Du hättest da nicht mit mir hingehen sollen«, sagte sie pragmatisch und simpel.

»Es war nicht anzunehmen, daß er heimkommen würde«, sagte ich.

»Er muß in dich verliebt sein, daß er so sauer werden konnte. Er ist eifersüchtig.« Das sagte sie mit Überzeugung, während sie die Speisekarte überflog. Dies war die Art Geschwätz, die sie mit ihren Freundinnen pflegte.

»Nein. Es ist mir verboten, jemanden mit raufzubringen.«

»Aber wenn er dich nicht selber haben will, was sollte es ihn dann scheren?«

Es war zu kompliziert, um es ihr zu erklären. Ich sagte ihr nichts von der Grundregel des Apartments: Keinerlei Unzucht. Aber ich hatte auch mitgekriegt, was sie gesagt hatte. Aber wenn er mich liebte, dann hatte ich diese Liebe zerstört. Er hielt mich für krank. Und trotzdem verspürte ich gleichzeitig eine gewisse schreckliche Befriedigung, daß er sie gesehen hatte. Im Licht, das vom Flur hereinkam, hatte sie wunderschön ausgesehen.

Sie bestellte Chicken Nuggets und aß mit großer Hingabe. Es gefiel mir, ihr beim Essen zuzusehen. Ausnahmsweise war ich mal der Ältere. Ich wollte ihr sagen, sie solle spätnachts nicht mehr so fettige Sachen essen. Aber sie ist jung, dachte ich mir, sie verträgt es, ohne ihre Schönheit zu verlieren. Ich bestellte mir einen Tee. Ich hatte das Gefühl, wenn ich jetzt etwas äße, käme mir alles wieder hoch.

Sie schwieg, während sie aß, aber ich hatte es nötig, sie reden zu hören. Ich sagte zu ihr: »Woran denkst du?«

»An den Eindruck, den ich machen werde. Morgen abend geh ich auf einen Ball. Ich frag mich, ob ich gut aussehen werde.« Wir waren gerade von einem Hysteriker aus meinem Apartment geworfen worden, und sie dachte an den Eindruck, den sie morgen machen würde. Da mochte ich Maria sogar noch mehr. Sie verspürte keine Scham und keinen Makel wegen dem, was vorgefallen war.

Dann sagte sie mit Überzeugung: »Aber ich seh bestimmt gut aus. Ich zieh mich an, um Eindruck zu machen, weil ich nun mal eindrucksvoll bin. Sie werden sehen, daß ich Charakter hab.«

Nach den Chicken Nuggets bestellte sie sich einen großen Salat und beschmierte den Eisbergsalat dick mit russischem Dressing. »Ich könnte einfach bloß das Dressing essen«, sagte sie.

Ich fragte mich, was wohl aus ihr werden würde. Ich freute mich, daß sie Salat aß, Frischkost. Ich sagte: »Du bist sehr schön. Meinst du, du wirst immer Frau bleiben?«

»Wahrscheinlich.«

»Was ist, wenn du älter wirst?«

»Dann zieh ich mich aus der Szene zurück, spar mein Geld und laß mich operieren. Dann find ich hoffentlich einen Mann zum Heiraten. Und wir werden ein nettes Häuschen haben, aber nicht in New York oder Puerto Rico. Irgendwo, wo's nett ist ... Vielleicht in Wyoming oder Ohio oder so. Ich will irgendwo wohnen, wo's schön ist.«

Sie aß noch ein Stück Kuchen und rauchte dann eine Zigarette, die sie bei einem Kellner schnorrte, der sie anlächelte. Er mochte sie. Ich phantasierte mir zusammen, ich würde haufenweise Geld verdienen, und sie wäre meine Freundin. Ich würde ihr die Operation bezahlen. Ich würde ihr helfen, eine Frau zu werden. Mir ihre Liebe erkaufen.

Ich fragte sie, ob sie noch auf der Highschool wäre. Und sie erzählte mir, sie ginge auf eine spezielle Highschool im Village, wo es okay sei, eine Tunte zu sein. Aber sie ging nicht allzu häufig hin, weil sie bei ihrer Tante in der Bronx wohnte. Ihre Eltern waren noch in Puerto Rico.

Dann verließen wir den Imbiß, und ich war stolz, daß ich einen jungen Menschen zum Essen hatte einladen können. Ich mochte Maria, und als wir draußen waren, bat ich sie um ihre Telefonnummer, aber sie sagte, bei ihr könnten keine Kunden anrufen, wegen ihrer Tante. Sie sagte, wir würden uns im Sally's sehen.

Ich wollte, daß sie zurück in die Bronx ein Taxi nahm, aber sie wollte das nicht, sie wollte die Bahn nehmen. Sie bestand darauf, in der U-Bahn sei sie sicher.

»Ich weiß schon, wie ich auf mich aufpasse«, sagte sie.

»Warum willst du denn kein Taxi nehmen?«

»Ich geb das Geld, das ich verdient hab, ungern gleich wieder aus.«

Also machten wir uns auf den Weg Richtung Lexington, von wo sie mit der Linie 5 in die Bronx fahren konnte. Ich überlegte einen Moment, ob ich ihr nicht das Geld für ein Taxi geben sollte, aber ich hatte bloß noch ein paar Dollar in meiner Brieftasche. Ich überlegte auch, ob ich nicht noch an den Geldautomaten in der Third Avenue gehen sollte, aber dann fand ich, ich hatte ihr schon genug spendiert.

Trotzdem redete ich auf dem Weg zur U-Bahn immer noch auf sie ein, sie solle doch ein Taxi nehmen.

»Laß mich doch in Ruhe«, sagte sie. Aber ich hatte Angst, jemand könnte sie überfallen. Sie hatte ein knappes Kleid an, sie hatte sich wieder Lippenstift aufgetragen, und sie hatte hundertfünfzig Dollar im Portemonnaie.

Auf der Lexington blieb ich beim Geldautomaten stehen. Ich wollte nicht knickerig sein, und ich hatte in dieser Nacht schon genug kaputtgemacht. Ich gab ihr zwanzig Dollar. Sie küßte mich auf die Wange, und wir umarmten einander. Sie drückte sich an mich, als sei ich ihr Freund. Dann kam ein einsames spätnächtliches Taxi des Wegs.

Wir küßten uns zum Abschied. »Tut mir leid, das mit dem Alten«, sagte sie. Ich schloß die Tür, und das Taxi trug sie fort.

Rußland

Ich ging ostwärts durch die Sechsundachtzigste Straße Richtung Carl Schurz Park. Ich dachte an diesen üblen Spionageroman, den ich gelesen hatte. Dem Helden war beigebracht worden, Schlaf sei eine Waffe. Und solange er genug schlafe, hätte er gute Chancen zu überleben. Darum tat ich so, als wäre ich ein Spion in einer schlafenden Stadt und es stünde schlecht um mich. Ich stellte mir vor, ich würde mich auf eine Bank im Carl Schurz Park legen und wieder zu Kräften kommen.

Das war der Teil von mir, der überleben wollte. Der andere Teil von mir hoffte, irgendwer würde vorbeikommen und mich auf der Bank liegen sehen und mich überfallen und umbringen.

Ich gelangte heil und sicher zu der Promenade im Carl Schurz und setzte mich auf eine der Bänke mit Blick über den East River. Die Triborough Bridge war hell erleuchtet, und über dem Wasser verschmolzen die Lichter wie Kerzen.

Ich legte mich hin, und ich mußte die Beine durch die runde Armlehne in der Mitte der Bank stecken. Das war, als wäre man ans Bett gefesselt, und das war gut. Ich konnte nicht runterfallen, und wenn tatsächlich ein Gewalttäter vorbeikam, würde es mir schwerfallen zu entkommen. Ich wickelte mein Sportsakko zusammen und legte es mir als Kissen unter den Kopf. Ich schlang die Arme um meinen Körper; hier in der Nähe des Wasser war es ziemlich klamm. Ich versuchte, ein Spion zu sein und einzuschlafen, aber ich mußte an Henry denken, wie er mich ankreischte.

Aber dann schlief ich doch, bis mich in der Morgendämmerung ein Polizist weckte. »Sie müssen sich hinsetzen«, sagte er.

Einen Moment lang dachte ich, es sei der Polizist, der dazugekommen war, als ich meinen Wagen zu Schrott gefahren hatte, aber er war es nicht.

Ich saß da und suchte die Sonne, aber sie verbarg sich hinter dicken Wolkentürmen. Der Himmel hatte etwas Rosiges an sich, aber keine Sonne. Ich verließ die Promenade und spazierte zu dem Imbiß auf der Sechsundachtzigsten Straße zurück. Die Kellner vom späten Abend waren nicht mehr da. Niemand erkannte mich als den Mann wieder, der drei Stunden zuvor mit einer jungen Transsexuellen dagewesen war.

Ich bestellte mir Kaffee und Toast, und anschließend ging ich raus und kaufte mir eine *Times*. Dann ging ich wieder rein, bestellte noch mehr Kaffee und überflog alles und las dann den kompletten Sportteil. Ich studierte die Baseball-Ergebnisse, und das lenkte meine Gedanken von allem ab.

Ich ging so gegen halb neun ins Apartment zurück. Ich hatte mir vom Supermarkt ein paar Müllsäcke aus Plastik mitgenommen. Ich schätzte, in die und in meinen Koffer müsse wohl alles reinpassen, was ich besaß; ich würde in aller Stille packen, während Henry schlief, und dann würde ich ein Taxi zu einem billigen Hotel nehmen. So würde ich schließlich doch noch in einem Hotel enden. Ich hatte vage vor, ins Riverview in der Jane Street zu gehen. Ich öffnete leise die Tür zum Apartment und schlich mich auf Zehenspitzen hinein. Henry war angezogen und stand am Fußende seines Bettes und schüttelte seine Decke aus, bevor er sie wieder ausbreitete.

Er sah mich eine Sekunde lang an und sagte: »Müssen wir das immer so weitermachen?«

»Was machen?« fragte ich. Ich ging in die Defensive. Ich rüstete mich für die verbale Attacke, die kommen würde.

»Zu Bett gehen. Aufstehen. Zu Bett gehen. Aufstehen.« Er breitete die Decke übers Bett und klopfte sie glatt.

»Gibt's irgendwelche Alternativen?« fragte ich.

»Keine, die ich mir leisten könnte«, sagte er, und dann ging er an mir vorbei und ins Badezimmer. Ich ging hinüber und setzte mich auf mein Bett, die Müllsäcke immer noch in den Händen. Ich hörte Henry beim Urinieren zu. Er wartete, bis er fertig war, und spülte dann. Zum ersten Mal überhaupt. Er kaum raus und sagte: »Laß uns in Brooklyn an den Strand fahren.«

»Willst du nicht, daß ich ausziehe?«

»Ich bin nicht so altmodisch, wie du glaubst ... Wir könnten nach Brighton Beach. Da gibt's russische Cafés auf der Strandpromenade.«

Er tat, als sei nichts von Belang geschehen. Ich setzte zu einem »Tut mir leid« an, aber er stiefelte aus meinem Zimmer. Ich hatte das Gefühl, er dachte, alle Entschuldigungsworte seien unzulänglich.

Ich war eigentlich zu müde, um zum Strand zu fahren, aber natürlich würde ich alles tun, was er sagte, und darum gingen wir aus dem Apartment und kauften uns einen Kaffee zum Mitnehmen im Salz der Erde. Als wir im Eldorado saßen und den FDR Drive entlangbrausten und dabei Kaffee nippten und verschütteten, versuchte ich das Spiel mitzuspielen und so zu tun, als sei nichts geschehen, und darum fragte ich: »Wie war die Hochzeit?«

»Alberner, als sich in Worte fassen läßt. Die Trauung führte eine abtrünnige geschiedene Priesterin mit Ringen an den Fingern durch, die viel Bein sehen ließ. Sie wußte nur zu gut, daß ich sie mißbilligte, und sie schätzte es gar nicht, wie ich aus der King-James-Bibel las.«

»Hatte Bellman einen Anzug an?«

»Ja, sie hatten was Respektables aufgetrieben. Und er hatte ein gefühliges Zittern in der Stimme, als er sagte: ›Ickch will.‹ Und Gershon war glücklich. Gut möglich, daß er der Frau, die er dabei hatte, einen Antrag gemacht hat. Sie hat einen leichten Dachschaden. Sie ist in den Vierzigern, studiert aber immer noch, wollte allerdings nicht sagen, wo. Wenn sie schlau ist, sagt sie ja.«

Ich wollte ihn fragen, warum er verfrüht heimgekehrt war, aber wenn ich das täte, käme das Vorgefallene zu dicht an die Oberfläche. Statt dessen fragte ich: »Hat die Lagerfeld sich gut amüsiert?«

»Natürlich. Essen umsonst. Aber es wird ihr nicht gefallen, daß sie heute den Zug nehmen muß. Es wird ihr nicht schmekken, daß sie die Fahrkarte zahlen muß. Aber ich mußte weg. Ich teilte mir ein Zimmer mit Gershon, und er kann kaum atmen, er macht einen fürchterlichen Rabatz. Und ich hatte weder Ohrpfropfen noch Augenmaske dabei. Ich hab mir Papiertücher in die Ohren gestopft, aber das funktionierte nicht. Darum bin ich nach Hause gefahren. Außerdem wollte ich am Morgen nicht Bellman zu Gesicht bekommen; das wäre wirklich zuviel gewesen.«

Ich schwieg zunächst, aber dann sagte ich: »Henry, es tut mir so leid wegen ... als du nach Haus gekommen bist«, und dann fügte ich schwächlich hinzu: »Ich war betrunken ...«

»Hör auf, dauernd zu sagen, es tut dir leid. Sei doch nicht so kriecherisch.«

»Bist du denn nicht sauer?«

»Doch. Aber ich mag dich auch.«

»Bellman hast du aus geringerem Anlaß rausgeschmissen.«

»Es wäre traurig, dich zu verlieren.«

»Ich war mit einer Transsexuellen zusammen.«

»Niemand ist vollkommen ... Ich dachte, es sei ein Hermaphrodit. Das wäre interessanter gewesen.«

»Nein, eine Transsexuelle. Sie schluckt weibliche Hormone, darum ist sie so.«

»Du sprichst dauern von Transvestiten und Transsexuellen. Das hab ich alles schon in den Fünfzigern hinter mich gebracht, in Paris. Vielleicht könntest du dich bei der Amerikanischen Legion therapieren lassen.«

»Bei der Amerikanischen Legion?«

»O ja, die machen dich wieder normal ... Oder vielleicht Psychoanalyse, womöglich ist es das, was du brauchst.«

»Daran hab ich auch schon gedacht«, sagte ich, um ihm zu zeigen, daß ich mich ändern wollte. »Hast du es jemals mit der Analyse probiert?«

»Auf dem College. Als meine Tante gestorben ist. Ich war depressiv. Ich war ein einziges Mal beim Analytiker, und er hat auf der Stelle die Flinte ins Korn geworfen. Er erzählte meiner Mutter: ›Er wird immer tun, was er will, für ihn können wir absolut nichts tun.‹ Er hatte recht damit.«

»Weißt *du* irgendwie Rat für mich?«

»Sündige nicht mehr. Versündige dich nicht an deinem Körper. Lebe nach der Bibel. Arbeite. Arbeite an deiner Seele. Und bete um Erleuchtung. Vielleicht krieg ich auch ein bißchen was ab, von der Erleuchtung meine ich, weil wir im selben Apartment wohnen.«

Ich glotzte Henry an. Seine Hände hatte er am Steuer. Seine Augen waren auf die Straße gerichtet. Er mochte mich. Er wäre traurig, mich zu verlieren.

Wir parkten nicht weit von der Strandpromenade von Brighton Beach. Es war ein perfekter Sonntag im Mai: heiß, aber nicht schwül; der Himmel wolkenlos. Der Strand begann sich bereits mit Menschen zu füllen, die auf Handtüchern und Decken herumlagen. Der Ozean war still und ruhig und blau wie der Himmel darüber.

Wir gingen die Strandpromenade entlang, und da waren jede Menge alte Leute, die spazieren gingen oder auf den Bänken saßen: vornübergebeugte Männer mit uralten resignierten Gesichtern, Gesichtern, die nicht wirklich intelligent aussahen, aber doch schön in ihrer Verwittertheit; alte Frauen in Bauernkleidern mit dicken Armen, die schon Tausende von Mahlzeiten zubereitet hatten. Brighton Beach hatte das Flair von Europa, aber weit in der Ferne konnte ich den Zyklon von Coney Island sehen.

Wir setzten uns an einen Tisch in einem Freiluftcafé. Ich warf einen Blick auf die Speisekarte, und sie war auf russisch und auf englisch abgefaßt. Henry hatte mir erzählt, daß es in Brighton Beach russische Cafés gab, aber ich hatte den Sinn seiner Worte nicht wirklich begriffen. Er sprach andauernd von Rußland, und ich hatte nur halb hingehört. Ich lauschte den Menschen um mich herum; keiner sprach englisch.

Ich sagte zu Henry: »Das ist hier wirklich sehr russisch.«

»O ja. Man nennt das hier Little Odessa. Alles russisch hier.«

Wahrscheinlich war es genaugenommen russisch-jüdisch, zur Hälfte meine Herkunft, aber für Henry war es so nah an Rußland, wie er nur kommen konnte. Die Sonne schien; wir blinzelten auf die Speisekarten. Eine hübsche, dunkelhaarige, russische Kellnerin kam zu uns, und wir bestellten Kaviar und Plinsen und Limonade. Es war nicht sehr teuer – russische Preise, nur so um die sechs Dollar. Aber Kaviar! Wir schlugen wirklich über die Stränge.

Nur ein, zwei Schritte von uns entfernt trippelten ein paar Möwen auf der Strandpromenade herum. Henry sagte: »Sieh sie dir an. Sie stolzieren herum, als ob ihnen hier alles gehört, und dabei sind sie völlig abhängig. Sie haben nicht einmal einen Topf zum Reinpinkeln!«

»Aber sie sehen stolz aus mit ihrer aufgeblähten Brust«, sagte ich.

»Ja.«

Die Kellnerin brachte uns unsere Limonaden. Henry starrte aufs Meer hinaus. Ich starrte ihn an.

»Ich schätze, wir sind jetzt nicht mehr wie die drei Schwestern«, sagte ich.

»Wie?«

»Na ja, wir sind schließlich doch in Rußland angekommen.«

Henry dachte einen Moment darüber nach, dann sagte er: »Ja, aber im August sollten wir ins echte Rußland fahren. Zu zweit kommt man da bestens über die Runden. Und man muß schon zu zweit sein. Das ist sicherer. Denk drüber nach ... Ich halt mir das Finanzamt vom Leibe, und du kannst dir ein bißchen Geld zusammensparen. Viel brauchen wir gar nicht. In Riga kostet eine Flasche Champagner bloß drei Dollar.«

Danksagung

Der Autor möchte den folgenden Personen und Institutionen Dank und Anerkennung aussprechen: Rosalie Siegel, Peter Cameron, Blair Clark, Joanna Clark, Leigh Haber, Greer Kessel, Doris Klein, Elizabeth Thayer, Larry Wolhandler, dem New Jersey State Council on the Arts, der Runt Farm und der Corporation of Yaddo.